労働者代表制度と団結権保障

大和田敢太

労働者代表制度と団結権保障

学術選書
61
労働法

信山社

はじめに

　労働者代表制度をめぐる議論の中で，労働委員会委員や審議会委員など行政機関に対する労働者代表の問題は，適切な位置づけを与えられてこなかった。その背景には，労働組合は，誰（どのような範囲の労働者）を代表する（ことができる）のかという問題が，主として，企業内における労働条件設定機能との関係で議論されてきた事情がある。労働組合は，その加盟組合員の利益を代表しているものとして措定し，そのうえで，その代表権限が非組合員や他の労働組合の組合員に拡張すべきかを論じるのである。ところが，労働委員会の労働者委員任命問題をめぐる争いでは，判決は，労働組合（による推薦制度）が，その加盟組合員の利益を代表するのではなく，労働者一般を代表すべきものという前提に立って，特定労働組合推薦の労働者委員が，出身の労働組合以外の労働者をも代表する権能を有することを強調するのである。そのうえで，判決や任命者側は，行政機関に対する労働者代表の選任について，任命者の自由裁量論に基づき，推薦制度における労働組合や労働者側の権利性を認めてこなかった。

　こうした状況は，労働組合の基本的な代表権能について，企業別労働組合という組織形態に呪縛された，企業内における従業員代表という狭隘な視点に矮小化することなく，企業内労使関係を超えた労働組合の代表権能を正当に位置づける必要があることを物語っている[1]。すなわち，労働者代表を専ら企業内の労働条件設定の場における役割から位置づけることは，組合員の利益代表という労働組合の権能を一面的に強調する傾向を必然的にもたらし，企業を超えたレベルでの地域的なあるいは全国的なレベルでの「労働者を代表する者」（組合員の利益を超えた労働組合の代表権能）という側面を軽視ないし欠落させているのである。その結果，労働組合の代表権能の二面性（組合員の利益の代表機能と労働者の一般利益の代表権能）を正当に評価し，意義づけることを怠り，労働者の一般利益の代表権能を無視することになっていると指摘できるのである[2]。労働組合の

---

[1] 道幸哲也「団結権保障システムの展開と課題」高見勝利編『人権論の新展開』北海道大学法学部ライブラリー1（北海道大学図書刊行会，1999）は「組合員だけを代表するという立場は，企業内における代表性を狭めるだけではなく，企業を越えた代表性という発想をまったく生まない結果にもなる。」として，「幅のある代表性」の法理を提唱する（333頁）。

[2] 組合員の代表と組合員の利益の代表の異同，労働者一般の代表と労働者の一般利益の代表の異同を論ずる必要もあるが，ここでは，特に区別しない。また，労働者の一般利益と言っても，それは抽象的な利益ではなく，当然に，それを代表する労働組合の目的や運動性向によって影響さ

v

はじめに

代表権能は，労働組合複数主義のもとにおける労働組合の代表性の二つの側面の相克として理解することができるからである。

そして，組合員の利益代表機能と労働者全般の代表権限という二つの側面を調整する必要がある。このような労働組合の代表権能と代表性の捉え方は，企業内労働組合組織という内向きの運動志向を乗り越え，インターネット時代の労働運動として，労働運動の側での多様なメディア活用の可能性の開拓による，インターネットを活用した労働者間の意見交流の促進による連帯活動を基にした労働組合の団結活動のあり方にも通じるものがある。

労働者の団結権保障の効果としての労働組合の代表権能の二面性から帰結するものとして，労働行政における各種の労働者代表制度を位置づけ，その結果，その労働者代表の選出方法の原則とし，「公平性・客観性・公開性」という基準を導き出すことができることを前提として，日本の現行の各種の「労働者を代表する制度」における労働者代表の選出方法のあり方を検討することを本書の課題としている。その対象と方法について簡単にふれておく。

この「労働者を代表する制度」は，全国レベルあるいは地域レベルにおいて，労働行政における各種の委員会や審議会の労働者委員として具体化されているが，この労働者委員は，労働組合の代表権能の保障機能として位置づけられなければならない。その意味で，この労働者委員の選任方法は，「公平性・客観性・公開性」の原則に基づくものでなければならないのである。しかし，実際には，具体的な選考方法は，行政側の「自由裁量」による任命とする主張の中で，明確になっていない。これは，別の面からすれば，労働行政における労働者の参加や労働法における情報公開の権利の弱さの反映でもあろう[3]。

このような見地から，行政機関に対する労働者代表の選任について，私は，「選任制度（選任方法・選任基準）の公平性・客観性・公開性」という原則の重要性を夙に指摘してきた。労働委員会制度については，憲法第28条による団結権保障の具体化として捉えられるべきものであることから，法令に定めのある選任制度自体も団結権保障から由来する法的な制度として位置づけられ，「選任制度の公平性・客観性・公開性」という原則が殊更重視されなければならない。このような問題意識から，労働委員会委員や労働行政に関連する審議会などの委

　れるもので，その意味で，特定の労働組合が労働者一般の代表となる論理が問われる。
3）　社会保障法においては，権利実現の不可欠の視点として，情報公開の重要性が指摘されてきた。最近のフランスの国営職業紹介所（ANPE）改革において，利用者(失業者)との連携（参加）という問題が取り上げられていることも見逃せない。

はじめに

員の選任制度や選任基準のあり方に関して，情報公開制度を通じて公開された文書・資料をもとに，調査研究を行ってきた。

そこで，情報公開法にもとづく行政文書の開示請求制度によって，これらの選任方法の実際のあり様を解明する方法を採った。結果的には，情報公開制度の限界性から，内部的な選任実態まで全面的に明確にした文書の公開にまでは至っていないが，この開示請求のプロセスでの一部の文書の公開を通じて，問題状況が一定明確になったと考えている。そこで，行政文書の開示請求を通じて公表された労働者代表の選任方法やそれに関する都道府県や厚生労働省側の主張・情報公開審査会（現情報公開・個人情報保護審査会）の見解を紹介し，それに対する意見・批判を対置することによって，現行制度の問題点を明らかにする。

これまで，特に裁判の対象ともなった労働委員会委員の選任問題について，任命権者の側は，任命行為の「自由裁量」を藉口として，選任基準の内容は疎か，その存在自体についても，それを認め，選任過程を公開することはなかった。そのため，労働委員会委員の選任制度と選任状況の実態は，明らかにされることがなかった[4]。そのような不明朗な実態の存在自体が，選任方法や選任基準の不明確性と不公平性を推測させるものであった。これは，二重三重の欺瞞的行為と指摘しなければならない。一つには，都道府県によって多様性はあるものの，選任基準などの選任制度が客観的な事実として存在していることを隠匿していることである。次に，都道府県の「固有の事務」に対する「自由裁量」という建前のもとで，都道府県間の情報交換・横並び行政や厚生労働省による指導・規制による実質的な統一性という志向性が存在していることが隠蔽されてしまったことである。そして，このような労働委員会委員の選任という労働行政のあり方を問う重要な課題での問題状況が，労働委員会における労働者の団結権保障という役割を低下させてしまっていることである。

しかし，この問題については，学界レベルでは，労働運動の領域で捉えるのみで，法的な課題として位置づけることなく，問題関心はいまだ希薄であるが，近時，この課題をめぐって，外圧とも表現される状況が押し寄せてきており，この課題は，喫緊のものとなりつつあることは明らかである。労働者委員の問題

---

[4] 過去には，東京大学社会科学研究所編『行政委員会――理論・歴史・実態』（日本評論社，1951）による実態調査や労使関係法研究会報告書『労使関係法運用の実情及び問題点 4』（日本労働協会，1967）によるアンケート調査が公表されているが，行政機関が実施した調査が行政内部で秘匿されてきたことが問題性を端的に象徴している。

は，ILO[5]や司法機関などの公的機関でも取り扱われてきたが，当事者の立場や主張を評価することにとどまるかぎり，法的な課題としての位置づけには弱点があった[6]。この問題は，労働組合の代表権能を正当に意義づけ，三者構成制度という法的原則を具体的に適用するという視点から解決されなければならないからである。そのためには，労働委員会委員の選任制度と選任状況の実態を正確に把握することが不可欠である。本来，選任方法や選任基準の実態を公開する責務は，任命権者である行政機関の側にあるが，そのような積極的姿勢を期待することは困難である。そのため，情報公開制度によって，厚生労働省や各都道府県における労働委員会委員や各種審議会委員の選任方法と選任基準の存在とその内容を把握する作業を続けてきたが，この課題の総括的な調査研究として公表することも意義あるものと考え，纏めて公刊することにした。

本書は，以下の既発表論文を再構成したものである。

「労働者代表の選出をめぐる問題—選任方法・基準の公平性・客観性・公開性 (1)-(8)」（彦根論叢第 336-349 号，2002.6-2004.7）

「地方労働委員会の労働者委員推薦制度の法的性格—権利性，法的利益および法的保護について」（彦根論叢第 355 号，2005.9）

「労働者代表選出制度と団結権保障—ILOにおける労働者代表制度から」（滋賀大学経済学部研究年報 Vol.14, 2007.11）

「労働組合法と情報化：サイバーレイバーローの可能性」（彦根論叢第 375 号，2008.11）

「労働委員会委員の選任制度の実態と課題（全国調査から）」（彦根論叢第 380 号，2009.9）

「労働委員会委員の選任制度の実態と課題」（滋賀大学経済学部研究年報 Vol.16, 2009.11）

---

5) ILO結社の自由委員会第354次報告書（2009年6月19日開催の第305回理事会承認）は「中央労働委員会及び地方労働委員会の委員任命における特定労働組合優遇に関する全労連による申立てが取り上げられ，全労連推薦委員が中央労働委員会の委員に任命された旨の申立団体からの報告を受け，委員会は満足の意を表明すると共に地方労働委員会でもそのような進展が見られることへの期待を示しました。」(ILO駐日事務所による新聞発表概要）という見解を表明したが，「公務員制度改革基本法に基づき設置された労使関係制度検討委員会の構成に関連しては，あらゆる代表的な団体に公正な処遇を与える必要性」を指摘した視点が重要である。

6) 当事者は労働者委員の任命という成果を追求するが，選任制度としての法的な普遍性の明確化とそこにおける選任制度の客観性・公平性・公開性という原則の確立を課題とする必要がある。また，三者構成原理の「形骸化」や「空洞化」を指摘する議論は，代表制度における選任制度の実態と運用の批判的分析を抜きにしては，三者構成制度の本来的な理念や解釈とは乖離することになる。

はじめに

「労働委員会委員の選任制度の実態と課題」（甲南法学第50巻第4号，2010.3）

第1章から第4章において，ILO・厚生労働省・都道府県という各機関・機構における各種の労働者代表制度のあり方，労働者代表の選出制度・選出基準を対象として，その理念やあり方，実態の分析を踏まえ，「選任制度の公平性・客観性・公開性」という原則の重要性を明らかにした。第5章「労働組合法と情報化：サイバーレイバーローの可能性」は，労働者代表制度を直接扱ったものではないが，インターネット時代における労働組合の代表権能と代表活動のあり方を検討するものとして，収録している。構成上，叙述の展開で重複するところもある。

ILOの代表性準則の検討，行政実務や裁判例の分析を通じて，労働委員会委員や審議会委員の選任制度における公平性・客観性・公開性の原則の重要性を明らかにすることができたと考えているが，その具体化のためには，何らかの「代表性認定」制度が構想されるべきであろう。フランスでは，直近の従業員代表機関における労働組合の得票率によって，7％程度の労働組合組織率のもとでも，未組織労働者をも包含する労働組合の代表性（権限）を根拠づける各労働組合の公的な発言権の比重が画定され，2008年8月20日法が労働組合の代表性認定の新しい制度を設けたが，日本でも，「代表性認定」に直結する従業員の直接選挙制度を構想しつつ，団結平等原理に立脚する，労働組合の公的「代表性認定」制度が設けられる必要がある。

この労働者代表制度のあり方に関連して，公益委員制度について若干の問題提起しておきたい。労働者委員の任命問題が紛糾する背景に，公益委員同意制度がある。ある県での異議申立の意見陳述では，「労働者委員のうち一人でも反対すれば公益委員の任命ができないということから，知事が任命する公益委員で，例えば県職員OBの天下りポストの確保や労働法には関係のない学者を選任し，労働法学者を任命していない」と指摘されている。このような意見が生じないためにも，労働委員会や審議会の公益委員での学者の選出方法については，関係学会からの推薦とするような制度，労働法関係の公益委員については，労働法学会の推薦となるような制度が設けられることが必要であると考えられる。

叙述に際しては，歴史資料や行政資料からの引用も多いが，表記については，以下の点を考慮した。①歴史資料と呼称の引用と表記は，縦書きと数字表記を一部変更し，旧字体の使用は原則として原文に即した。引用によるほか，国立公文書館アジア歴史資料センター所蔵資料の写真画像を複写・掲載した。②（都道府県）労働委員会は，労組法改正（平成16年法律第140号，2005年1月1日施行）前

はじめに

には，地方労働委員会（地労委）と称されていたが，名称の上で区別はしていない。また，考察の課題としている推薦制度の対象となる「労働者委員」は，任命権者による任命候補者という意味では「労働者委員候補者」であるが，「労働者委員」の表現を用いる。③ 都道府県から厚生労働省への問い合わせとその回答については，「質問・照会集」から引用している。労働省労政局労働法規課作成の「部内限」資料である『労働委員会委員任命関係資料集（改訂版）』（平成10年3月）については「資料集」として引用する。④ 資料として掲載以外の行政文書からの引用での個人名は，中労委委員と政治家を除いて原則匿名にした。⑤ 墨塗りによる不開示部分は，そのまま表示する場合と分量を問わず「(不開示)」と表記する場合がある。⑥ 引用資料は，レイアウトの工夫と省略部分・手書きの略字は別として，明らかな誤字・脱字も含め原文どおり引用（転記）している。疑義も含め明白な誤りの箇所が多く，一見不自然な表記もあるが，個々には（ママ）註記のようなルビをふっていない。⑦ 引用資料の作成のうち，著者が転記・原稿化したものは，通し番号を附していない。⑧ 表と資料の区別は，レイアウト加工の有無による。⑨ 判決掲載誌の発行年月は省略した。

　実態として，行政文書について，杜撰な文章表現の事例も多いが，文書作成能力レベルの問題なのか行政内部での文書作成としての緊張感の欠如なのかは即断できないとしても，以下のような厚生労働省への問い合わせ事例（徳島県2005年3月23日）は，地方労働行政の水準と厚生労働省への依存を如実に物語るものである。

　「委員任命について，平成10年3月に労働省労働法規課が作成した任命資料集を見ているが，地方公務員，国家公務員を委員として任命することについて教えてほしい。12ページ当たりのことは理解している。「就中」とは何か。地公労法対象職員はやはり好ましくないのか。」

　本書の出版，その元となった調査研究においては，多くの方の援助を得たことに謝意を表する。信山社の袖山貴氏には，出版事情の困難な折り，お世話になったことを記し，感謝したい。

　個人的には，本書の刊行目前に90歳で旅立った父と家事・育児と両立しながらの32年間の職業生活を終えた妻に本書を捧げたい。

　本書の刊行については，滋賀大学経済学部出版基金からの助成を得ている。学部および同僚教職員に謝意を表する。

2010年12月20日　　　　　　　　　　　　　　　　　　著　者

【目　次】

はじめに

第1章　労働者代表制度の動向と課題 ―― 3

1. 行政に対する労働者代表制度の現状 …………………………… 3
   - (1) 労働行政における労働者代表選出制度 (3)
   - (2) 審議会委員の選任方法・選任基準 (3)
     - (ア) 利益代表者の定義・資格 (6)
     - (イ) 利益代表者の性格と選出方法 (11)
     - (ウ) 代表性認定選挙の構想 (12)
2. 政治課題化することの意味 …………………………………… 13
3. 労働審判制度と労働者代表のあり方 ………………………… 19
4. 月額報酬裁判の意味 …………………………………………… 21
5. 三者構成制度をめぐる議論の意味 …………………………… 25
6. 労働者委員任命をめぐる動向 ………………………………… 27

第2章　ILOにおける労働者代表制度と団結権保障 ―― 31

1. 団結権保障における三者構成と労働者代表の意義 ………… 31
   - (1) 三者構成の意義と労働者代表制度 (31)
   - (2) ILOの設立と三者構成原理 (39)
   - (3) ヴェルサイユ平和条約と労働者代表制度 (40)
   - (4) ILOにおける代表性準則の確立 (41)
   - (5) ヴェルサイユ平和条約と日本政府 (46)
2. ILO設立時の日本労働者代表選出問題と団結権保障 ……… 48
   - (1) 経過と評価 (48)
     - (ア) 第一回（國際勞働會議）(49)
     - (イ) 第二回（國際勞働總會）(54)
     - (ウ) 第三回（國際勞働總會）(56)
     - (エ) 第四回（國際勞働總會）(59)
     - (オ) 第五回（國際勞働總會）(62)
     - (カ) 第六回（國際勞働總會）(66)
   - (2) 日本政府による労働者代表選出問題の総括 (69)

(3)　労働者代表選出制度の運用実態 (72)
　　　　(ｱ)　労働者代表選出の選挙の自由・投票の自由 (72)
　　　　(ｲ)　労働者代表の行動の自由 (74)
　　　　(ｳ)　労働組合の活動の自由 (78)
　　3　現代における労働者代表選出制度の実態 ……………………… 80
　　　(1)　第89回ILO日本代表団労働者側代表の選任の実態と問題点 (81)
　　　(2)　第91回ILO日本代表団労働者側代表の選任の実態と問題点 (90)

第3章　労働行政における労働者代表の選出のあり方 ── 95

　　1　労働者委員選出における推薦制度の意義 …………………… 95
　　　(1)　最低賃金審議会における労働者代表 (95)
　　　(2)　労働政策審議会における労働者代表 (98)
　　　(3)　(旧)労働基準審議会における労働者代表 (100)
　　　(4)　労働保険制度における労働者代表 (102)
　　　(5)　労働災害防止規程設定における労働者代表 (103)
　　　(6)　地方労働行政における労働者代表 (104)
　　2　労働者委員選出の実態と課題 ………………………………… 107
　　　(1)　最低賃金審議会における労働者代表 (107)
　　　(2)　労働政策審議会における労働者代表 (112)
　　　(3)　(旧)労働基準審議会における労働者代表 (120)
　　　　(ｱ)　中央労働基準審議会における労働者代表 (120)
　　　　(ｲ)　地方労働基準審議会における労働者代表 (122)
　　　(4)　労働保険制度における労働者代表 (127)
　　　(5)　地方労働行政における労働者代表 (130)

第4章　労働委員会委員の選出制度の実態と課題 ────── 133

　　1　労働者委員選出制度の意義 …………………………………… 133
　　　(1)　労働者委員制度の概観 (133)
　　　　(ｱ)　委員の資格 (133)
　　　　(ｲ)　選任基準 (135)
　　　(2)　推薦制度の法的枠組 (137)
　　　　(ｱ)　労組法第5条但書き (137)
　　　　(ｲ)　労組法第19条の3第2項における「特定独立行政法人職

員」および「国有林野事業職員」が結成し，又は加入する労働組合の推薦 (137)
            (ウ) 労組法第27条の2第1項による公益委員の除斥および忌避制度 (138)
            (エ) 公益委員の政党要件 (139)
            (オ) 公益委員の任命に関する労働者委員および使用者委員の事前同意制 (141)
            (カ) 通達類 (142)
        (3) 中労委における推薦制度の運用 (144)
        (4) 地労委における選任基準 (145)
            (ア) 滋賀地労委 (145)
            (イ) 福岡地労委 (147)
            (ウ) 大阪地労委 (148)
        (5) 推薦行為の法的性格と法的効果 (149)
    2 労働委員会委員の選出制度の実態 ……………………………………… 151
        (A) 全国調査より (151)
            (1) 全国調査の基本的性格 (151)
                (ア) 全国調査の概略 (151)
                (イ) 設問内容の特徴 (154)
            (2) 選任方法の実態と問題点 (165)
                (ア) 全国調査結果の意味するもの (165)
                (イ) 選任基準の問題点 (169)
        (B) 都道府県調査より (173)
            (1) 選任過程の客観性と公開性 (175)
                (ア) 選任過程の記録化の意義 (175)
                (イ) 個別事例の分析 (180)
            (2) 推薦過程 (181)
                (ア) 公告と推薦依頼 (181)
                (イ) 推薦資格と証明書類 (184)
                (ウ) 被推薦資格 (185)
            (3) 選任基準 (187)
                (ア) 一般基準 (187)
                (イ) 共通基準 (190)
                (ウ) 公益委員の選任基準 (194)
                (エ) 労働者委員の選任基準 (201)

　　　　(オ)　労働者委員選任基準と54号通牒 (*212*)
　　　　(カ)　使用者委員の選任基準 (*215*)
　　(4)　公益委員の法定資格要件の運用と実態 (*216*)
　　　　(ア)　公益委員の政党要件と政治活動の規制 (*216*)
　　　　(イ)　政党要件の運用 (*220*)
　(C)　厚生労働省文書による選任制度の実態 (*223*)
　　(1)　「資料集」と「質問・照会集」 (*223*)
　　　　(ア)　「資料集」の性格と概要 (*223*)
　　　　(イ)　「質問・照会集」の性格と概要 (*225*)
　　(2)　選任事務の実態 (*229*)
　　　　(ア)　任命手続 (*229*)
　　　　(イ)　担当部署 (*231*)
　　(3)　54号通牒 (*231*)
　　(4)　推薦制度 (*233*)
　　　　(ア)　推薦の意義 (*233*)
　　　　(イ)　被推薦資格 (*234*)
　　　　(ウ)　推薦の効果 (*235*)
　　(5)　労働組合 (*236*)
　　　　(ア)　推薦労働組合の資格 (*236*)
　　　　(イ)　平等待遇義務 (*237*)
　　(6)　使用者団体 (*238*)
　　(7)　欠格事由 (*239*)
　　(8)　選任行為・選任基準 (*239*)
　　　　(ア)　裁量の可能性 (*239*)
　　　　(イ)　実質的判断のあり方 (*240*)
　　　　(ウ)　選任過程における厚生労働省の関与 (*244*)
　　(9)　公益委員 (*244*)
　　(10)　同意制度 (*246*)
3　中央労働委員会委員の選任の実態 …………………………………… 247
　(1)　選任過程の実態 (*248*)
　(2)　選任過程の解明 (*249*)
　(3)　選任過程の公開性 (*252*)
　(4)　小括：労働組合の推薦行為の意義——選任制度の公開原則 (*256*)

目　次

4　労働者委員の推薦制度の権利性：判例動向分析 …………………… 258
　(1)　訴訟・異議申立の概要 (258)
　(2)　判決分析の視点 (264)
　(3)　判決の構造的傾向 (265)
　　(ア)　労働委員会制度の意義と理念 (265)
　　(イ)　三者構成制度の理解 (266)
　　　(i)　専門性重視論 (267)
　　　(ii)　利益関係論 (267)
　　　(iii)　労使関係論 (269)
　　　(iv)　労働者委員の資格と立場 (269)
　　(ウ)　推薦制度の趣旨，意義と目的 (271)
　　　(i)　労働委員会制度と推薦行為の意義 (272)
　　　(ii)　任命過程における推薦行為の意義 (272)
　　　(iii)　推薦行為の制度的保障 (273)
　　(エ)　労働組合の推薦行為の権利性 (275)
　　(オ)　自由裁量論と裁量権の限界 (277)
　　(カ)　選任基準のあり方 (278)

第5章　労働組合法と情報化：サイバーレイバーローの可能性 — 281

1　労働関係におけるサイバー化：労働者を主体として ……………… 281
　(1)　労働法における情報化の現状 (281)
　(2)　情報化における労働者の権利性 (282)
2　サイバーレイバーローの先例的事例 ………………………………… 283
　(1)　国際的教訓 (283)
　(2)　団結権(組合活動権)としてのインターネット・アクセス権 (288)
　(3)　労働組合活動におけるインターネットの活用の可能性 (290)
　(4)　サイバーユニオンの可能性 (292)
3　サイバーレーバーローの可能性 ……………………………………… 294
　(1)　労働組合法のサイバー化 (294)
　(2)　組合活動としてのオンラインキャンペーンの法的評価 (296)
　(3)　意思表示・言論型争議行為の再評価 (297)

事項索引 (巻末)

労働者代表制度と団結権保障

第1章　労働者代表制度の動向と課題

1　行政に対する労働者代表制度の現状

(1)　労働行政における労働者代表選出制度

　労働行政における労働者代表選出制度の問題点を明確にし，選任方法・選任基準の公平性・客観性・公開性という原則を確立することを課題とするが，その問題状況を概観し，このような法的な視点から基準設定の必要性を確認するために，労働者代表に限定することなく，「労働行政における利益代表の選出のあり方」として，対象を広く把握したものが，表〈1-1〉である。

　本書が課題とする「選任制度（選任方法・選任基準）の公平性・客観性・公開性」という観点からすると，そのうち最も重要な原則である公平性は，制度・運用の「客観性・公開性」によって，一定程度担保されることができる。そこで，法定選出手続の有無および基準・資格の明確化・存否を客観性の指標・程度と位置づけ，公表のあり方を公開性の指標・程度とみなすことができよう。そのような意味で，分類項目において，＜客観性＞および＜公開性＞という視点から，各制度における該当する事項の評価が可能であるし，表〈1-1〉の記載内容は，そのような評価を裏付けるものである。したがって，その事項が，空白であるところは，その点での評価の対象となる制度や基準自体が存在しないということでもある。この点では，委員の資格や定義が法律事項なのか，政令事項なのかが問題になることは，審議会委員制度の一般的あり方にも共通するところがある。

(2)　審議会委員の選任方法・選任基準

　労働行政における利益代表の選任方法・選任基準や法的ルールのあり方を検討するためにも，労働行政以外の審議会委員の選任方法・選任基準の全般的特徴と問題点を検討してみる[1]。

---

1)　総務省行政管理局編『審議会総覧』（平成14年版，財務省印刷局，2002）を参考にしたが，記載方法に統一性を欠くところが多く，問題点の析出のためには，より掘り下げた分析が必要であろうが，とりあえず，根拠法令の条文も併せ手がかりにした。

第1章　労働者代表制度の動向と課題

表〈1-1〉労働行政における利益代表制度の選任方法

機関名	根拠法令	構成	定義	法定選任手続〈客観性〉	根拠法令	基準・資格〈客観性〉	公表〈公開性〉・運用
中央労働委員会（地方労委）	労組法	使用者委員 労働者委員 公益委員	使用者を代表する者 労働者を代表する者 公益を代表する者	使用者団体の推薦 労働組合の推薦 労働組合同意・両議院同意	労組法 同施行令	欠格条項（労組法19-4） 公益委員：政党条項・54国通運	官報公告
最低賃金審議会	最賃法	労働者を代表する委員 使用者を代表する委員 公益を代表する委員		関係労働組合（資格要件ない）の推薦（非義務的） 使用者団体（資格定義あり）の推薦（非義務的） （制定時案：中労委同意要件）	最賃審議会	欠格条項（国公法38） 基発545号	推薦の公示（官報掲載）
労働政策審議会	厚生労働省設置法	労働者代表 使用者代表 公益代表	労働者を代表する者 使用者を代表する者 公益を代表する者		労働政策審議会令	委員の「個人的属性」	労働者団体（非公表）に対する推薦依頼 使用者団体に対する推薦依頼
労働保険審査官・審査会	労働保険審査官・審査会法	関係労働者を代表する者 関係事業主を代表する者		関係団体の推薦 労働者の団体又は事業主の団体の推薦	同法 同令		推薦依頼（官報公示）関係団体への推薦（使用者側委員）事務取扱文書による運用
地域産業労働懇談会	内閣（地発）	地域を代表する労使団体の幹部：地域の労使団体をはじめとする各種団体及び住民					
紛争調整委員会	個別労働紛争解決促進法	関係労働者を代表する者 関係事業主を代表する者		主要な労働者団体又は事業主団体が指名	同法		紛争当事者からの申立て（均等法は関係当事者）
労働災害防止団体規程	労災防止団体法	関係労働者を代表する者		全国的規模の労働組合の代表又はその委任を受けた者	同施行規則		
ILO	ILO憲章	代表 代表代理 代表顧問 オブザーバー	（旅費規程）指定職相当 団体における役職に基づく格付け相当 団体における役職に基づく格付け相当 支給しない	使用者又は労働者をそれぞれ最もよく代表する人物名が与る合意の高い人物につき、団体を目的で、実質的な役割を遂行するために代表権を行うことが多い、総会においては投票権と いった権限を有しせず、発言権と 審議を傍聴するために総会の会議に入る場合する権利	ILO憲章 「大枠」	「政府がその関与を決定するとYとの間の仲介を役割に限定せず更に役に議論を行う必要性（86回総会委任状委員会会報告）」	「交渉窓口である事務担当者の口頭による形態（答申）での協議、働きかけ

4

1 行政に対する労働者代表制度の現状

旧機関名	根拠法令	構成	定義	法定選任手続＜客観性＞	根拠法令	基準・資格＜客観性＞	公表＜公開性＞・運用
中央労働基準審議会（地方同審議会）	労基法（旧98）	労働者を代表する者 使用者を代表する者 公益を代表する者		委嘱（制定時：推薦制回避）	監督機関		労働省からの推薦依頼（日経連・A労働団体）→日経連による他団体との協議による推薦、Aによる単独推薦「りん同」による本省報告
家内労働審議会（家内労働部会）	家内労働法（旧19）	家内労働者を代表する委員 委託者を代表する委員 公益を代表する委員		関係者（関係者の団体を含む）の推薦（非義務的）→地方労働審議会設置により廃止	審議会令	推薦者（団体）の「性格」、系統または上部団体」「婦人の任命」公益委員〔基準〕を考慮」〔基発〕	
職業安定審議会	職安法（旧12）	労働者を代表する者 雇用主を代表する者 公益を代表する者		労働組合及び雇用主団体の推薦（命ずべき委員の少なくとも二倍程度の候補者）（非義務的）	施行規則	委員のうち一名以上は女性（法）公益委員「雇用主又は労働団体と密接な関係を有しないもの」（規則）	

5

(ア) 利益代表者の定義・資格

　各種審議会における委員の定義・資格で圧倒的に多いのは,「学識経験のある者（学識経験者）」という抽象的・一般的なものであるが, それでも, 幾つかの審議会は, 委員の定義や資格を具体的にあるいは限定的に明示している。それは, 表〈1-2〉に列示のとおりである。この定義は, 大別すれば, ある社会階層の利益代表者・職能代表者・職能団体代表者・専門的技術的知識を有する者・公職（行政・議会）代表者などに分類されるが, 資格としては, 職業などの個人的属性という客観的な要素か, 専門的技術的知識を有するとする主観的な判断基準に分かれるが, 後者は, 結局は, そのような知識の具有は, その人の職業や社会経験により裏打ちされていることになり, 前者の客観的な要素に還元されるべきであろうが, 結局のところ,「学識経験者」との曖昧な定義に辿り着くとすれば, 問題である。そのような限界性の故に, この「学識経験者」資格において, 限定的な条件を附すことにならざるをえないのである。さらに,「（郵便貯金の預金者・簡易生命保険の契約者の）利益を代表すると認められる者」という定義にみられる「適格性の判断」という要件も散見される。

　こうしてみると,「（無限定な）学識経験者＞特定の分野の学識経験者＞特定の分野についての深い専門的技倆を有する学識経験者＞人格的な高潔さや公正な判断力を要求される学識経験者」といった, 要件が峻別されていることになり, それぞれに応じた適格性の基準が設けられ, そのうえで, 選考されていなければならないであろう。その意味で,「選任制度の公平性・客観性・公開性」は, 一般的ルールとしての規範性を持ちうるものである。

　ところで, 労働行政における利益代表は, 多くは, 三者構成により,「労働者代表」「使用者代表」「公益代表」であるが, 運用においては, その資格自体は, 個人の属性とは無関係であり, 定義自体が, 曖昧である。

　そのことが, より明瞭なのは, 専門委員や臨時委員の定義である。国民生活審議会では, 専門委員は「当該専門の事項に関し学識経験のある者及び一般消費者の意見を代表する者」, 臨時委員は「当該特別の事項に関し学識経験のある者及び一般消費者の意見を代表する者」という定義が与えられるが, 労働政策審議会では,「当該専門の事項に関し学識経験のある者」（専門委員）,「特別の事項を調査させるため必要があるときは, 置くことができる」（臨時委員）という曖昧な, 無限定な定義が与えられているにすぎない。

　資格の厳密性という点では, 公益委員の問題を指摘しなければならない。そもそも, 個別の私的な利益に超越して,「公益」という概念が成立するのかどう

1　行政に対する労働者代表制度の現状

表〈1-2〉審議会委員の定義・資格

審議会	委員の類型別の定義			
	学識経験・専門的知識	利益代表	職能団体代表	公職代表
国民生活審議会	学識経験のある者	一般消費者の意見を代表する者		
地方制度調査会	地方制度に関し学識経験のある者			地方自治体長・職員,国会議員,地方議員
自動車損害賠償責任保険審議会	学識経験のある者,自動車交通又は自動車事故に関し深い知識及び経験を有する者,保険業に関し深い知識及び経験を有する者			
(旧) 郵政審議会	学識経験のある者	郵便貯金の預金者の利益を代表すると認められる者,簡易生命保険の契約者の利益を代表すると認められる者		
電波監理審議会	公共の福祉に関し公正な判断をすることができ,広い経験と知識を有する者			
検察官適格審査会	司法制度に関し学識経験を有する者		日本弁護士連合会の会長	最高裁判所判事,国会議員,日本学士院会員
検察官特別任用審査会	学識経験者		日本弁護士連合会の会長の推薦する弁護士	最高裁判所事務総長
公証人審査会	学識経験者	公証人		
大学設置・学校法人審議会	学識経験のある者	大学又は高等専門学校の職員,私立大学若しくは私立高等専門学校の職員又はこれらを設置する学校法人の理事		
宗教法人審議会	宗教に関し学識経験のあるもの	宗教家		
医道審議会	学識経験のある者		㈳日本医師会の長,㈳日本歯科医師会の長	
中央社会保険医療協議会		健康保険,船員保険及び国民健康保険の保険者並びに被保険者,事業主及び船舶所有者を代表する委員,医師,歯科医師及び薬剤師を代表する委員,公益を代表する委員		
社会保険審査会	人格が高潔であって,社会保障に関する識見を有し,かつ,法律又は社会保険に関する学識経験を有する者			
獣医事審議会	学識経験がある者		獣医師が組織する団体を代表する者	
日本工業標準調査会	学識経験者,マスコミ代表	産業界代表,消費者代表		

7

第1章　労働者代表制度の動向と課題

審議会	委員の類型別の定義			
	学識経験・専門的知識	利益代表	職能団体代表	公職代表
工業所有権審議会	学識経験者	弁理士		
中小企業政策審議会	(中小企業基本法第27条)第1項に規定する事項に関し学識経験のある者			
運輸審議会	年齢35年以上の者で広い経験と高い識見を有する者			
中央建設業審議会	学識経験者	建設工事の需用者,建築業者		
中央建築士審査会	やむを得ない理由があるときは学識経験者	建築士		
公害健康被害補償不服審査会	人格が高潔であって,公害問題に関する識見を有し,かつ,医学,法律学,その他公害に係る健康被害の補償に関する学識経験を有する者			
臨時水俣病認定審査会	水俣病に係る医学に関し高度の学識と豊富な経験を有する者			

か問われなければならない[2]。労働委員会の労働者委員任命に係わる訴訟において,「公益」がどう位置づけられているかについては,第4章で詳述するが,主要な判決における「公益」と「私益」の定義を対比してみる(表〈1-3〉)。このように,労働組合の推薦行為の意義に関連して,「公益」という概念について共通の理解と認識が存在している訳ではないのである。裁判の場において,私的利益と公的利益の併存による判定を認めることはできないという根本的な背理から,フランスの司法権の独立の歴史的経過を辿ることもできるが[3],その意味では,「公益」という概念自体の存在を前提として,「公益委員」制度を設けることの合理性は乏しいのである。

「公益」の問題性を判断する1つの材料として,(旧)地方労働基準審議会の公

---

2)　「近代市民社会と近代憲法に見あう公益観によれば,"公益は私益の総和"であり,対立諸私益が自主的に総合調整された状態こそが正しい公益である。」(兼子仁『行政法と特殊法の理論』(有斐閣,1989) 77頁)

3)　フランス革命時,司法権は,国民主権からのみ由来するものであり,例外裁判権の存在を許さないとされ,1791年憲法は,裁判官の身分保障および独立原則を確認するとともに,「司法権は,人民によって任期を定めて選挙される裁判官に授権される。」という条文を定めた。その後,「裁判は,フランス人民の名で判決を下す。」ことから,労働審判所審判員は,フランス国籍を必要とされている。

8

1 行政に対する労働者代表制度の現状

表〈1-3〉 判決における労働者委員推薦制度における「公益」と「私益」概念の定義

判決	公 益	私 益
①		労使それぞれの私的利益
②	労働者一般の正しい利益	特定の労働組合の利益
	使用者及び労働者の正しい利益	
③	労働者全体の利益	労働組合及びその組合員の利益
	労使関係の対等かつ安定した秩序の形成を促進するという公益	
④	特定の労働組合や労働者個人の枠を越えた労働者一般の利益という公益	
⑤	労働者一般の利益	特定の推薦組合及びその組合員の利益
	労使関係の対等かつ安定した秩序の形成、維持を図るという公益	
⑥	労働者一般の利益	特定の労働組合の利益
	労使ないし公益の利益	それぞれの私的利益
⑦	労働者全体の利益	労働組合及びその組合員の利益
⑧	労働者の地位向上を図るなど労働者一般の利益	個々の労働組合や被推薦者の個別的利益
	労働者一般の利益という、いわゆる公益	
	労働者全体の利益	
	公益	労使の利益
⑨	公益	労使の利害
	労働者一般の利益	事実上の利益、具体的利益

判決番号：
① 大阪地労委事件・大阪地判 1983 年 2 月 24 日（労判 405-58）
② 大阪地労委事件・大阪高判 1983 年 10 月 27 日（労判 425-52）
③ 千葉地労委事件・千葉地判 1996 年 12 月 25 日（労判 710-28）
④ 東京地労委事件・東京地判 1998 年 1 月 29 日（労判 731-6）
⑤ 愛知地労委事件・名古屋地判 1999 年 5 月 12 日（労判 763-86）
⑥ 中労委事件・東京地判 1997 年 5 月 15 日（労判 717-149）
⑦ 中労委事件・東京高判 1998 年 9 月 29 日（労判 753-46）
⑧ 福岡地労委事件・福岡地判 2003 年 7 月 18 日（労判 859-7）
⑨ 京都地労委事件・京都地判 2006 年 6 月 20 日（未掲載）

益委員の個人的属性の傾向を見てみる。表〈1-4〉は、情報公開制度により開示された資料に基づき、全都道府県の 2001 年 4 月 1 日現在の地方労働基準審議会の公益委員（全 245 名）のその時点での現職および経歴を参考に分類したものである。研究者が、全体の約 40 ％ を占めているが、その専門分野では、法律（労働法）が多い。工学・医学関係も多いが、これは、分科会として防災部会が設けられていたことにも関連する。他では、弁護士・マスコミ関係が目立つが、弁護士については、後述のように労働政策審議会における委員任命に関して、日本労働弁護団が異議を申し立てたように、個別事案における弁護活動の評価を

表〈1-4〉（旧）地方労働基準審議会委員（公益委員）の個人的属性

職業・所属	人　数（うち使用者性）
研究者	99（3）
弁護士	47
マスコミ	48（21）
社会保険労務士	3
医師	6（2）
公益団体役職員	11（1）
労働省・労働行政出身	4
労働行政・外郭団体役員	15（3）
地方行政出身	4
その他	8

→

法律	31
政治	1
経済	10
経営・会計	10
社会学	2
教育学	8
文学	1
医学	11
工学	12
理学	3
農学	1
家政学	1
食物学	1
不明	7

→

労働法	19
憲法	3
行政法	2
民法	3
商法	3
英米法	1

表〈1-5〉常勤委員の割合

審議会名	委員総数	常勤委員数
原子力委員会	4	3
原子力安全委員会	5	4
情報公開審査会	9	3
証券取引等監視委員会	3	3
地方財政審議会	5	5
中央更正保護審査会	5	3
宇宙開発委員会	5	3
労働保険審査会	9	6
社会保険審査会	6	6
運輸審議会	6	4
土地鑑定委員会	7	1
航空・鉄道事故調査委員会	10	6
公害健康被害補償不服審査会	6	4
中央労働委員会	15	2以内

抜きにして，「公益」を代表していると判断することは難しい面もある。また，マスコミ関係については，1名を除いて，いずれもフリー・ジャーナリストではなく，特定の報道機関に属しているが，役職名から，使用者性が推測され，使用者の立場にあることが明確な者も多い（43％）。このようなことからすると，公益委員は，その社会的立場（職業）から，公益を代表していると評価されるよ

りも，その専門的な経験や知識に対する信頼に基づいていると言えよう。その意味では，「公益を代表する」という形式的定義と実質的資格の間には，乖離が存在する。

　他方，労働委員会の公益委員については，常勤制の問題が俎上にのぼっている。常勤委員制度は，幾つかの審議会でも見られるが，注目すべきは，委員全体に占める常勤委員の比率である（表〈1－5〉）。ひとつの例外を除いて，常勤委員は，過半数以上の多数を占めている。これは，常勤委員と非常勤委員との間で，職務や権限の分配の均衡が崩れ，それが常勤委員に集中することや，そのことにより非常勤委員に対する常勤委員の優越的立場が生まれることを避けるための方策と言ってよい。こういう視点からすれば，常勤制を採用する場合には，委員全体のうちの大半を常勤にする配慮が必要であろう。

(イ) 利益代表者の性格と選出方法

　労働行政に利益代表者を参加させる意義については，大別して，3つの類型に分けることが可能であり，それに応じた，選出方法を想定することができる。

　まず，参加的民主主義としての意義から，有権者としての参加の位置づけを与えられる場合である。この場合は，直接選挙あるいは無作為選出がもっとも相応しい。他の分野では，直接選挙の事例は，かっての教育委員の公選制があるし，財産区の運営委員制度にも残っている。無作為選出方法は，検察審査会制度において実施されているし，裁判員制度においても採用されている。

　次に，配分的正義・公平を実現する意義から，特定の利益代表としての参加が認められる形態である。この場合は，特定の社会集団や組織が前提となるので，その部分集合体による推薦や選出が可能である。医師会のように法的に公益性の認知された団体であれば，団体推薦の利益代表が委員になる仕組みが可能であるが，多くの場合は，任意団体が併存しているので，それに応じた法的ルールが必要となる。現行法制では，大学設置・学校法人審議会あるいは都道府県レベルでの私学審議会における私立大学等関係委員の推薦方式[4]がこの典型例である[5]。また，1つのポストを選出する場合と複数の定数がある場合で

---

4) 大学設置・学校法人審議会の私立大学等関係委員の推薦に関する省令（2001年1月6日，文部科学省令第2号）および私立学校法第9条以下参照。第159国会での私立学校法改正は，私立学校審議会の構成の見直しとして，私立学校関係者が委員総数の4分の3を超えることとする規定を削除し，利益代表的性格を薄めることとなったことに注視する必要がある。

5) 兼子仁・前掲書81頁以下は，「利益代表制審議会」の形態として，第1に，職能別選挙制（旧学術会議・土地区画整理審議会），第2に，団体指名制（医道審議会），利益団体推薦制（学術会

は，異なった取扱方法がありうるのであるが，それは，「利益団体選出のあり方」として検討しなければならない。

さらに，専門的技術的専門家としての関与が要請される場合であるが，この場合には，その分野の学術研究団体なり職能団体の推薦方式が最も適切である[6]。

前述の第2の類型あるいは第3の類型において，関係する利益団体が代表者を推薦あるいは指名する場合，対象となる利益団体の選出方法に関するルール化が必要である。それは，正しく，「選任制度の公平性・客観性・公開性」を確保するためには，最低不可欠な条件である。そのためには，大学設置・学校法人審議会や私学審議会での私立大学等関係委員選出方法のように，何らかの形式で，客観的な準則，ある意味での法的準則を設けておくことが必要である。この場合，使用者側の代表団体選出と労働者側の代表団体選出を同列に論じることができるかどうか，あるいは別個のルールや制度を想定するのか，あるいは，労働者側の代表団体に関わる問題だけを対象とすべきなのか見解が分かれるところである。実態として，使用者側は，各種関係団体間の協議により，内部的なルールが設定されているが，同じ使用者であっても，大企業と中小零細企業とでは，利害の異なる領域や分野も考えられ，今後構想されるべき代表性認定のための選挙では，使用者側の選挙も想定することができるが，ここでは，労働者を代表する資格を有する労働団体の選定に限定しておく。

(ウ) 代表性認定選挙の構想

労働者代表の選出にあたって，その人数（定員）は，①1名選出，②複数名選出（定数あり），③複数名選出（定数なし）などの場合がありうる。いずれの場合でも，労働組合が，労働者全体の代表としての代表権限を行使することは，労組合の有する代表権限の二面性から承認される。それは，労働組合の本源的な権限として認められるのであるから，組織率の多寡で優先順位をつけられるものではない。

しかし，他方では，労働組合が，未組織労働者を含めた広範な労働者の代表

議の学会推薦制・中央社会保険医療協議会・私立学校審議会），一定の利益代表分野とそれにわりふられる委員数とだけを法律が書く場合（国民金融審議会）と分類している。

6) 学術会議会員の選任方法が，研究者による直接選挙制度から登録学術研究団体（学協会）による会員候補推薦制度へと変遷し，選出方法としては，第1の類型から第3の類型への変化であるが，学術会議自体の改革構想と絡んで新たな選出計画が登場したように，選任方法は，制度のあり方と密接に関連する。

権限を正当に行使するには，何らかの正統性を確認されていることが必要である。その意味では，労働者代表選出のための選挙を実施するのが最も望まれるところである。各種の選挙を別個に実施するよりも，一の選挙結果を他の代表派遣にも活用することが便利であろう。それは，特別の選挙を組織するよりも，最低賃金審議会の委員推薦にあたって，失業者も含めた労働者全体が有権者となる選挙を実施し，その結果を他の委員推薦・任命の際にも活用することを構想する。この場合，選挙への立候補は，委員名簿提出方式によって行い，名簿提出資格は，労働組合に限定することなく，選挙のために組織化された未組織労働者の代表組織（組合非所属者代表）にも認める[7]。

この「代表性認定選挙」における得票率は，低調な労働組合組織率のもとでも，未組織労働者をも包含する労働組合の代表性（権限）を根拠づけるものとなるであろう。本書の明らかにする現状は，このような「代表性認定選挙」制度の立法構想の必要性を明らかにするとともに，その実現のための理論化作業の方向性を示すことになる。

2 政治課題化することの意味

行政機関に対する労働者代表制度における委員選任制度が，「公平性・客観性・公開性」といった原則に立脚してこなかったことが，特に審議会委員の人選問題として政治課題化し，政治介入を招くこととなっており，選任制度の原則に関する重大な問題として捉える必要がある。

いわゆる「審議会行政」の問題点自体は，従来からも指摘されてきたところであるが，近年では，道路公団民営化問題をめぐって，「道路関係四公団民営化推進委員会」のあり方についての批判的論調が登場しているなかで，審議会委員の選出方法が問題視されるにいたっていることが特徴的である。ジャーナリズムの側では，審議会委員の任命に関与した経験のある国会議員の発言によって，審議会委員の実態暴露記事も載せている[8]。このような「審議会行政」をめ

---

[7] フランスにおける職業選挙の名簿提出方式がモデルとなる。2008年8月20日法による新しい職業選挙制度では，第1次選挙に名簿提出できる労働組合資格への制限は事実上撤廃され，労働組合組織の職業選挙参加の平等権が保障された。

[8] 伊藤達美「総額64億円政府審議委員の「役得」おいしすぎる」（週刊文春，2003年12月25日号，157頁以下）では，「審議会委員はどのような基準で選ばれているのだろうか。」と問い，「農林水産省の官僚当時，審議会委員の人選に関わった上田勇・衆議院議員（公明党）」は，「学識経験者といっても……あんまり都合の悪いことを言う人はいけないわけです。」と語る。また，「審

ぐる批判的論調は，労働行政においても顕在化している。その典型例は，解雇法制や派遣労働法制をめぐる労働政策審議会のあり方である。解雇法制問題については，日本労働弁護団が公表した文書がその問題点を端的に指摘している[9]。特に，労働政策審議会の審議過程や内容にとどまらず，公益委員の人選のあり方にまで踏み込んで批判的意見が噴出したことに注目されなければならない[10]。このことは，審議会委員の人選にとどまらず，「公益」の定義にまで繋がる矛盾の顕在化である。派遣労働法制問題については，政権交代による「政策変更」に審議会制度が対応できないことを示すものとなった。

その後，2009年総選挙の結果実現した民主党への政権交代という政治的動向が，審議会委員の問題に大きな影響を与えようとしている。鳩山首相の最初の所信表明に対する与党側からの代表質問において，以下のような質疑が交わされた[11]。

議会の実情を知る前原誠司・衆議院議員（民主党）もこう証言する」として，「審議会に所属している学者が役所の意見に合わない論文を発表すると，役所に呼び出される。そして『これはどういう意味ですか』と問われ，『こんな主張をするようでは今後，委員として仕事を続けてもらうわけにはいかない』と脅しをかけられるのです。役所が御用学者とそうでないものとを峻別して，自らの論理構成に適した人物で固めるということを，私は間近で見ました。」という記事を載せる。ちなみに，中医協をめぐる汚職事件に関して，「お飾りの公益委員」という厚生労働省内の意見が紹介されている（朝日新聞，2004年4月22日）。この事件に関し，連合は，「連合推薦の中医協委員の辞任についての経過とお詫び」を公表し（6月2日），「審議会委員の推薦ルールなど必要な改革」を明言しているが，労働組合組織内の手続きにとどまらない正真正銘の「推薦ルール」確立の取組を期待したい。他方，「お墨付きの儀式を形式的に進めている」審議会は，「社会全体に対する時間泥棒である。」という審議会委員経験者の内情暴露的発言も現れている（飯田哲也・環境エネルギー政策研究所長，「経済産業省・新エネルギー部会」と紹介されているので，総合資源エネルギー調査会と推測される。毎日新聞，2004年5月17日）。

9) 立法過程自体の問題点については，「法案要綱においては（労働契約終了請求権の問題が）明確にされねばならず，これらが十分に解明されないまま，改正法を成立させ，その後に労働条件分科会において細部の制度を設計するとすれば，国会軽視であり，また，法の委任を受けない立法との批判を免れない。」（日本労働弁護団「労働基準法の改正に関する意見」（2003年2月12日））との指摘が正鵠を得ている。

10) 日本労働弁護団「労働政策審議会労働条件分科会の公益代表委員に関する申入書」（2003年9月26日）は，「労働政策審議会労働条件分科会の公益代表委員に，労働訴訟事件を労働者代理人として担当して労働法や労使関係に関する豊富な実務経験を有する法律実務家の弁護士を指名されるよう申し入れます。」と主張する。

11) 参議院会議録第173回国会本会議（2009年10月30日）第3号。

2 政治課題化することの意味

○近藤正道君
　派遣法の改正も、旧政権下の労政審の委員が審議をしております。政官業癒着構造の中で、官僚と業界主導の隠れみのとして、官僚がいわゆる御用学者を一本釣りにして審議会の委員に選任することが横行してまいりました。戦後行政の大掃除のため、政治主導の下で審議会委員の見直し、英国の公職任命コミッショナー制度のような選任過程の透明化が必要ではないでしょうか。

○内閣総理大臣（鳩山由紀夫君）
　審議会の委員の在り方についてのお尋ねがございました。
　これまでの政府、御案内のとおり、審議会の委員について、各省庁の事務局が実質的な人選を行っていたというケースが大半であったと思っております。したがいまして、官僚にとって都合の良い人選が行われ、官僚主導型の政策決定が行われる、これを助長した結果になったと思います。
　したがいまして、新内閣では、官僚主導型による政策決定を政治主導に変えていくということでございますので、大転換をしてまいります。すなわち、今後は、選考過程の透明化を進めてまいるのは言うまでもありませんが、御指摘のありました英国の公職任命コミッショナー制度、こういった制度も参考にしながら、各省庁の政務三役が説明責任を担うという中で、政治主導で人選を実施していきたいと思います。
　なお、人選の問題のみならず、審議会の在り方自体というものもしっかりと見直してまいりたいと、これも私どもの新政権の大きな目的でございまして、御協力をよろしくお願いをいたします。

　このような審議会委員人事と審議会式政治手法に対する政治的批判が、前述のジャーナリズムの視点とは異なるのは、今回の発言は「政治主導の政策決定」という政治方針の変更を背景に、新政権の所信表明と与党からの代表質問の中で行われたものだけに、今後に重要な影響を与えざるを得ない。この発言は、新政権の重要公約[12]である労働者派遣法の改正審議を批判の対象である現行労働者派遣法の改悪を進めてきた労働政策審議会メンバーに委ねているという自家

---

[12]　民主党・社民党・国民新党の政策合意（2009年9月9日）には「労働者派遣法を抜本改正し、「日雇い派遣」の禁止や「登録型派遣」などを原則禁止」という内容が盛り込まれた。2009年12月に公表された労働政策審議会答申は、焦点だった「登録型派遣の禁止」や「製造業への派遣禁止」を実質的に先送りするものとなった。

撞着を自認していることから，現委員の資質や資格の問題なのか委員の選任方法の問題なのか曖昧なところもあるものの，問題の核心は，選任制度や選任基準のあり方であろう。この代表質問後，中央社会保険医療協議会（中医協）委員人事では，日本医師会推薦の3名を再任せず，衆議院選挙で民主党支持を公表していた茨城県医師会理事を委員に選任した。また，社会資本整備審議会と交通政策審議会の一部委員については，国交省政務三役が，任期途中での辞任を求め，在任期間中の大量の委員交代という報道がなされている[13]。こうした審議会委員人選政策を今後どのように改革していくのか，「透明化」とは言うものの任命者が交代したことによる任命過程の変化だけの結果になれば，単に人選の政治任命すなわち政治介入を裏付けることになる。ここで必要なのは，こうした批判を許さないだけの制度的保障，審議会委員の選任制度の客観性・公平性・公開性という原則の明確化である。

　他方，自民党政権時代の2009年5月に，日銀総裁や審議会委員などの国会同意人事をめぐって「異変」が生じた。当時，参議院で多数を占めていた野党側が，一連の国会同意人事を不同意とした結果，政府からの一部の人事提案が否決されるという事態が生じた。多分に政治的な思惑という側面もあったが，大義名分としては，「官僚出身」の天下り人事が批判の対象となった。本書の課題とする審議会委員の選任制度との関連から，ここでは，一部の人事案件を取りあげてみる。

　一つは，中医協の公益委員の人事が，参議院において，野党側によって不同意とされた。対象となったのは刑法学者であるが，注目されるのは，その不同意の理由である。参議院の議事録に掲載されている発言や業界紙での記事[14]を引用しておく。

> 「中央社会保険医療協議会委員，Aさんについては，この間の発言内容を精査した結果，医療崩壊が言われる中で，庶民の立場，患者や家族の側に立った発言が少なく，行政寄りの姿勢が強いと判断し，不同意といたしま

---

13) 産経新聞，2009年12月30日。
14) 衆議院議院運営委員会（2月20日），参議院議院運営委員会（2月23日）で野党から表明された不同意理由（衆議院会議録第13号，参議院会議録第11号）および医療介護CBニュース（2009年2月23日）。民主党は「A氏が座長の医療事故調査機関の検討会で，医療関係者を萎縮させる発言をした」（産経新聞、2009年2月24日）ことを問題視したとも報道された。人事官についても，人事院勧告への評価や労働基本権問題についての考え方の内容が問題とされた。

す。」(保坂展人議員，衆議院議院運営委員会)
　　「A氏は中医協公益委員就任後，厚労省が死因究明制度を創設するために設置した「診療行為に関連した死亡に係る死因究明等の在り方に関する検討会」座長にも就任したが，同検討会の進め方に問題があったと指摘。「原因究明と責任追及を連動させたこともあり，診療関連死に刑法の手法を持って来ようとしたことに問題がある。……中医協公益委員でありながら，多くの諮問機関に委員として名を連ね過ぎている。果たしてそれで公益性を保てるのだろうか。これが自分の中での最大の不同意の理由だと思う」と語った。」
　　(足立信也議員，インタヴュー)

　ここで表明されている理由は，公益委員に一般的に求められている学識経験者としての立場といった抽象的なものではなく，刑法学者として専門家としての見解が問題視されているのである。公益委員の資格について，その専門分野における学説や理論的立場を問うものでもある。公益委員の選任にあたって，その候補者の専門的な見識の内容を検討することは当然であるとしても，それを選任過程のどのような場でどのような手続で吟味するのかを制度として明確にしておかなければならない。
　ここで問題となっているのは，審議会委員の問題であり，本書の対象とする労働委員会のような行政委員会の委員とは異なる側面もあるとはいえ，「公益」代表を委員の資格や資質にしているところでは，共通する問題を抱えており，より重要なのは，審議会委員にせよ行政委員会委員にせよその選任制度について明確な基準や選任過程が公開されておらず，いずれも客観性・公平性・公開性の原則が必要になっていることである。労働委員会公益委員については，一部の県の資料では，労働法学者を中心に専門家の人物調査を実施している事実が記録されているが，どのような手段・方法によって，誰が情報を収集しているのか問題にされるべきである。そうした客観性・公平性・公開性の原則によって選任制度に基づく審議会委員や行政委員会委員の選任が行わなければ，時々の政治的な力関係を反映した人選によって，政治介入を招く畏れもある。審議会委員についてはいわゆる政治的任命を認める余地もあるとしても，行政委員会委員の人選については政権政党の交代とは中立的な関係を保持すべきであり[15]，選任制度は客観性・公平性・公開性の原則によって透明性のある選考を

---
15)　「政党条項」が，本来，行政委員会委員の政治的独立性の保障の役割を果たすべきものとして想定されていた。ちなみに，政党条項の意義について，アメリカの「両党委員制（Bi-Partisan

保障しなければならないのである。

　他方，中労委公益委員の選任に関して，当時の野党側が不同意とすべき同様の政治的理由があるにも拘らず，同意した事情が報道されている[16]。

> （民主党は当初）中央労働委員会委員の再任案のうち，労働省から天下りして関連の財団法人トップを歴任したA，B両氏は「（複数の天下り先を渡り歩く）『渡り』に当たる」（中堅）として，不同意を検討していた。だが，前回は両氏に同意したことや「労使が合意してこの人事案件をまとめた」（仙谷由人小委員長）として一転，同意を決めた。

　ここでは，中労委公益委員の選任に対する「政治介入」の歯止めとして，公益委員に対する労使委員の「同意制」が機能していることに着目する必要がある。換言すれば，労働委員会委員の選任制度において，「同意制度」がどのように運用されているか明確にすることは重要である。「都道府県調査」で，地労委レベルでの「同意制度」の運用のあり方を分析したように，その実態を明らかにする必要がある。

　さらに，従来から，労働委員会委員に関して，関係者から「罷免」や「解任」の要求が出された事例はある[17]。これは，選任過程や選任基準が不明確であるこ

Membership)」を範として，委員会の政治的独立性を担保し，委員の（政治的）資質を確保する目的から考察され（辻清明「米国行政委員会の独立性」（東京大学社会科学研究所編『行政委員会』（日本評論社，1951）所収）302頁以下参照），人事院人事官の非政治性・複数政党性・非学閥性が要求されていることについて，「両党主義原則(bipartisan principle)」として説明されている（鵜飼信成『公務員法（新版）』（有斐閣，1980）321頁）。また，東京大学労働法研究会『註釈労働組合法』（(有斐閣，1949）179頁以下）は，労働委員会公益委員の「中立性を保障するための配慮」だけでなく，「公益委員が時の労働大臣の専断によって任命されないことの保障が必ずしも充分でないから，この種の制限規定をおく必要」を指摘する。しかし，「政党条項」の運用がかかる理念や立法趣旨からかけ離れ，歪められるようになったことによって，委員の政治的独立性や政治的自由の保障という役割を果たさず，むしろその侵害行為を正当化する根拠に成り下がったと言えよう。
16)　産経新聞，2008年10月21日。
17)　東京都労委と兵庫地労委の公益委員（いずれも労働法専門の大学教授）が，労働委員会に申し立てられた個別的な事案に関して，当事者である労働者側から，公益委員としての言動を批判され，罷免要求が出されている事実が，当事者によって公表されているが，任命権者である知事の側の反応は不明である。三重県では，弁護士である公益委員について，日本労働弁護団から，その「中立性」を理由として，知事に対して再不任の要請がなされた。大阪府労委では不当労働行為を認定された企業の執行役員が使用者委員に選任されていることは問題であるとして，救済申立をした労働組合が，使用者委員の解任を府労委と大阪府に申し入れている（毎日新聞，2009年

との裏返しでもある。このような状況の中で，今回，労働政策審議会委員の選任のあり方が政治問題化することになっているが，その根底にある問題は，労働委員会委員の選任制度にも共通することであって，波及することは避けられないことが予想されうる。

3　労働審判制度と労働者代表のあり方

　司法改革の一環として，労働裁判改革が対象となり，労働審判制度が創設された（2006年4月発足）。労使の労働審判員の問題は，労働委員会委員制度と対比するまでもなく，従来の他の制度の問題点を露呈させている。
　労働審判法は，労働審判員について，「労働関係に関する専門的な知識経験を有する者」が「中立かつ公正な立場において，労働審判事件を処理する」（第9条）と明記する。重要なのは，その委員の位置づけである。立法制定に先立つ司法制度改革推進本部（労働検討会第31回資料）の「労働審判制度（仮称）の概要（案）」（2003年12月19日）では，「雇用・労使関係に関する専門的な知識経験を有する者」として，「労働者としての知識経験を有する労働審判員1名及び使用者としての知識経験を有する労働審判員1名」という説明がなされていた。この案に到達する過程では，たとえば，「改革審意見書」（2001年6月12日）では，「雇用，労働関係に関する専門的な知識経験を有する者の関与する裁判制度の導入」が求められ，「労働関係事件については，雇用・労使関係の制度や慣行等について，各職場，企業，あるいは各種産業の実情に基づき判断することが求められ，これを適正・迅速に処理するためには，科学・技術的専門的知見とは異なる意味で，そのような制度や慣行等についての専門的知見が必要となる。」とされていたように，「利益代表」としての労使委員ではなく，雇用・労使関係の専門家としての労使委員が構想されてきたのであるが，それは，「科学・技術的」専門家とも異なる位置づけであった[18]。この点，司法制度改革審議会に提出された経済界代表委員・日経連意見（2001年3月）がより明確な主張を述べ，「労

　　12月16日）が，個別企業での労使紛争と使用者委員の資格との関連の疑義は，「質問・照会集」にも収められている。
18)　豊川義明弁護士は「労働委員会における「労」と「使」はいずれも，利益代表の性格を与えられ，決定・判断には参加しない参与にすぎなかった。……労働審判における労・使は専門的知見をもつ中立，公正な立場で判断に参加する。……労使の審判員が，雇用社会に法の支配を実現するために，利益代表ではなく，中立の立場で公正に判断に参加する」と説明し，より直截的に委員資格の意義にふれている（「労働審判制度の意義と課題を探る」（民主法律第257号19頁，2004.2））。

働事件について労使代表が参審員として加わるというのは、双方の利益代表との側面を免れにくく、国民参加とは理念がことなる（。）むしろ労働事件の解決には専門性・特殊性が必要との認識を前提とした、一種の専門参審制の議論ではないでしょう（か）。」としていた。このような事情は，労働委員会における委員選出制度において表面化している矛盾，すなわち，労働者代表の資質や経験に対する不信感が払拭し難く，その根底には労働組合による労働者委員の推薦権の軽視という事情が存することの反映であろう。

このように，労働審判制度における労使の審判員の定義や資格が，労働委員会における三者構成における委員のあり方とは，根本的に異質なものとして構想されている点は，労働審判制度の意義とも係わる面とともに，労働委員会における委員制度が内包する矛盾の反映であろう[19]。そのため，この法案の衆議院での「労働審判法案に対する附帯決議」では，「労働審判員の任命手続については，公正性と中立性を確保し，その研修については，必要かつ十分な措置を講じるよう努めること。」ということを強調することになったのであり，このような経過を通じて，労働者委員の選任制度の公平性・客観性・公開性といった問題の重要性と意義が確認されることになった。

そのうえで，労働審判法は，「裁判所……労働審判員を指定するに当たっては，労働審判員の有する知識経験その他の事情を総合的に勘案し，労働審判委員会における労働審判員の構成について適性を確保するように配慮しなければならない。」(第10条）という規定を盛り込んだ。その結果，各地裁レベルでの労働審判員の人選では，労働組合の推薦に基づき，異なる潮流の労働組合間の比例按分的配分が行われているという事実は，労働委員会をはじめとする行政機関に対する労働者委員の構成をあり方を検討するうえで，極めて重要なことである。

ところで，労組法改正（2004年）は，労働審判制度とともに，労働紛争の解決システムのあり方を再検討する機会であったが，その成立した法案内容とは別個に，その過程で各界から議論されたところは，委員のあり方の問題を俎上にのぼらせるものであり，特に公益委員の労使同意制度と常勤制度に注目するする必要があったが，委員選出制度としての理念も原則も不明確なままで，委員

---

[19] 労働審判制度の創設は，大きく三つの視点から位置づけられるとともに，それぞれの立場における労使の審判員のあり方は異なってくる。まず，司法改革（国民参加）としての意義からは，労使審判員は，裁判官と同質的な立場である。国民の裁判の権利の保障としての意義からは，労働裁判制度としての側面がつよく，労働委員会制度との共通性や類似性を持ちやすい。専門裁判権の創設という意義を重視すると，知的財産権裁判管轄とともに，労働裁判所は，特別裁判権として位置づけられ，そのための専門性が重視される。

4 月額報酬裁判の意味

 2009年1月22日,大津地裁は,滋賀県の労働委員会委員や収用委員会委員・選挙管理委員会委員に対する月額報酬の支給が違法であるとする判断を示した[20]。この判決は,「非常勤の職員に対する報酬は生活給としての意味を全く有さず,純粋に勤務実績に対する反対給付としての性格のみを有することから,原則として,勤務日数に応じてこれを支給すべきもの」という報酬原則を示し,労働委員会委員らの「勤務実態は……到底常勤の職員と異ならないとはいえ(ない)」という勤務実態を述べたのであったが,県側は,判決文に引用されているところでは,以下のように主張した。

> 　労働委員会の委員らは,労働法規に精通し,現実の労働慣習等に関する知識経験を取得することを要求され,総会等で配布される資料を基に自己研鑽を行う必要もある。
> 　また,ひとたび事件の申立てがあれば,事案の聴き取りや,同種事案の判断例の調査,事務局との打ち合わせなど,相当の時間を当該事件のために費やすことになるが,これらの業務は,必ずしも役所に赴いて行うものではなく,自らの事務所で行ったり,ファクシミリや電話を利用して行うことも多い。
> 　その他,全国労働委員会等の関係会議への参加などを通じ,常に新たな情報を得る必要もある。
> 　以上のような労働委員会の委員の職務,職責からすれば,同委員について月額等報酬制を採用している本件規定が,違法とされる理由は何ら存しない。

 労組法は,労働委員会委員は「非常勤」と定め,中労委では二人以内で公益委員に「常勤」を認め,都道府県労働委員会では都道府県の条例で定めるところにより公益委員を「常勤とすることができる」と定める[21]。条例による定めが

---

[20] 滋賀県側の控訴に対して,2010年4月27日,大阪高裁も,「月額報酬制は現時点で(地方自治)法203条の2第2項本文の原則に矛盾抵触して著しく妥当性を欠く状態」と認めた(選挙管理委員会委員長だけは月額報酬制だけは,議会の裁量権の範囲内とした)。

[21] 第19条の3第6項および第19条の12第6項による準用。雇用形態について規定する例とし

ないかぎり，「非常勤」であるにも拘らず，勤務の「実態」から，報酬形態については「常勤」扱いとするのである。法令に基づく任命形態（労組法）と報酬方式（地方自治法）と勤務実態とを混同した議論であり，しかも，自宅への電話・FAX の送受信まで「労働時間」に包摂させる時間管理のあり方は，労働関係の専門部署として，他の部門に対する範例とはなり得ないものである。

県側の主張は，労働委員会委員の資質の問題と業務遂行のあり方とその実情を混同している嫌いもあるが，そのような勤務のあり方と実態が当然視されるのであれば，その合理的根拠と必要性を，選任制度の中で明確にしておく必要がある。県が，選任関係の文書や選任過程において，委員（候補者）にどのような資格を必要とし，具体的な業務における拘束（一種の労働契約内容）を示しているのか問題となるところであるし，それを踏まえて，会議出席状況など委員の勤務評価をどのように実施し，それを公開しているのか明らかにしなければならない。

本判決が他の都道府県に与えた影響は大きく，青森県では，「行政委員会委員報酬検討会議」が設置され，資料や審議内容が公開されている。それによると，各都道府県の労働委員会委員の報酬月額は，表〈1-6〉のとおりである（2009年4月1日現在）。このうち，「都道府県調査」を通じて開示された各都道府県の文書の中で，委員報酬の額が公表されているのは，愛媛県，鳥取県，大阪府，京都府，長野県，群馬県だけである[22]。

中労委の委員の場合には，再任に際して，会議出席状況が参考資料として作成されていることが明らかになっていることは後述するが，都道府県レベルでは，大阪府や岩手県で個々の委員の「評価」や「検討」を実施していることを示す資料が存在するものの，その手法や基準，主体は制度化されておらず，そ

ては，群馬県の委員任命に関する決裁文書で，勤務形態を「非常勤」を明記している事例以外には確認できていない。

22) 鳥取県「労働委員会委員の選任方法」（2007年4月20日決裁）では，「会長167,000円，公益委員167,000円，労使委員144,000円」となっており，改定されたようである。大阪府「大阪府労働委員会公益委員の任期，勤務時間及び報酬について」では，報酬（月額・基本）以外に，「審問1回あたり 13,000円 あっせん員 10,000円（日額）」が明記されている。長野県は広報文書で報酬について「特別職の職員等の給与に関する条例による（月額）」と公表し，「長野県労働委員会労働者委員及び使用者委員の内定，内定者協議会の開催通知について」で「出席者に費弁旅費を支給します。」と定めている。群馬県は委員報酬等において，「特別職の職員で非常勤のものの報酬及び費用弁償に関する条例」により「月額報酬，旅費 9級職相当職」と規定する。他には，旅費に関して，福島県は「委員への出席旅費は，知事等以外相当，居住地からの旅費とする。」と定め，新潟県は「公益委員選任会議及び辞令交付式」の通知において，旅費支給を明示する。

4　月額報酬裁判の意味

表〈1-6〉労働委員会委員報酬月額

		会　　長	公益委員	労使委員
1	北　海　道	345,000	290,000	270,000
2	青　森　県	197,700	169,000	151,000
3	岩　手　県	189,000	166,000	151,000
4	宮　城　県	241,000	221,000	202,000
5	秋　田　県	185,000	172,000	152,000
6	山　形　県	192,000	149,000	138,000
7	福　島　県	241,000	200,000	181,000
8	茨　城　県	232,000	208,000	200,000
9	栃　木　県	194,000	177,000	158,000
10	群　馬　県	201,000	190,000	175,000
11	埼　玉　県	249,000	215,000	190,000
12	千　葉　県	263,000	226,000	205,000
13	東　京　都	532,000	474,000	435,000
14	神　奈　川　県	390,000	360,000	255,000
15	新　潟　県	221,000	202,000	173,000
16	富　山　県	220,000	180,000	160,000
17	石　川　県	200,000	170,000	150,000
18	福　井　県	170,000	160,000	140,000
19	山　梨　県	210,000	177,000	153,000
20	長　野　県	245,000	197,000	165,000
21	岐　阜　県	204,600	176,700	158,100
22	静　岡　県	253,000	238,000	212,000
23	愛　知　県	359,000	325,000	291,000
24	三　重　県	196,000	177,000	172,000
25	滋　賀　県	226,000	205,000	191,000
26	京　都　府	279,000	269,700	251,100
27	大　阪　府	365,000	290,000	230,000
28	兵　庫　県	330,000	290,000	280,000
29	奈　良　県	212,000	202,000	194,000
30	和　歌　山　県	192,000	169,000	150,000
31	鳥　取　県	197,000	161,000	139,000
32	島　根　県	225,000	185,000	160,000
33	岡　山　県	227,000	184,000	168,000
34	広　島　県	244,000	234,000	234,000
35	山　口　県	222,000	182,000	164,000
36	徳　島　県	195,000	185,000	180,000
37	香　川　県	191,000	180,000	149,000
38	愛　媛　県	200,000	180,000	180,000
39	高　知　県	198,000	182,000	152,000
40	福　岡　県	352,000	305,000	272,000
41	佐　賀　県	195,000	172,000	153,000
42	長　崎　県	237,000	198,000	179,000
43	熊　本　県	220,000	182,000	165,000
44	大　分　県	220,000	180,000	160,000
45	宮　崎　県	220,000	183,000	166,000
46	鹿　児　島　県	230,000	191,000	171,000
47	沖　縄　県	214,000	181,000	163,000

の結果の内容は不開示情報として明らかになっていない。宮城県では，公益委員の「選定方針」での評価で，「再任をお願いしたい」と「強く再任をお願いしたい」の区別があるが，その根拠や理由は明らかにされていない。選任のための資料の中で，現職の委員の担当事件数を記録しているのは，静岡県，長野県だけである。青森県の「行政委員会委員報酬検討会議」資料では，「委員会の活動状況」と「委員毎の活動状況」や，会長と労働者委員の「月間業務従事表」が作成されている[23]。

他方，委員としての資質については，多くの県では，54号通牒[24]を援用する形で，一般的に一定の専門性や知識経験を要求しているところであり，本件訴訟において滋賀県の主張する「労働法規に精通し，現実の労働慣習等に関する知識経験」は，具有していることが当然視されており，改めて，それを勤務実態に結びつけることは合理的ではない。

選任にあたって，委員会の業務を具体的に示している事例としては，愛媛県の「愛媛県労働委員会委員の職務概要」は，委員の主な職務として「(1)労働争議の調整，(2)個別的労使紛争あっせん，(3)総会への出席」を定め，委員報酬を明記する。この概要とは別に，「労働委員（公益委員）の職務概要」は，公益委員の職務をより詳細に説明する。委員の業務量を具体的に考慮して，委員の構成を判断しているのは，北海道において，委員数の削減による公益委員の構成を検討する文書がある。

> 「第38期北海道労働委員会公益委員の選任について」
> 　4　第38期公益委員の選任の考え方等
> 　　7名体制への円滑な移行を図り，迅速・的確な事件処理体制を確保するため，次の考え方により選任する。
> 　　②　37期選任時に和解やあっせんなどの事件処理のノウハウなどを考慮し，弁護士を増員したことを考慮し，弁護士4名，学識経験者3名の構成とする。

---

[23] 「拘束時間には業務従事時間のほか，移動時間及び休憩時間を含む。」としているほか，時間を特定せず「事前送付された資料の内容確認」を記録する。

[24] 「労働委員会委員はすべてこれが運営に理解と実行力を有し，かつ申立人の申立内容等をよく聴取し，判断して，関係者を説得し得るもの」という規定と公益委員について「準司法的機能を果す点から特に専門別（法律，経済等）を充分考慮」という規定に則って，委員の資質や資格を定める事例が多い。

③ 各委員の負担の増加に対応するため，労働問題に関する知識・経験に加え，担当件数の増加等に対応が可能な人選を行う。

　勤務時間の拘束について，具体的に示しているのは，福岡県の「公益委員候補者調書」（履歴書）が「月3,4回以上の委員会出席の可否」を設問している事例，大阪府の「大阪府労働委員会公益委員の任期，勤務時間及び報酬について」が勤務時間として「◇公益委員会議，総会　月2回・1回あたり4時間程度　◇事件処理　月平均6回・1回あたり30分～2時間程度」と明記している事例[25]，京都府の「京都府労働委員会の職務等の概要」が主な会議等を明示する事例だけである[26]。
　このような労働委員会委員の業務のあり方を問う傾向は，政治状況との関連からも強まることが予想されるが，そのような時流に便乗することは別として，労働委員会委員の選任方法のあり方をめぐる根本問題である選任制度の原理的課題が曖昧にされてきたことが，訴訟も含めて問題視される弱点となってきていることも事実である。一方では，労働委員会委員の選任基準を含めた選任制度の明確化，他方では，委員としての業務や実績評価のための制度的仕組みの確立を含めて，改めて，選任制度における客観性・公平性・公開性が求められる。

5　三者構成制度をめぐる議論の意味

　近時，三者構成制度や労働者代表制をめぐって，学界レベルでの議論が盛んであるが，そこには，三者構成原理の本源的な理念を無視し，表面的な現象に捕われた主張が見られるところであり，三者構成制度をめぐる議論の意味を検討する必要がある。
　ILO第97回総会（2008年6月）は，「公正なグローバル化のための社会正義宣言」を採択し，ディーセント・ワーク課題を通じた戦略目標の一つとして，「政労使の三者構成とその社会的対話の重視」を指摘し，「ディーセント・ワークを軸とする政策を形成し，その政策を効果的なものにするための最も適切な手段」

---

[25] 大阪府知事から大阪大学総長への「兼業依頼状」では，勤務態様として「■第2・4水曜日　14時00分～17時30分頃（公益委員会議，総会），■月に6回程度（個別事件処理（調査，審問，打合せ等））1回あたり30分～2時間程度」とされている。

[26] 「(1)総会月2回，(2)公益委員会議月2回，(3)全国労働委員会連絡協議会総会年1回，(4)全国労働委員会会長連絡会議年1回，(5)近畿ブロック労働委員会連絡会議年1回」

である「政労使三者構成」原理を確認した。日本では,労働政策審議会建議「今後の雇用労働政策の基本的考え方について」（2007年12月）が,「雇用労働の事情に精通し,また雇用労働の当事者でもある労使の代表者が,幅広い知見を有する学識経験者とともに,公労使三者構成の審議会における調査審議を積み重ねていくことが必要不可欠」と提言し,政策決定における「公労使三者構成」理念の維持を強調した。

ILOと労働政策審議会では,同じ「三者構成」と言っても,「政労使」と「公労使」の違いがあり,三者構成の捉え方が異なっている。三者構成制度があたかも既成のものとして普遍的に存在し,そこに無条件に「公益（委員）」が介在するということを主張することには,その三者構成制度の沿革も含めた国際的な基準からは,論理と実体の危うさが存するのであり,三者構成という原理的制度の換骨奪胎の虞があることに留意する必要がある。そして,三者構成制度に関係する当事者から,三者構成原理の空洞化に対する危機感や運用のあり方の批判が表明されていることに注目される。そこには,共通する問題状況が伏在しているからである。

例えば,花見忠・中労委前会長は,労働法学会における講演等において,「三者構成原理の空洞化」を指摘し,「三者構成の労働側の代表が,流動化し,個別化した労働者たちの利害を本当に代表できるようになるのかどうか」,「連合を中心とした支配的組合が大企業の正規労働者の利害のみを代表する既得権擁護の組織と化しているが,特にこれらの組合が形骸化した三者構成の原理に依拠して国の労働政策決定に強力な発言権をもち,労働行政における支配的地位を維持し労使関係制度のキーアクターとしての役割を演じていることが最大の問題です。」ということから,「三者構成の労働側の代表が,流動化し,個別化した労働者たちの利害を本当に代表できようになるのかどうか」という問題提起を行っている[27]。

この主張においては,ILOの三者構成原理と労働組合組織率との関係の理解について,一方的な解釈を含んでおり,それを前提とした三者構成原理の「空洞化」や「形骸化」という主張には根拠がないと言わざるを得ないことは,第二章でふれることにするが,たとえ,労働組合組織率が低く,労働組合員が少

---

27) 花見忠「労働法の50年：通説・判例 何処が変？」（日本労働法学会誌第108号（2006.11）20頁以下）。「迷走する労働政策－政策決定システムの潰落－」（季刊労働法第217号（2007.6）2頁以下）でも,審議会や公益委員制度については擁護しつつ,「ILO基本原理である三者構成原理そのものの妥当性が問われる」と指摘する。

数であっても，その労働組合と協議し，労働組合代表を選出することは，ILO三者構成原理の本来的な適用のあり方であって，組織率の低下自体が，三者構成原理のあり方や運用そのものに影響を及ぼすものではないからである。

すなわち，三者構成制度の積極的かつ公正な運用によって，労働組合の組織化と活動の活性化が促進されるのであって，労働組合組織率の低下によって，三者構成制度の形骸化であると分析することは，逆転した発想と言わなければならないのである。その意味では，三者構成制度の理念や運用の誤りと三者構成原理の「形骸化」や「空洞化」を混同しているに過ぎないのである。

ILO成立史研究が明らかにしているように，三者構成原理という内容での原則自体が先行したのではなく，労働者の参加・労働者階級の関与という要請が不可避となり，労働者代表が制度化されることが必要とされ，かつ当然視されたことを踏まえ，対抗上，使用者代表の参加が認められたという事実が説明され，その必然的な帰結として，政労使の三者構成という概念と制度が定められたことを重視しなければならない。三者構成制度の真髄は，労働者代表という理念であり，それは，労働組合が労働者を代表する権限を承認することによって，労働組合による労働者代表の合意・推薦制度を設けたのであった。

こうした三者構成制度の理念と運用に対する曖昧さは，判例動向にも反映している。そこでは，労働組合の推薦する労働者委員は「労働者全般の利益」を代表する性格を有するのか，労働組合の代表権限は組合員の「私益」なのか，労働者全体の「公益」なのかという論点が伏在している。判例は，その「私益」と「公益」の区別と定義を曖昧にしたまま，その「公益」性を前提として，個別の労働組合や労働者の側の訴えを却下している。この議論には，労働組合の代表権能は，組合員という労働者を代表する権限と，組合員以外の労働者全般を代表する権限との二面性があることを無視し，その両者を混同し，「私益」と「公益」というあたかも次元の異なる，相対立する内容のものとして捉えているという批判を免れ得ない。このためには，労働組合の基本的な代表権能について，企業別労働組合という組織形態に呪縛され，企業内における従業員代表という狭隘な視点に矮小化することなく，企業内労使関係を超えた労働組合の代表権能を正当に位置づける必要がある。

6 労働者委員任命をめぐる動向

この間，中労委，京都府労委，滋賀県労委，神奈川県労委において，全労連

系労働組合の推薦による労働者委員が任命されている。その任命に関する行政文書には，選任基準に照らして，どのような理由から，従来の選任方針と異なる任命結果が下されたのかは記載されていない。後述の「全国調査」において明らかにしたように[28]，労働組合の組織実勢調査に基づく基礎的資料は添付されておらず，労働組合の潮流別あるいは系統別の存在を前提とした労働者委員の選任であるという事実自体を意図的に隠匿していると指摘することもできよう。このような評価は，京都府の文書（「京都府労働委員会検討懇話会会議録・報告書」）から裏付けられるのである[29]。

　最終的な報告書が作成されるまでの意見交換の過程で，最も論議になったのは，労働組合間の異なる「潮流」の存在の認否であることが明らかになっているが，その主たる議論の形跡を復元しておく。2回の会議のおける会議録と報告書作成の過程を追跡することによって，問題の核心が浮かび上がるのである。労働者委員に関する部分を引用する。

> 「会議録（2006年11月8日）」
> **意見交換**（主な意見）
> 　A（京都総評）・労働組合には京都総評と連合京都という考え方の異なる
> 　　二つの潮流がある。しかし，現在は連合京都のみとなっており，潮流の
> 　　異なる労働組合員が心開いて信頼感が持てるよう検討してほしい。

---

28) 滋賀県では，今回の労働者委員の「選任の理由」において，従来存在していた選任基準（54号通牒に則って「系統別の組合数及び組合員数に比例させるとともに，産業分野，場合によっては地域別等を考慮すること」）を欠落させている。あたかも「労働組合の系統」が判断材料ではないことを自己弁護あるいは釈明しているかの印象を与えている。

29) 「京都府労働委員会検討懇話会」報告書は2007年3月に知事に提出されたが，当事者である京都総評によれば（『第39期京都府労働委員会労働者委員不当任命取消請求訴訟裁判資料集』(2009)），以下のような経過から設置された。第39期の労働者委員任命に係る裁判において，判決前に，京都地裁第3民事部のラウンドテーブルで"事実上"の和解交渉が行われた場において，裁判所は，京都府に対し，「京都府と京都総評の間で円滑な関係を確立することが必要であり，次期40期の任命については『公正・適正』な任命を望む」との要望を行った。原告・京都総評の訴えを却下した判決と第40期労働者委員任命後の経過の中で，京都府からの正式な考え方として，「今後の労働委員会のあり方について検討する協議の場の設置について考えている。この場では，労働委員会委員に係る知事の任命権の行使にあたっての判断材料の検討も含め，関係者から意見を聞きたいと考えている。ついては，京都総評も参加してはどうか。その際は，裁判での原告・被告という関係でない立場で話をすすめたい。」との提案があったことを踏まえて設置され（京都総評の側では控訴取下げ），第41期労働者委員の任命方針について，京都府と労働組合組織間の合意形成が図られ，京都総評加盟労働組合の推薦による労働者委員が任命されることになった。

B（連合京都）・委員の任命については知事の裁量権にかかわることだ。
　　・労働者委員の推薦では経歴などを十分考慮しており，任命後は労働組合の潮流別に関係なく，労働者一般の利益保護を優先して活動していただいている。
　C（府民労働部長）・労働者委員は労働者一般の利益を保護するものであり，実際そのように活動していただいていると認識しているが，労働組合の潮流別という視点についても今後検討していきたい。

「報告書案（2007年2月16日）」
「労働委員会の機能を踏まえて委員任命に当たり配慮すべき事項」
(4)労働者委員
①労働者一般の利益代表者として取り組める者であること。
　・組合未加入者の立場でも考えられることが必要。
　・労働組合には潮流も存在している。
　・紛争解決に当たっては，潮流にこだわらず，労働者一般の利益代表として対処できる資質が必要。
②民間で労使紛争を経験し，解決までした経歴のある者が望ましい。
　・使用者の意見も取り入れる調整能力が必要。
　・労働者側の主張をすべきであるが，労働者に対してもきちんと対応できる者であること。

「会議録（2007年2月16日）」
意見交換（主な意見）
　A（京都総評）・国から54号通牒が出されており，滋賀県などのように基準に取り入れた例もあるように，潮流別のバランスを考慮に入れるという考え方が重要である。
～労働者委員の括弧書きについて～
　B（連合京都）・括弧書き文章は削除して，「労働者一般の利益代表者」，「潮流にこだわらず」を盛り込んだ簡潔な文章だけにする方が良い。
　A（京都総評）・「潮流の存在」を主張するのは，一企業内に2つの労組がある場合に考慮する必要性があるからで，「潮流の存在」という文言を削除することは総評としては認められない。
　B（連合京都）・「潮流の存在」という文言に固執するなら連合京都として異議がある。
　D（元地労委会長）・京都総評にも京都総評としての考えや立場があると思われる。

> A（京都総評）・括弧書きは止めた方がいい。ここだけ括弧書きというのは不自然である。
> C（府民労働部長）・括弧書きという形態はとらずに，文章を工夫して単文化することにする。
> ・基本的には報告書（案）の方向で進み，単文化は持ち廻りで了承を得たい。
> 「報告書」
> 「労働委員会の機能を踏まえ委員として望まれる要素」
> (4)労働者委員
> ・労働者一般の利益代表者として，組合未加入者の立場も踏まえ，所属する組織の潮流にこだわらず，紛争解決に対処できる者であること。
> ・民間で労使紛争を経験し，労働者に対しても対応できる調整能力のある者が望ましい。
>
> 労働組合の組織率の低下を踏まえ，個別の労働者利益の擁護のためにも，今後，労働委員会はより柔軟に時代の要請に応えることのできる紛争解決能力を持つことが望まれる。

　労働者委員の選任方針の変更の背後に存在する議論が公開されることなく，表面的には，選任基準の変更もなされていないという状況は，任命結果の妥当性とは別個に，重大な問題を孕むと指摘しなければならない。このような議論の結果によって，行政内部の選任制度や選考基準がどのように見直され，どのような手直しが加えられたのか明確にされなければならない。当事者の側からすれば，「不公正な任命」の是正という目的が達成されたことにとどまるのではなく，選任制度自体の改革問題として総括する姿勢も求められるところである。客観性・公平性・公開性の原則に基づく選任制度が明確にされ，それに基づいて労働者委員の選任と任命がなされてこそ，本来の労働委員会委員の選任のあり方として積極的に評価されうるであろう[30]。

---

30)　全国労働委員会労働者側委員連絡協議会（労委労協）は，「都道府県労働委員会委員の報酬に関する労委労協の見解」（2009年3月6日）の中で，労働者委員の選任のあり方に関して，「日本の労働組合の大多数を占める団体が中心になって選出することになりますが，中央労働委員会の2008年改選でも，独立行政法人関係の労働組合の組織動向が考慮され，新たな労働組合組織からも選任されており，決して特定の団体の指定席などと言えるものではありません。」と，2008年の任命結果だけを単眼的に取りあげているが，従来の選任結果の問題性を自認するものであるとともに，「日本の労働組合の大多数を占める団体が中心になって選出」という発想は公平な選任基準からはほど遠いものである。しかし，2008年改選においては，新たな選任のあり方（選任基準）が導入されたと認められていることは重要な事実である。

第2章　ILOにおける労働者代表制度と団結権保障

1　団結権保障における三者構成と労働者代表の意義

(1)　三者構成の意義と労働者代表制度

　国際労働機関（ILO）憲章（第3条）は，「総会は，各加盟国の四人の代表者で構成する。そのうちの二人は政府代表とし，他の二人は各加盟国の使用者および労働者をそれぞれ代表する代表とする。」（第1項）と定めているが，この制度は，一般に三者構成原理を謳ったものと理解されている。その独自的な特徴であるとともに画期的な意義は，ILOという国際機関を構成する加盟国の代表者が，政府代表とともに使用者代表および労働者代表という非政府関係者によって構成され，その人数が2人（政府代表）：1人（使用者代表）：1人（労働者代表）となっていることにある。そのうえで，憲章は，「加盟国は，各自の国に使用者または労働者をそれぞれ最もよく代表する産業上の団体がある場合には，それらの団体と合意して選んだ民間の代表および顧問を指名することを約束する。」（第5項）と規定し，選出方法と基準を明文化している。

　この準則の運用に関しては，特に，労働者代表の選出を巡って，ILO設立期以降，多くの国の事例に関して紛議が起きてきたことは周知のことであるが（表〈2-1〉），日本の労働者代表選出問題が，二度に亘って国内外で争われることになった。一回目は，ILOの創設期における労働者代表選出問題であり，本章で扱うことにするが，二回目は，1990年以降の労働者代表選出問題であり，概要は表〈2-2〉のとおりである。前者においては，明治憲法のもとで，治安警察法に象徴されるような団結権自体に対する否認・抑圧制度が存在していたのであり，当然のことながら，日本国憲法によって団結権保障が確認されている現代における後者との比較は，歴史的条件の違いは大きいものがあることを前提とすれば，安易な方法は慎重でなければならない。すなわち，当時の労働者代表選出問題を，その歴史的条件を無視して，今日的視点から論じ，単純に比較することはできないが，そのような歴史的条件の違いを踏まえながらも，当時の記録の分析により確認される，そこで展開されている論理が，今日の労働者代表選出問題における政府・厚生労働省の立場との共通性が多いことも事実で

第2章　ILOにおける労働者代表制度と団結権保障

表〈2-1〉ILO労働者代表の選出方法と資格をめぐる紛争事例

国	事　例	見　解
オランダ	A組合 (218,596名)、B組合 (155,642名)、C組合 (75,618名)、D組合 (51,195名)、E組合 (36,038名)であった。総会への労働者代表について、第1回総会おおよび第2回総会では、A組合を含め、顧問がBCDおよび指名された。1921年、第3回総会にあたり、Aから指名された一候補が労働者代表に指名された。そのため、Aがヴェルサイユ条約第389条違反として異議	常設国際司法裁判所判決（組織現勢による代表性判断基準を採らないことを正当とした）
スイス	顧問が、（正式代表が選ばれた組織とは別の）少数派組織から指名 (1930年)	その指名は、別の組織の利益を害しないと判断し、「少数派組合は心情的にかなりの労働者の意見を反映している」（委任状委員会・総会）
フランス	（分裂後の）CGT-FO代表 Léon Jouhaux を労働者代表として指名したことに、最大組織のCGTが異議 (1948年)	最も代表的な組織CGTが労働者団体から諮問されなかったが、他の組織に比肩したことはCGTが拒否したことによるのであり、組合間の合意が可能とはなかったのであり、政府はCGT-FO代表の指名についてその他の組織の間で分担し、顧問のポストを代表の当事者組織の間で分担し、顧問のポストをCGTに与えた。「かりに組合員数において優勢であったとしても、それは決定的な理由にはならない。」憲章に違反していないと判断した（委任状委員会）。政府の下では、CFDT (旧 CFTC)、CGT-FO、CGT の間で、輪番の方法によって、労働者代表が指名された。(1967年に、CGTが労働者代表に指名)
イタリア	全国的な三労働者団体のうち、労働者代表を指名されなかった最大の組合員数の CGIL から異議 (1951-56年)	フランスと同様の理由から、異議に十分な理由なしとする（委任状委員会）。
南アフリカ	A組合 (150,480名) と B組合 (合計 143,991名) とがあり、BCDが推薦したB (22,776名) 組合長を労働者代表に、A が推薦した者を顧問に指名したことに、A が異議 (1959年)	A が構成員数の上で優勢であることについては争いがないが、（オランダ事件の常設国際司法裁判所判決が明らかなように）数的優勢は必ずしも決定的な要素ではない。「十分に代表的と考えることのできる団体が複数存在する場合には、政府はそのうちの最も重要と認められる団体とのみ協議してあるとしても唯一の団体が存在するわけではない。唯一の団体が労働者代表すべきではない（委任状委員会）。」
クーデター	軍事的なクーデターの結果、政治制度の変更が生じ、既存の労働組合組織が解散させられた場合アルゼンチン (1945年)・ベネズエラ (1950年)	総会は、その労働者代表の権限を無効にした。
ファシズム国家	イタリア・ファシズムの労働者代表 (1923-35年)への異議総会の労働者代表イタリアの専門委員会に所属する労働組合代表イタリアの労働者代表を指名	総会の多数派の見解は、総会の作業に参加する代表の権利を評価するにあたっては、問題は、その国において代表がその国の労働者を最もよく代表するか否かではなく、代表が存在するかどうかであった。それ以外の他の組織が存在するかどうかの限界がさまざま的に論議され、総会は、イタリアの労働者代表を専門委員会に加えることに、組合の自由だけがグループ間とその限界とその自治とグループ間の限界を多くのグループ内の自治とその限界から選ぶこと

32

1　団結権保障における三者構成と労働者代表の意義

	ドイツの労働者代表（1933年）・オーストリアの労働者代表（1935年・1936年）（専門家委員会の指名） スペイン（1956年再加盟後）、協調主義的制度、労働組合の自由がないことや労働者だけを加入させていないことを理由として、労働者代表の権限について異議 ポルトガル（1961年・1962年）	委任状委員会の見解は三つに分かれた。議長（政府代表）は、公認労働組合以外により代表的な組織が存在することを誰も指摘していないし、スペインにおける労働組合の自由の不存在の自由の協調主義的な性格を指摘して、使用者委員は、完全な資料がないこと、組合の自由の保護のためにILOによって定められた手続きの問題であるとして、却下した。
社会主義国	ソ連の労働者代表（1937年）「組合の自由に基づき、労働者自身によって設立された自由な労働組合を代表せず、政府指導に同じ政治権力に従属する組織を代表する」（国際キリスト教労連の主張） ソ連（1954年再加盟）、チェコスロヴァキアの労働者代表（1954年）労働組合の自由が存在しないという異議（国際自由労連から） ルーマニアの労働者代表（1956年）国際キリスト教労連・国際自由労連から異議 ハンガリーの労働者代表（1957年・1958年・1959年）	委任状委員会は、ソ連には「労働者を代表する他の労働組合組織が存在する」という立証がなされていないと指摘し、申し立てられた権限を有効とした。 委任状委員会は、1937年の一致した決定を援用し、労働組合の自由がILO憲章の中で明記され、構成員の権利やその資格の獲得やその絶対的な条件としてはならないと述べた。ILOの委任状委員会は、ILOの三者構成の原則を採用し、すべての加盟国に、完全な代表を派遣し、同一の権利を享有しなければならない。労働組合が一つしか存在せず、かつこの組合が労働者の多数を現実に代表しているを推定できる場合には、この組合と合意して労働者代表、顧問を指名できる。1954年の事案と実質的に同一の根拠から異議から十分な根拠がない。 総会は、大多数によって、労働者代表の権限を理由に1956年のソ連のハンガリーへの介入が理由で、その国の内部の労働組合制度の決定を無効にしていない。ハンガリーの使用者代表に関して、同様の決定は、ハンガリーの1961年と1962年には、ハンガリーの代表全体についての決定を猶予する決定を行った。

出典：飼手真吾・戸田義男［I.L.O. 国際労働機関］、Nicolas Valticos, droit international du travail, Dalloz, 2e ed. 1983. より作成

表〈2-2〉 日本の労働者代表の選出問題

総会年次	労働者代表選出方法（公表分）	反応・評価	ILOの見解
第34回（再加盟、1951）	総評、全労、新産別の3団体と、総評系で中立組合を含む各種労働委員推薦協議会及び全労系の国際労働代表推薦連絡会方式にて、それぞれ代表候補者1名及び顧問候補者2名の推薦を政府（労働省）から求める。	「法律的には必ずしも満足すべきものではないが、労働戦線が分裂し、全国組織が未成熟である現状では改善のもの」「指名方法に明確な法的根拠を与える等の措置を講ずる必要があろう」（両手・戸田 76頁）
第78回（1991）		全労連からの意見	「全労連からの意見は、（総会規則第26条第3節の）抗議ではなく、委員会の対応を予定するものではない」（委任状委員会報告）
第79回（1992）	最も代表的な労働者団体であり、最も代表的な組織として認められている連合を、かつ顧問連絡会を承継している連合を指名	全労連から代表指名の意向表明と異議	「委員会は、連合が日本で最も代表的な労働者団体であると考える。委員会は、総会への労働者代表の指名に際して、同国の最も代表的なすべての労働者団体と協議し、その合意を得るよう努力することに疑問の余地がないとみなすべての政府の義務を指摘しつつ、日本政府が、政府に課されたすべての留意点を考慮するように、誠意を持って、探求したことを記す」（委任状委員会報告）
第81回（1994）		全労連からの異議（政府は、前年行った全労連との非公式な協議を行わなかった）と世界労連の支持	「委員会は、与えられた統計資料によれば、連合が、日本の最も代表的な労働者団体であることを認める。全労連が、全労連の組合員数に関して主張してうち与えられた数字には相違があるが、委員会は、政府が、全労連と第2の組織と位置づけていることを認める。委員会は、規模の点で、すべての労働者団体と協議し、その合意を得るために、政府によってなされた種々の要求を認めつつ、全労連との協議に関して、後でなされた決定に関して、代表団の指名5名グラフへの不満が表示されていることを認める。ILO憲章第3条第5節の基礎的な要件が満たされたことを留保しない。しかし、委員会は、日本の労働者代表に完全に代表されることが望ましいことを強調する。委員会は、さらに努力を行うための日本政府の意思を歓迎し、この努力が顧問指名に関連する広範な代表性を確保する為に努力を続けることを期待する」（委任状委員会報告）
第83回（1996）		全労連は、家内労働の議題であり、代表団に含まれることを要求	「政府は、指名に関する決定を行う前に、全労連と協議することという義務を果たし、連合と全労連との間の有益な協議を促すことを試みるための努力を行った。委員会は、政府が、日本の労働者の最も広範な代表性を確保するために努力を続けることを合意することを記す」（委任状委員会報告）

1　団結権保障における三者構成と労働者代表の意義

第86回 (1998)	イ　我が国において労働者を最もよく代表する産業上の団体での代表団労働者代表および労働者側代表および顧問の日本労働組合総連合会からの推薦状を受ける。 ロ　連合との協議により、推薦状の内容を確認するとともに代表及び顧問について合意する。 ハ　これを受けて、厚生労働省において国際労働総会の労働者代表及び顧問の指名について、閣議の指名を行ったうえで、閣議における指名を行っている。 日本代表団オブザーバーの選任方法政府は、労働者団体からの希望を受けて、国際労働機関の事務局に登録を行う。	「第86回国際労働総会への日本代表団労働者代表および顧問の選任にたいする異議」(委任状委員会への全労連からの異議、1998年6月4日)	日本労働組合総連合会が我が国における労働者側の「最も代表的な団体」として認められるとともに、「委員会は、政府会は、政府がそれらの団体と政府自身との間の会合を設けようとの真の試みを行なかったという証拠を見せなかったことに留意した。委員会は、政府がその真の関与を全労連との間の仲介の役割に限定せずに更に協議を行う必要性がある旨を強調した。」(委任状委員会報告)
第88回 (2000)	ILO提訴の経過、過去の委任状委員会の意見等に沿って検討し、全労連推薦の候補者をオブザーバーとして日本代表団の一員に加える。		
第89回 (2001)	6名のオブザーバ指名(連合4名、全労連2名、非公表)	全労連：顧問の推薦	

第2章　ILOにおける労働者代表制度と団結権保障

ある。そのことは，労働者代表制度において，歴史的な条件の違いが反映していないと言うこと，すなわち，今日の労働者代表選出制度においては，団結権という憲法的な保障の尊重が反映されていないことを意味するものであって，そのことを論証する必要がある。その結果，両者において，約80年の時間的経過と時代的条件を超越して共通する性格の問題性と課題を内包していることを認めなければならない。

　このように，隔絶した歴史的条件が存するものの，過去の労働者代表制度を取りあげるが，その結果，明らかにされるべき点は以下のように要約できる。団結権に対する憲法的保障はおろか立法的な承認さえ存在せず，治安警察法のような団結権厳禁体系が確立していたという歴史的条件のもとでは，団結権保障の具体的な措置である労働者代表選出制度が公正かつ民主的に運用されることは不可能であった。しかし，労働者代表選出制度が労働者の基本的な権利として運用されることを妨げるためには，それなりの論拠を必要としていた。しかも，ILOという国際的な舞台においては，公然と「団結権」自体を否認することはできないため，その論拠は，労働組合の存在を承認することを曖昧にしたまま，その権利を実質的に否認するという内容と論理を採らざるを得なかったのである。ILO設立期における日本の労働者代表選出問題における政府の対応を分析することによって，その論拠を明らかにすることができる。ところが，この労働者代表制度の機能や目的を実質的に無力化する論拠が過去の遺物として葬り去られているどころか，今日でも，堂々と罷り通っているところに最大の問題点がある。したがって，そのような論拠は，団結権の憲法的保障とは相容れないものであることが強調されなければならないのである。

　その根本は，ILOにおける労働者代表選出準則が明確であるのにも拘わらず，時の政府によってそれが無視されたという問題の本質は不変であり，共通性があるからである。1920年代の政府と1990年代の政府によって主張された労働者代表の選出制度に関する政府の認識は，基本的に同質性を有しているのである。その意味で，今日における労働者代表選出制度とその運用における問題性，つまり団結権否認という歴史逆行的姿勢は，約80年前の過去の事例の検証を通じて，再確認されうるものでもある。

　本章は，ILO設立期における，日本の労働者代表選出に関する一連の経緯と現代の労働者代表の選出過程を検証することによって，労働者代表選出問題の本質と意義を再確認し，労働者代表選出問題が，団結権保障の真髄をなすものであることを明らかにする。そのことによって，労働委員会労働者委員をはじ

めとする各種の労働者代表の選出方法のあり方が，労働者の権利保障の見地から見直され，客観的で公正な基準と方法を必要としていることの必要性とその意義を改めて確認するのである。

　前述のように，花見忠・中労委前会長は「三者構成原理の空洞化」を問題視しているが，そこでは，「ILOの労働側代表というものは，加盟国の相当数で労働者の大多数を代表するものではなくなっているわけです。」と指摘し，「ILOにおける三者構成の形骸化は，各国における労働組合を中心とした労使関係制度一般の機能不全という危機的状況を象徴するものです。」という国際的な現状認識を示していた。しかし，既述のとおり，この立論は，ILOの三者構成原理と労働組合組織率との関係の理解について，一方的な解釈を含んでおり，それを前提とした三者構成原理の「空洞化」や「形骸化」という主張には根拠がないと言わざるをえない。たとえ，労働組合組織率が低く，労働組合が少数であっても，その労働組合と協議し，労働組合代表を選出することは，ILO三者構成原理の本来的な適用のあり方であって，組織率の低下自体が，三者構成原理のあり方や運用そのものに影響を及ぼすものではないのである。このような三者構成原理の解釈は，ILO創設期の日本の労働者代表選出問題を通じて確固として確立してきたものである。歴史的教訓は，組織率の低下が，労働組合の代表権能の縮減を導き，三者構成原理を空洞化させているのではなく，労働者代表の選定方法を団結権保障に即した形に改め，三者構成原理を尊重したから，労働組合の組織化が進んだということあった。

　すなわち，三者構成制度の積極的なかつ公正な運用によって，労働組合の組織化と活動の活性化が促進されるのであって，労働組合組織率の低下によって，三者構成制度の形骸化と分析することは，逆転した発想と言わなければならないのである。その意味では，三者構成制度の理念や運用の誤りと三者構成原理の「形骸化」や「空洞化」を混同しているにすぎないのである。本章では，ILO設立期における三者構成制度の確立の過程を分析することによって，かかる三者構成原理の本来的な理念と意義を検証し，再確認する。

　ILO設立期における日本の労働者代表の選出方法自体は，ILO側の資料に基づく，ILOの立場からの分析については，すでに紹介されている[1]。また，労働組合側の対応についても，代表選出の手続的正当性を主張する立場だけでなく，代表派遣自体を否認する立場も含め，日本労働年鑑が詳しく記録している。そ

---

1) 飼手真吾・戸田義男『I.L.O. 国際労働機関』（改訂版，日本労働協会，1962）72頁以下，中山和久『ILO条約と日本』（岩波書店，1983）95頁以下。

こで，本章では，日本政府の対応について分析し，評価することを主たる目的とする。当時の政府による労働組合政策については，治安警察法第 17 条の存在も含めて，その団結権敵視政策は明らかにされてきているが，労働者代表選出問題との関連からの具体的な行動や実相を検証し，その団結権敵視政策の実態を明らかにする。そのため，当時未公表扱いにされてきた政府部内の資料を手掛かりにするとともに，各種の記録を活用する[2]。

歴史的資料が，様々な限界と制約はありつつ，不完全とはいえ公開されているのに対して，現代における ILO に対する日本の労働者代表の選出問題は，選出結果への批判的立場の労働組合組織からの運動論的批判的意見を除けば，殆ど議論されていない。その最大原因は，ILO 代表団の選出過程の実態が公開されていないことであることから，今日の団結権保障のあり方を例証する意義も含めて，情報公開制度によって，可能な限り，現代の労働者代表の選出問題の

---

2)　会議録・議事録は，ILO による公式のもの（第 1 回総会については，League of Nations, International Labor Conference, first annual meeting, Government Printing office, 1920., 第 2 回以降は，Société des nations, League of Nations, Conférence Internationale du Travail, International Labour Conference, Bureau International du Travail, International Labour Office.）を参照したが，日本の労働者代表問題に関する叙述については，日本の労働者代表や政府が作成した文書類および外務省による翻訳文を引用した。外務省の報告書は，以下による。『第一回國際勞働會議報告書（大正九年四月）』，『第二回國際勞働會議報告書（大正十年三月）』，『第三回國際勞働總會報告書（大正十一年七月）』，『第四回國際勞働總會報告書（大正十二年八月）』，『第五回國際勞働總會報告書（大正十三年五月）』，『第六回國際勞働總會報告書（大正十三年十二月）』，『第七回國際勞働總會報告書（大正十五年三月）』。必要に応じて，日本政府側の原資料として，国立公文書館アジア歴史資料センター所蔵の『国際連盟労働総会関係一件　第七回総会関係　労資代表選出其ノ他人事関係』（特に，社會局『勞働代表選定手續ニ就テ』（大正十三年九月九日））等の ILO 関係の外交資料，『日本外交文書』（大正八年第三冊下巻）（外務省，1971）などの公表文書を参照した。なお，当時の ILO 関係の外務省作成の外交文書の原資料について，情報公開制度による行政文書の開示として公開を請求したが，在外公館を含めて「所蔵していない」という不開示決定がなされた。

　個人および非政府関係者による資料としては，以下のものがある（発行年不記述は，確定する事跡がないことによる）。『第一回國際勞働會議決議事項並假議事錄』（三菱鑛業株式會社總務課），西村健吉『國際勞働會議』（梅津書店，1919），武藤山治『國際勞働會議に關する報告書』（1920），永井亨『第三回國際勞働會議に就て』，山崎龜吉『第五回國際勞働總會報告書』，『國際勞働會議と日本』（朝日新聞社，1924），前田多門『國際勞働』（岩波書店，1927），商業會議所聯合會『國際勞働總會ノ經過（自第一回至第九回）』（1926），商業會議所聯合會『國際勞働總會ノ經過（自第一回至第十回）』（1927）。第 2 次大戦後に著述されたものは，引用の他に，以下のものがある。吉阪俊藏「ILO の思い出」（世界の労働，1953 年 1 月号 - 1955 年 12 月号），花見忠『ILO と日本の団結権』（ダイヤモンド社，1963），飯塚恭子『祖国を追われて　ILO 労働代表《松本圭一》の生涯』（キリスト新聞社，1989），吉岡吉典「ILO 創設と日本政府の対応」（経済，2007 年 11 月号）（同『ILO の創設と日本の労働行政』（大月書店，2009）に所収）。

実態の解明を行う。

本章は,歴史的な資料を復元すること自体が目的ではないので,原資料は,必要に応じて再掲しながら,歴史的背景の違いを踏まえつつ,その現代的な課題との共通性を探ることとする。

(2) ILO の設立と三者構成原理

ILO の構成原理や理念を,国際法的な側面と労働法的な側面の複合から説明する立場がある[3]が,国際法的な立場からすれば,ヴェルサイユ平和条約の意義を重視し,国際連盟や国際司法裁判所の設立と同じ意義を見出すことになるとしても[4],ILO の構成原理や制度理念について,国際法として論理整合的に説明されえない問題も多い[5]。ILO 誕生の原動力は,一般に解されているように,国際的な労働立法制定の歴史(ベルン会議の影響),大戦における労働者,特に組織労働者の協力の反映とロシア革命の影響という事情が強調されるが,これは ILO の性格における労働法的な立場の確認でもある。つまり,ILO の構成原理や理念は,国際機関という意味での国際法的な側面を具えつつ,労働法的な価値が優越的な地位を占めるべきことになる[6]。そこでは,労働運動の直接的な貢献と労働運動における直接行動理論および政労関係の強調といった視点の影響を認めることができよう。

ILO 創設の淵源が労働運動の寄与自体に直截的に求めることができるという歴史的由縁から,そして,労働法的な立場を重視するからこそ,三者構成原理

---

3) 「國際勞働法が國際法である限り,それは國と國との間の問題であり,勞働法である限りそれは勞資間の問題であつて,ILO はまさにこの二面をもっているということである。この二面がどのように交わっているかが ILO の性格を決定するものであるが,何れに重點がおかれるかは,論者によつて異なる。」(上杉捨彦『國際勞働法史』(日本評論新社,1952) 27-28 頁)

4) 国際連盟と国際司法裁判所が,第 2 次大戦の勃発によって,消滅していくのに対して,ILO は,1944 年のフィラデルフィア宣言を経て,今日まで存続していることの意義を顧みる必要がある。

5) 加盟国の資格について,平和条約第 387 条は,「國際聯盟ノ原聯盟國ハ右常設機關ノ原締盟國タルヘク今後國際聯盟ノ聯盟國ト爲ルモノハ同時ニ右常設機關ノ締盟國タルヘキモノトス」としていた。アメリカは国際連盟不加入により,ILO にも不参加だが,ドイツ(1926 年に国際連盟加盟)は加盟を認められた。第 1 回総会は,アメリカ政府の招集によりワシントンで開催されることになるが,平和条約の締結という手続によって,ILO 設立を説明することは,その誕生の原動力を見誤ることになろう。

6) 労働法的な側面は,国際労働法的な視点からの分析の限界を指摘することもあるが,それは,労働法の性格を総資本の理性の反映とみる立場への批判でもある。例えば,大河内理論では,国際資本による労働問題への対応と理解されるが,その限りで,労働運動の歴史を過小評価し,三者構成の評価には消極的とされるからである。

39

が導入されることになった。より厳密に言えば，三者構成原理という内容での原則自体が先行したのではなく，労働者の参加・労働者階級の関与という要請が不可避となり，労働者代表が参加することが必要とされ，かつ当然視されたことを踏まえ，対抗上，使用者代表の参加が認められたという事実が説明される。その結果として，労働者および使用者を含めた三者構成という概念が定められたのである。すなわち，ILOの創立において，構成国を代表する委員の資格や構成が，三者構成原理や三者構成制度という原則から議論され，その結論として，政府委員・労働者代表・使用者代表という代表構成が決定されたのではないのである。三者構成原理や三者構成制度が前提とされ，その帰結として，あるいはその適用として，三者の委員構成がなされたのではなく，労働者代表の存在が不可欠なものとして承認されることが必然的な状況として受け入れられ，結果的に，政府委員・労働者代表・使用者代表という三者の委員構成になったという歴史的事実とその意義を，三者構成原理や三者構成制度と定義し，説明することになったのである[7]。

そして，問題は，三者構成という原則自体とともに，労働者代表の選出方法，すなわち，「いかなる労働者代表がILOにえらばれていくか」にかかってくることが意識されていたことである[8]。三者構成原則の運用において，労働者代表の選出方法が重要な意義を有していたことが明らかにされていた。

(3) ヴェルサイユ平和条約と労働者代表制度

このように，ILO創設の過程で，三者構成制度の導入自体は共通認識となっていくが，議論が沸騰するのは，委員の定数問題である。その詳しい経過につ

---

[7] この点，飼手真吾・戸田義男『I.L.O. 国際労働機関』は，「第一次世界大戦後に締結された平和条約（ヴェルサイユ条約）の労働編の起草にあたって，多数の国の労働組合が労働条件に関する国際的な討議に労働者の代表者を参加させて労働組合の意見を反映させることを強く希望したからである。そして，労使の均衡を確保するために，使用者代表も会議に参加することとなったのである。すなわち，三者構成の原則がまず打ち立てられて，それによってILOの諸会議が構成されたのではない。」と述べる（58頁）。また，工藤誠甫『史録ILO誕生記』（日本労働協会, 1988）は，「政府代表と民間代表の員数の割合をどうするかについては白熱した論争が交されたが，三者構成そのものの是非論は何らなされていないし，規約中に「三者構成」という字句も見当たらない。」と述べる（264頁）。

[8] 上杉捨彦『國際勞働法史』41頁。「ILOについて勞資間の問題を重視する見解は，とくにいわゆる三部制の問題に議論を集中させ，あわせて，労働者代表のえらび方を非難する。……三部制 (tripartite) こそは，ILOをして，「各國政府によつて作られる他の國際機關とは全く異なつたものたらしめる點である」からである。しかし問題は三部制そのものにあるか，それともその構成にかかつているのであるか。」（同37-38頁）

いては，省略するが，現行制度と各国案の一覧は，**表〈2-3〉**のとおりである。政府委員の人数について，労働者代表および使用者代表と同数の1名とするか，あるいは2名とするかで議論が分かれることになる。これは，ILOにおけ国際法的な役割（政府代表の優越的地位）か労働法的な意義（政府に当事者的な立場と責任を課すことから，政府委員・労働者代表・使用者代表の三者の委員の資格と権限を平等とし，同数とする）かの議論の延長に位置づけられるものでもあったが，結果的には，前者の主張が認められた。しかし，産業別労働委員会では，後者の委員構成であり，労働法的な意義の影響を認めることができる。いずれにせよ，ここで構想された労働者委員は，当該の国の労働者全体の代表という位置づけを与えられなければならないことは，選出基準を設けたことからも明確であった。

　問題は，労働者代表は，1名という単数代表であることが，新たな難問を引き起こすこととなった。それは，複数の労働組合組織が併存する場合の選出方法である。一部では，労働組合組織が存在しない場合にはどうするかという問題もあったが，かかる状況に該当するかどうかの判断は，誰が，どのような根拠で行うか困難な問題があった。その問題状況については，前出の**表〈2-1〉**において，纏めたところであるが，ILOが労働者代表を公的な制度とすることから，この問題を団結権保障の一環として位置づけていることは異論のないところである。そして，少数組合の団結権を保障するために，定員を増やすという主張は受け入れられていないが，それは，労働者代表が，労働者全体の代表であるという見地の反映であり，そのため，労働組合は全体を代表できれば，必ずしも最大組合である必要はないという立場であり，選出ルールの工夫により解決する志向が窺われる。そのため，複数の労働組合が併存する場合には，政府の責任での合意が求められることになり，その帰結として，労働者代表の選出・任命において，政府の自由裁量論を認める議論を批判するものとなっている。

(4) ILOにおける代表性準則の確立

　ILOにおける代表性準則の確立の沿革とその意義を確認する必要がある。というのは，労働者の代表選出過程において，多数派の労働組合組織を優遇するという措置は，一面では，ILOの準則に合致しないこともないからである。それは，総会への代表団選出に関する「使用者または労働者を最もよく代表する産業上の団体（との合意）」という考え方である。しかし，この考え方において

第2章 ILOにおける労働者代表制度と団結権保障

表〈2-3〉政労使代表の比率に関する現行制度と提案

現行制度(根拠)	機　関	構　成
憲章 議事規則	総会 地域会議	政府代表2名，使用者代表1名，労働者代表1名
理事会決定	産業別労働委員会	政労使各1名

審議の機関	提案国	提　案
国際労働法制委員会 (1919, 平和条約労働編の起草)	イギリス案	「1名ハ政府委員　2名ハ傭主及労働者ノ代表者」 「政府委員ハ総会ニ於テ二個ノ投票権ヲ有シ非政府委員ハ一個ノ投票権ヲ有ス」 「傭主及労働者ヲ最モ善ク代表スル工業的団体ト協定ノ上……任命スル」
	イギリス・ベルギー・日本	政府代表は労使代表（各1名）合計と同数（2名）か，1名で2個の投票権
	フランス・アメリカ・イタリア・キューバ	政府代表・使用者代表・労働者代表同数（各2名）
第27回総会 (1945)	ラテン・アメリカ諸国	政府代表2名(国有化企業代表1名・一般政策代表1名) 使用者代表1名（私企業代表） 労働者代表2名(全国的労働者団体代表1名・国有化企業労働者代表1名)
	ベルギー・フランス	政府代表2名 使用者代表2名（国有化企業・私企業） 労働者代表2名(最も代表的な労働者団体代表1名・少数労働者団体代表1名)
	チェコスロヴァキア・ポーランド	政府代表1名 使用者代表1名 労働者代表2名
第29回総会 (1946)	フランス	政府代表・使用者代表・労働者代表各2名 使用者代表のうち1名は国有化・社会化企業管理者
	キューバ	政府代表3名，使用者代表2名，労働者代表2名

出典：飼手真吾・戸田義男『I.L.O. 国際労働機関』，Nicolas Valticos, droit international du travail, Dalloz, 2e éd., 1983. より作成

1 団結権保障における三者構成と労働者代表の意義

は,「結社の自由」という原則と両立しなければならないことも, ILO 自身が強調し重視しているところである。このような意味から, ここで, ILO における代表性準則の意味を正確に捉えることが必要であろう。

ILO を設立したヴェルサイユ条約 (1919 年 6 月 28 日) は, ILO の基本原則であり, その独自的特徴でもある (政労使) 三者構成原則を定めたが, 労働者代表および使用者代表の選出に関しては,「最もよく代表する団体との協議」準則を定めたのであったが[9], その解釈や運用自体が, 多くの加盟各国で論議や争いの対象になった。1921 年に, オランダ政府による労働者代表任命問題[10]が, 常設国際司法裁判所の判断を仰ぐことになり, この「代表的な労働組合組織」の概念が明確にされることになった。常設国際司法裁判所判決[11]は, まず, その「代表性」の意義については,「単一の組織の代表という考え方は, 条約の条文の中のどこにも表明されておらず, むしろ, 当事者国の労働者の代表と明示的に述べている。」と指摘し,「労働者代表は, 加盟国に所属するすべての労働者を一般に代表する。」と述べ,「労働者全体の代表」という性格を明らかにした。そのうえで,「組合員数は, ある組織の代表的性格を判断するための唯一の基準ではないが, 重要な要素である。すべての条件が等しいならば, 最大の組合員数を擁する組織が, 最も代表的な組織となるであろう。」と述べながらも,「ある国において, 労働者階級を代表する複数の職業組織が存在する場合には, 政府が労働者代表および顧問の任命を行うに際しては, すべての事情が政府によって考慮に入れられなければならない。」と判断し, 組織現勢による代表性判断基

---

9) ヴェルサイユ条約 (同盟及聯合國ト獨逸國トノ平和條約) 第十三編 (勞働) 第一款 (勞働機關) 第三百八十九條 (抄)「勞働總會ハ各締盟國四名ツツノ代表者ヲ以テ之ヲ組織ス内二名ハ政府ノ代表委員, 他ノ二名ハ當該國ニ於ケル使用者及勞働者ヲ各代表スル代表委員タルヘシ

各代表委員ハ顧問ヲ同伴スルコトヲ得但シ會議事項ノ各項目ニ付二名ヲ超ユルコトヲ得ス勞働總會ニ於テ特ニ婦人ニ關スル問題ヲ議スル場合ニ於テハ顧問中少クトモ一名ハ婦人タルコトヲ要ス締盟國ハ其ノ國ニ於テ使用者又ハ勞働者ヲ最能ク代表スル産業上ノ團體カ存在スル場合ニ於テハ該團體トノ協議ニ依リ各民間代表委員及其ノ顧問ヲ任命スルコトヲ約ス」

この規定は, 現行の国際労働機関憲章 (第三条) に引き継がれている。

10) 表〈2-1〉のように, オランダには, 当時, 五つの労働組合中央組織が存在していた。組織人員は, A 組織 (218,596 名), B 組織 (155,642 名), C 組織 (75,618 名), D 組織 (51,195 名), E 組織 (36,038 名) であった。ILO 総会への労働者代表について, 第 1 回総会および第 2 回総会では, A から任命され, 顧問が BCD から任命された。1921 年, 第 3 回総会にあたり, A からは顧問が任命され, BCD の統一候補が労働者代表に任命された。そのため, A がヴェルサイユ条約第 389 条違反として異議を申し立てた。

11) Avis consultatif N° 1 du 31 juillet 1922, Bulletin Officiel, Vol. VI, N° 7 du 16 août 1922, pp. 295-302.

第2章　ILOにおける労働者代表制度と団結権保障

準を採らないことを正当とした。

　この常設国際司法裁判所の判決により，ILOにおける労働者代表は，「労働者全体の代表」であるという理念が明確にされ，それに基づき，その任命基準の設定と解釈がなされるに至ったが，この判決を通じて，労働者代表任命基準は，①代表的な労働組合組織ではなく，最も代表的な労働組合組織が問題となっており，背後には，何らかの選別の考え方が潜んでいる。②組合員数という基準は，唯一のものではない，中心的なパラメーターとして必要であるという二つの内容に集約されるものとなっている[12]。

　この常設国際司法裁判所の見解に基づき，労働者代表の設定と解釈がなされるに至ったが，実際上の運用は，複数労働組合組織が併存する場合には，政府が，最大組織勢力の労働組合から労働者代表を任命しないという結果をも伴いつつ，顧問[13]も含めて労働者代表の輪番制（総体的にみれば，均衡配分方式）という工夫をうみだすことになった。その結果，労働組合中央組織が，分裂・併存状態にあったフランス・イタリア・ベルギーでは，輪番制が採用された。

　このような基本的な考え方は，ILOの歴史の中で，繰り返し確認されてきているところであった。ジョンストン元事務総長補は，「多くの国においては，どれがもっとも代表的な団体かを決定する仕事は容易なものではない。」と指摘し，「政府は年々ILO総会の委任状委員会の決定により，または国際司法裁判所の助言的な見解から利益をうけてきてはいる」[14]と述べているのである。

　同じくバルティコス元事務局長補佐も「労働者代表の問題に関しては，複数の労働組合組織が存在する国について……難しい問題がある。」とし，「政府に要求されているのは……その国の労働者が正しく代表されるような合意を達成するため，最善の努力をすることということにでもなろう。……この原則は，その後もILO総会の資格審査委員会及び総会自体によって採用され，これらの機関はその後何年も複数の組織が存在する国に関する様々な問題を処理してき

---

12)　V., G. Coin, Représentativité dans le secteur privé, Action juridique, n° 133, 1998, p. 13.
13)　委任状委員会は，1930年に，スイスに関する事案で，顧問が，少数派組織に任命されることは，他の組織の利益を害しないと判断する（Nicolas Valticos, droit international du travail, Droit du travail, tome 8, 2e éd., Dalloz, 1983, p. 198.）。
14)　G. A. ジョンストン『ILO国際労働機関－社会進歩のためのILO活動－』（日刊労働通信社，1973）54頁。ちなみに，同書の監修者は，当時の日本の労働大臣官房審議官久野木行美氏を含むILO理事会メンバーであり，この叙述は，日本政府にも該当することに異議が挟まれていないこと，すなわち，労働者代表の選任問題は，日本政府にとって，重要な課題として位置づけられてきたことに留意されるべきであろう。

た。」[15] と述べている。

　そのため,「労働者を最もよく代表する団体」あるいは「最も代表的な労働組合」の判断は,当然のことながら,明確で客観的な基準と根拠に基づいて行われなければならない。国際労働機関の一機構である「ILO条約勧告適用専門家委員会報告」である『結社の自由と団体交渉』は,「もっとも代表的な団体という判定は,偏見や乱用のあらゆる可能性を避けるために,客観的かつ事前に確立された,正確な規準にもとづくものでなければならない。」[16] と客観的な基準と根拠に基づく労働者代表の選任を強く要求しているのである。

　さらに,国際労働機関が労働者教育講座のために作成した教科書である『結社の自由』も,この労働組合の代表性に関して,「立法府や行政府がいろいろな団体の間に専断的な差別を行うと,公の機関との関係で労使団体の独立性がおびやかされる心配がある。」[17] と懸念し,労働組合代表の選任についての公平性の確保を要請しているのである。

　また,この国際労働機関の「結社の自由委員会は,法律によって最も代表的な労働組合としからざる労働組合とを区別する場合,最も代表的な労働組合に対して……国際機関への代表者の指名における優先権を与えるにとどまる限り,この区別を非難することはできない」[18] として,法律による労働組合の代表性基準の設定を求めており,労働者代表選任の基準の客観性が重要であることを物語っている。

　その後,ILOは,労働者代表の任命に関し,一部の労働組合組織に対する不公正な・不平等な取扱が,「結社の自由」原則に反するものであることを,日本の労働委員会労働者委員等の任命に関する申立に対する勧告でも確認してきた[19]。労働組合の代表性と「結社の自由」を牽連させる考え方は,より普遍的な

---

15) ニコラス・バルティコス『国際労働基準とILO』(三省堂,1984) 24頁以下。
16) ILO条約勧告適用専門家委員会『結社の自由と団体交渉』(日本評論社,1994) 87頁以下。
17) 『結社の自由』(労働者教育講座第三号,国際労働事務局東京支局,1959) 102頁。
18) 戸田義男『ILOにおける労働組合権の保障』(日本評論社,1971) 340頁。
19) 例えば,第284回ILO理事会勧告(結社の自由委員会第328次報告)(INTERNATIONAL LABOUR OFFICE, GB.284/8, 328th Report of the Committee on Freedom of Association, Case No. 2139, pp. 132-138.)。ILO理事会の公式ステイトメントによると,「全国労働組合総連合が中央労働委員会,地方労働委員会の労働者側委員選出における反組合的差別行為による組合の代表義務妨害について行っていた申立に関しては,すべての代表的労働組合団体を平等に処遇する必要性に関する結社の自由原則に基づき,適切な措置を講じるよう政府に求めました。」と報道されている(ILO東京支局ホームページより)。「全労連国際局仮訳」を,大和田敢太「労働者代表の選出をめぐる問題——選任方法・基準の公平性・客観性・公開性(3)」(彦根論叢第338号,2002.10) 19

原則として,「産業的及び全国的規模における公の機関と使用者団体及び労働者団体との間の協議及び協力に関する勧告」(第113号, 1960年)や「国際労働基準の実施を促進するための三者協議に関する条約」(第144号, 1976年)においても反映している[20]。

このような「最も代表的な労働組合組織」という考え方と「結社の自由」原則を尊重したうえで,労働組合からの代表選出の一般的準則を定式化すれば,比例配分や輪番制等の活用となるが,いずれにせよ,労働組合間の数量的な序列化と予定される委員の比例的按分による配分が必要となっている。それは,組合員数の要件だけで,固定化されるべきではない。

(5) ヴェルサイユ平和条約と日本政府

ヴェルサイユ平和条約締結時,日本政府は,労働組合抑圧政策を採っている中で,「労働者代表」をどのように意義づけるのかが問題関心となっている。パリ講和会議での平和条約の草案審議過程において (1919年),日本政府(内田外務大臣)と現地外交団(在仏国松井大使)との間で,電文が頻繁に交わされているが,労働者代表問題に関するものには,以下のように,両者の間の認識の違いが滲み出ている[21]。

> ① 在仏国松井大使ヨリ内田外務大臣宛電報 (2月7日, 国際労働法制委員会会議経過報告並我国ニ於ケル労働条件改善ノ諸問題ニ付請訓ノ件, 講第94号)
> 　「左記事項ニ付至急何分ノ指令ヲ与ヘラレタシ
> 　一,組織正シキ労働者ノ組合ハ之ヲ公認スルコト
> 　……我国トシテ国際聯盟ニ加入スルコトニ応諾スル以上ハ……或ル程度ノ改革ヲ我労働制度ノ上ニ加フルノ已ムヲ得ザルベキヲ信ス」
> ② 内田外務大臣ヨリ在仏国松井大使宛電報 (2月8日, 常設国際機関ノ構成ニ関スル英国案中ノ疑義ニ付問合ノ件, 講第49号)

頁以下に引用した。
20) (第113号勧告) 第2条「(産業的及び全国的規模において, 公の機関と使用者団体及び労働者団体との間並びにこれらの団体の間の効果的な) 協議及び協力は, 結社の自由並びに団体交渉権を含む使用者団体及び労働者団体の権利を制限するものであるべきではない。」
　(第144号条約) 第1条「この条約において,「代表的団体」とは, 最も代表的な使用者団体及び労働者団体であつて結社の自由の権利を有するものをいう。」
21) 『日本外交文書』(大正八年第三冊下巻) 1340頁以下。

「工業的団体トハ労働者ノ団体ヲモ含ム次第ナリヤ」
③ 在仏国松井大使ヨリ内田外務大臣宛電報（2月17日，国際労働法制委員会ニ於ケル英国提出ノ条約案ノ逐条審議状況報告ノ件，講第158号）
「日本委員ハ雇主及労働者ノ組合ナキ諸国ニ於ケル代表者ノ選任……ニ関シ質問ヲ発シタルカ……原案者ノ答弁ニハ原案ハ組合ノ組織ヲ発達セシムル目的ニテ起案セラレタリ而シテ世界中ノ組合ノ形体ヲ存セサル国ハ極メテ稀ナリ然レドモ若シ已ムヲ得ザル時ハ協約案ノ規定ニ依リ政府ノ責任ヲ以テ雇主及労働者ノ代表者ヲ選任スルノ方法ヲ開クヘキ旨答ヘタリ」
④ 内田外務大臣発在仏国松井大使宛電報（3月6日，国際労働法制委員会討議事項ニ関スル回訓，講第131号）
「次ノ趣旨ニヨリ御措置アリタシ
一，組織正シキ一切ノ労働組合ハ治安警察法其ノ他我法律ニ於テ之ヲ禁止シ又ハ之カ成立ヲ妨ケ居ラス即チ法律上之ヲ否認シ居ラサル次第ナリ尤モ帝国ニ於テハ之ヲ自然ノ発達ニ委ネントスル方針ナルニ付今日ノ処労働者又ハ雇主ノ組合ニ関スル法律ヲ制定スルノ必要ナシト認ム
〔(註) 今日ノ処英国濠洲等ニ於ケルカ如ク労働組合法ヲ制定スルノ必要ナキヲ認ムルモ労働組合ノ成立ニ対シ今日ト雖モ何等禁止妨害ヲ加ヘ居ルコトナシカノ米国ニ於テ最近労働組合ヲ排「トラスト」法ニ依リ禁止セサルコトトスル共ニ別ニ未タ労働組合法等ヲ公布セサル現情ト其ノ趣ニ於テハ大差ナキモノト思考セラル〕

ここでは，「組織正シキ労働者ノ組合」あるいは「健全ナル労働組合」という文言に日本政府の姿勢と困惑が象徴的に現れている。これは，まさしく，労働組合に対する抑圧立法を定め，労働組合を法律上承認していない状況において，労働組合が労働者代表選出に参加するということは，その「非合法」に存在する労働組合に公的な立場を付与することになるという政策的矛盾を来すことの懸念であった。そのため，「組織正シキ労働者ノ組合」あるいは「健全ナル労働組合」という条件を設けることによって，その条件を満たさない既存の労働組合を労働者代表選考手続に参加させることは回避しようとするものであった。換言すれば，「組織正シキ労働者ノ組合」あるいは「健全ナル労働組合」といった概念は，団結権や労働組合の活動を抑圧するための便法にすぎないもので

あって，それは，現代における団結権侵害の事例においても頻繁に登場する用語とも共通する特徴となっている。このように，この段階では，労働組合自体が存在していないという建前から，労働者代表選出手続を想定するものであった。しかし，労働者代表という考え方自体は，労働組合の地位の尊重，団結権の保障と一体のものであることは，「労働組合法」制定の必要性を進言する松井大使側からの電文にも窺われることで，それは，平和条約締結交渉の担当者として，ILO創設の理念を感得した立場からの発言である。

このように，労働者代表選出という具体的な問題が登場してくるまでは，既存の労働組合組織の存在を無視する対応であるが，他方，既存の労働組合との協議を認めることは,別の「矛盾」をも来しかねないといううう事情もあった。当時，政府の予定する（あるいは期待する）労働者代表選出手続に参加する可能性のある労働組合は，労働組合の組織の中では少数派であった。そのため，一部の労働組合，しかも少数派の労働組合のみを対象とした労働者代表選出手続を履践することは，別の重大な紛議をもたらしかねない。そのため，労働組合全般の存在を無視することになった。

しかし，たとえ「非合法」であろうと労働組合自体が存在することは否定しがたいことであった。そこで，新たに，労働組合員が少数で，組織率が低いという理由が持ち出されることになる。このような主張は，その後の労働者代表選出手続の中で具体化する。これは，労働組合抑圧政策をとりながら，労働組合員が少数であるという主張であって，そのような主張を公然とすることの詭弁性，すなわち，労働組合抑圧政策による組合員差別により組合員を少数派に押しとどめておきながら，組合員数が少数であることを理由とし，労働組合の代表性を否定するという自家撞着を物語っている。

労働者代表選出問題が，労働組合の地位の尊重，団結権の保障と密接に結びついていることが，その発生史からも明らかになるのである。

2 ILO設立時の日本労働者代表選出問題と団結権保障

(1) 経過と評価

ILO設立時の第一回（國際勞働會議）から第六回（國際勞働總會）までの日本の労働者代表選出方法の変遷を，当時の記録に依りながら再現し，労働者代表選出問題における原則的基準のあり方について，その位置づけや意義を明らかにする。

2 ILO 設立時の日本労働者代表選出問題と団結権保障

(ア) 第一回（國際勞働會議）

日本勞働年鑑では,「(1919年) 八月下旬内務農商務兩省は國際勞働會議に關する資本家側及勞働者側委員選定に關する協議會開催の件につき左の如く決定した。」と記録されているが[22],朝日新聞社版の記録は「閣議決定は公けに發表せられず,右は第一回總會に於ける政府代表の答辯に據る」と記述するので[23],公表の程度については,確定できず,内容も曖昧であるが,後者の内容が,明瞭かつ要領よく整理されているので,それを引用する。

第一段　協議員選舉
　イ　五箇の組合より五名の代表者を選出せしむ。
　ロ　地方長官の管轄の下に在る工場勞働者,鑛山勞働者及運輸勞働者に付いては工場,鑛山及運輸團體毎に其使用人に依つて選出されし代表者を集合せしめ各地方別に總計六十一名の協議員を選出せしむ。
　ハ　政府の直接管理の下に在る官設鐵道及官設工場よりは其使用人に總計九名の協議員を選出せしむ。
第二段　候補者選舉
　組合勞働者及非組合勞働者の代表者計七十五名を九月十五日會合せしめ協議會を開催して三名の候補者を選舉せしむ。

このうち,地方別の選出は,「五萬人以下の工場及び鑛山勞働者を有する府縣は協議員一名を,五萬人以上十萬人以下のものは二人を,十萬人以上のものは三人」という基準により,總計60名の内訳は,「東京,大阪,兵庫,愛知,長野及福岡の二府四縣は各三名,北海道および神奈川の一道一縣は各二名,其他の三十九府縣は各一名」であり,官營関係の9名は,「鐵道院所屬三名,海軍省所屬内閣大蔵省陸軍省及び農商務省所屬各一名」とされている。また,「五箇の組合」は,友愛會,信友會,日本勞働組合,日本勞働聯合會および大阪鐵工組合である。

このような労働者代表選出方法に関しては,労働組合側から,批判が強く,その反対運動は報道もされていたが,外交レベルでも,日本政府に,その問題点が通報されていた。この問題で,イギリスやアメリカに駐在する日本大使から,

---

22) 日本勞働年鑑（大正九年版）681頁。
23) 『國際勞働會議と日本』441頁。総会および委任状委員会関係の文書は,明示なきかぎり,同書（449頁以下）から引用した。

第 2 章　ILO における労働者代表制度と団結権保障

以下のような報告がなされたこと[24]自体が，日本政府の選択した労働者代表選出方法について，ILO 設立の象徴的意義を有する三者構成原理（労働者代表選出制度）と齟齬を来す畏れのあることを自認するものであった。ここでは，日本政府側の対応は，前述の「組織正シキ労働者ノ組合」あるいは「健全ナル労働組合」という恣意的な定義を持ち出し，それに該当する労働組合組織が存在しないことを強弁するとともに，労働組合側の自主的な代表選出という本来的には正当な要求を，「労働者代表は筋肉労働者でなければならない」とする主張にすり替えるという新たな論点が持ち出されてきていることが特徴であるが，労働者代表の資格と推薦との関係について混同を物語っている。しかし，筋肉労働者問題は，後述のように，労働組合側の代表性の限界でもあった。

> ①　在英国永井臨時代理大使ヨリ内田外務大臣宛電報（8 月 16 日，各国ガ労働総会ニ派遣スル労働者代表ノ選任方法ニ関シ準備委員会書記局主任バトラー氏及岡委員吉坂監督官ノ意見報告ノ件，第 353 号）
> 　「準備委員会書記局主任「バトラー」ハ日本政府ハ適当ナル労働組合ナキヲ理由トシ其ノ責任ヲ以テ労働者ノ代表者ヲ選任スル事ヲ得ベケンモ鈴木其他ノ者ガ総会ニ異議ヲ申出サシメタル場合ニハ困難ナル問題トナル虞ナキニアラザル可シ委任状ノ審査ハ単ニ形式ノ具備セルヤ否ヤヲ見ルニ止マルベク……選任ニ至ル迄ノ経過ヲ示スコトナシ又協議ヲナシタル団体ガ果シテ其ノ国ニ於テ最モ能ク労働者又ハ雇主ヲ代表スル団体ナリヤ其ノ他実質ニ就テ他国ノ者之ヲ判断スルコトハ極メテ困難ノコトナルベシ……日本ノ友愛会ガ会員数少ナキノ故ヲ以テ之ヲ全国労働者ノ適当ナル代表者ニアラズトナシ又共同契約ヲ為サズ「ストライキ」ヲ目的トセズ等ノ理由ヲ以テ工業団体ニアラズトナス事ヲ得ザル可シト述ベタルニ付猶岡委員吉坂監督官ノ意見ヲ徴シタル処同人等ハ条約第三八九条ニ所謂工業団体トハ必ズシモ厳正ナル意義ニ於テ「トレード，ユーニオン」又ハ「インダストリアル，ユーニオン」タルコトヲ要セズ苟モ政党又ハ社会党ノ類ニアラザル以上広ク工業ニ従事セルモノノ組織シ居ル団体ヲ包含スルモノト解ス可ク又同条ニ（最モ能ク代表ヲナス団体）トハ工業団体数個アル場合ニ於テ其内ニ就キテ比較的最モ能ク代表ヲナス団体ト協議ス可シトノ趣意ニテ現ニ労働者ノ全部ニ亘リテ能ク之ヲ代表スル団体ノ存在スルコトヲ必要トスルノ

---
[24]　『日本外交文書』（大正八年第三冊下巻）1503 頁以下。

2 ILO 設立時の日本労働者代表選出問題と団結権保障

意ニアラズ今我国ノ現状ニ就テ之ヲ見ルニ友愛会ハ其ノ実行ニ於テコソ未ダ労働組合トシテ完全ナル作用ヲ為シ居ラズ且種々ノ批難ハ免カレザル点アルモ其ノ目的組織ニ於テハ既ニ労働組合トシテノ或存在ヲ有スト認定シ得ベシ而シテ国際労働協約ノ精神ハ成ル可ク労働組合ノ発達ヲ助長セントスルニアルヲ以テ此際条約第四二七条第二原則ノ趣旨ニ則リ同会又ハ他ニモ適当ナル団体アラバ之ヲ一種ノ工業団体ト認メ代表者ヲ派スル事ハ国内政策トシテハ兎モ角対外関係上ニ於テハ都合好カル可シ」

② 在米出淵臨時代理大使ヨリ内田外務大臣宛電報（10月24日，労働総会準備委員会10月23日ノ会議審議ノ重要事項ニ付岡委員ヨリ報告ノ件，第758号）

「日本労働側委員ガ正規ノ手続ニテ選挙セラレザリシコト及委員ガ労働者ニ非ザルコト……ニ就キ「ゴンパース」ヨリ我ガ委員ニ質問スル所アリ是ニ対シテ我ガ委員ハ本邦労働者ニ二個ノ誤解アリ一ハ筋肉労働者ニ非ザレバ労働者側ノ代表者タルベカラズトナセルコト他ノ一ハ今回ノ会議ニハ海員問題ハ予メ除外セラレタルニ不拘海員ヲ考慮ニ置クベシトナセルコトニテ……日本政府ハ労働組合ヲ認ムルト同時ニ労働組合ニ属セザル労働者ノ数ガ非常ニ多ク其ノ利害ノ大ナルコトヲモ考ヘ茲ニ於テ五箇ノ労働組合ヨリ一定ノ員数（鈴木ヲ含ム）ヲ選挙セシムルト共ニ一方工業地方及官立工場等ヨリ一定ノ員数ヲ選定セシメ是等ノ人ヲシテ労働側委員トシテ選バシメタル旨ヲ陳述シ講和条約第三八九条及第四二七条第二項ノ趣旨ニモ違背セザルコトヲ明ニスルト同時ニ今回労働委員トナリシ桝本ハ労働ニ経験アルモノナルコト等ヲ述ベ置キタリ「サー，マルコム」ヨリハ各工業地方ニ於テ選挙人ヲ選ビタル方法ニ関シ質問スル所アリシガ是ニ対シテハ労働者ノ了解ノ下ニ選バレタル旨ヲ説明シ置キシモ信任状審査ノ際再ビ問題トナル虞ナキニ非ザレバ必要ニ応ジ予メ陳述書ヲ発表センコトヲ期シ居レリ」

　労働者側は，ILOに対して，正式に，「友愛會長鈴木文治氏，同理事麻生氏，日本坑夫組合長松葉氏，同幹事妻島氏及日本印刷組合長杉崎氏，同幹事立田氏等六名連署し米國委員ゴムパース氏へ依頼せる抗議書」によって，その労働者代表選出のための協議員の「七十五名中五十名以上は全く労働者を代表せず，將又如何なる意味に於ても勞働者を代表するものあらざる」とし，労働者代表と

第 2 章　ILO における労働者代表制度と団結権保障

して選出された枡本卯平（鳥羽造船所重役・技師長）も労働者代表としての資質も資格も無いことを異議を申し立てるが，ここでは，選出方法に関する批判として問題視するものは以下の点である。

　①　國際勞働立法規約草案第三條に依れば一國の勞働代表委員は若し其の國に産業團體存在せば該被傭者即ち勞働者を最も能く代表するものなるが故に，斯かる産業團體と協力の上にて選抜せらるべきものなり。

　②　官吏と資本家とは選擧の始終を支配せり。各府縣知事は……管下の鑛山工塲等より代表者を召集したるも……委員として必ずしも勞働者を選出するを要せず，苟勞働に關して向後解決せせらるべき一般的問題を理解せるものなればすなはち足れりと公言して憚らざるを常とせり。あまつさへ事實上總ての場合に於て各縣知事は工塲主又は資本家の意見に依り且其の承諾を纏めたる計畫に順應せる協議員の選出を承諾するに努めたり。

　③　各種官設工塲の代表者は……一度委員會選定會塲に列席するに及んでは注意深き眼を以て官憲の爲に其の行動を監視せられたり。就中陸海軍工廠の代表者に於て殊に然りとなす。即ち是等工廠の代表者は會議の現塲に列席して議事を傍聽せる陸海軍の正服官吏によつて事實上の監視を受けたり。

　④　政府が是等の團體を公認したる所以の標準に至つては之を解するに苦しまざるを得ず，即ち是等の團體中或るものは成立日尚淺くして，一名の理事なく規約無く又入會費を規定せず，此種の所謂勞働團體中の一は主として資本家の恩惠に依頼するものにて僅かに二百乃至三百の會員を有するに過ぎざるは事情に通ずるものゝ齊しく認むる所なり。而も協議員を選出するに方りては此の如き團體も正當に設立せられ組織完備せられたる眞の勞働團體と同一標準の上に立たしめたるなり。斯かる不完全なる勞働團體は事實上勞働者の眞正の利益を毫も増進せず否却つて多くの場合之を毒するものなり。

　⑤　名義上は日本勞働者の代表者として赴く同（枡本）委員も，實際に於ては官僚政治及資本主義の代表者たり。

　これらの批判点は，団結の自由・団結権保障の観点から分析すれば，①国際憲章による法的規定の遵守の無視と蹂躙，②公権力による特定労働組合の敵視と迎合的労働団体の保護助成という労働組合の選別による団結の自治への介入，③公権力による労働者代表手続への介入と監視という労働者代表選挙の自由の無視，④労働者代表が真に労働者の利益を代表する立場にないという労働者代表制度の理念と目的の無視といった本質的な価値を擁護するための主張であった。その意味でも，日本における団結権確立史の画期をなすのもとなるのであ

る。しかし、これらの批判が対象とする事態の一部は、例えば、国際憲章の解釈や労働者代表の資格（労働者である必要性）といった問題は、今日に至っても解決されていないのである。

　このような抗議書に対しては、資格審査委員会報告が回答するが、特にハドソン法律顧問が、憲章解釈についての見解を示すことになった。

　　或一國が平和條約第三百八十九條第三項に規定せる義務を履行せるや否やを定むるには第一に當該國には傭主又は勞働者を代表する産業團體ありや否やを決し、第二に此の産業團體が最能く傭主又は勞働者を代表する者なりや否やを決し、第三に政府が非政府委員を任命するに當り此の最能く代表する團體と協議したるや否やを審査するを要す。此の順序に從ふ場合に於て特定の國に於て既存の産業團體が明白且適當に傭主又は勞働者を代表するものに非ざるときは其の國は既存の産業團體と協議の上委員又は顧問を任命することを要せずして自由に之を選擇し得と認む。

　この資格審査委員会報告に関しては、ベルギーのメルタン委員から異議が唱えられ、以下のように議事録に記録されたが、この問題の本質を言い当てている。

　　華盛頓國際會議の勞働委員團は日本の正式勞働委員の列席なきを認め、且此の出席なきは日本政府が勞働者の結社權の自由なる行使を禁止したる結果なりと思考したるに因り、又斯る政策は民主主義に背戻し兼て國際勞働會議の根本精神にも抵觸するものなりと思考したるに因り、茲に本會議より日本政府に對し日本に於ても國際聯盟の各構成國と同樣組合結社權の無制限なる行使を完全に承認し且遵守せしむる爲干渉を爲すへきことを要求す。

　資格審査委員会は、「労働者を代表する労働組合」が存在しないという政府の主張を認め、労働組合との合意は不要であるとの日本政府の憲章解釈を受け入れた形になり、その後、日本政府は、この見解に固執しつつ、その労働者代表選出方法を合理化する根拠とした。ここでは、当時の日本政府は、治安警察法に象徴される労働組合抑圧政策を前提として、労働組合による労働者の代表性を否認していたのであり、その意味で、「（少数の）労働組合は労働者を代表していない」との立場を採ることになる。そこでは、一部の御用組合の存在は、労働組合抑圧政策を隠蔽するための存在にすぎず、その存在をもって、労働組合の代表性を立証させることもできなかった。労働組合の代表性およびその資格

は，組合員数や組織率の問題によって，確認されるべきものではなく，その根底にある労働組合政策によって決定される問題であることを明らかにしているのである。それは，メルタン委員の異議留保が正当に指摘するところでもあった。

(イ) 第二回（國際勞働總會）

第一回（國際勞働會議）では，省庁間の管轄も不明確で，選出方法の公開性も不十分であったが，第二回では，「船員労働」が議題になるということで，「海事」が管船局の所管という理由から，遞信省の担当となり，遞信省「告示」という形で，労働者代表の選出方法が公表され，曲がりなりにも公開原則に基づくものとなった。

> 遞信省告示第三百九十號
> 大正九年條約第一號同盟及聯合國と獨逸國との平和條約に依り本年六月十九日伊太利國「ゼノア」に於て開催せらるゝ海員に關する勞働總會に参加すべき勞働者代表は二百名以上の海員を有する普通海員團體より協議員を出し右協議員の協議により候補者を選定せしめ候補者中より政府之を指名すべきに付右に該當する普通海員團體にして本件協議に参加せんとするものは左の事項を具し本月三十一日迄に遞信省に申出すべし
> 一，規約
> 二，設立年月日
> 三，海員名簿（住所氏名，職名並に現に上船中のものは其乗込船の種類船名及所有者名）
> 四，目的及事業
> 五，事務所所在地
> 大正九年三月十五日
> 　　　　　　　外務大臣　内務大臣　農商務大臣　遞信大臣

この方式による労働者代表選出について，一般に，「海員組合が作られて，其の選挙によつて，岡崎憲氏を代表に濱田國太郎氏を顧問に任命したから，何の事もなく平和に選定が行はれ，將來への紛議を残さずに済んだのである。」[25] と

---

25)　『國際勞働會議と日本』11頁。なお，社會局『勞働代表選定手續ニ就テ』は，「第二回総會ニ於テハ總會ノ會議事項カ主トシテ海上労働ニ関スルモノナルカ故ヲ以テ二百名以上ノ會員ヲ有スル海員團体ノ代表者ヲ遞信省ニ招致シ之ト協議ノ上岡崎憲ヲ任命派遣シタル處総會ニ於テハ何等ノ問題ヲ生スルコトナカリキ」とするが，かかる政府見解が影響を及ぼしていることが推測される。

2 ILO設立時の日本労働者代表選出問題と団結権保障

いう見解が存在する。しかし，このような見解は，ILOの立場におけるもので，ILO総会や資格審査委員会の場で，当事者から異議が申し立てられず，日本の労働者代表選出問題が議題とならなかったということを意味しているにすぎない。現在の全日本海員組合は，未だ結成されていなかったが，組合史においては，「1920年の第2回総会（イタリア・ゼノア）では海上労働問題を専門に協議するために開催されましたが，労働者側は代表団派遣をめぐる激しい論議」[26]が存在したとの指摘がなされている。

　先の逓信省「告示」については，日本勞働年鑑は，「政府當局者が昨年のワシントン會議代表者の選出問題に手を燒いた經驗に原因し，差當り非公式に海員勞働組合を公認しこれによつて國内の代表問題に關する輿論を官房の一室に集め，その上にて政府指名といふ結着に無難に到達せうとしたもの」と指摘し，「海員勞働者が政府，資本家側から獨立して自由になさるべきものとして劃策した所とは漸く離れて來た事實を示すもの」であり，「勞働者側の自主自治の方針に基いた選出運動も……根本精神から離れて政府當局の方針のうちに入つた」と分析している[27]。

　ここで問題になっているのは，労働者代表選出手続に参加するために，労働組合の登録制度を設けたことであり，これが，「組合結成の自由」（団結の自由）という原理と衝突することである。同時に，労働者代表選出手続に参加する資格を200名以上の組織人員を有する労働組合としたため，この人数要件を最低限満たすだけの団体が乱立するという現象が生じることになった。これは，労働者代表の推薦制度において，推薦労働組合の資格と非推薦者の関係，労働者代表の推薦資格と労働者代表の資格との混同という根本的な課題にも通じる問題である。換言すれば，労働者代表は，推薦労働組合の代表か，労働者全体の代表かという性格の問題である。

　他方，第二回総会が，船員労働を議題とするという理由から，船員の労働組合による労働者代表選出手続が策定されるが，船員は，第一回総会における代表選出手続から排除されており，その時から，「海員問題は來るべき國際勞働會議に對し起草されたる正規の會議事項の五問題中に包含せられざるを以て海員

---

26) 全日本海員組合HP「組合略史」による。『全日本海員組合四十年史』（全日本海員組合，1986）21頁以下が詳しい経過を述べるが，「代表推薦運動は各団体ごとに分裂したままで混迷を深め……海員団体間の確執は後まで残った」と指摘し，ILO総会を経て，「戦線統一の必要性を痛感した」と総括する。

27) 日本勞働年鑑（大正十年版）441頁。

を除外し代表せしめざるは規定に違反するものと見做し難き」とする政府見解に対して，前記の抗議書においてすでに異論が挟まれていた。

当時，政府主導の労働者代表選出を非難した労働組合側は，同時に，労働者代表の資格について，労働者の定義を「筋肉勞働者」とする立論を前提として，批判している点は，歴史的な限界性を物語るものでもある。それは資格審査委員会報告も指摘するところであった。

> 代表者の地方選擧に當り，官吏及傭者が不當なる干涉を行ひ且任命せられたる委員は筋肉勞働者に非ず，其の委員は須く筋肉勞働者たるべしとの理由にて異議の申立を爲せり。……委員は必ず筋肉勞働者たるべしと云ふに在るも條約は之を必要と爲さず勞働者は其の代表者に何人を選任するも自由なり。結局委員會は日本委員の資格に關する抗議に付ては何等の處置を執るべきに非ずとの意見に一致したり唯「ウーデゲースト」氏……日本政府委員の說明を承認するも，今後日本の勞働委員は日本の職工組合との協議の上選任せらるべしとの意見を記錄に止むることを要望したり。

狭隘な労働者概念を前提とするかぎり，たとえ合理的な方法で選出された労働者代表であっても，それを労働者全体の代表と位置づけることには矛盾が出来せざるをえない。しかも，このように特定の階層の労働者だけによって，労働者代表を決定するという労働者代表選出方法は，それ自体が合理的ではないということは，この海員問題以上に，その後，農業労働者問題で対象となってくる。

(ウ) 第三回（國際勞働總會）

労働者代表（松本圭一郎）自身が，総会の場において，労働者代表たる資格を否認する演説を行ったということで，物議を醸し，そのことにより歴史にも刻まれることになった。ここでは，労働者代表の選出方法と労働者代表の資格という両面から検討を加えることにする。

労働者代表選出方法については，「政府指名」という方式であるが，1921年10月10日，日本政府代表が労働理事会へ差出した書翰は，以下のように説明する。

> 農務局長岡本英太郎氏は松本圭一郎氏を指名す。
> 理由　日本には勞働者全體の利益を代表する中央勞働組合存在せず，殊に

> 農業勞働者の團體に至つては殆んど全く存在するものなく現存の勞働團體には工業勞働者以外の加入がない狀況であるから日本政府は，代表的のものでもなく又發達の程度もまだ十分でない團體に協議する理由はないと信じ，政府責任を以て民間代表の指名をなした。

　これに對して，松本勞働代表自身が資格審査委員會を經て發表した「資格問題に關する覺書」では，その自己の資格を否認する理由を以下のように指摘している。

> 　主として既存勞働團體より余の任命手續きに關して不平の聲起りし事是なり。その不平の趣旨は現在の日本には農業勞働者の組織的團體殆んど存ぜずと雖も，最も代表的なる既存の勞働團體に協議することなくして勞働代表を選任するは平和條約の主旨に違反すといふにあり。
> 　惟ふに日本に農業賃銀勞働者の組織的團體現存せざるは事實なり。されど平和條約の規定に據る時は政府が最も代表的なる勞働團體に協議すべきは明白の理なり。

　この批判は，勞働總會が承認した資格審査委員會の報告でも受け入れられることになる。

> 　日本政府は……日本には勞働者の全般的利益を抱擁せる組織的中央勞働組合存在せざること，及び特に，農業的機關は殆んど無存在にして現存する機關は工業勞働者以外何等包含する所なきことを陳述せり。右の如き事情に於て日本政府は，代表的にも非ず且又充分なる發達をも遂げざる機關と何等協議するの必要なきものと信じ，政府の責任を以て政府以外の代表者の任命を取計へり。
> 　……日本政府代表は……日本政府が勞働者の機關に協議せざりしは之等の機關が全勞働者の僅々二パーセントを結合するに過ぎざれば之を代表的ならずと思惟せるに因るとなし，尚附加するに，勞働代表指名の手續に對する抗議の一理由を形成したりし勞働組合同盟會は既に任意に解散したることを以てせり。
> 　委員會は……日本の勞働者及資本家の代表の任命は，將來に於て，平和條約の第三百八十九條に準據し，產業的機關と協議の上爲さるべきことを希望するものなり。

　農業労働者という特定の労働者を代表する者を選出する場合であって，（その特定の労働者以外も含めた）労働者を代表する労働組合組織との協議を必要とする立場が明確にされている。これは，労働者代表を推薦する労働組合の行為は，労働者全体の利益を代表するという性格をも有するものであるから，その中に，特

定の労働者の利益も包含されてくるからである。その意味で，たとえ，組織率が低くても，組織人員が少なくても，そのような労働組合の代表権限は，労働者全体の利益を代表するという価値を減殺されることはないのである。

このように，松本代表の資格の否認は，ILO の場では，労働者代表の選出方法の観点が論ぜられているが，同時に以下のような論評を見逃すことは出来ない[28]。

　　松本氏は意思強固なクリスチヤンであり、學校を出てからずつと實際農事に從事してをり、代表に定つてから全國を行脚して小作爭議の實狀自作農の窮狀は最もよく知つてゐるが、勞働運動に就ての理解があり、階級意識に眼覺めてゐると云ふ人ではない。政府當局が自分勝手になる御用代表を選んだのでないといふ誠意は認められるが、同時に今の社會局の前身が地方局の救護課であつた様に、孤兒院關係者を勞働代表に選ぶ所に、政府が勞働者問題を如何に見てゐるか、そこに測らずも政府の勞働政策の色合ひが出てゐて笑止である。

ここでの批判は，労働者代表の資質や資格を問うものであるが，労働者代表選出方法が適切に機能しない場合には，労働者代表としての適格性が確保されないことを同時に示しているのである。

同時に，農業労働者問題を，労働問題から分離しようとする日本政府の姿勢も批判の対象から免れることはできず，この点について，日本政府が ILO 事務局に再三にわたって，根回し工作を行っていることが，以下のような文書の形で残されている[29]。

　　①　大正十三年五月廿四日前，九，四五
　　松井外務大臣宛　　　　　前田代表
　　農民組合ヲ除外シタル理由ニ付事務局ノ諒解ヲ得ヘキ旨御電訓ノ趣旨ニ基キ事務局長及副局長ニ詳細其事情ヲ説明シ處事務局トシテハ充分善意ノ諒解ヲ有シタリ
　　②　機密第七号　大正十四年一月五日
　　外務大臣　男爵幣原喜重郎殿

---

28)　『國際勞働會議と日本』12 頁。
29)　『國際聯盟勞働總會關係一件　第七回總會關係　勞資代表選出其他人事關係』および『國際聯盟勞働總會關係一件　勞資代表選出其他人事關係』等の見出しにより整理されている文書類による。

2 ILO設立時の日本労働者代表選出問題と団結権保障

> 在寿府
> 　　　　國際勞働機關日本國政府代表者　前田多門
> 　農民組合カ勞働代表選定手續ニ關與セルヤ否ヤノ件……ニ関シ早速事務局長ニ對シ大要（1）従来農業勞働者又ハ小作人ノ組合カ総会ニ於ケル勞働代表選定手続ニ関與シタルコトアリヤ（2）右ハ総会議題ノ関係等ニ依リテ異リタルヤ否ヤ（3）関與シタル場合ニ於テ右ハ如何ナル資格又ハ理由ニ依レルモノナリヤ即チ（イ）條約ニ所謂勞働者ノ最代表的團体夫レ自身トシテカ（ロ）勞働者ノ最代表的團体ノ一部分トシテカ（ハ）其ノ他ノ理由ニ因ルカ等ノ項目ヲ挙ケ差当リ事務局手許処在ノ材料ニ付即答ヲ得度キ旨照會致置候
> 　……各國政府カ勞働代表ヲ選出スルニ際シテハ吾國ノ如ク選擧ニ依ラス直チニ國内ノ最代表的ナル組合ヨリ選任スル爲其ノ勞働代表ノ資格ニ付テ異議起リ問題トナル場合ニハ初メテ種々ノ説明試ミラレンモ然ラサル以上ハ其ノ勞働代表及其ノ属スル勞働組合ト所謂農民組合トノ関係ハ事務局ニ於テモ充分明瞭ナラス

　これらの電報は，その後の第六回総会の開催を控えた時期のものであるが，その後，労働者代表問題が一応の解決をみた時期においても，農民組合の処遇の問題について，日本政府が，ILO事務局に働きかける文書が残されている。労働者代表選挙において，農民組合を労働組合として位置づけるかどうかという問題は，基本的には，労働者選出方法における「団結の自由」の尊重という理念の無視から由来する労働組合に対する「選別と差別」政策によって派生する矛盾の現れであることが明らかになっている。すなわち，労働組合側が，組織形態や構成員の範囲の定義について，どのような方針を採るかによって，労働組合組織における農民組合の位置づけは異なるものの，それは，労働組合の意思を尊重する形で，その決定に委ねるべきものであって，政府の側がその問題に介入することによって，そのような組織問題にまで干渉せざるを得なくなっているのである。

(エ)　第四回（國際勞働總會）

　労働者代表選出方法をめぐって，国内外の批判が高まる中で，第四回総会については，「外務省が勞働代表選出を押しつけられた」ことになり，「ヴェルサイユ平和條約に所謂勞働者を最も能く代表する團体を以て目し得べき程度の團

體存在せるものなしと認むるに依り而も條約の趣旨は政府が代表委員を指名するに付ては成るべく勞働者多數の意嚮を容るに在るものなることを慮り政府は勞働者の意向を徵し衆望ある者を指定せんことに決し」[30) 以下の方式を採った。

　一，官業及び民營の工場又は鑛山並に私設の鐵道及軌道に於て職工又は鑛夫若は從業員の數が三百人以上のものに付代表委員候補者を投票すべき詮衡員を左記イ，ロ，ハに依り夫々職工又は鑛夫若は從業員中より選定せしむること
　　イ　詮衡員の割當數
　　　三百人以上千人以下　　一人
　　　千一人以上二千人以下　二人
　　　二千一人以上は千人迄を増す毎に一人を加ふ。
　　ロ　選定の方法
　　　選定が勞働者多數の意嚮を知るの方便なることを體し各工場に於て例へば工場委員會の設けある者にては之をして選定せしむる等工場又は鑛山等をして勞働者の自由の意思を知るに付て干渉に亙るが如き事なきに留意せしむべく公正なる方法を執らしむること
　　ハ　選定の期限は七月二十八日迄とすること
　二，前項に依り選定の詮衡員をして左記に依り代表委員候補者を投票せしむること
　　イ　代表委員候補者の資格
　　　右詮衡員に於て最適任者なりと思料する者を投票せしむべく資格に付き何等の制限をも設けず
　　ロ　投票の期日　七月二十九日
　　ハ　投票方法
　　　い，直接投票に依るときは一定の場所を設け一定の時間中に行ふこと
　　　ろ，郵便投票に依るときは七月二十九日附消印あるものは之を有効とするも八月二日を以て締切とし以後所屬廰管に到達の分は之を無効とす
　　　は，同一管內に於て右の二方法は之を併用すべからざるものとす
　　ニ　投票用紙
　　　投票用紙は外務省より交付したるものに府縣廰又は鑛務署等の印を押捺し之を使用せしむるものとす

---

30)　日本勞働年鑑（大正十二年版）418 頁。

2 ILO 設立時の日本労働者代表選出問題と団結権保障

　ホ　投票の取纏
　　投票は所管廳に於て一旦取纏め候補者得點表作成の上投票と共に外務省臨時平和條約事務局長室宛至急郵送すること，八月七日以後着の分は之を無効とするの不得已ことあるべきものとす所管廳として遠隔地にある者右郵送に時日を要する場合に在りては參考の爲電信報告をも徴すること丶せり，

三，外務省に於て最後に得點調をなす場合に於ては同點者に付ては抽籤に依り順位を定むべく投票の最多數を得たる者より数へて三人を以て候補者とし派遣方を交渉すべく受諾者なきときは派遣せざるものとす，
　（右の方法は官業に付ては當該長官に，工場に付ては地方長官に，及鑛山に付ては鑛務署長に各々通牒として發し，尚海員に付ては遞信省に於て前例に依り海員側と協議して相當方法を講ずること丶した。）

　しかし，このような労働者代表選出方式によって，労働組合との協議をいう憲章の規定の解釈に反するという本質的な欠陥を覆い隠すことはできなかった。その労働者代表選出方法に対する批判は，その手続への参加拒否から国際労働總會否認運動[31]へと進んだことが重要な意義を有することになる。「日本勞働總同盟の理事會の一員たる資格」から棚橋小虎は，第四回國際勞働總會および資格審査委員會に対し，「現に存在する主要勞働者團體と協議せざることは國際勞働總會の根本觀念に全然背反するものなり」とする抗議文と書翰を提出し，労働者選出方法の欺瞞性を鋭く批判した。その批判は，ILO 総会によって基本的に承認されるところとなり，最早日本政府として，ILO 憲章の解釈を恣意的に歪めることは立ちゆかなくなるのである。その批判の核心は，政府は「勞働者を最能く代表する團體は存在せず」とするが，「團體が存在するや否やの問題を決定するの權利を有せず……之を決定するは客觀的輿論に依るべきものなり。……勞働者代表委員の任命は全然政府及資本家の勢力範圍外に於て爲さるべきものなることを吾人は確信す。從て勞働者團體との協議により勞働者代表委員を選定する必要は勞働組合運動の發達遅き諸國に於て一層痛切に之を感するものなり。」と団結権保障と団結自治が一体のものであることを強調するのである。

　このような批判運動を通じて，労働者代表選出制度の意義と法的性格が明確に主張され始めたことは，特筆に値するものである。蓋し，そこで表明されて

---

31) 日本勞働年鑑（大正十二年版）422 頁。

いる政府の見解への批判の理由は，労働組合の代表性に関する基本的原則を明らかにし，今日の労働者代表選出問題の核心をも衝いたものであり，「選任方法・基準の公平性・客観性・公開性原則」は，ここに歴史的な源泉を有し，その確認の必要性の意義は歴史的な課題であることを示している。

　第四回総会における労働者代表選出方法は，結果的には，ILO総会に受け入れられたのであるが，それは，日本政府の主張を認めたという表面的な事情の背景に，以下のような事情が隠されていたという指摘がある[32]。

　　日本の政府代表側では大に狼狽して必死の運動をした様であつたが，形勢は他の原因から急轉直下した。それは南米諸國の不完全代表（政府代表のみ出席して民間代表を出さない）が問題になり，勞働代表側は之を大に攻撃したのが，却つて南米諸國に會議脱退の外なしといふ態度を執られた處へ日本政府も餘り虐めると不完全代表を送る事になりはしないかと云ふ懸念を生ぜしめた。それが形勢急轉の主たる動機と思へるが……それに今迄の勞働代表が會議中だけ労働者の味方らしくしてゐても，歸國後は枡本代表も，松本代表も，何もしてゐないといふ不信が大なる原因をなして，各國勞働代表側が最後の努力を棚橋氏の抗議支持に盡さしめなかつたといふ事も考へ得るのである。

　しかし，日本政府の労働者代表選出法の根本的限界は，これ以上持ち堪えることはできず，第五回総会に向けては，「労働組合との協議」という要件を実質的なものとする手続を取り入れざるを得なくなった。

　(オ)　第五回（國際勞働總會）
　政府は，社会局が中心となり，新たな労働者選出方法について検討を加えた。その結果，7月17日の閣議決定された後，7月20日，社会局が通牒によって地方長官及び鑛務署長を通じて一般工場鑛山並に労働團体に発した方法は，以下のとおりである。

　　選擧方法
　　　一定數以上の勞働者ある工場，鑛山，運輸業と一定數以上の組合員を有する勞働團體とを基礎として選擧せしむ
　　其の方法
　　イ　一千人以上の組合員を有する勞働團體にして一人宛の代表候補者を

---

32)　『國際勞働會議と日本』15-16頁。

選擧せしむること此場合に於ては組合員の數に應じ組合員一千人毎に一票の効力を有するものとして算定すること
ロ　官營以外の工塲、鑛山、運輸業等（公營及私營のもの）に付ては勞働團體の塲合と同じく一千人以上の勞働者ある工塲、鑛山、運輸業等より一千人毎に一人の割合を以て選擧人を選出せしめ其選擧人をして代表候補者一名を選出せしむること
ハ　官營事業塲にありては各所轄省に於て便宜の方法を採ること但し其割合はロに準すること
右選定の結果は社會局長宛通知すること
ニ　海員に付ては遞信省に於て便宜の方法を執ること但し其割合はイロに準すること
右選定の結果は社會局長官宛通知すること
ホ　勞働代表候補者の資格は別段之を限定せず選擧人に於て最も適任者と思料する者を投票せしむること
ヘ　陸上勞働團體よりの投票は直接社會局に爲さしむるも私設工塲、鐵道、軌道等に於ては前年の方法の如く一旦府縣廳に、鑛山にありては鑛務署に對し投票せしめ府縣廳鑛務署より其管內の各候補者得票を取纏め社會局に報告せしむること、鐵道軌道の如くに府縣以上に跨る場合に於ては本社所在地の府縣に於て取纏むること
ト　陸上勞働團體よりの投票は郵便を以てせしむるも勞働團體以外の者よりする投票方法は地方の狀況に依り各府縣廳、鑛務署に於て適宜の方法を講ずべく郵便投票を妨げざること
チ　社會局に於て各關係官廳より報告し來れる各候補者の得票及各勞働團體よりの得票を取纏め其最多數を得たる者三名を代表候補者とすること
　　候補者得票中同點者多數あるときは抽籤に依り其順位を定むること
リ　八月一日迄各工塲、鑛山等に於ける選擧人選定了り同月五日に候補者の投票を爲すこと同月九日を以て郵便による投票受附の締切を爲すこと

勞働代表選定法
（勞働團體の分）
一、票數の算定（略）
二、代表候補者の資格については何等の制限なく組合の自由なり。
三、代表候補者の申出（略）

63

> 四，申出の候補者について前記の標準に依る得票を他の工場鑛山運輸業等に於ける選挙人の投票に係る得票と合算する事。

　このような方法が閣議決定される前日（7月16日）の，次官會議では，「勞働者側の代表者選定は選擧の形式を取るか又は他の方法に依るか」について意見交換されたとされているが[33]，真の論点は，ILO 憲章の立場から，労働組合との協議を実質化するかどうか，「勞働團體に實質的の選任權を與へて，政府の任命權に制限を加へた」とするか，その体裁を採りつつ，「今回の如き方法によつて多數の勞働團體に代表選出權を與へて最後の決定權を政府が握る」かにあった。この方式では，労働組合からの推薦と一般労働者による選出を並列的に位置づけたことが，労働組合による選出を尊重したと評価できるかどうかが論点とならざるを得なかった。

　そのため，今回の方法も，ILO 総会の場において，資格審査委員会によって，その正当性を吟味されることになる。そこでは，論点は，以前の「労働組合の存在・不存在」の主張に対する評価から，憲章の解釈問題に移ったことが特徴的である。それは，労働者側からの「宇野代表の自己の資格審査請求に關する陳述」および「久留弘三氏の抗議書」，それに対する ILO 総会での判断である「資格審査委員會多數者報告」，「資格審査委員會少數者報告」および「總會によつて可決せられた多數報告書中の修正」において展開された主張を対比すれば，明瞭である。そこでの論点は，一に「政府の執れる勞働代表選出方法は……一千人以上の組合員を有する勞働組合と同じく一千人以上の勞働者を使用する工場，鑛山，海陸運輸業に従事せる勞働者をして各々千人につき一票の割合を以て勞働代表を投票せしむるにあり……平和條約の規定に違反し，組織勞働者の權利を蹂躙するものなり」「各種の有力なる勞働組合等は政府の執りたるこの選挙方法を以て前回の場合と同じく政府の便宜に應じて平和條約第三百八十九條の規定を曲解し，よつて以て同條文により勞働團體の爲めに認められたる權利を蹂躙せるものなりと主張せり」（宇野陳述）という点にあった。その上で，組織率の低さは，「歴代の日本政府の壓迫政策の結果であつて，かの治安警察法の如き惡法の存在する限りは勞働組合は到底正當に發達することが出来ない」（久留抗議書）と，団結権保障とそれを阻害する国内立法制度への批判を明確にしている。「資格審査委員會多數者報告」は，「代表的な勞働者の團體の存在しない事

---

33) 日本勞働年鑑（大正十三年版）641頁。

2　ILO設立時の日本労働者代表選出問題と団結権保障

は明白」との日本政府の主張を前提に，かかる二重投票制度を受け入れたが，「資格審査委員會少數者報告」は，「或國の政府が勞働代表を非組織勞働者中より選任するの口實としてたゞ其國に現存する勞働團體が充分代表的でないと言ひさへすれば事足る結果となる」として，日本政府の解釈を斥けている。「日本政府の解釋の許すべからざることを悟らしむる爲めにはたゞ第十三編の精神を想起せしめさへすれば足りる」として，それが，団結権の保障，労働組合の助成という見地から設けられたことを強調し，「日本勞働者の爲めに其の政府が平和條約第三百八十九條を嚴格に適用することを要求する」として，労働者代表選出制度の運用が，団結権保障と合致しなければならないことを明らかにした。その結果，「總會によつて可決せられた多数報告書中の修正」も，「團體が眞に代表的となつた場合には此等の團體との合意を遂げる」という文言を撤回し，組織率の多寡を問わず，現存する労働組合との協議による労働者代表の選出を求めることになった。

この総会における使用者代表であった山崎龜吉が作成した報告書[34]では，総会における経緯を比較的客観的に叙述しながら，政府の方針が，却って一部労働組合の直接行動主義を招き，労資関係を悪化させることを懸念するという政治的判断を示しつつ，政府の労働者代表選出方針の変更を求めているが，その背景には，「労働者を代表する労働組合」は存在しない（その資格はない）という政府の主張が，国際的には，受け入れられなくなっていることを吐露している。

こうして，結果的には，ILO総会は，日本政府の主張を覆すことはなかったが，日本政府は，その主張を貫徹するために，政治的・外交的圧力を駆使したことと，それが限界に達しつつあり，従来の方法に固執することが不可能であることを認めざる得なくなった。社会局文書は，その経緯を記している[35]。

　　本邦政府代表委員ヨリハ労働者代表委員ノ資格問題カ容易ナラサル事態ヲ惹起スヘキ空氣アルヲ推測シ各國代表委員國際労働事務局等ノ諒解ヲ求ムルニ努ムルト全時ニ豫メ之カ對策ニ関シ請訓スル所アリ政府ハ萬一資格否認セラルルカ如キ場合アラハ一時會議参加ヲ中止スルノ覺悟ヲ以テ總會ニ臨ムヘキ旨ヲ訓電シ置キタリ……

　　以上述フルカ如ク我國ノ労働者代表選定問題ニ関シテハ國際労働總會ノ空氣極メテ面白カラサルモノアリ昨年總會ノ決議等ヲ徵スルトキハ若シ我國ニシテ従来

---

34)　山崎龜吉『第五回國際勞働總會報告書』65頁以下。
35)　社會局『勞働代表選定手續ニ就テ』

ノ方法ヲ改メサルニ於テハ今后總會ニ於テ勞働者代表委員ノ資格ヲ承認セシムルコト恐ラク不可能ナルノ狀勢ニアリ蓋シ昨年ノ勞働總會ニ於テ我カ勞働者代表委員ノ資格ハ各國政府側代表委員及使用者側代表委員ノ贊成ニヨリ結局承認セラレ我國カ執リタル手續ハ表面上條約ノ規定ニ違反スルモノニアラサルコトヲ承認セラレタルガ如クナルモ之ハ單ニ我國ノ國際的地位ニ免シ其ノ体面ヲ保タシメムトスル友邦ノ最後ノ國際的禮讓ニ過キス眞ニ我主張ヲ承認セルニアラサルコトハ之ニ對シテ勞働者側代表委員ノ擧ツテ反對セルコト及殆ント滿場一致ヲ以テ總會ヲ通過シタル附帶決議又ハ上記ノ資格承認ノ條件トモ稱スヘキ決議ニ徵スルモ明ニシテ謂ハバ我國ハ本年ノ勞働者代表委員選定ニ付テハ法律上ノ問題ハ別トスルモ實際上勞働組合ヨリ從來ノ如キ抗議ヲ生セサルカ如キ手續ヲ執ルノ道德的義務ヲ課セラレタルモノナリト云フヘキナリ

　我國カ本年ニ於テ此ノ課セラレタル道德的責務ヲ果シ以テ各國代表委員ノ從來ノ好宜ニ報ヒ將來ニ對スル期待ニ副フ處ナカリセハ第六回總會ニ於テ我勞働者代表委員ノ資格ハ恐ラク否認セラル、ニ至リタルヘシ

(カ)　第六回（國際勞働總會）

　第五回總會での労働者代表選出手続によって，ILO との関係では，憲章義務違反という事態は辛うじて回避されたが，日本政府による労働者代表選出問題の根本的な解決，すなわち労働組合による選出方法の受け入れを拒絶することは困難となったため[36]，第六回總會における「勞働代表委員及び顧問選定方法」として，以下のような方式を定めた。

> 勞働代表委員及び顧問選定方法
> 一，千人以上ノ團員ヲ有スル勞働團體ヲシテ代表委員候補者一名及ビ顧問候補者二名ヲ推薦セシム
> 二，政府ハ右推薦セラレタル代表委員及ビ顧問候補者ニ付キ其ノ推薦シタル團體ノ所屬團體員千人ニ付キ一票ヲ計算シ最高得票代表委員候補者三名顧問候補者六名ニ付キ總會議題等ノ關係ヲ考慮シ代表委員一名及ビ顧問二名ヲ任命ス
> 三，第一號ノ推薦ハ三月二十五日迄ニ左ノ事項ヲ附シ主タル事務所所在地ノ地方長官ニ申出デシム，聯合團體又ハ同盟ヲ成ス勞働團體ニアリテハ其ノ聯合團體又ハ同盟ヨリ之ヲ申出デシム

---

36)　「日本カ第六回總會ニ對シテモ從來ノ如キ選定方法ヲ採ルトキハ勞働者代表委員ノ資格ノ否認セラルヘキコト必然ナリト確言スル者アリタリ」（社會局『勞働代表選定手續ニ就テ』）

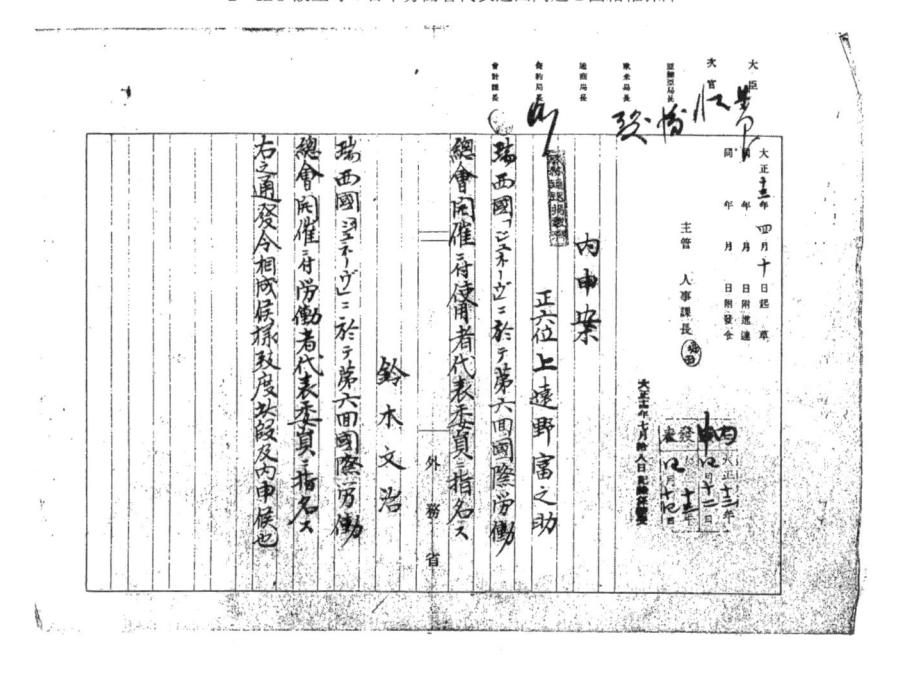

2 ILO設立時の日本労働者代表選出問題と団結権保障

[文書画像：内申案　正六位上遠野富之助　瑞西國ジェネーヴニ於テ第六回國際労働總會開催ニ付労働者代表委員ニ指名ス　鈴木文治　瑞西國ジェネーヴニ於テ第六回國際労働總會開催ニ付労働者代表委員ニ指名ス　外務省　右之通發令相成候様致度茲段及内申候也]

> イ．規約
> ロ．設立年月日
> ハ．團體員數並に之を證するに足るべき證憑
> ニ．目的及び事業
> ホ．主たる事務所の所在地
> 四．茲に勞働團體とは其の目的中に勞働條件に關する事項を包含すと認めらるゝものを指す

これを踏まえ，社会局長官は地方長官に対し，以下の指示を発している[37]。

> 1　勞働者代表委員及顧問選任方法
> 　勞働團體の意義其他に關する社會局の發表は次の如くである．
> 一　勞働團體とは所謂勞働者の團體なるを以て勞働者以外の者例へば雇主又は社員等を其團體中に含むものは爰に所謂勞働團體中に含まず
> 一　届出當時に於て勞働團體たる實あるものは新設のものと雖も之に候

37）日本勞働年鑑（大正十四年版）592頁．

67

補者を推薦せしめ差支なきも單に選擧に参加する爲にのみ集ま
　　る一時的集團の如きは所謂勞働團體と目すべからず
　　以上規定に該當する勞働團體及びその投票數は次の如くである。（略）

　ここでは，日本農民組合および仲仕組合が除外されたことは，これまでの経過から問題を孕むべき性格のものであったが，この手続によって，国内の労働組合組織からの批判は，次の段階に移り，労働者代表選出制度の原則に踏み込んだものとなる。たとえば，日本労働組合聯合の声明は，以下のように述べていた[38]。

　　　日本に於けるらあゆる勞働團體の意志を國際勞働會議に徹底せしむるの意味に於て同一系統の團體に於て顧問二名を獨占することに對して極力反對す。
　　　右主張に基き今回の顧問中一名は海軍官業聯盟の久能氏を推薦すべきことを茲に声明するものである。

　こうして，この段階で，労働者代表選出制度における今日的価値を有する原則が表明されていることは意義深いのである。
　もちろん，団結権抑圧政策自体が放擲された訳ではなく，この労働者代表選出方式がそのような限界性を有していたことを過小評価できない。それにも拘わらず，この段階で，このような労働者代表選出方法を採用するに至った背景については，後述するが，この方式の中においては，「労働組合」の定義条項が有する役割が大きい。それによって，政府が許容する労働組合政策の中で設立され，活動する「労働組合」だけが，この制度に参加するという保障の役割を果たすことになった。このような制度を受け入れる過程での検討状況を「第六回國際勞働總會ヘノ勞働代表選定手續」は，以下のように述べている[39]。

　　　第一ニ如何ナル勞働團体ニ協議スヘキカニ付テハ……「勞働者又ハ使用者ノ産業團体」ト云ヘル「勞働者ノ團体」ハ所謂「勞働組合」ヲ意味スルコト明白ナリ……勞働者代表委員選定手續ニ参加シ得ル勞働團体ハ其ノ目的中ニ勞働條件ニ関スル事項ヲ包含スルモノナルコトヲ明示シ其ノ意味極メテ曖昧ナル勞働團体ナル語ノ意味ヲ可及的明瞭ナラシメムトシタリ　勞働者代表委員ノ選定ニ付勞働組合ト協議ストスルモ総テノ勞働組合ト協議スルハ殆ト不可能ナルヲ以テ一定ノ條件ニ適

---

38) 日本勞働年鑑（大正十四年版）595 頁。
39) 社會局『勞働代表選定手續ニ就テ』，なお，傍点・下線は原文に書き込みのもの。

2 ILO設立時の日本労働者代表選出問題と団結権保障

合スル組合ト協議スルコト已ムヲ得サル所ナリ……

　第二ニ協議ノ形式ノ点ナルカ其ノ方法トシテハ組合ノ代表者ヲ會合セシメテ彼等ノ協議ニ一任スルコト適當ナルカ如シト雖モ……彼等カ能ク協全シテ適當ナ候補者ヲ選定シ得ルヤ否ヤ頗ル疑問ナリ於此本年ハ各組合ニ其ノ所属組合員数ニ應スル投票数（千人ニ付一票ノ割合）ヲ與ヘテ選挙セシムルコトトセリ……

　最後ニ一言スヘキハ日本農民組合ヲ本年ノ労働代表選定関係ヨリ除外セル点……ニ関シテハ……本来日本農民組合ノ如ク主トシテ小作人ノミヨリナレル組合ヲ一般工業労働者ノ團結ナル労働組合ト同意義ニ於テ労働組合ト認ムヘキヤ否ヤニ就キテハ多少議論ノ存スル処ナルノミナラス……其ノ組合員数カ工業労働者ノ組合員数ニ比シ圧倒的多數ナル点ヲ考フルモ極メテ不合理ノ結果ニ陥ル虞アリタルヲ以テ之ヲ除外スルコトニ一決セラレタルモノナリ

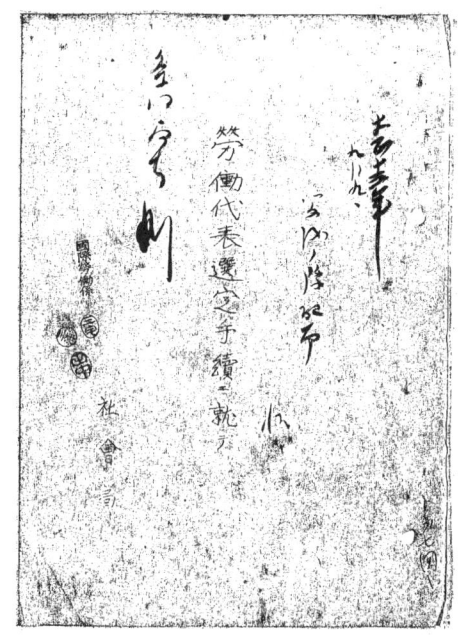

(2) 日本政府による労働者代表選出問題の総括

　ILO総会における労働者代表の選出方法の変遷は，前項で紹介したとおりであり，政府の対応は，その都度，公表されている限りで言及したところである。ここでは，第六回総会直前に，社会局が主管した会議において，第五回までの労働者代表選出方法の総括を行っているが[40]，それを分析することによって，労働者代表選出問題の意義を再確認する。

　日本政府にとって，労働組合に対する抑圧政策という団結権の否認の「建前」と労働組合の事実上の存在の容認という「実態」との間の矛盾が，ILO憲章の解釈を巡って顕在化し，それを取り繕うための「解釈」が「代表的な労働組合」の認定という形で現れてくる。

　報告書では，「本邦ニハ所謂代表的労働團体存在セストノ見解ヲ取リ」として，

---

40)　社會局『勞働代表選定手續ニ就テ』

69

労働組合一般の存在を容認しているかの認識を示しながら，その本音は，以下の叙述になって表明されている。

　國内労働團体ノ多クハ政府ノ選定方法ヲ以テ平和條約第三八九條ニ違反スルモノト爲シ之ニ反對スルト共ニ日本労働総同盟ノ如キハ遂ニ國際労働會議ヲ以テ政府ト資本家トノ労働者懐柔機関ナリトシテ之ヲ否認シ同時ニ其ノ少数意見ヲ代表シタル棚橋小虎ハ日本労働者代表委員ノ資格ニ関シテ総會ニ抗議ヲ申込ム所アリ

　最大組織たる「日本労働総同盟」を代表的労働組合として認定することを忌避するために，「代表的」なる概念は，定量的な定義をもって確定されるものではなく，労働組合の運動性向に対する評価をも含む定性的な判断によって決定されるものとなっているのである。このようは判断は，常設国際司法裁判所の見解とも一致し，現代における労働組合の代表性認定基準とも合致するものであるが，労働組合に対する差別と選別政策，すなわち，団結権の保障という一般的な原理の尊重という条件が不在である場合には，恣意的な「代表性」基準となりうることを物語っている。

　結局，ILO憲章の解釈について，「第三八九條第三項ノ規定ハ苟クモ其ノ國ニ團体ノ存在スル以上ハ之ト協議ノ上労働者代表委員任命ノ手續ニ出ツルノ趣旨ナルコト明ニシテ」という解釈を受け入れざるを得なくなることによって，「代表的労働組合」が存在しないという日本政府の抗弁が通用しなくなった。すなわち，「今日組合ノ數比較的少ナク其ノ目的トスル處又必シモ醇ナラサルモノアリト雖モ現ニ多数ノ組合ノ成立スルアリ……我國ニ労働組合カ現存スルノ事實ハ之ヲ否ムヘカラサルナリ……我國ニ労働團体現存スルコト事実ナル」という認識から出発するかぎり，「代表的労働組合」の有無を口実とした，労働組合との協議の拒否は許されないとするのが，「平和條約第十三編殊ニ其ノ第三八九條第三項ノ規定ノ趣旨カ上述ノ如ク労働團体ノ發達ヲ助長スルニ在リ從テ苟モ労働組合ノ存在スル國ニ於テハ之ト協議シテ労働者代表委員ヲ選定スヘシト爲スカ故ナリ」という団結権保障の趣旨に合致する基準であることを，国際的な基準から受け入れざるをえなくなり，第六回総会での労働者代表選任手続へと繋がるのである。

　この第六回総会での労働者代表選任手続は，基本的に，労働組合のみによる協議という形式を受け入れるのであり，労働者代表選出準則の変更という枠内で行われるのであるが，そのような方針転換を促した背景であり，それを可能とした国内外の事情を見逃すことは出来ない。

2 ILO設立時の日本労働者代表選出問題と団結権保障

まず，国際的な世論との関係で，方針転換が不可避であったという状況がある。報告書では，以下のように述べる。

> 帝國カ労働代表選定方法ニ関シテ年々國際労働會議ニ於テ諸方面ヨリ猜疑ヲ蒙リ批難ヲ受ケ不信任的決議ヲ爲サルルコトハ帝國ノ名譽ノ爲ニ忍ヒ得サル屈辱ナリ
>
> 此ノ屈辱又ハ労働代表資格否認ノ不面目ヲ受ケサラムト欲スレハ國際労働機関ヨリ脱退スルノ外ナカルヘシ然レトモ我國カ現在占メツ、アル重要ナル國際的地位ヲ單ニ労働者代表委員選定問題ノ爲ニ放棄スルカ如キハ寧ロ無謀ト云ハサルヘカラス
>
> 事情斯ノ如クナルヲ以テ我國ノ対外的立場ヲ考慮スルトキハ労働者代表委員ノ選定手續ニ関シ従来ノ例ヲ改メタルハ之ヲ得策ナリト云フヨリモ寧ロ之ヲ改ムルノ余儀ナキ状勢ニアリタリト云フコト至当ナルガ如シ

労働者代表選出問題に拘泥して，「八大産業国」としての国際的位置と威信を失うことを恐れているからこそ，労働者代表選出問題での譲歩を促したのである。

他方，国内的には，労働組合政策での一定の成果を強調している。

> 我國労働運動ノ現状ヲ見ルニ世界大戦以来ノ急激ナル産業ノ発展，思想的動揺「ロシア」ノ革命ノ影響ヲ受ケテ労働組合運動旺盛トナリ殊ニ最近ニ至ル迄著シク左傾的ニシテ現ニ大正十一年秋大阪ニ於テ全國労働組合総聯合ノ發會式ノ挙ケラレタル際其ノ参加組合カ共産主義ト無政府主義トノ二派ニ？レテ激論シタルカ如キ其ノ顕著ナル事実ナリ此等ノ過激的傾向ヲ有シタル組合カ普通選挙ヲ否定シ國際労働會議ヲ否認シタル理由ハ多言ヲ要セスシテ明ナルヘシ　然ルニ此極端ニ走レル我國ノ労働組合カ昨年来著シク右化的傾向ヲ有スルト認レリ
>
> ……労働組合ノ此ノ右傾ノ機會ヲ捉ヘテ彼等ヲ現実ニ立脚セシメ改良主義ニ協力セシムルコトハ今日ニ於テ最モ適切ナル方策ト言フコトヲ得ヘシ
>
> 之カ爲ニハ先ツ労働組合ノ現存スルモノニ付テハ其ノ存在ノ事実ヲ認メ国家ノ法制秩序ノ許ス範囲内ニ於テ活動ノ自由ヲ保障シ之ヲ國際労働会議ノ如キ事項ニ関シテハ平和条約ノ規定スル處ニ従ヒ労働組合ノ権利ヲ認ムルコト必要ナリト謂フヘシ

「左傾的」労働組合の穏健化を確認したうえで，当時の団結権抑圧政策のもとで許容しうる労働組合に対して，「労働者代表選出の自由」を付与しようとしたのである。

このような労働組合政策を背景として，労働者代表選出方法が検討されるの

71

であるが，そこでは，基本的には，団結権の保障，労働組合の自主性の尊重を前提とするものではないかった。その実態を，具体的な労働者代表選出手続においても検証する。

(3) 労働者代表選出制度の運用実態

外交文書として保存・公開されている資料を通じて，労働者代表選出に関わる運用の実態を分析する[41]。

(ア) 労働者代表選出の選挙の自由・投票の自由

労働者代表選出問題に対する労働組合側からの批判は，当初は，ILO という機関への不信感に根ざしたものであったが，最終的には，労働者代表選出方法自体のあり方へと向けられていった。これらの批判グループの意見は，基本的には，労働者代表選出のための協議組織や選挙をボイコットする形で表明され，あるいは，労働者代表に任命された一部の労働者の資格の「自己否認」という形で具体化された。それ以外に，政府の組織した労働者代表制度に参加した一般労働者の発言は，記録としては残されていない。投票制度が実施された場合には，一般にはそれは，「秘密投票」を意味するもので，投票結果のみが残されているに過ぎない。しかし，当時の軍部は，投票の内容を検閲した記録を残している。第五回総会に向けた「選挙人」選出のための「官営工場」としての陸軍工廠関係の選挙結果の報告文書である[42]。選挙人の調書において「勞働團隊トノ関係」を記載していることや，過去の行動経歴の言及があるが，注目されるのは，投票結果における「棄権」票の扱いである。その記述内容を記録しており，選挙方法が，労働組合を無視するものであることを批判しているもので，陸軍工廠の労働者の中において，このような主張が存在していたことは特筆されるべきであろう。

陸軍兵器本廠甲第一一二號
労働者代表委員候補者選挙人決定ノ件通牒
大正十二年八月参日 　　陸軍省副官松本直亮殿
　　　　　　　　　　　　　　　　陸軍兵器本廠長 　横道複生

---

41) 陸軍関係資料以外は，出所は，註28）と同じ。
42) 本資料（「陸軍省永存書類 　大正十三年乙輯第一類」）は，「米政府返還旧日本軍記録文書等史料」として，1958年3月に「防衛研修所戦史室の手に帰した」後，現在は，アジア歴史資料センターで公開されているものである。

2 ILO設立時の日本労働者代表選出問題と団結権保障

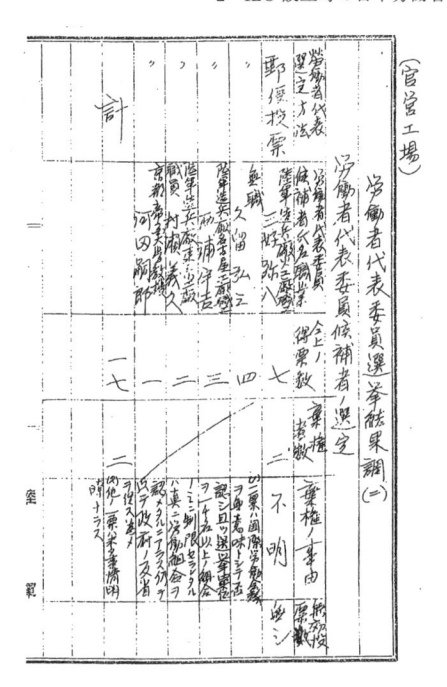

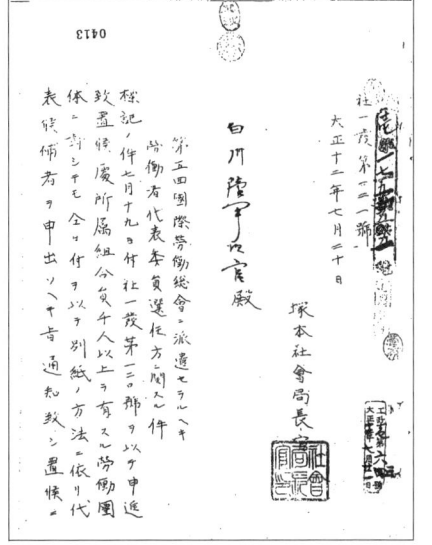

本年七月二十五日陸普第三〇三四號ニ據リ當廠管内ニ於テ撰定シタル首題選擧人左記ノ通リニ付及通牒候也

左記

一、氏名　　　　　高津龍也

二、得點數　　　　貳百參拾貳票

三、所屬並工名　　大阪兵器支廠荷造工

四、賃銀　　　　　貳圓〇六錢

五、勤續年數　　　五年十一ヶ月

六、學力　　　　　高等小學卒業

七、年齡　　　　　四十三年八ヶ月

八、勞働團隊トノ関係　　無シ

備考　大正八年九月第一回國際勞働會議勞働代表選擧ノ際協議員トシテ陸軍省ヘ出頭セリ

> （官営工場）労働者代表委員選擧結果調（二）
> 　労働者代表委員候補者ノ選定
> 　勞働代表選定方法　　郵便投票
> 　労働者代表委員
>
> | 候補者氏名職業 | | 全上ノ得票数 | 棄権者数 |
> |---|---|---|---|
> | 陸軍造兵廠火工廠職工 | 三好弥八 | 七 | |
> | 無職 | 久留弘三 | 四 | |
> | 陸軍造兵廠名古屋工廠職工 | 西浦宇吉 | 三 | |
> | 陸軍造兵廠東京工廠職員 | 村瀬義久 | 二 | |
> | 京都帝國大學教授 | 河田嗣郎 | 一 | |
> | 計 | | 一七 | 二 |
>
> 棄権ノ事由
> (1)一票ハ国際労働会議ヲ無意味トシテ否認シ且ツ選挙單位ヲ一千名以上ノ組合ノミニ制限セラレタルハ眞ニ労働組合ヲ認メタルニアラス仍テ以テ政府ノ反省ヲ促ス為メ
> (2)他ノ一票ハ未タ事情明瞭ナラス

(イ)　労働者代表の行動の自由

　労働者代表選出方法についての問題点は，当時からも明らかにされてきたが，その結果，政府の任命した労働者代表の資質の問題は，批判の対象ともなっていた。しかし，選挙方法を取り入れることによって，労働運動の指導的立場にある者が労働者労働者代表に選ばれることになり，これら労働者代表に対して，政府は，監視の体制を敷いていたことが記録が残されている。第五回総会の労働者代表であった鈴木文治の行動の監視だけでなく，親交のある「国粋主義者」を同道させ，その行動を抑圧あるいは威嚇することを画策していたことを明らかにした政府部内の資料を掲げておく。選出された労働者代表の行動の自由は，団結権保障の重要な内容をなすものであり，それへの重大な蹂躙であることは，多言を要しないが，労働者代表に対するこうした露骨な形での監視・干渉の事実は，歴史的な遺物として片付けることが出来るのかどうか，改めて問われなければならない。

2 ILO設立時の日本労働者代表選出問題と団結権保障

> 特秘勞第二八四二號
> 大正十四年三月二日　　　　　　　大阪府知事　中川　望
> 内務大臣　若槻禮次郎殿
> 外務大臣　幣原喜重郎殿
> 　内務省　社會局長官殿
> 　警視總監　京都府兵庫神奈川愛知福岡岡山廣島ノ各縣知事殿
> 　大阪地方裁判所檢事正殿
> 國際勞働會議政府代表隨伴者ニ關スル件
> 管下西成郡豊崎町南浜一一三番地日本正義團長（國粹主義ナルモ國粹會ノ態度ニ嫌ラスト稱シ全會ニ加盟セス）土木建築請負業（資產約拾萬圓ヲ有ス）酒井榮藏ハ豫テ總同盟會長鈴木文治ト親交アリ曾ツテハ客年七月市電同盟罷業ノ際調停ニ立ツ等ノコトアリテ常ニ勞働運動者ト接近シツ、アルカ坊間傳フル如ニ依レハ日本ノ勞働代表ハ國際會議ノ席上ニ於テ勞働者ノ利益ノ爲ノ光輝アル帝國ノ恥辱トナルカ如キ事項ヲ述ヘ恬トシテ恥チストノ事ナルカ果シテ如斯事項カ眞實ナリトスレハ由々敷重大問題ナリト稱シ鈴木文治トノ親交アルヲ奇貨トシ政府代表ニ隨伴シテ勞働代表及顧問ノ言動ヲ牽制スルト一向番國ノ勞働運動狀況ヲ視察スヘシトナシ本月廿七日出發ノ豫定ヲ以テ目下夫々準備中ニ有之

> 機密　受第334號　14. 4. 2
> 兵發勞秘第四五三號　大正十四年三月三十日　　　兵庫縣知事　平塚廣善
> 内務大臣　若槻禮次郎殿
> 外務大臣　幣原喜重郎殿
> 農商務大臣　高橋是清殿
> 　社會局長官　長岡隆一郎殿
> 　各廳府縣長官殿
> 勞働代表鈴木文治一行出發ニ關スル件
> 第五回國際勞働總會勞働代表日本勞働總同盟會長鈴木文治一行ハ本月二十六日午後七時二十分東京驛發下リ列車ニテ西下シタル旨警視（貴）廳電報ニ接シ注意中ノ處其翌二十七日ハ大阪驛ニ下車仝市北區西野田江成町大阪聯合會ニ於テ開催中央委員會ニ臨席シタルモノ、如ク……其翌二十九日午前九時三十分本部主事西尾末廣ハ單獨鈴木會長ヲ訪問何事カ密談シ暫時ニシテ姿ヲ沒セリ……鈴木代表一行ハ旅館ヲ出テ徒歩ニテ鈴木代表ヲ先

第 2 章　ILO における労働者代表制度と団結権保障

> 登ニ労働歌ヲ合唱シテ海岸通ヲ第一突堤ニ向ヒ全十一時三十分鹿島丸ニ無事乗船見送團体總計約百五十名ニシテ大阪聯合會島屋支部合同組合及神戸，尼崎，灘，各聯合支部友誼團体タル向上會海員組合等ノ會旗約五十本樹立威風ヲ副ヘタリ此日見送者中主ナル者ハ別記ノ通ニシテ先ツ鈴木代表上甲板ニ各見送ノ労働團体ヲ集メ船橋ニ起ツテ一場ノ激励的挨拶ヲ述ヘ日本海員組合長楠崎猪太郎見送ヲ代表シテ答辞ヲ陳ヘタリ（要旨別紙通）……偶々全船ニハ大阪ノ俠客酒井栄蔵亦政府代表ノ随員トシテ乗込ミ其乾児約三百名ハ正義團ノ會旗数十本ヲ潮風ニ飜シ揃ヒノ法被ニテ之亦酒井ノ行ヲ盛ナラシムル爲大ニ気勢ヲ揚ゲタリ流石ノ労働團体モ之ニ厭倒サレ頗ル気勢ヲ殺カレタル感アリ茲ニ衆目ヲ牽キタルハ所謂反動團体ト労働團体ノ對照ニシテ一種皮肉ノ観ヲ呈シ一般見送者ハ異様ノ眼ヲ以テ之ヲ迎ヘタリ……而シテ鈴木代表ヲ見送リテ帰途ニ際シテハ……懇親會ヲ開催……秘密裡ニ何事カヲ議シタルモノゝ如ク……（協議ノ内容ニ就テハ内査中）

あまつさえ，私信（郵便葉書）の内容を盗み見し，政府高官の間で通報していた事実は，当時の労働者代表の位置づけを雄弁に物語るものであり，その行動の自由の尊重への一片の顧慮もなかったことを示している。

> 條約局　四特秘第一三四五號
> 　昭和四年五月二日　　　　　　　京都府知事　大海原重義
> 　内務大臣　望月圭介殿
> 　外務大臣　田中義一殿
> 　　社會局長官　長岡隆一郎殿
> 　　警視總監　　宮田光雄殿
> 　　大阪，兵庫，愛知，廣島，福岡，三重，和歌山，滋賀　各府縣長官殿
> 　　京都地方裁判所檢事正殿
> 　　京都憲兵隊長殿
> 　代議士鈴木文治ノ通信ニ関スル件
> 　京都府水平社執行委員長津村栄一外三名ガゼネヴア國際勞働會議参加後援方依頼ノ為社會民衆党所屬代議士鈴木文治ヲ訪問シタル件ハ既報ノ処客月二十九日附鈴木代議士ヨリ官製葉書ヲ以テ別紙ノ通リ希望相叶フ様尽力スベキ意味ノ通信アリシ趣ニ有之
> 　右及申（通）報実也

76

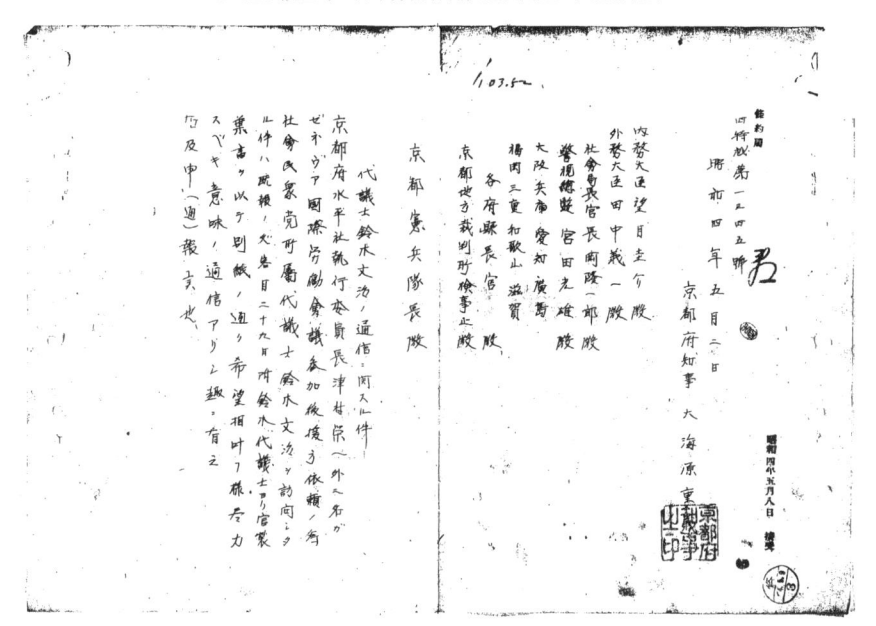

2　ILO設立時の日本労働者代表選出問題と団結権保障

```
京都市下京区東七条西之町
　　　津村栄一殿　　　　　　　　　　　　東京三田　鈴木文治
拝啓過日御来訪の際は失礼のみ申上げ
愈々御続御運びの由小生も不日外務省に参りよく御趣旨の程申上御希望打
叶ふ様盡力仕る可き所存に有之右不取敢御挨拶迄申し上度如斯く御座候
　　　四月二十九日
```

　こうした労働者代表に対する監視は，在外公館の活動でもあった。その中でも，労働者代表の発言においても，代表団の構成に関するものを重視していたことを示している。

```
公信機密第四二九號
昭和四年四月十八日　　在上海　總領事　重光葵
外務大臣男爵　田中義一殿
國際勞働總會勞働者代表ノ行動ニ關スル件
演説要旨　松岡駒吉
```

77

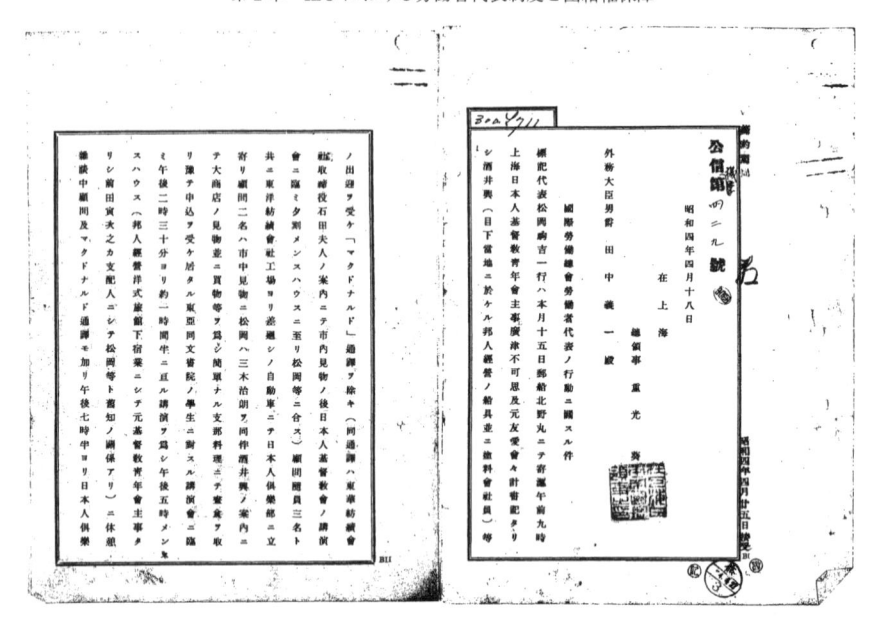

第 2 章　ILO における労働者代表制度と団結権保障

> 　日本ノ産業ハ決シテ幼稚ニハ非ルモ勞働條件ニ至ツテハ誠ニ恥シイ位ナリ總會ノ票決ハ政府代表二，資本家代表，勞働者代表各一ニシテ日本ノ様ナ資本家ノ御蔭デ樹ツテ居ル政府ハ大概資本家代表ニ結合スルナリ。派遣ノ官吏ハ正義ノ爲メニト思ツテモ一モ請訓二モ請訓デ田中サンノ意思ヲ代表スルバカリデ個性ハ全然出シ得ズ。少シデモ個性ヲ出ソウトスルト矢田サンノ様ニ直ク呼ビ戻サレルコトトナル。夫レデ勞資ノ利害相反スル採決ニナルト資本家三，勞働者一デ勝敗ノ數ハ最初ヨリ決シテ居ル譯ナリ。

(ウ)　労働組合の活動の自由

　最後に，労働者代表制度を支える理念である団結権の保障，その核心である「労働組合の活動の自由」への侵害の実例を引用しておく。記録では，労働者代表問題に関する労働組合側の見解についての情報を収集していたことが窺われる。これは，労働者代表問題が，労働組合の活動にとって重要な役割を占めるものであって，政府としても関心を払わざるをえなかったことを示しているのである。その意味でも，労働者代表選出制度は，団結権の保障にとって，重要な意義と役割を果たすのである。

勞秘乙第四三號（主管情報部第二課）　　大正十三年二月廿一日
　　機械聯合系勞働組合幹部ノ會合協議ノ件
　國際勞働會議勞働代表選出ニ関スル發表アリタル以来機械勞働組合聯合系ノ機械技工組合佐藤護郎，田中定吉，芝浦勞働組合佐藤陽一，印刷聯合會延島英一等ハ寄々協議シ國際勞働會議否認ノ書狀ヲ作成シ機械勞働組合聯合會，印刷工聯合會芝浦勞働組合所屬員ノ贊成ヲ求メ日本支局長ニ宛テ該否認狀ヲ送附スル模様ナリシヲ以テ注意中ノ處昨廿日午後六時ヨリ前記佐藤陽一，佐藤護郎，田中定吉ヲ始メ瓦斯電氣技友會小泉，関根，勞技會，稲田末次郎，明治電友會，鈴木某，純勞働組合，俵次雄等十二，三名，芝區新櫻田町十九，機械勞働組合聯合会本部ニ集合左記事項ヲ協議シ午後九時三十分散會セリ
　　　記
一，國際勞働會議ニ関スル件
　　國際勞働會議ニ對シテハ否認スル旨ノ書狀ヲ作成，関係組合ニ回送，否認ニ贊成セバ日本支局長ニ對シ此書狀ヲ送附スルコト

　條約局　勞秘第六一號
　昭和四年一月十六日　　　　　　　　　　警視總監　宮田光雄
　内務大臣　望月圭介殿
　外務大臣　田中義一殿
　　社會局長官殿
　　北海道，京都，大阪，神奈川，兵庫，愛知，静岡，福岡各廳府縣長官殿
　國際勞働代表選出協議會ニ関スル件
　要旨……旧日勞党支持ノ中間派五組合代表會合協議ノ結果全國勞働組合會議ヲ開催スルコトニ決定
　旧日勞党支持ノ中間派勞働組合ニ於テハ國際勞働代表選出問題ニ関シ今回ハ棄權セサル意向ヲ以テ昨十四日夜旧日勞党事務所ニ左記組合代表者會合之レニ関スル協議會ヲ開催シ
　本日十八日午後七時芝區櫻田町所在組合總聯合事務所ニ全國勞働組合會議ヲ開催スルコトヽシ
　出席組合名ヲ以テ全國有資格組合ニ對シ之レニ參加ヲ勸誘スル事ヲ決定セリ

第2章　ILO における労働者代表制度と団結権保障

> 極秘扱
> 労秘第六一號
> 昭和四年一月十六日
>
> 警視總監　宮田光雄
>
> 内務大臣望月圭介殿
> 外務大臣田中義一殿
> 北海道廳長官　神奈川縣
> 愛知靜岡福岡各縣知事殿
>
> 國際勞働代表者選出協議會ニ關スル件
>
> 要旨……旧日勞黨支持ノ中間派五組合代表者會合ノ上ニ関シ勞働組合會議ヲ開催スルコトニ決定
>
> 旧日勞黨支持ノ中間派勞働組合ニ於テハ、國際勞働代表送出問題ニ関シ今回ニ榛權セサル意向ヲ以テ昨十四日夜日勞黨事務所ニ左記組合代表者會合之ニ関スル協議會ヲ開催シ本月十八日午後七時芝連櫻田町所在組合總事務所ニ全國勞働組合會議ヲ開催スルコトニ決シ以テ全國有資格組合ニ對シ之ニ参加ヲ勸誘スル事ニ決定セリ
>
> 記
> 一、此席組合及代表者
>   司廚同盟
>   組合總聯合
>   　　　森　栄一
>   　　　大久保　勇

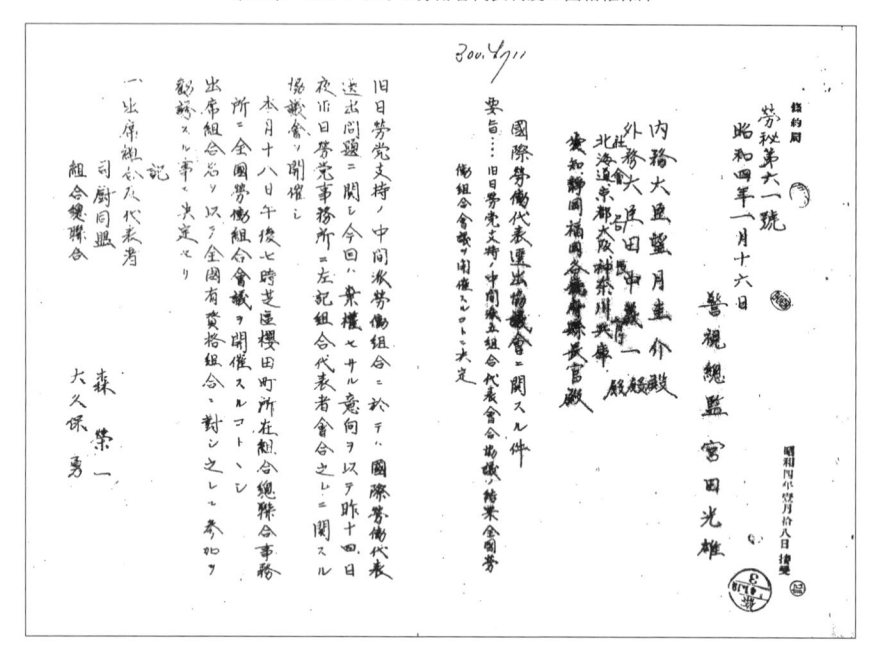

記
一、出席組合及代表者（略）

　前世紀のしかも日本国憲法が制定されていなかった時期における団結権のあり方を，単純に現代に引き写すことは慎重でなければならないとしても，労働者の基本的権利や市民的自由の現実的かつ実質的な保障ということでは，このような歴史的な教訓は現代においても充分に生かされなければならないであろう。その意味で，労働組合の動向を調査する「労働関係調査委託費」問題の本質は，戦前の労働組合対策と異なるものではない。

3　現代における労働者代表選出制度の実態

　ILO 創立時には，ILO 総会に対する労働者代表の選任制度が，その内容評価は別として，曲がりなりにも公表されていた。しかし，現代においては，選任経過は明確ではない。そのこと自体が，前述のように，日本政府関係者からも問題視されてきた。ここでは，ILO における労働者代表の選任方法・選任基準

の「公平性・客観性・公開性」を検証するため，第 89 回総会（2001 年）と第 91 回総会（2003 年）における日本代表団の労働者代表の選任手続を，情報公開手続によって開示された（あるいは不開示とされた）文書によって検討する。

(1) 第 89 回 ILO 日本代表団労働者側代表の選任の実態と問題点

厚生労働大臣に対して，「第 89 回国際労働機関（ILO）日本代表団労働者側代表（代表，顧問，オブザーバー）について，選任に至る過程における審議内容，決定理由が明らかになる文書」の情報公開請求をした。これに対して，「行政文書開示決定通知書」によって，以下の 5 文書の開示が通知された。

① 第 89 回 ILO 総会の労働側オブザーバーの推薦について
② 第 89 回 ILO 総会へのオブザーバーについて
③ 第 89 回 ILO 総会の労働代表及び顧問の推薦について
④ 国際労働機関第 89 回総会使用者代表，労働者代表等の指名について（伺い）
⑤ 国際労働機関憲章第 3 条第 5 項

これには，「公にされていない肩書・団体印及び代表者印の印影」については，不開示とされ，「決定理由が明らかになる文書については，これを保有しないため不開示とした。」とされた。

上記の開示文書の内容については省略するが[43]，最大の問題点は，厚生労働省が，「決定理由が明らかになる文書」は存在しないと決定したことである。そのため，行政不服審査法に基づき，異議申立を行った。

「開示されなかった文書を開示するとの決定」を求めた異議申立において，上記の決定が違法であるとする理由は，以下の三点である。

① 「選任に至る過程における審議内容，決定理由が明らかになる文書」の開示を求めたが，本件処分は，「決定理由が明らかになる文書については，これを保有しないため不開示とした。」とするとともに，「選任に至る過程における審議内容」については，理由を明らかにせず，不開示処分にした。
② この「選任に至る過程」については，国際労働機関憲章に基づき，「労働者を

---

43) 各文書の形式は，① 連合会長名による厚生労働省事務次官あて文書，② 日付・発信者名・宛先がないので文書の性格は不明だが，全労連から厚生労働省への連絡と推測される文書，一部不開示，③ 連合会長名による事務次官あて（有印）文書，一部不開示，④ 厚生労働大臣から総理大臣あて決済文書の起案文書，⑤ 国際労働憲章条文（日本語・英語）である。⑤ が行政文書に該当するものかどうかについては，論点になった。

最もよく代表する団体」との協議と合意という過程を含むものである。その経過は，「第88回ILO総会覚書」において，政府（労働省）から報告されており，今年度の第89回国際労働機関総会についても，同様の「協議・指名」の手続きが行われている。

③　したがって，この経過を記録した文書が存在することは明白な事実であり，そのような文書を開示しないことは，行政文書隠しであり，違法な処分である。

この異議申立に対し，厚生労働省は，情報公開審査会に諮問し，理由説明書を提出した。それを受け，異議申立人としての意見書を提出した。意見書のうちILOにおける代表性準則について論ずる部分は，本章1(4)で述べたところは重複するので省き，主要なところは以下のとおりである。

①　理由説明書は，「「経過を記録した文書」はそもそも存在しないのである。」と述べているだけである。この主張は，異議申立の内容が，「選任に至る過程における審議内容，決定理由が明らかになる文書」の開示を求めていることを無視するものであるとともに，著しく合理性を欠いている。何故なら，厚生労働省の主張通りとすれば，「国際労働機関（ILO）日本代表団労働者側代表」の選任経過が，どのような行政文書にも記録されることなく，それ故，その選任が，行政文書に記録された客観的な基準や資料に基づくことなく，行われていることとなり，これは，異常な事態と言わなければならないからである。

すなわち，「国際労働機関憲章」（第3条第1項）は，「（加盟国の代表者の）総会は，各加盟国の四人の代表者で構成する。そのうちの二人は政府代表とし，他の二人は各加盟国の使用者および労働者をそれぞれ代表する代表とする。」と規定していることに基づき，「国際労働機関（総会）日本代表団労働者側代表」は，「使用者側代表」とともに，閣議で決定されている。このような国際機関への代表者の「選任に至る過程における審議内容，決定理由」が，従来から，いかなる行政文書としても記録・保存されてこなかったことはありえない。ILOの代表性準則について説明してきた関係者の指摘からも十分に根拠のあるところである。

②　理由説明書は，「経過を記録した文書」の不存在を述べるだけで，「審議内容，決定理由が明らかになる文書」については，その存在自体に言及することもなく，不開示の理由を述べていない。しかし，労働者代表選任の基準に関する文書を不開示とする理由はない。なぜなら，労働者代表選出の基準はかって公表されていたからである。

日本における国際労働機関に関する「唯一の……邦語文献」[44]の著者であり，労働

---

44) ニコラス・バルティコス『国際労働基準とILO』vii頁。

3 現代における労働者代表選出制度の実態

省における歴代の国際労働機関担当の第一人者である飼手真吾氏・戸田義男氏は，「民間代表及び顧問の指名は……現在以下の方法によって行われている。」として，労働者代表・顧問の選出基準を明記している。さらに，「現在採用されている手続きは，法律的には必ずしも満足すべきものではないが……指名方法に明確な法的根拠を与える等の措置を講ずる必要があろう。」[45]と記述していることは重要である。

この労働省の公式見解と位置づけても間違いではない同書のこのような記述内容から，確実に以下の二点を指摘できる。

(a) かっては，労働者代表選出の方法を明確に規定する文書類が存在していたこと。
(b) その内容について，法的根拠などの検討が行われたこと。

現在では，労働組合組織の状況が異なっており，同じ方法を用いることはできない。それでは，どの時点から，そのような方法が用いられなくなり，それに代わる新しい方法が，どのような形で定められることになったのか。その適用として，今年度の労働者代表の選任が行われたのであるから，これまでの歴史的経過を含めて，過去の労働者代表の選任方法の伝達がなされているはずである。そうでなければ，毎年，その年度に限った労働者代表の選出方法を検討しなければならないであろう。いずれにせよ，そのような検討結果を記録し，あるいは申し送る文書が存在するはずである。

③ 理由説明書は，「我が国において労働者を最もよく代表する産業上の団体である日本労働組合総連合会」と述べている。しかし，日本労働組合総連合会が，国際労働機関憲章第3条第5項の基準（「労働者を最もよく代表する団体」）に合致することを証明する行政文書について言及していないことは，不当である。国際労働機関への労働者代表の選任にあたって，どの団体が，「労働者を最もよく代表する団体」であるかの判断が最も重要な判断基準であるからである。この「労働者を最もよく代表する団体」の資格を巡る争いが，多くの加盟国でも経験されてきたのであり，この点で，どのような資料に基づき，日本労働組合総連合会が「労働者を最もよく代表する団体」であると判断したのか，その根拠や理由を記録した行政文書も存在しないとすれば，行政の客観性や公平性を疑わせることになる。

④ 過去の「国際労働機関総会への日本代表団」の選任問題については，全労連側は抗議声明[46]を公にしている。すなわち，従来から，「国際労働機関総会への日本代表団」選任方法や手続きについて，関係者の間には異議が存在していることを物語っている。このような状況の中で，どのような根拠と手続きによって，「国際労

---

45) 飼手真吾・戸田義男『I.L.O. 国際労働機関』75頁以下。
46) 「第85回 ILO 総会日本労働者代表団の閣議決定について」（全国労働組合総連合事務局長談話，1997年5月16日）（全労連情報第261号，1997年5月21日）

働機関総会への日本代表団」の選任を行うか将来問題となりうることは，予期しうるのである。実際，全労連側は，第85回総会と第86回総会に関して，その代表選任に異議を唱え，国際労働機関に提訴をしている[47]。

　行政当局として，このようないわば「火種」を抱え込んでいる問題について，記録文書を作成・保管していないとすれば，不当である。

⑤　「国際労働機関総会への日本代表団」の選任問題に関する，全労連と労働省の担当者との間の交渉・折衝の記録[48]が公になっている。これによれば，労働省側は，「国際労働機関総会への日本代表団」の選任問題を巡って，労働省の見解に異論が存在することを認識している。

　それは，一つには，前記の「労働者を最もよく代表する団体」の認定を巡って，連合と全労連という候補となりうる二組織が存在していることを認めている。他方，労働者代表選任の方法に関して，当事者間に見解の相違があることが明らかになっている。

　労働省としては，これまでの経過を踏まえて，本年の労働者代表選出問題を扱ったことは明らかであるが，そのような行政としての継続性や一貫性を担保しうるものは，文書としての記録であって，当然，そのような文書が作成・保管されていて然るべきである。

⑥　「国際労働機関総会への日本代表団オブザーバーの選任方法」であるが，理由説明書によれば，国際労働機関の規則上の規定はないから，その「選任方法」は，もっぱら日本政府の責任で決定されるが，関連する行政文書は存在しないとされた。今回開示された文書によれば，6名がオブザーバーとして選任されている。ところが，2001年5月18日に報道発表された「第89回ILO総会の会期，議題及び我が国の代表団の氏名について」に掲載されている名簿には，この6名のオブザーバーは登載されていない。しかし，現実には，6名のオブザーバーがジュネーヴに派遣され，そのための費用が，国から支給されているにも拘わらず，国民に知らされないまま，会計処理も含めた何の文書による記録もないまま，かかる重要な決定がなされたことになる。

　他方，前述の「交渉」記録によれば，この「オブザーバー」は，労働省と全労連

---

47)　「第86回国際労働総会への日本代表団労働者代表および顧問の選任にたいする異議」（ILO総会委任状委員会への全労連からの異議，1998年6月4日）（全労連情報第291号，1998年6月11日）

48)　「第85回ILO総会代表問題で労働省と交渉」（全労連情報第260号、1997年5月15日）。そこでの労働省国際課長の発言（「国際条約の採決にそれぞれ票決権を持つ政労使の各代表の選任については形式的なかわり切りが必要であり，また労働者代表団についても内部の一致がなければ混乱を招くことになる。」）はILO準則を無視する本音を述べる。

3　現代における労働者代表選出制度の実態

の交渉の中で，全労連から提起され，当時の播国際労働課長は，「ILO 総会のなかでオブザーバーという制度がどのような位置付けなのかよく分からない。研究してみたい。」と答弁していることが記録されている。その結果，2000 年の第 88 回 ILO 総会から，オブザーバー選任が行われたという経過にある。したがって，この数年前に，労働省側の何らかの検討の末，オブザーバーという形式での派遣（しかし，代表団名簿には記載されない）が決定されたのであるから，この新しいオブザーバーという方法を採用するに際して，その性格や権限・選出方法・待遇などに関する規定が作成されたはずである。文書化された規定もなく，一団体の要請を受けただけで，このような施策が実施されるはずがないであろう。

　理由説明書は，このオブザーバー選任に関して，開示された文書（労働組合側からの推薦あるいは通知文書）しか保有していないとする。しかし，その前段で，この文書を「受けて，国際労働機関の事務局に登録をおこなっており」と認めており，その「登録」のための文書が存在するはずである（まさか，口頭連絡ということはあるまい）。

　このように，「国際労働機関総会への日本代表団オブザーバーの選任に至る過程における審議内容，決定理由が明らかになる文書」が存在しないという厚生労働省の主張には，合理性がなく，行政文書を公開する義務を回避しようとする姿勢の現れにすぎない。

厚生労働省の理由説明書のうち，「選任に至る過程における審議内容」に関する文書の不存在を主張する部分と審査会への口頭説明は，答申書が要約したものを引用する。

　①　ILO 総会への日本代表団労働者側代表及び顧問の指名方法
　日本代表団労働者側代表及び顧問の指名については，ILO 憲章 3 条 5 項（加盟国は，各自の国に使用者又は労働者をそれぞれ最もよく代表する産業上の団体がある場合には，それらの団体と合意して選んだ民間の代表及び顧問を指名することを約束する。）に従って行われており，具体的手順は下記のイ，ロ，ハのとおりである。
　イ　我が国において労働者を最もよく代表する産業上の団体である X から労働者側代表及び顧問の推薦状を受ける。
　ロ　X との協議により，推薦状の内容を確認するとともに代表及び顧問について合意する。
　ハ　これを受けて，厚生労働省において ILO 総会の労働者代表及び顧問の指名について稟議を行った上で，閣議における指名を行う。
　ILO 憲章に基づく「労働者を最もよく代表する団体」との協議は，文書による記

第2章　ILOにおける労働者代表制度と団結権保障

録が残るような会合等の形では持たれていないものであり，「経過を記録した文書」はそもそも存在しない。したがって，これに関して保有している行政文書は，本件異議申立ての対象となっている開示決定処分において開示決定がなされており，これ以外の行政文書は保有していない。

②　ILO総会への日本代表団労働者側オブザーバーの選出方法

日本代表団労働者側オブザーバーの選出については，ILO憲章も含め，ILOの規則上の規定はないことから，我が国政府は，労働者団体からの希望を受けて，ILO事務局に登録を行っており，この国内における選出手順に関して保有している行政文書は開示決定をした文書のみであることから，これ以外の行政文書は保有していない。

③　諮問庁の説明及び当審査会の調査によれば，労働者側代表等の選任に関する経緯の詳細については，以下のとおりである。

ア　第86回総会（平成10年）委任状委員会報告では，Xが我が国における労働者側の「最も代表的な団体」として認められるとともに，「委員会は，政府がそれら団体と政府自身との間の会合を設けようとの真の試みを行ったという証拠を見せなかったことに留意した。委員会は，政府がその関与をXとYの間の仲介の役割に限定せずに更に協議を行う必要性がある旨を強調した。」とされた。同報告を受けて，第87回総会（平成11年）に際し，労働省は，X及びYと各々事務担当者による話合いを持ったものの，両団体の主張には隔たりが大きく，調整に至らなかったことから，ILO憲章3条5項の規定に従い，第86回委任状委員会報告（Xが我が国における最も代表的な労働者の団体であること）に沿って検討した結果，従来どおり，Xから提出された推薦状の候補者から労働者代表を指名した。

イ　続く第88回総会（平成12年）に際しても，労働省は，前年同様，X及びYと個別の形で，事務担当者による積極的な話合いを持ったものの，両団体の主張は前年同様であり，調整には至らなかった。そこで，労働省としては，最も代表的な労働者団体がXであることは，産業分野別における組織状況及び労働組合員数等から判断して，従来と変わりはなく，Xの推薦どおりに代表及び顧問を採用することとした。

また，Yに対しては，代表及び顧問については，従来同様，X推薦の候補者を指名した旨伝達するとともに，ILO提訴の経過，過去の委任状委員会の意見等に沿って検討した結果，Y推薦の候補者をオブザーバーとして日本代表団の一員に加えることとし，その旨Yに伝達した。したがって，第88回総会において初めてオブザーバーに関し，X及びY双方の推薦状を採用することとし，外務省を通じてILOに参加通知を行った。

3 現代における労働者代表選出制度の実態

ウ　第89回総会（平成13年）に際しても，前年同様，同年4月17日，Yから厚生労働省に対し，「第89回ILO総会への労働者代表の推薦について」と題する顧問等の推薦状が同省窓口へ手渡しで提出され，その際，Yは「前回オブザーバーの参加はできたが，今回の総会には是非顧問を出したい」旨申し添えた。厚生労働省は，前回からの事情が変化していないことから，Xが推薦した候補者を代表及び顧問に指名することとし，閣議請議の手続を進めた。

同年5月中旬，Yの担当者から厚生労働省の担当者あてに電話で，上記推薦状の扱いについて照会を受けたが，代表及び顧問については，前年同様の取扱いとなる見込みである旨回答した。その後，Y担当者から厚生労働省担当者あてに，上記推薦状のうちの2名を改めてオブザーバーとして推薦する旨の文書がFAXで送信されたことから，厚生労働省としては，Yは，前年と同様の立場で推薦してきたものと理解し，登録することとした。同月18日，代表及び顧問について閣議決定がされ，外務省を通じてILOに参加通報を行った。

以上の説明の中でも言及があるが，全労連から提出された「第89回ILO総会への労働者代表の推薦について」の文書について，厚生労働書が，開示請求対象文書と考えなかった理由を同省の提出した意見書で述べたところには，労働組合の推薦行為に対する考え方，延いてはその権利性についての消極的な姿勢がよく現れており，引用しておく。

① 労働団体等の権利について

労働団体等の自由な活動に係る情報においては，極めてセンシティブな情報が多く，当該団体に関し公にできる情報は，上記のとおり憲法上の権利の保護の必要性と行政の説明責任を全うする必要性を勘案・比較考量しつつ，その自由な活動を行う正当な権利を侵害するおそれがない情報に厳に限定されるべきものである。

一例をあげると，新聞報道によると（労働組合の活動を正式に認定する権限は独立行政委員会を除いては行政機関にないため報道資料によらざるを得ない），日本プロ野球労働組合は，結成当初その結成そのものを秘密とし，東京都労働委員会に法人登記のための労働組合の立証が認められて初めてその結成を公表したということがあった。すなわち，ある程度組織化に成功するまでは，使用者又は他の労働組合からの干渉によってその団結権・活動の自由の権利が侵害されるからである。ILOコードやEU指令において，労働者の個人情報として労働組合活動が高度に秘匿されるべき情報として認定されていることもその証左である。

② 労働団体の活動等について

労働団体が，国の審議会等に委員を推薦する行為は，団体の主張を国の施策等に

第 2 章　ILO における労働者代表制度と団結権保障

反映させるべく当該団体の活動の一環として行われるものであり，団体の活動においてその手法は極めて戦略的なものである。

　委員を推薦し又はその推薦を取り下げる行為は，団体の活動の目的を達成するためにその戦略的あるいは戦術的な面からはみだりに公にされるものではなく，公にされた場合，結果如何では使用者又は他の労働団体等からの干渉を受け，団体の地位が低下しその後の活動に支障が及ばされる等その自由な活動が阻害されるおそれがあるものである。

　このように，極めてセンシティブな部類の活動であることから，他の団体は無論，傘下の団体に対してもみだりに公にすることができないことも想定される情報である。

　推薦の結果，委員等に任命され，あるいは戦術的，戦略的に自ら推薦し又は事実上取り下げたことを公にしているのであれば格別，その情報が公にされた場合，当該団体の地位が不当に害されるおそれがあるものである。

　特に，推薦を取り下げるという行為は，その活動においては対外的に後退との印象を与えるものであり，団体の活動にとってよりセンシティブなものと認められ，団体としては，その活動の性質上秘匿されるべき情報であることは疑いのないものである。

　結局，審査会は，以下のような判断により，厚生労働省側の選任過程に関する文書の不存在という主張を認めず，「本件対象文書外であるとされたことにより決定が行われていない次の文書「第89回 ILO 総会への労働者代表の推薦について」については，改めて開示決定等をすべきである。」とする決定によって，選任過程を示す文書の開示決定を行った。

　　① 労働者側代表等の選任手続は，年次定例的な業務となっており，第86回委任状委員会報告（X が我が国における労働者側の「最も代表的な団体」として認められていること）以後，情勢に基本的な変化はなく，X による代表等の推薦が基本的に受け入れられていること

　　② 当該選任手続における各団体との協議の具体的作業は，推薦状が郵送された後，担当者あてに受取り確認の電話をし，口頭で内容を確認する作業が主たる内容であることから，厚生労働省及び各団体間の連絡は，事務担当者間の口頭による形態が基本となっていること

　　③ 第86回委任状委員会報告（政府はその関与を X と Y の間の仲介の役割に限定せずに更に協議を行う必要があること）を踏まえて実施された厚生労働省による X 及び Y に対する働きかけについても，交渉窓口である事務担当者間の口頭による

形態で実施され，特段文書等を作成，取得して行われるようなものではないことが認められ，下記に記述する「第89回ILO総会への労働者代表の推薦について」の文書を除き，本件開示文書以外に行政文書を保有していないとする諮問庁の説明に，格別不合理な点はないものと認められ，また，他の行政文書が存在すると推測させる特段の事情も認められない。

　当審査会は，上記に記述したとおり，諮問庁の説明及び当審査会の調査により，諮問庁が本件開示文書以外に，平成13年4月17日付けでYから提出された「第89回ILO総会への労働者代表の推薦について」と題する文書（以下「本件文書」という。）を保有している事実を認める。

　諮問庁は，本件文書を本件対象文書として扱わなかった理由として，政府は，ILO憲章の関連規定に従い，過去の委任状委員会の意見（Xが我が国における最も代表的な労働者の団体として認められていること）に沿って代表及び顧問の選考を行っており，本件対象文書とは，代表的団体たるXからの推薦状に基づいて労働者代表等の指名を行う理由及び指名の過程を示す文書であり，本件文書はこれに該当しないこと，また，代表及び顧問の閣議決定（平成13年5月18日）以前に，本件文書は事実上取り下げられていることから，本件対象文書にはなり得ない旨主張する。

　しかしながら，開示請求の対象となる行政文書は，第89回ILO総会日本代表団労働者側代表（代表，顧問，オブザーバー）についての選任に至る過程において，作成又は取得した文書を意味するところ，本件文書は，確かに諮問庁の主張のように，選任において審議，決定に直接かかわる文書ではないが，その過程において諮問庁が取得した行政文書であることは否定できず，本件文書を行政文書として現に保有している事実にかんがみれば，これが本件対象文書に該当すると判断することが相当である。

ここまで引用してきた開示請求から答申までの一連の手続きは，あくまで情報公開制度に基づくものであって，その枠内での行政文書の開示，その前提としての行政文書の存否をめぐる論点設定という性格に縛られざるをえず，「（労働者代表の選出方法・基準に関する）行政文書が存在しない」と判断されれば，司法的手続きの可能性は残されているものの，この手続きの中で，これ以上の情報を確認することは困難であるという意味での限界性を有している。そのため，情報公開審査会の答申書が，意見書の指摘する具体的な問題点（特に，ILO労働者代表の選出基準の存在）についての判断を回避したことを，ここで批判することは保留しておきたい。

　結局，厚生労働省の見解は，「国際労働機関総会への日本代表団労働側代表及

89

び顧問の指名は，国際労働機関憲章第3条第5項（加盟国は，各自の国に使用者または労働者をそれぞれ最もよく代表する産業上の団体がある場合には，それらの団体と合意して選んだ民間の代表及び顧問を指名することを約束する。）に従って行われている。(具体的手順に関して）保有している行政文書は，本件異議申立ての対象となっている開示決定処分において開示決定がなされており，これ以外の行政文書は保有していない。」とするもので，「選任方法・基準」に関する行政文書は存在しない，すなわち，「選任方法・基準」は存在しないというものであった。また，当事者である厚生労働省側と全労連側との間で微妙な解釈の違いがある「オブザーバー」については，「国際労働機関総会への日本代表団オブザーバーの選任は，国際労働機関憲章も含め国際労働機関の規則上の規定はないことから，我が国政府は，労働者団体からの希望（本件開示した行政文書のうち「第89回ILO総会の労働側オブザーバーの推薦について」及び「第89回ILO総会へのオブザーバーについて」）を受けて，国際労働機関の事務局に登録を行っており，この国内における選任手順に関して保有している行政文書は前記の文書のみであるから，これ以外の行政文書は保有していない。」という説明であり，したがって，「オブザーバー」について定義する行政文書は存在しない，すなわち，「オブザーバー」についての定義は存在しないということであった。

　本書の課題である「労働者代表の制度（方法・基準）の公平性・客観性・公開性」の検証という問題に照らしてみると，その実際の任命方法が明らかになった点は意義があろう。最大の問題である「選出基準」については，詰まるところ，「最も代表的な労働者の団体」の認定に帰着するとともに，その資格を有する団体が複数存在する場合の「選出ルール」基準と方法が問われなければならない。

(2) 第91回ILO日本代表団労働者側代表の選任の実態と問題点

　その後，改めて，「第91回国際労働機関（ILO）日本代表団労働者側代表（代表，顧問，オブザーバー等）の選任および派遣に関連するすべての文書」の開示請求を行ったところ，かつて「不存在」とされていた労働者代表の定義や基準に関する文書が開示された[49]。その一部を資料として掲載する。まず，**資料〈2-1〉**

---

49) ILO総会への日本代表団派遣とその名簿については，毎年，5月末頃，報道発表され，HPにも記録されているが，2003年の第91回ILO総会の日本代表団派遣（名簿）については，HPに掲載されていない。週刊労働ニュースにも記事掲載がないことから，報道発表自体が行われなかった可能性もある。「公開性」の原則からして，重大な問題である。なお，2004年の「第92回ILO総会日本代表団」の名簿については，5月14日付けで報道発表資料として，HPに掲載された（労

3　現代における労働者代表選出制度の実態

資料〈2-1〉

ILO総会への労使出席者対する旅費の支給について（大枠）
　ILO憲章第13条に従い，毎年総会に出席する労使の代表団メンバーの各3名に対し，航空運賃，日当及び宿泊代等を支払っている。この旅費の支給は以下に基づいて行うこととする。
1. 代表団全体：
　指定職相当の旅費を支給する対象者は労使団体それぞれ一名を超えない。
2. 代表：
　指定職相当の旅費を支給する
　（理由）
　①昭和54年5月19日付　蔵計第1215号「国際労働機関総会代表の旅費支給に伴う職務の格付について（協議）」により，国際労働機関総会の労使代表団の代表については指定職相当の旅費を支給することについての協議が整っているため。
　②支給実績においても，この決定に基づいて総会の代表に対して指定職相当の旅費の支給が行われてきたため。
3. 代表代理：
　その団体における役職に基づく格付相当の旅費を支給する(ILO総会における旅費の格付け基準の目安を参照)。ただし，代表代理をILO理事が務める場合は指定職相当の旅費を支給する。なお，労働者団体又は使用者団体より代表と代表代理の旅費の支給が同時に要請され，かつ代表代理をILO理事が務める場合，代表については指定職相当の旅費を支給し，代表代理については所属する団体における役職に基づく格付相当の旅費を支給する。
　（ILO理事が代表代理を務める場合に，指定職相当の旅費を支給する理由）
　①代表代理の役割は代表の役割と同一であるため（国際労働総会議事規則第一条）。
　②地位の高い人物が名目的に代表を務め，実質的な役割を遂行するために代表代理をILO理事が務めることが多いため。
4. 代表顧問：
　その団体における役職に基づいて格付相当の旅費を支結する(ILO総会における旅費の格付け基準の目安を参照)。
5. オブザーバー：
　旅費は支給しない。
　（理由）
　　オブザーバーは総会において投票権，発言権といった権限を有せず，審議を傍聴するために総会の会議に入場する権利を有するに過ぎないため。

働者側の代表・代表代理・代表顧問の構成・人数，オブザーバーの非公開は，従来どおりである）。2005年以降も報道発表資料が掲載されているが，オブザーバー情報は公開されていない。かつては，標題に「我が国の代表団の氏名について」と併記されていたが，2006年以降は，「ILO総会の開催について」という表記になっている。労働者代表の選任問題を後景に退けさせた感がある。このように厚生労働省発表の名簿には，「オブザーバー」は含まれていない。「週刊労働ニュース」（第1898号，2001年5月28日，2頁）や「ILOジャーナル」（No. 491，2001年5-6月号，4頁）でも，代表団人数は33名とされているが，この人数・名簿は，「（日本代表団）代表・代表代理・代表顧問」の総計に一致しており，「オブザーバー」は含まれていない。他方，全労連（「月刊全労連」2001年9月号，31頁）は，「正式の代表団」派遣の表現を採っている。

の文書(「第91回ILO総会における労使出張者の旅費の支給区分格付けについて」)そのものは,ILO総会代表団に旅費支給するために,代表団員の「格付け」を決定する性格のものであるが,代表団を構成する各カテゴリーについて,明確な定義を与えている。ILO憲章(第13条第2項(a))では,旅費支給対象者は,「総会又は理事会の会合に出席する自国の代表及びその顧問並びに代表者」とされているが,この文書では,「ILO総会への労使出席者」という位置づけを行っている。この中で,特に,「オブザーバー」については,前述のように,その性格や役割が明らかにされてこなかったが,ここでは,「総会において投票権,発言権といった権限を有せず,審議を傍聴するために総会の会議に入場する権利」という権限を明確にしたうえで,それに相応する処遇を与えようとしているのである。このことは,「出席者」という位置づけにおいて,「オブザーバー」が「代表団」という定義に含まれていることを示しているのである。その意味で,選任基準の明確化・公開性といったルールからして,非公開とされている「オブザーバー」の運用には重大な問題が伏在していることが,改めて明らかになっている。

　他方,**資料〈2-2〉**は,日本労働組合総連合会会長が,厚生労働省事務次官に対して,「オブザーバー」を推薦した文書であるが,この中で,6名の「オブザーバー」については,「ILO総会の現地発行参加者名簿に掲載しない」ことを求めている。このような措置を講ずることの必要性と実益性については,俄には,推断できないのであるが,むしろ,「オブザーバー」制度の運用における曖昧さを浮き彫りにしていると言えよう。その原因は,選任基準や基準の公開性・客観性の欠如にあることは多言を要しないであろう。

3　現代における労働者代表選出制度の実態

資料〈2-2〉

国際発第 0053 号
2003 年 5 月 16 日

厚生労働省
　事務次官　澤田陽太郎　殿

日本労働組合総連合会
会　　長　　笹森　清

第 91 回 ILO 総会の労働側オブザーバーの推薦について

　日本労働組合総連合会は，きたる 6 月 3 日からジュネーブ市で開催される第 91 回 ILO 総会の労働側オブザーバーを下記の通り推薦いたします。

記

会田　麻里子　（アイダ　マリコ）　自治労労働局書記
宮城　恵美子　（ミヤギ　エミコ）　日教組組織局次長国際担当
江森　孝至　　（エモリ　タカシ）　連合社会政策局次長
滝沢　弘　　　（タキザワ　ヒロシ）連合労働調整局部員

　次の方々については，ILO 総会の現地発行参加者名簿に掲載しないよう願います。

※連合…………日本労働組合総連合会
　自治労………全日本自治団体労働組合
　日教組………日本教職員組合

第3章　労働行政における労働者代表の選出のあり方

1　労働者委員選出における推薦制度の意義

　労働委員会については第4章で扱い，本章では，各種の審議会等における労働者代表・使用者代表の選任制度の特徴について，特に選任基準のあり方と労働者委員の推薦制度との関連から，整理しておく。その上で，次節2で具体的な選任状況の分析を行う。

(1)　最低賃金審議会における労働者代表

　最低賃金審議会[1]における労働者代表の資格（とともにその名称ともなっている）は，「労働者を代表する委員」である。官報に掲載される「推薦の公示（中央最低賃金審議会委員候補者推薦要領）」においては，推薦される候補者の資格として，「国家公務員法第38条各号のいずれにも該当しない者」が求められている。

　厚生労働大臣が任命するが,「関係労働組合の推薦」を求めなければならない。この推薦の手続きに関する法的規定は存在しないが,「推薦の公示」で要件とされている推薦資格は,「労働者を代表する委員の候補者を推薦する資格を有するものは，労働組合法第2条に規定する労働組合であること。」として，推薦労働組合の資格要件は，労組法第5条の資格要件・手続きを必要とはしていない。その意味で，労働委員会労働者委員の推薦資格より広い。他方，推薦使用者団体の資格要件[2]は，文言上限定的であり，労働委員会使用者委員の推薦資格よりは狭い。推薦行為の性格は曖昧で，「期間内に推薦がなかつたときは」，「推薦があつた候補者」以外からの任命が可能となっているが，反対解釈として，推薦

---

[1]　中央最賃審議会について述べるが，地方最賃審議会も基本的には同様である。現行規定は，最低賃金法第28条および最低賃金審議会令第3条参照。
　　最低賃金審議会の前身たる賃金審議会（労基法旧第29条）が構想される過程で検討された賃金委員会の委員選任には，中央労働委員会の同意要件が予定されていた（渡辺章編集代表『労働基準法〔昭和22年〕』（日本立法資料全集，信山社出版，1996 – 1998）(2) 83頁）ことは留意されるべきである。

[2]　「使用者を代表する委員の候補者を推薦する資格を有するものは，労働問題若しくは中小企業の経営問題を取り扱うことが主な目的であるか，又は業務の主要な部分である使用者団体であること。」

第3章　労働行政における労働者代表の選出のあり方

があった場合には，任命者による労働者代表の選考は，その推薦によって拘束されることとなる。労働組合の推薦行為が義務的ではないと言うことは，それが単なる手続き的な要件として位置づけられるものではないと言うことを意味する。逆に，推薦行為は任命行為を拘束する法的効果を発生させるもので，その意味で，推薦制度は，法的に保護されるべき権利性と利益を有するものである。

　かつての労働省の通達[3]は，「労働者代表委員の割り振りに」に関して，以下のような行政解釈を示していた。原則としての系列別配分を認めながら，組織系統別の配分問題に起因する「紛議」に対する過剰な警戒心が選任過程を蔽っているが，今日におけるこの通達の扱いと実際上の効力は不明である。

> 　1　推せんの公示の時期について
> (2)　特に労働者代表委員の組織系統別構成（割り振り）について調整の難行することが予測される場合には，なるべく公示前に，やむを得ない場合でも公示後においてなるべく早期に，関係団体等と非公式に意向打診，折衝を行ない，推せん締切後において調整が難行し，その結果審議会の開催が事実上不能となるなど無用の混乱を招くことのないよう考慮すること。
> (3)　新たに委員の任命が行なわれるまでは，現委員の任期が満了した場合においても現委員が引き続きその職務を行なうこととなつているので，新委員の任命にあたつて，労働者代表委員の組織系統別構成等に関連して著しい紛議を生ずるおそれがある場合には，公示ないし任命の時期について現委員の任期に拘泥する必要はないこと。
> 　2　組織系統別の構成について
> 　　労使代表委員の組織系統別の構成，特に労働者代表委員の構成の如何は，委員任命に関しもつとも紛議を生じやすい問題である。労働者代表委員の割り振りについては，従来の構成，地労委の構成，管内における組織人員比率，従来の経過等の諸事情を十分勘案すべきは勿論である

---

[3]　「地方最低賃金審議会の第3期委員の任命について」（基発第545号，昭和36年6月15日，労働省労働基準局長から都道府県労働基準局長宛）。この通達の開示請求については，一度「文書不開示」決定のあと，異議申立手続きによって開示された。昭和37年7月25日付けの労働省労働基準局長から都道府県労働基準局長宛の通達「地方最低賃金審議会の委員任命について」（基発第785号）は，基発第545号通達等の既存の通達を明示して，それに準拠するようう求めているので，ある時期までは，受け継がれてきたことは明らかである。

96

> が，一般に特別の事情のない限り従来どおりの構成を維持することが紛議を避ける見地から適当であろう。

　現行の選任手続きを定めている「最低賃金関係事務取扱手引（平成21年3月）」は，これら通達の趣旨にはふれていないが，「地方最低賃金審議会委員の任命手続」に関して，「委員の人選の原則」として，「中央の審議会等の委員の人選」に関する閣議了解原則について「その趣旨を十分に尊重する必要があろう。」とするだけで，労使委員の選任基準については実質的な内容を盛り込んでいないが，公益委員については，以下のような記述がある。推薦制度のない公益委員の人選については，対象者の調査を通じて，基本的人権や市民的自由を侵害するものである。ここでは，労使委員の推薦制度が，そのような問題を回避させる制度的保障たる意義を担っていることだけを指摘するにとどめる。

> (5) 公益委員の任命
> ア　人選
> 　公益委員については，労使いずれの立場にも偏せず，その主義・主張において，広く社会一般の利益を代表し得る中正な人物を選ぶ必要がある。
> 　このような観点から，例えば次のいずれかに該当する者等は，公益委員としては適当ではないであろう。
> ○　労使団体の役員となっている者
> ○　特定の政党その他の政治団体の役員の地位にある者
> ○　営利企業（報道機関等公共性の高いものを除く。）の役員として常勤している者
> ○　その他日常の言動等からみて，労使のいずれかの立場に偏し，中立的立場を期待できないことが明らかな者
> 　いずれにせよ，公益委員の任命に当たっては，事前に履歴等を十分に検討の上，最低賃金審議会の運営に支障を生ずることのないよう，公益委員としてふさわしい者を慎重に人選する必要がある。

　なお，地方最低賃金審議会に置かれる専門部会の関係労働者を代表する委員及び関係使用者を代表する委員の任命にあたっては，最低賃金審議会令（第6条第4項による第3条第1項の準用）によって関係者（関係者の団体）に対して，推薦を

求めなければならない。ところが，専門部会の「関係労働者を代表する委員及び関係使用者を代表する委員」の人選について，以下のように定める。

> その選任については，最低賃金審議会の委員のほか，当該最低賃金に係る関係労使団体及び当該都道府県の代表的労使団体との連絡を密にし，関係者の意向を全般的に代表し得る適切な委員が選任されるよう配慮しなければならず，最低賃金審議会の委員である必要はない。

ここで持ち出されている「関係労使団体」や「代表的労使団体」の概念は，他の審議会等でも問題になるところであるが，ひろく労働組合に門戸を開放し，その権利性を前提とする推薦制度を形骸化させる畏れがあるものとして，批判されなければならない。

(2) 労働政策審議会における労働者代表

労働政策審議会の権限は，厚生労働省設置法第9条において列挙され，法律上の位置づけを与えられている。労働政策審議会委員については，労働政策審議会令第3条が，「労働者（家内労働法第2条第2項に規定する家内労働者を含む。）を代表する者」，「使用者（家内労働法に規定する委託者を含む。）」および「公益を代表する者」と明記し，構成については，「同数」と規定している[4]。このような審議会委員の構成のあり方からすれば，労働政策審議会は，「利益代表制審議会」と定義される[5]。この「利益代表制審議会」としての位置づけは，現実の機能や実効性は別として，労使の見解の反映という労働政策審議会が果たすべき役割においても，検証されうるものである。フランスの「利益代表制審議会」においては，利益代表委員の自主的選出が法令によって保障されていることが特色であるとされているが[6]，日本の労働政策審議会の委員選出においては，法令上，委員の「自主的選出」どころか，選出ルール一般について明文化さえされていない。

しかし，実際の運用においては，厚生労働省側から「労働者団体に対する推

---

4) 閣議決定による「審議会委員の選任に関する一般的指針」（後掲）によるものとされている。
5) 兼子仁『現代フランス行政法』（有斐閣，1970，137頁）によれば，「利益代表制審議会」とは，職能別選挙または利益団体の指名に基づく利益代表委員がその審議会の性格を決定するほどに多数入ることが法令上保障されている審議会をいう。
6) 同上142頁。

1 労働者委員選出における推薦制度の意義

薦依頼」に基づいて，利益代表団体（労働組合）による推薦が行われている。この場合，少なくとも，二つの原則は確認されるべきである。まず，実態が形式的であれ，委員推薦制が存在するということは，選出手続きにおいては，任命者（政府）の自由な裁量は認められないことである。つぎに，より重要なことであるが，委員構成が，対象とする構成員（労働者）の多様性を反映できるように，選出母体が選定されなければならないことである[7]。労働委員会や最低賃金審議会においては，労働組合による労働者委員の推薦制度が法令によって明確にされているが，このような公開された推薦制度が法令上規定がない場合，どのような原則で運用されているのか明確にされていなければならない。

このように，法文上の規定が存在しない場合でも，推薦制度が設けられているという事情は，労働者代表の選出にあたっては，労働組合による推薦行為が不可欠な要素となっていること，そして，かかる推薦制度が普遍的な意義と価値を有していることを示している。

都道府県レベルでは，地方労働審議会が設置されているが，「労働者を代表する者」の選任方法・基準については，地方労働審議会令にも，行政通達[8]にも規定はない。実際の運用の実態は不明であるが，労働政策審議会における労働者委員の推薦制度に類似した，労働組合による推薦が行われていることが推測される。それは，次項でふれる労働政策審議会や地方労働審議会の前身である（旧）労働基準審議会での労働者委員の推薦制度の沿革からも裏付けられることであり，特に労働政策審議会の設置に伴い廃止された（旧）職業安定審議会（職業安定法（旧）第12条）の労働者委員の推薦制度に注目する必要があろう（労働者委員の倍数推薦制度）。つまり，労働者委員の推薦制度においては，多様な立場の労働組合の代表者が推薦されることが予定されていたのである。併せて，職業安定審議会の公益委員（「公益を代表する委員」）については，「雇用主又は労働団体と密接な関係を有しない者」（同第6項）という「要件」が定められていたことも重要な事実である。それは，公益委員の立場と労働組合の利害が錯綜する可能性がありうることを想定していたからであり，推薦制度における労働組合の立場や主張は，「労働者一般の利益」というよりも特定の利益を代表するもの

---

[7] 労働政策審議会令が，家内労働者について特に言及し，また，「臨時委員及び専門委員」に関して「関係労働者を代表する者（もの）」という定義を設けていることは，対象とされる労働者の多様性に配慮しなければならないことを認めていることである。

[8] 「地方労働審議会の設置及び運営について」（地発第559号，平成13年9月27日）。地方労働基準審議会の家内労働部会の「家内労働者を代表する委員」の選任については，最賃審議会と同様の推薦手続が定められていた。

であることを前提とした制度設計であることを物語っている。

(3) (旧) 労働基準審議会における労働者代表

　現在の労働政策審議会 (都道府県レベルでの地方労働審議会) が設置されるまでは，労働基準法 ((旧) 第 98 条) は，「(労基法の) 施行及び改正に関する事項を審議するため」労働基準審議会を置いていた[9]。その委員の選出方法は，「労働基準審議会の委員は，労働者を代表する者，使用者を代表する者及び公益を代表する者について，行政官庁が各々同数を委嘱する。」((旧)第 98 条 4 項) と定められていた。労働基準監督機関令においても，それ以上の規定は定められていなかった。労働組合による労働者委員の推薦制度については，法令上の明文の規定はなかったが，実際の運用では，労働組合の推薦に基づき，労働者委員が委嘱されていた。

　労働基準法制定時 (1947 年) には，第 98 条に規定されたこの審議機関は，「労働基準委員会」という名称であったということを除けば，その委員選出方法は，前述の規定が置かれていた。この立法制定過程について，最も詳しいとされている寺本廣作氏の解説書[10]では，「労働者及び使用者の代表を推薦制にしなかったのは，本法の影響を特に強く受ける未組織労働者や中小企業の意見を聴くには必ずしも推薦制を適当としないだけでなく，規定内容が相当複雑であるため，業種や職種を考慮する必要があるからである。」と説明されている。当時の労働運動の状況を反映した評価，つまり，労働者代表選出問題が，労働組合の組織図や系統関係とは切り離せない問題であること，換言すれば，労働者代表選出制度は未組織労働者や中小企業の労働者も含めた多様な労働者の利益を反映するものでなければならないし，むしろ反映しなければならないことを物語って

---

9) 省庁再編に伴う審議会統合の一環としての労働政策審議会の設置 (2001 年 1 月 6 日) と，労基法旧第 98 条の廃止後の地方労働審議会設置・家内労働法 (旧) 第 19 条の廃止による地方家内労働審議会廃止 (2001 年 10 月 1 日) との間には時間のズレがあり，労働政策審議会と地方労働基準審議会と地方家内労働審議会 (専門部会) が一時併存したため，家内労働者の代表選出制度のネジレ現象が現出する時期がある。そのため，推薦制度が軽視される結果になっている。

10) 寺本廣作 (労働省労働基準局監督課長)『労働基準法解説』(時事通信社, 1948) 370-371 頁 (新字体により引用)。なお, 前記の労働基準法制定資料 (『労働基準法〔昭和 22 年〕』) に登場する各種の立法構想によれば，労働基準審議会の前段階構想たる労働基準諮問委員会の委員の構成案 (「労働者及び使用者の各を代表する者並びに学識経験のある第三者」(労働基準法起草時の「分権案」(1) 52 頁)), 労働監督委員会の委員構成から使用者側委員を除外するとともに労働組合推薦委員については，労働組合に進退任免権を認める提案 (民主主義科学者協会労働問題委員会「労働基準法改正意見書」(2) 722 頁) など, 労働監督の意義とも関連して，労働者代表選出のあり方や公益委員の性格についての重要な示唆に富む。

1 労働者委員選出における推薦制度の意義

いる。

その後，1970年に家内労働法が制定された際に，地方家内労働審議会（あるいは地方労働基準審議会における家内労働部会）が設置されることになり（（旧）第19条-第21条），その委員の選出に関しては，推薦制度が設けられていた（家内労働審議会令第3条・労働基準監督機関令第29条の2）。その内容は，「関係者（関係者の団体を含む。）に対し，相当の期間を定めて，候補者の推薦を求めなければならない。」とするもので，委員は，「推薦があつた候補者のうちから任命するものとする。ただし，その期間内に推薦がなかつたときは，この限りでない。」とされていた。この推薦制度のあり方は，最低賃金審議会委員の推薦制度と同じ形式である[11]。この家内労働審議会（家内労働部会）における委員選出に関して，各都道府県労働基準局が選定した委員候補者について，本省に「りん伺」として報告するための様式文書[12]の中の，推薦者（団体）の記載内容は，「名称，性格等，系統または上部団体」である。また，この「りん伺」において，「委員候補者選定の経緯，理由等で本省の参考となるような事情があるときは記載すること。」と明記されている。このことは，労働者代表を推薦する労働組合の性格，系統や上部団体が労働者代表選定の重要な要素であったことを示している。

このように，親委員会たる労働基準審議会の委員選出は，委嘱方式であり，委員推薦制度が設けられていないが，その一部会である家内労働部会の委員選出は，任命方式で，前提としての委員推薦制度が存在していた。しかし，その推薦制度の運用においては，行政当局の判断が介入する余地が残されていた。そのために，前者の委嘱方式と後者の推薦制度が併存することが可能となったと言えよう。他面，それだけに，本来，公開制度として積極的な意義を有した推薦制度が実際にはどのように運用されていたのか明らかにされなければならない。後掲のように労働政策審議会委員の推薦手続きは，かっての中央労働基準審議会や中央職業安定審議会[13]における委員選出（推薦）方式が踏襲されている

---

11) 家内労働審議会が設置されない場合，最低工賃に関する事項は地方最低賃金審議会が担当し，その他の事項は，地方労働基準審議会が担当することで，家内労働部会が設置されている（（旧）第20条第2項）。そのため，最低賃金審議会委員の推薦制度と歩調を合わせざるをえなくなったことも推測される。

12) 「家内労働法の一部施行について」（基発第490号，昭和45年7月3日，労働省労働基準局長から各都道府県労働基準局長宛）

13) 職業安定審議会の「労働者を代表する者」については，「命ずべき委員の少なくとも二倍の候補者を推薦することを，雇用に関する事項に対する関係の程度に応じて産業別に……労働組合に対し求めるものとする。」（職業安定法施行規則（旧）第8条第5項）とされており，労働基準審議会と職業安定審議会の労働者代表選出制度は根本的に異なっていた。したがって，労働政策審

のであるから，これらの機構は存在しなくなったとはいえ，その委員選出の実態の解明は重要である。また，審議会の再編の中で，地方家内労働審議会（家内労働部会）が地方労働審議会に吸収されるとともに，上記の委員推薦制度が廃止されたことは，「労働者代表の選出のあり方」からすると，重要な問題として指摘せざるをえないが，その背景には，かっての推薦制度の運用のあり方の問題性が伏在している可能性もあり，重ねて，その実態の明確化が求められるところである。

(4) 労働保険制度における労働者代表

　労働保険制度（労災保険制度・雇用保険制度）における労働者代表は，「関係労働者を代表する者」であるが，厚生労働大臣が，「関係団体の推薦により指名する」ものである。この「関係団体の推薦」に基づく指名は，施行令において，「都道府県の労働局の管轄区域内に組織を有するものに対して，候補者の推薦を求め，その推薦があつた者のうちからするものとする。」とされ（労働保険審査官及び労働保険審査会法第5条・第36条，同施行令第2条・第22条），官報公示によって，「推薦依頼」を公表している。使用者側委員については，官報公示とは別個に，「関係団体への推薦依頼」を行っているが，労働者側委員には，これに対応する措置は実施されていないようである。

　この推薦制度の運用と指名方法の手順は，「事務取扱」文書[14]により定式化されているが，都道府県労働局が，「労働者災害補償保険審査参与」の候補者の推薦を受け付けて以降の，内部の行政手続きの部分は，以下のとおりである。

> （都道府県労働）局長は……推薦団体の性格及び組織の状況についての説明書を添えて，速やかに労働省労働基準局長あて送付する。
> 　推薦された候補者が数名あるときは，局長は意見を付して送付するもの

議会委員の推薦手続きが「法令に規定されているものではなく」という理由から，（法令に定めのなかった）中央労働基準審議会委員選出手続きと（推薦手続きが法令上明文化されていた）中央職業安定審議会委員選出手続きの両方を等しく「参考」にすることはできないはずであり，そこには，各種の労働者代表選出方法の比較検討と取捨選択が行われている。その内容こそが公開されなければならない。なお，「公益を代表する委員」について，「雇用主又は労働団体と密接な関係を有しない者」（同第6項）という「要件」が定められていた。このような形式的な資格を越えた実質的な判断を必要とする「要件」がかっては存在していたものの，職安審の廃止に伴って労働行政から消滅したことは重要な事実である。

14)「労働保険審査請求事務取扱手引」（労働省労働基準局，平成10年3月）および「雇用保険に係る不服申立て及び訴訟に関する事務取扱要領」（労働省職業安定局，平成12年4月）

1　労働者委員選出における推薦制度の意義

とする。
　労働大臣は，推薦された候補者のうちから適当と思われるものを参与に指名する。

さらに，「雇用保険審査参与の指名の手順」として明記されているものは，以下のとおりである。

　イ　労働大臣が参与の候補者の推薦依頼を公示する。
　ロ　推薦依頼が公示されたときは，都道府県労働局長は，推薦資格を有する団体のうち規模その他からみて適当と思われるものを選定して，参与の候補者の推薦方を文書により依頼する。
　ハ　参与の候補者を推薦しようとする団体は，次の様式の推薦書正副2通及び候補者の履歴書2通を締切期日までに，都道府県労働局雇用保険主管課を経由して労働大臣あて提出する。前参与を引き続き参与として推薦するときにも同様の手続を要するものである。
　　　なお，都道府県労働局長から特に依頼されない団体であっても推薦資格を有する団体であれば，候補者を推薦できることはもちろんである。
　ニ　推薦書及び履歴書の提出を受けた都道府県労働局は・・・推薦団体の性格及び組織の状況についての説明書を添えて，速やかに労働大臣（職業安定局長）あて送付するものとする。
　　　推薦された候補者が複数のときは，都道府県労働局は推薦順位及びその理由を付して送付するものとする。
　ホ　労働大臣は，推薦された候補者のうちから適当と思われる者を選んで，参与に指名する。

　ここで注目されるのは，推薦した労働組合の「性格や組織の状況」を，行政の立場から評価していることである。この要素が，労働者代表の選出に際して，重要な比重を占めていることを実証しているものものとして，看過できない事実である。

(5)　労働災害防止規程設定における労働者代表
　労働災害防止協会による労働災害防止規程の設定・変更・廃止の際には「関係労働者を代表する者」の意見を聞かれなければならない。労働災害防止団体

法第40条および同施行規則第10条によれば,この「関係労働者を代表する者」とは,「当該労働災害防止規程に係る労働者が組織する全国的規模をもつ労働組合（これに準ずると認められる労働組合を含む。）の代表者又はその委任を受けた者」である。前段の「全国的規模をもつ労働組合」の認定の基準が問題であることはひとまず措くとして,その「代表者（又はその委任を受けた者）」が,（行政による選考過程を経ずに）自動的にこの制度における労働者代表となるシステムとなっている。労働組合による労働者代表の推薦制度が,労働組合による労働者代表選出の権利の一部をなすものとして,任命権者による労働者代表選任の裁量の権限を制約し,むしろ自由裁量を否定するものとなっている。

(6) 地方労働行政における労働者代表

全国レベルでの労働者代表と対比される地方レベルでの労働者代表は,地方労働委員会,地方最低賃金審議会,地方労働審議会,職業能力開発審議会[15],労働保険審査官制度[16]といった公的機関や審議会等で問題になるが,その選出方法は,全国レベルの機関における問題と共通するものがあるので必要に応じてそこでふれることとし,ここでは,「地方労働行政における労働者代表」の問題として「地域産業労働懇談会における労働者代表」のあり方と選出方法および「紛争調整委員会のあっせん」に関与する労働者代表の選出方法の特徴点と問題点を指摘しておく。

「地域産業労働懇談会」は,「平成13年度地方労働行政運営方針」において,設置方針が初めて表明された後,厚生労働省大臣官房地方課長発文書（地発第213号）により,具体的な内容が指示されたものである。その意図は,これら文書における,「都道府県労働局長以下局の幹部が地域を代表する労使団体の幹部から労働行政全般にわたって率直な意見や要望を聞くとともに,幅広い闊達な意見交換を行い得る場を設け,もって労使団体幹部との間で日常的な意思疎通を図り得る関係の樹立に資するため,「地域産業労働懇談会」を開催する。」というこの運営方針[17]の一文によく現れている。

ここでは,「地域を代表する労使団体の幹部」を労働者代表として位置づけて

---

15) 職業能力開発促進法第91条第1項による「審議会その他の合議制の機関」。
16) 「都道府県労働局につき…関係団体の推薦」に基づき指名される（労働保険審査官及び労働保険審査会法第5条）という意味で,「地方レベルでの労働者代表」の側面を有する。
17) 「地方労働行政展開に当たっての基本的対応」における「労使団体等関係団体との連携」の位置づけ。

1 労働者委員選出における推薦制度の意義

いることに注目される[18]。これは,前年度(「平成12年度地方労働行政運営方針」)の対応する項目では,単に「労使団体」という表現であったのだが,この変更は,表現上の問題にとどまるものではなく,「地方労働行政における労働者代表」の新たな形態と位置づけることができよう。勿論,ここでいう「労働団体」の選定自体が問題となるが,「トップ」という規定の仕方は,この懇談会の性格から規定されるものだが,類型としては,労働災害防止規程設定における労働者代表の選出方法の同類型であり,労働組合による労働者代表の推薦が,労働者代表の選出の要件であることを示すとともに,かかる推薦制度の権利性を明らかにしている。

それは,従前のスタイルが十分に機能していなかったという「反省」を暗に物語るものであり,新しいシステムによって,その「改革」を試みようとした政策的意図を読みとることができるのである。そういう意味で,この新しい「地方労働行政における労働者代表」である「地域産業労働懇談会」における労働者代表の選出問題が,この新機軸政策の成否を占うものであったと言えよう。すなわち,旧態依然たる労働者代表選出方法を踏襲するのか,あるいはまさしく「地域の住民のニーズに即応した地方労働行政」に対する労働者代表が選出されるのか関心を集めていたところでもある[19]。

ホームページを通じて,すでに,一部の労働局では,「地域産業労働懇談会」を設置したことが,公表されている。また,「地域産業労働懇談会」の名称を取らない形式での組織の立ち上げも報告されているが[20],これも,先の通牒の指示によれば,「地域産業労働懇談会」に代替するものと位置づけられる[21]。このよ

---

18) 地方課長通牒では,「労使団体のトップ等幹部」という表現が用いられている。
19) ちなみに,「全労連」紙(第216号, 2001年6月13日)の「労働フラッシュ」は,「今回,画期的ともいえるのは懇談会メンバーの選定である。そこではナショナルセンターの違いによる偏向的な選任があってはならないとされている。……県労連を含む労使代表と意見交換するとなれば,開かれた行政へ一歩踏み出すことになる。……「改革」は地方から始まろうとしている。」と「地域産業労働懇談会」における労働者代表制度を高く評価していた。しかし,実態は従来からの労働者代表選出方法と変わりはなかったものであったが(全労連側のミスリードなのか厚生労働省側の当初方針の変更なのかは不明であるが),この経過は,厚生労働省が本件の情報公開に消極的な真の理由は奈辺にあったかを示しているとも言えよう。
20) 例えば,「週刊労働ニュース」は,第1915号(2001年10月15日)以降,「地方発・雇用対策」と題する特集シリーズを組んでいる中で報告している(第1915号-第1926号, 2001年10月15日-2002年1月14日)。
21) 秋田労働局では,2001年11月12日に「秋田地域産業労働懇談会」が開催され,「深刻な雇用失業情勢に関し,経営者団体と意見交換」が行われた後,12月4日に,「秋田県緊急雇用問題連絡会議」が開催され,「政労使のトップが雇用問題について意見交換」とされている。名称の使い分

うに,「地域産業労働懇談会」が,相当数の労働局で設置されるに至っているが,そこでの労働者代表の選出がどのような制度と基準で行われているのかという問題は,前述のように,この新しい「地方労働行政における労働者代表」制度の成否を占うものであるとともに,労働者代表の選任方法・基準の公平性・客観性・公開性という視点からも,重要である。

次に,「紛争調整委員会」のあっせん員は,「個別労働関係紛争の解決の促進に関する法律」にもとづいて斡旋を行う際に,「当該委員会が置かれる都道府県労働局の管轄区域内の主要な労働者団体が指名する関係労働者を代表する者」から意見を聴くものとされる (第14条)[22]。ここでも,「主要な労働者団体」の選定が問題であるが,規定上は,あっせん員が,選定を行うことが可能である点は,行政の判断による選任とは異なるところであり,労働組合の推薦権を尊重するものとなっている。

ここまでの各制度の分析・検討を通じて,ここでは,以下のことを確認しておきたい。

まず,労働者委員を労働組合が推薦する制度は,労働行政や労働争訟における公平性や民主性を確保するためには,必要不可欠になっているとともに,普遍的な性格を有するものでもある。そして,労働者委員を労働組合が推薦する制度が,当該制度の目的に合致した専門性や経験を必要とする労働者委員の資格や資質を担保するのである。さらに,労働組合が労働者委員を推薦するという制度は,当該の推薦する労働組合の個別の利益を主張するためだけでなく,労働運動における立場を共通する他の労働組合との共同の利益を代表するために行われるものである。その意味では,労働組合による労働者代表の推薦制度においては,保護されるべき法的利益と法的効果が存在するのである。

その保護されるべき法的利益と法的効果とは,推薦行為の二側面を反映したものであって,行政の自由裁量を制約する側面と推薦者にとっての利益と権利性の確保という二重の意味を持つのである。

けが微妙に行われている形跡がある。
22) この規定の仕方は,同法の紛争調整委員会に統合された機会均等調停委員会(男女雇用機会均等法)の調停の際の規定をそのまま取り入れたものである。

2 労働者委員選出の実態と課題

「行政機関の保有する情報の公開に関する法律」による情報公開手続に基づき，厚生労働省に対して，審議会等の委員の選任過程を記録する行政文書の開示請求を行った。その結果として，開示された行政文書の分析によって，労働行政に対する委員の選任手続や選任方法の実態の解明と検討を行う。情報公開手続の過程で，行政文書の不存在・不開示等の決定が繰り返され，企図した選任手続や選任方法が公開されなかった問題点については，「行政不服審査法」による不服申立て（異議申立手続）に基づき，情報公開審査会（現情報公開・個人情報保護審査会）における審査に際して，異議申立人として提出した意見書および厚生労働省の理由説明書，情報公開審査会答申書の内容を通じて，選任手続における問題状況と課題を明らかにする。厚生労働省の見解や説明については，理由説明書と答申書の原文の引用によって，著者の意見や主張については，意見書の内容を適宜再構成する。開示された文書の評価以外にも論点は多岐に渉るが，主として，労働者委員（候補者）推薦労働組合の個別情報の公開については，推薦制度の法律上の位置づけが異なるとは言え，各労働者代表制度にとって中核的な問題点であり，重複することを厭わず取りあげることにする[23]。

(1) 最低賃金審議会における労働者代表

「最低賃金審議会委員の任命手続（最低賃金法第 29 条・最低賃金審議会令第 3 条）に関する運用基準（従来の運用実例を含め，推薦者のうちからの選任基準・理由等）・運用方法が明らかになる文書」の開示請求の結果，数点の文書の開示決定がなされた。

開示された文書のうち，**資料〈3-1〉**を引用する。内申事由書には，「人選事情・その他特記すべき事項」欄がある。開示された文書では，この欄には，「特になし」の記載があるだけであるが，開示されていない文書では，どのような記述がなされ，どのように運用されているかは不明である。このことは，委員の選任基準・方法が，場合によっては，検討の対象になりうることを示してい

---

23) 情報公開手続の日時（委員の選任時期）は省略する。選任制度の変更が確認できていないからである。被推薦者の個人情報の不開示問題も含め，情報公開手続に固有の論点も多くあるが，紙幅上，割愛する。情報公開手続の過程全体における問題点は，大和田敢太「労働者代表の選出をめぐる問題—選任方法・基準の公平性・客観性・公開性 (1) - (8)」（彦根論叢第 336-349 号，2002.6-2004.7）と論文に引用した答申書参照。

第3章　労働行政における労働者代表の選出のあり方

資料〈3-1〉

内申事由	中央最低賃金審議会委員の任期満了に伴い，別添名簿のとおり内申する。
人選事情その他特記すべき事項	特　に　な　し

ると言えよう。

　「委員候補者等の年齢及び履歴並びに任命されなかった委員候補者の氏名,肩書等」，「委員候補者の推薦労働組合名，所在地及び代表者職氏名」，「法人等の印影の一部」および「委員候補者の署名及び印影」は，不開示とされたが，結果として，「中央最低賃金審議会委員推薦者名簿」では，使用者委員は，推薦団体・氏名・現職の記載事項が公表されているが，労働者委員として推薦された者のうち，4名が，推薦団体・氏名・現職を墨塗りされ，6名が推薦団体を墨塗りされている。前者は，任命されなかったものであり，後者の任命された者も，推薦団体は，伏せられている。推薦労働組合による6名の推薦書では，2名が「所属労働組合及び地位」を，2名が「所属職場及び地位」を墨塗りされている。このように，不開示情報の扱いは，客観的で公正的であるとはいえず，選任基準・方法をめぐって，紛議の当事者となりうる立場の情報を個人情報の不開示基準に当て嵌めているに過ぎないであろう。

　この開示決定のうち「不開示とされた部分の文書を開示するとの決定を求める。」という内容の異議申立をおこなったが，その理由は，以下のとおりである。

　　開示文書には，各委員候補者についての，内諾書，労働組合の推薦書・使用者団体の推薦書が含まれている。
　　しかし，これ以外に，推薦されたにも拘わらず，任命されなかった委員候補者は，

開示文書に含まれている「中央最低賃金審議会委員推薦者名簿」によれば，使用者代表委員・労働者代表委員のいずれに推薦されたかは不明なものの，4名いる。この4名の氏名や推薦団体名が，上記「名簿」において，不開示とされていること自体，不開示の基準の誤った解釈によるもので不当である。

　それ以上に問題なのは，この4名についても，推薦書や内諾書が存在するはずであり，それが開示されていないことである。結局，今回開示された文書は，推薦された候補者から委員として任命されるものを選考した後の文書であり，選考結果がでる以前の行政文書（少なくとも，任命されなかった人の推薦書や内諾書が含まれる選考資料）が，別に存在するはずである。そこには，開示請求書において請求した「推薦者のうちからの選任基準・理由」を記録した文書も含まれているはずである。これは，開示されるべき行政文書の秘匿であり，情報公開法の解釈を誤った違法な処分である。

　開示された文書においては，内諾書の署名は，不開示として，全面的に墨塗りされているが，必要最小限の方法を越えた，過剰な措置である。

　また，推薦労働組合の名称が不開示とされている。これは，同じ推薦行為を行った使用者団体については，推薦者名簿においても，個々の推薦書においても，開示されていることからしても，合理性がない。

この異議申立について，厚生労働省による反論・主張は，以下のとおりであった。

(i) 任命されなかった委員候補者名を不開示としたことについて

　任命されなかった委員候補者名は，特定の個人を識別することのできる情報であり，法令の規定により又は慣行として公にされ，又は公にすることを予定されている情報であるとは認められないことから，法第5条第1号に規定された不開示情報に該当するとして不開示としたものであり，不開示基準の誤った解釈によるもので不当であるとの申立人の主張は理由がないものである。

(ii) 推薦労働組合の名称を不開示としたことについて

　そもそも労働者団体がどのような人物を労働者側委員候補者として推薦するかは，正に当該団体内部において自主的に決定すべき問題であり，これを公にした場合，当該団体の性格，活動内容が明らかとなり，当該団体が使用者からの干渉を受ける可能性があり，さらに他の労働者団体等との関係において，当該団体の評価に影響を及ぼすおそれがある等不利益を被るおそれがあり，今後の労働者委員の推薦を含め当該労働組合の自由な活動を阻害するおそれがあるから，法第5条第2号イに該当するものとして不開示としたものであり，このようなおそれがない使用者団

体と同列に論ずることはできないものと考える。
(iii) 任命されなかった委員候補者の推薦書等が不存在であることについて
　本件開示請求に当たっては…平成12年の中央最低賃金審議会（委員任免）綴りとしてファイル化されていた行政文書のすべてを対象としていたが，異議申立てがなされた時点で改めて文書の探索を行ったところ，任命されなかった4名の委員候補者の推薦書並びに任命されなかった委員候補者の内諾書及び履歴書（以下「推薦書等」という。）の存在が認められたところである。
(iv) 新たに開示対象行政文書として認められた推薦書等について
　存在が認められた推薦書等のうち，任命されなかった委員候補者の推薦書及び任命されなかった委員候補者の内諾書については，不開示情報を除き開示すべきと考える。

厚生労働省の理由説明書に対して，異議申立人として，以下の指摘を行っている。

(i) 推薦労働組合の名称を不開示としたことについて
　最低賃金審議会における労働者委員（および使用者委員）候補者の推薦は法律により定められている制度であるから，この推薦制度は，公的な制度であることは明らかである。それ故，その運用は，行政側の自由な裁量に委ねられることができるものではなく，したがって，この制度に関する情報は，広く公開されなければならない。
(ii) 任命されなかった委員候補者の推薦書等が不存在であることについて
　理由説明書によれば，「平成12年の中央最低賃金審議会（委員任免）綴りとしてファイル化されていた行政文書のすべてを対象としていたが，異議申立てがなされた時点で改めて文書の探索を行ったところ」，任命されなかった委員候補者の推薦書等が見つかったとされている。では，これら推薦書等は，どのような文書ファイルに収録されていたのか明らかでない。厚生労働省の設置している行政文書ファイル一覧に登載されている文書であれば，当然，検索可能であるが，適当な「フリーワード」を利用しても，「中央最低賃金審議会（委員任免）」名のファイルしか一覧表示させることが出来なかった。
　このような事情からすれば，これら推薦書等以外にも関連する行政文書があるのではという疑義を禁じ得ない。とくに，選任基準に関する資料等，選考過程を記録した文書が存在するのではないかと推測することは，合理的な根拠があろう。けだし，定数を超えて候補者が推薦されている場合，どのような基準に基づき，委員を選出するのかは，まさしく，行政の公平性を担保するものであるだけに，それなり

2 労働者委員選出の実態と課題

の資料をもとに検討が加えられているはずである。委員の選考過程におけるそのような資料は，開示請求の対象となる行政文書として開示されなければならないであろう。

　結局，情報公開審査会は，「諮問庁が不開示とすべきであると判断した不開示部分は，不開示とすることが妥当である。」として，厚生労働省による不開示決定を正当としたのであるが，その主たる理由とともに，厚生労働省からの選任過程の説明の部分を引用する。

（ⅰ）推薦労働者団体の名称，住所，電話番号及び印影について
　推薦労働者団体の名称，住所及び電話番号については，当該団体を識別できる情報であり，これらを公にすることによって，当該団体の性格，活動方針及び活動内容等が明らかとなり，当該団体と使用者，他の労働者団体等との関係において，種々の干渉を受けるなどの不利益を被る可能性があり，今後，労働者委員の推薦を含め当該団体の自由な活動を阻害するおそれがあると認められる。
　また，推薦労働者団体の印影については，これを公にすることにより，当該団体の名称等を開示することにつながることとなる。
（ⅱ）その他の行政文書の存否について
　諮問庁の説明によれば，被推薦者から候補者を選考するに当たっては，人事事項として諮問庁の最高幹部により，被推薦者名簿及び履歴書を基に方針が決定され，その後，事務手続を進めたもので，その性格からして，その過程を何らかの行政文書として作成・保管するものではないとしている。

　この答申書を踏まえ，厚生労働省側は，異議申立に係る決定を行うとともに，「行政文書開示決定変更通知」を行った。情報公開手続きの視点からは，不開示決定を覆し，新たな行政文書が開示されたという点では，特記される面もあろうが，労働者代表の選任方法・基準の公平性・客観性・公開性という視点からは，問題点が多く残された。当事者からは，「中央（最低賃金審議会）の委員だけでなく，地方審議会の委員についても各地方労働基準局は，労働省の指導をうけて，県労連などの全労連加盟組織が推薦した候補者をすべて排除している。」という指摘がなされているが[24]，このような疑問に正面から応えるべき資料の公開こそ求められる。

24）「中央最低賃金審議会労働者委員の不公正な任命に抗議する」（全労連情報第260号，1997年5月15日）

第3章　労働行政における労働者代表の選出のあり方

(2) 労働政策審議会における労働者代表

「労働政策審議会委員の任命手続（労働政策審議会令第3条）に関する運用基準（従来の運用実例を含め，任命候補者選出基準・理由・手続等）が明らかになる文書」の情報公開請求によって，以下の文書の開示決定が行われた。

① 労働政策審議会の委員等の選任について（労働者団体に対する依頼）
② 労働政策審議会の委員等の選任について（使用者団体に対する依頼）
③ 推薦依頼に対する労働者団体からの回答
④ 推薦依頼に対する使用者団体からの回答
⑤ 労働政策審議会委員の就任依頼について（伺い）
⑥ 国立大学教授に係る労働政策審議会委員併任の承諾依頼について（伺い）
⑦ 労働政策審議会委員及び臨時委員の任命について

これらの文書の中で，委員候補者に関する個人情報以外は開示されているという形式になっている。しかし，「推薦依頼」の相手方に対する依頼文書が存在しないこと（つまり，推薦労働組合の選任基準とその手続きの不公開）は重要な問題である。ここでは，これらの文書の内容を通じて明らかになった労働政策審議会委員の選任方法のあり方を分析する。

資料〈3-2〉は，文書①の「労働政策審議会の委員等の選任について（労働者団体に対する依頼）」という文書に含まれているものである。これによれば，「産別の委員長クラス」といった指定がなされていることが注目される。この部分は，文書②の「労働政策審議会の委員等の選任について（使用者団体に対する依頼）」では，**資料〈3-3〉**のようになっている。ここで言及されている「使用者側委員等への各団体への割り当ての目安については」は，**資料〈3-4〉**である。これらの資料から，「推薦依頼」の相手方の使用者団体は，割り当てられた三団体であることが推測されるが，「推薦依頼」の相手方の労働者団体名については，文書の中からは明らかではない。

しかし，その労働者団体名は，「任命等理由書」なる文書（**資料〈3-5〉**）において明らかになっている。そのため，**資料〈3-2〉**の文書の相手方は，**資料〈3-5〉**に明記されている「日本労働組合総連合会」であることは確実である。ところが，一部の分科会や部会[25]の「任命等理由書」によれば，「労働者代表は，日本労働組合総連合会等より推薦された者」とされている。対応する委員名簿

---

25) 職業安定分科会，勤労者生活分科会，じん肺部会，中小企業退職金共済部会，雇用対策基本問題部会，民間労働力需給制度部会，家内労働部会。

2 労働者委員選出の実態と課題

資料〈3-2〉

労働政策審議会の委員等の選任について

平成12年10月

1 平成13年1月より，中央労働基準審議会や中央職業安定審議会等が廃止されるとともに，厚生労働省設置法に基づき労働政策審議会（以下「審議会」という。）が設置されます。

　審議会においては，厚生労働大臣の諮問に応じて労働政策に関する重要事項の調査審議等が行われます。

2 については，以下の点に留意のうえ，「委員」，「臨時委員」及び「専門委員」の推薦をお願いします。

① 審議会の本審は，公・労・使各10名ずつの「委員」で構成され，「委員」の任期は2年である。（再任可）

② 審議会には本審のほかに，別紙のように，7つの分科会，8つの部会，及び，2つの専門委員会が設置される予定。

　各分科会，部会，及び，専門委員会の公・労・使の構成人数は，別紙のとおり
（括弧内の数字）。

③ 各分科会及び各部会の労・使の構成メンバーは，原則として「臨時委員」をもって充てるが，「委員」を構成メンバーに入れることは可能である。

　専門委員会の労・使の構成メンバーは，全て「専門委員」をもって充てる。

④ 「委員」・「臨時委員」・「専門委員」のクラスについては，以下を原則とする。

・「委員」については，産別の委員長クラスを中心に選定する。

・「臨時委員」については，各分科会・部会に相当する現行の審議会等の構成メンバーに準じたクラス（産別の役員クラス等）を選定する。

・「専門委員」については，専門委員会に相当する現行の中央職業安定審議会の部会の構成メンバーに準じたクラスを選定する。

⑤ 本審，各分科会，及び，各部会の構成メンバーのうちの女性の割合は，労使ともに，可能な限り3割以上とすること。やむを得ない事情により3割を下回る場合であっても，必ず2割以上となるようにすること。

⑥ なお，「委員」の個人的属性に関しては，次の点に留意すること。

・委員就任時に70歳以上の者については，「委員」に選任できないこと。

・委員の兼職は3までであること。

・一の審議会等の委員に10年を越える期間継続して任命することはできないこと。

　なお，委員の在職期間の計算については，省庁再編前の労働省関係の各審議会（中央最低賃金審議会を除く。）に最初に任命された日から起算すること。

⑦ 臨時委員及び専門委員に関しても，70歳以上の者について，原則委員に選任できないこと。

3 推薦に当たっては，別添様式に従い，本審及び各分科会・部会毎に，推薦者リストを作成のうえ（委員，臨時委員，専門委員の別を明らかにすること），11月20日（月）までに，労働省総合政策課あて提出願います。

　なお，上記推薦者に係る①履歴書及び②本人の承諾書については，11月30日（木）までに，同課あて提出願います。

　11月中に，労働省として労働政策審議会の委員等の案をとりまとめ，12月上旬には総理府との協議を行う必要があるので，上記の期限の遵守方よろしくお願いします。

第3章　労働行政における労働者代表の選出のあり方

資料〈3-3〉

労働政策審議会の委員等の選任について

平成12年10月

④ 「委員」・「臨時委員」・「専門委員」のクラスについては，以下を原則とする。
  ・「委員」については，一部上場企業の社長クラス，あるいは，経済団体の副会長又は専務理事クラスとする。
  ・「臨時委員」については，各分科会・部会に相当する現行の審議会等の構成メンバーに準じたクラス，具体的には，一部上場企業の役員クラス又は経済団体の役員クラス等とする。
  ・「専門委員」については，専門委員会に相当する現行の中央職業安定審議会の部会の構成メンバーに準じたクラスを選定する。
⑤ 使用者側委員等の各団体への割り当て人数は，本審については現行の主要審議会に，各分科会・部会については，相当する現行の審議会等に準ずることを原則とする。
（参考資料「使用者側委員等の各団体への割り当ての目安について」参照）

資料〈3-4〉

（参考）

使用者側委員等の各団体の割り当ての目安について

○本審「委員」10名
　（中基審の例に従った場合）
　　　日経連　7.1　　　日商　1.4　　　中央会　1.4
　（中職審の例に従った場合）
　　　日経連　5.7　　　日商　2.9　　　中央会　1.4

○分科会及び部会

	日経連	日商	中央会
・労働条件分科会（7名）	5	1	1
・労災保険部会（6名）	6	0	0
・安全衛生分科会（7名）	5	1	1
・じん肺部会（5名）	5	0	0
・勤労者生活分科会（6名）	4	1	1
・職業安定分科会（7名）	4	2	1
・雇用対策基本問題部会（6名）	4	1	1
・雇用保険部会（5名）	3	1	1
・民間労働力需給制度部会（3名）	1	1	1
・障害者雇用分科会（4名）	4	0	0
・職業能力開発分科会（6名）	4	1	1
・勤労青少年部会（3名）	1	1	1
・雇用均等分科会（5名）	2	2	1

2　労働者委員選出の実態と課題

資料〈3-5〉

(政策調査部総合政策課)

1　審議会等名	労働政策審議会				
2　発令内訳	委員任命　30人（新規のみ）				
3　発令希望日	平成13年1月6日				
4　初回開催日	平成13年1月12日				
5　委員数	全体	うち女性	女性割合	70歳以上	(自省OB) 公務員OB
現在	―	―	―	―	―
任命後	30人	9人	30%	0人	1人（1人）
6　任命等理由					

・公益代表は，新任10人。
・労働者代表は，日本労働組合総連合会より推薦された者の新任10名。
・使用者代表は，日本経営者団体連盟より推薦された者の新任10名。
・委員の任期は，2年とする。

（参考）
① 労働政策審議会は，厚生労働省設置法第6条第1項に基づき，平成13年1月6日に設置される。
② 同審議会においての事務所掌については，厚生労働大臣の諮問に応じて，労働政策に関する重要事項の調査審議等を行うこととしている。

によれば，現職が労働組合役員でない委員が含まれている分科会・部会もあるが[26]，「等」が「日本労働組合総連合会」以外の労働組合組織だけをを意味するのか，あるいは労働組合ではない団体も含まれるのかは不明である。いずれにせよ，複数の労働者団体が「推薦依頼」を受けているのであるが，厚生労働省が，どのような労働者団体に「推薦依頼」を行っているのか，また，その選定の基準は何であるのか明確ではない[27]。

他方，**資料〈3-2〉**では，「「委員」の個人的属性」が明記され，「委員の兼職

---
[26] 勤労者生活分科会には「労働者福祉中央協議会事務局長」と「労働金庫連合会専務理事」，中小企業退職金共済部会には「労働者福祉中央協議会事務局長」が労働者代表の委員となっている。
[27] 労働者委員の現職からすると，そもそも，この「労働者団体」が，労働組合を指し示すのかどうかさえ疑問の余地がある。

は3まで」と制限されている。しかし，本審の委員名簿によると，労働政策審議会を含めて，五つの審議会・調査会の委員を兼職している委員がいる[28]。これは，厚生労働省が設けている委員選任基準が守られていないことになるが，選任基準の公平性や客観性といった見地からすれば問題があろう。

こうした不十分な内容の開示決定について，選任過程の公開性の原則から，「開示されなかった文書を開示するとの決定」を求めて，異議申立に及んだが，その理由は以下のとおりである。

(i) ①および②の文書は，それぞれ，労働者団体および使用者団体に対する（推薦）依頼であるが，依頼を受けている相手側の名称や依頼側の厚生労働省の担当部署・責任者の名称が明らかになっている依頼文書が，含まれてない。①および②の文書は，依頼文書の別紙添付資料というべきもので，この①および②の文書だけを，当該団体に渡していることはありえないからである。そのような正式の依頼文書（行政文書）が開示されていないのである。

(ii) 同様に，③および④の文書による回答については，この名簿だけが厚生労働省に届けられていることはありえず，当該団体から，厚生労働省への回答文書が存在するはずであり，③および④の文書はその添付書類であることは間違いないであろう。その意味で，本体の文書（行政文書）が開示されていないのである。

(iii) ③および④の文書は，労働者団体および使用者団体が厚生労働省に回答した名簿だが，「本審の委員」だけが記載されている。厚生労働省が，①および②の依頼文書の中で，「「委員」，「臨時委員」及び「専門委員」の推薦をお願いします。」と記載していること受け，労働者団体および使用者団体側は，推薦する「臨時委員」及び「専門委員」の推薦を回答しているはずである。この「臨時委員」及び「専門委員」の回答（名簿）が開示されていないのである。

(iv) ①および②文書の中で，「労働政策審議会の構成人員」という書類がある。そこで，その書類の宛先の労働者団体および使用者団体が推薦すべき人数が指示されているが，これによれば，一部の分科会および部会では，推薦人数の枠が残っている。文書⑦中に含まれている「任命等理由書」によれば，複数の労働者団体および複数の使用者団体に推薦依頼をしている事実も明らかである。その意味で，この一部の分科会および部会の委員の推薦依頼とその回答に関する文書が存在するこ

---

28) 「所属」として「連合事務局長」となっている委員は，雇用審議会，税制調査会，郵政審議会，金利調整審議会を兼職しており，基準に抵触する。後述の答申書で確認されたとおり，厚生労働省は，「女性比率及び年齢要件」のチェックは行っているが，兼職制限基準（閣議決定（1999年4月27日）による審議会委員の選任に関する指針に基づくものである）だけが何故無視されたのか理解に苦しむ。

(v) 文書②の枚数が，文書①の枚数より1枚多いが，これに対応する①文書が存在しない。すなわち，多数ある労働団体のうち，特定の労働団体に限定して推薦依頼をしているようであるが，このように推薦依頼をした労働団体を特定するには，それなりの根拠があってのことで，それを記録している文書があるはずである。新しく設立された審議会の委員の構成であるから，踏襲すべき従来の慣行もないから，推薦団体を選ぶにあたっては，それなりの理由があり，それを記録した行政文書がなければならない。そのような文書が開示されていない。

この異議申立について，厚生労働省が明らかにした選任過程は以下のとおりである。

(i) ③及び④の文書について
　依頼を行う団体に対しては，上記①及び②の依頼文書において，回答は様式に従った推薦リスト，推薦者に係る履歴書及び本人の承諾書の提出を求めており，実際推薦団体からは推薦リスト，履歴書及び承諾書のみが提出されたものである。

(ii) 臨時委員及び専門委員について
　上記①及び②の文書により団体に対しては，委員とともに臨時委員及び専門委員の推薦も依頼しており，また，①及び②の宛名以外の団体に対しても，申立人の主張する一部の分科会，部会及び専門委員会について文書又は口頭で臨時委員又は専門委員の推薦依頼及び候補者本人への就任依頼を行っており，その後当該団体又は候補者本人より，推薦リストの提出又は口頭での回答を得ているところである。

(iii) 労働者団体委員の推薦団体を特定した理由を記録した文書を開示していないとの主張について
　労働政策審議会の使用者団体委員の推薦については，従前より審議会の使用者団体委員の推薦に当たって，特定の団体にその取りまとめを依頼しているところであり，参考資料として各団体に対する割り当ての目安を示しているものである。
　一方，労働者団体委員の推薦依頼に当たっては，従前より特定の団体に対して他の団体からの推薦を依頼するような取扱いをしていないことから，今般，中央労働基準審議会等が廃止され，新たに労働政策審議会が設置されるに際して，従前の中央労働基準審議会委員等の推薦依頼と同様の手続により事務を進めたものであり，推薦依頼を行うに当たって，当該団体に依頼を行う理由を記録した文書を作成することはなく，そもそもそのような文書は存在していないものである。

厚生労働省が主張する理由説明書における理由はいずれも，異議申立の理由

第3章 労働行政における労働者代表の選出のあり方

を否定するだけの根拠を示しておらず，合理性も正当性も欠くものであって，成り立たないことを明らかにするために，異議申立人として，以下の要旨の意見を提出した。

(i) 本来開示対象とされるべき文書が隠匿されている点について

　理由説明書によれば，「従前の中央労働基準審議会委員等の推薦依頼と同様の手続により事務を進めた」とされていることから明らかなように，今回開示請求した「労働政策審議会委員の任命手続」には先例となるべきモデルがあり，準拠する様式となった文書が存在することは確実である。今回の開示請求には，こうした「運用基準（従来の運用実例を含め，任命候補者選出基準・理由・手続等）が明らかになる文書」が明記されているにも拘わらず，一部の文書の開示にとどまっているのである。

　より根本的な問題は，「労働者委員の推薦依頼」を特定の労働組合組織に対してのみ行っていることを正当化する文書の存在についてふれていないことである。これまで，労働行政の方針として，特定の労働組合を優遇する一方，他の労働組合を対等に扱わないという態度をとってきたことはよく知られている。このような労働行政のあり方の是非の評価はここではあえてふれないが，そのような政策選択を根拠づける資料自体も存在しないとなると，客観性を欠いた主観的な判断にのみ基づいているということになる。いずれにせよ，労働者委員の選出にあたって，労働組合のいわゆる系統別の組織人員資料などの何らかの客観的なデータを根拠にしなければ，特定の労働組合への優遇という方針も結論も導き出されないのである。そのような根拠を記録した行政文書が存在することは疑いがないであろう。

(ii) ILO 理事会・結社の自由委員会の日本政府への勧告について

　労働政策審議会における労働者委員の選任に関して，日本政府は，ILO に対して，「労働者の代表が審議会の委員になることが法によって定められているようなある特定の各種審議会への委員の任命に関しては，種々の要素を勘案し，その機関の目的に照らして適任の者が任命された。今後とも，政府はこれを基本にひきつづき適切に委員を任命するであろう。しかしながら，将来においてそのように任命される者の所属を予測することは不可能である。」（2002年6月21日，ILO 理事会（第284回）・結社の自由委員会の日本政府への勧告パラグラフ438）と回答している。ここで重要なことは，労働政策審議会における労働者委員の選任に際して，「種々の要素を勘案し（ている）」という事実である。ここでいう「種々の要素」はまさしく行政文書において記録されているはずである。ILO に対して，その存在を認めた文書が，今回の開示請求の対象に含まれることは明らかである。そして，そのような

2 労働者委員選出の実態と課題

文書の存在について言及がないことは，行政文書の隠匿と判断されなければならないのである。

(iii) 労働者代表選任の一般的方針の存在について

こうした労働組合間の不平等的な扱いという事実は，これが，偶々の結果ではなく，労働行政としての一般的方針の結果であることが重大な問題である。別途の情報公開請求手続きにより公開された埼玉労働局長から労働省労働基準局長あての文書[29]では，「非改選者と組織が異なる者を指名した場合……審査官の決定に支障をきたす場合が考えられること，また，埼玉労働者災害補償保険参与会の運営についても，円滑に進行されない場合が考えられる。」としている。このような見解は，労働者代表選任に関する一般的方針を具体化したものとみなければならない。そうでなければ，一労働局長の行き過ぎた判断と評価されうるのであろうか。

また，当事者である労働組合側からの指摘[30]によれば，労働省は，最低賃金審議会委員に関して，「全労連加盟組織が推薦した候補者をすべて排除」することを「指導」しているとされている。

このような状況は，個別的な事象というより，労働者代表の選任に関する一般的な方針の存在を推測させるものである。行政内部において何らかの「指針」が設けられていること，それを記録した文書が存在することを予測させるであろう。

情報公開審査会が「諮問庁の説明及び当審査会の調査によれば，労働政策審議会委員の任命に関する経緯の詳細」として，答申書で明らかにした選任経過は以下のとおりである。

(i) 公益代表委員は，従来設置されていた各種審議会の会長等を務めていた者に引き続き就任を依頼することとし，諮問庁においては適任と思われる者に対して，直接本人あてに公文書で就任依頼を行った。

(ii) 労働者代表委員及び使用者代表委員については，以下の推薦手続により行った。

当該推薦手続は中央労働委員会委員のように法令に規定されているものではなく，従来設置されていた中央労働基準審議会，中央職業安定審議会等で行われていた方法等を参考に行った。

実際には，平成12年10月25日，当時の労働省政策調査部の部課長（特定の労働者団体には部長，特定の使用者団体には，総合政策課長）が特定の労働者団体及

---

29) 「労働者災害補償保険審査参与の候補者にかかる推薦書の進達について」（埼労発基第440号，平成12年8月14日）

30) （全国労働組合総連合事務局長談話）「中央最低賃金審議会労働者委員の不公正な任命に抗議する」（1997年5月12日）（全労連情報第260号，1997年5月15日）

び特定の使用者団体を訪れ，当該団体の事務局幹部に直接面会して，本件開示文書（上記第1①及び②の文書）を手交の上，推薦依頼の趣旨などを伝えた。特定の使用者団体に対しては，当該団体の分だけでなく，その他の2使用者団体分の取りまとめを依頼したが，具体的な人数については示さず，既存の上記審議会の比例配分率を参考までに示した。締切りは，推薦者リストは11月20日，履歴書及び本人承諾書は同月30日までとした。

その後，特定の使用者団体から，11月20日ごろFAXで1名を空欄とする9名の推薦者リストが送付され，残り1名については，担当者間で電話で確認し，同リスト中に手書きで書き加えられた。履歴書及び本人承諾書は12月に入ってから，担当者が本省に持参し，直接受け取った。

特定の労働者団体については，12月上旬，担当職員が当該団体を訪れ，推薦者リスト，履歴書及び本人承諾書を一括して受け取った。

(iii) 推薦者リストは各10名であったことから，人数の調整を行う必要はなく任命の決裁の際に，女性比率（3割以上）及び年齢要件（70歳未満）を満たしているかをチェックしたのみであった。

情報公開審査会は，結局，推薦手続きに関する厚生労働省の口頭説明を了承した。それによれば，具体的な日時を記録した文書は存在しておらず，2年前の行動は，記憶のみによって説明されたという「不自然さ」である。また，「従来設置されていた中央労働基準審議会，中央職業安定審議会等で行われていた方法等を参考に」，推薦依頼先を選定したとされている。そのため，「中央労働基準審議会，中央職業安定審議会等で行われていた方法等」の内容とその妥当性が問われなければならないが，それは，ひとまず措くとして，労働者委員の推薦を行う労働者団体の選定，そもそもこの労働者団体の定義自体が，客観的な資料に基づいたものではないことを意味している。このように今回部分的であれ明らかになった労働政策審議会の労働者委員の選出のあり方は，「選任方法・基準の公平性・客観性・公開性」の原則から，大きく逸脱していることを指摘しなければならない。

(3) (旧)労働基準審議会における労働者代表
(ア) 中央労働基準審議会における労働者代表

「中央労働基準審議会（改正前労基法第98条）の「労働者を代表する者」の委嘱方法（委員の資格，選任基準・方法，委嘱手続等）およびその実情を記録した文書」の開示請求の結果，数点の文書の開示決定がなされたが，労働者代表を推薦した

2 労働者委員選出の実態と課題

資料〈3-6〉

> 第30期中央労働基準審議会使用者代表委員候補者の推薦について
>
> ご依頼のありました標記について，日本商工会議所，全国中小企業団体中央会と協議の上，下記のとおり委員候補者を推薦致します。

労働組合名は，不開示とされた。

　開示文書は，任命手続きに関するもので，その段階では，すでに，委員候補者の絞り込み＝選任行為が終了してしまっているので，その前段階である委員候補者の選任過程，特に選任基準や選任手続きを記録する性格の資料は含まれていない。ここでは，開示資料の中から，労働組合および使用者団体による「（労働者・使用者を）代表する委員」の推薦書類を取り上げ，推薦行為の意義について検討する。

　資料〈3-6〉は，使用者委員を推薦した日経連の文書である[31]。労働者委員推薦についての対応するものは，推薦団体名が墨塗りで伏せられているが，推薦団体単独による委員推薦の通知文書である[32]。この二種の推薦書の性格が違うことを指摘しなければならない。すなわち，使用者側は，日経連が推薦依頼を受け，関係する使用者団体間の協議の結果，使用者代表を推薦している。日経連は，推薦の窓口とはなっているものの，使用者団体間の協議に基づくことによって，「使用者全体を代表する」者を推薦したという正当性を付与されるものとなっている。これに対して，労働者側は，推薦依頼を受けた労働組合組織が，他の労働者団体と協議した形跡もなく，その団体の独自的な判断で，労働者代表を推薦しているのである。このような過程で選出された委員が，「労働者全体を代表する」資格とその正当性を有するものかどうか，検討されなければならない。さらに，資料〈3-7〉は，労働省が，労働者委員の推薦を催促している文書であるが，労働者代表の推薦団体の選定について，行政が主導的役割を果たしていることは明らかであり，その説明責任が求められるのである。このような実態は，労働者代表の推薦制度の運用の問題にとどまるのではなく，その制度のあり方，労働者代表の選任方法・基準の公平性・客観性・公開性という根本原則に関わる問題である。

---

31) 日本経営者団体連盟会長から労働大臣宛文書（日経連労法（法）第48号，平成12年3月30日）
32) 「中央労働基準審議会委員の推薦について」と題する労働大臣宛の有印文書だが，「平成10年　月　日」と日付は空白である。

121

第3章　労働行政における労働者代表の選出のあり方

資料〈3-7〉

███████████████
███████████████　様

　　　　　　　　　　　　　　　　　労働省労働基準局監督課
　　　　　　　　　　　　　　　　　中央労働基準監察監督官　畑中　啓良

中央労働基準審議会委員の推薦について

　標記については，新たな中央労働基準審議会委員の4月1日付けの任命を行うため，3月17日（金）までに推薦書等の提出をお願いしましたところですが，使用者側委員の推薦書については既に日本経営者団体連盟から提出いただき，公益委員及び使用者側委員については次期委員候補が内定しております。
　次期委員の任命については，本年度の第1回目の中央労働基準審議会がゴールデンウィーク明け早々にも開催する可能性がありますので，少なくともその開催までには新たに委員の任命を終了させておく必要があります。
　したがって，省内の内部手続きや総理府等関係省庁との協議手続き等との関係から，遅くとも4月10日の週には推薦書等の提出をお願いいたします。
　ご多忙のところ恐縮ですが，よろしくお願いいたします。

(イ)　地方労働基準審議会における労働者代表

　「地方労働基準審議会委員の任命手続（労働基準法第98条，労働基準監督機関令第9条，第15条）の運用基準（委員の資格，選任基準，任命手続等）および実情を記録した文書」の開示請求を行った。この開示請求に対しても，「開示請求書に係る行政文書を保有していないため。」という理由から，不開示決定がなされた。この過程で，文書の補正手続きが行われたが，文書が存在しないのであれば，そもそも補正手続きは不要であるから，この補正の経過からして，この不開示決定は不合理であり，不当であるため，異議申立に及んだ。

　この異議申立について，厚生労働省は情報公開審査会に諮問することになるが，その理由説明書において，文書不存在の主張を撤回し，開示請求の対象となる文書の存在を認めた。この理由説明書には説明はないものの，参考資料として添付されている文書類がこの開示請求の対象として存在を明らかにした文書に該当するものと推測される。厚生労働省側の意見は以下のとおりである。

(1)　開示請求の対象となる文書について

　今回の異議申立てを受けて，開示請求対象文書について再度検討を行ったところ，その対象としては，選考に係る基本的な考え方を示した文書及び委員の選任の実情を記録した文書として都道府県労働局から報告された委員の状況を記した文

2　労働者委員選出の実態と課題

書も含まれると考えられ，こうした観点からは，次の行政文書が存在するところである。これらの文書に基づき都道府県労働局において委員の選考がなされているところから，開示請求対象行政文書として，これら文書が該当すると判断したものである。

① 労働基準監督機関令及び家内労働審議会令の一部を改正する政令の施行について（基発第255号　昭和48年4月27日）
② 地方家内労働審議会または地方労働基準審議会家内労働部会の委員の改選に係る任命について（基発第392号　昭和47年6月27日）
③ 労働基準関係法令の沖縄県の区域における適用に関する措置等について（基発第311号　昭和47年5月15日　沖縄労働基準局長あて　労働省労働基準局長名）
④ 家内労働法の施行について（労働省発基第115号　昭和45年10月1日）
⑤ 家内労働法の一部施行について（基発第490号　昭和45年7月3日）
⑥ 地方労働基準審議会に関する報告（平成13年度報告分）のうち第2表（地方労働基準審議会の委員の状況）
⑦ 地方労働基準審議会家内労働部会委員任命報告（平成13年度報告分）

また，諮問庁が把握する限りにおいては，都道府県労働局には，上記①から⑤までの文書のほか，当該都道府県労働基準局に設置されていた地方労働基準審議会について，下記ア，ウ，エに係る起案文書やイの文書などを保有しているものの，当初の開示決定に当たっては，申立人から聴した請求の趣旨を踏まえ，開示請求対象文書には該当しないものと認識していたものである。

　ア　地方労働基準審議会委員の候補者の推薦（労働者団体及び使用者団体に対する依頼）
　イ　推薦依頼に対する労働者団体及び使用者団体からの回答
　ウ　地方労働基準審議会委員の委嘱（内諾書の提出依頼，委嘱）
　エ　国立大学教授にあっては地方労働基準審議会委員併任の承諾依頼

(2) 不開示情報該当性について

上記(1)⑥，⑦の文書のうち，労働者委員の推薦団体名等については，不開示とすべきである。なぜなら，そもそも労働者団体がどのような人物を労働者委員候補者として推薦するかは，まさに，当該団体内部において自主的に決定すべき問題であり，それが公にされることによって，当該団体の性格，活動内容が明らかとなり，当該団体と使用者，他の労働者団体等との関係において，様々な干渉を受けるなどの不利益を被る可能性があり，今後，労働者委員の推薦を含め当該団体の自由な活動を阻害するおそれがあると認められるためである。

上記の理由説明書における不開示情報該当性に関しては，「労働者委員の推薦

第3章　労働行政における労働者代表の選出のあり方

団体名」を不開示とすることの問題点について，以下の内容の異議申立人としての意見書を情報公開審査会に提出した。

　「労働者委員の推薦団体」は，厚生労働省（当時，労働省）によって選定され，同省から推薦依頼を受けている。この厚生労働省による推薦依頼－労働者団体による推薦行為の関係は，非公然とされるべき性格のものではなく，最大限，公開されなければならないことは言うまでもない。この推薦依頼－推薦行為は，公的な性格のものであるから，第三者が客観的に評価できるものでなければならないことは当然の要請である。

　労働委員会や最低賃金審議会における労働者委員（および使用者委員）候補者の推薦は法律により定められて制度であることに対して，労働基準審議会に関しては，確かに，明文の法令上の根拠はない。だからといって，その運用は，行政側の自由な裁量に委ねられることができるものではない。

　理由説明書は，「そもそも労働者団体がどのような人物を労働者委員候補者として推薦するかは，まさに，当該団体内部において自主的に決定すべき問題（である）」ということを「労働者委員の推薦団体名」不開示の根拠として述べる。これは，労働組合の内部的な意思決定の問題と，行政機関に対して審議会における労働者委員を推薦するという問題を混同している議論である。前者の労働組合の候補者選定作業自体は，外部からの干渉を排除されなければならないとしても，その結果選定された候補者を推薦する行為は，前述のように公的な行為であり，秘匿される必要はない。この労働組合の推薦行為は，労働組合の本来的活動領域に属するものであり，その意味で，もし，理由説明書の述べるように，推薦行為によって何らかの不利益が及ぶとすれば，その救済措置こそ必要とされなければならないのであって，そのような不利益を理由にして本件の不開示を正当化することは，本末転倒した主張と言わなければならない。また，多くの労働者委員は，現職名の公表によって，所属する労働組合組織名が明らかになっており，殊更に「推薦団体名」を隠す必要も実益もないであろう。

　ところで，上記に引用した理由説明書の叙述は，厚生労働省の従来からの主張とは異なっており，厚生労働省自身の見解とは必ずしも言えないものである。このように新たに持ち出された主張は，実は，情報公開審査会の独創によるものを引用したにすぎない。それは，情報公開審査会が，2002年7月15日に答申した「中央労働委員会委員の推薦から任命に至るまでの審議内容等に係る文書の一部開示決定に関する件（平成14年諮問第98号）」の答申書の中で，「当審査会が参加人から聴取したところ」を踏まえ，情報公開審査会自身が「そこで検討する」として判断された理由部分と同じ文章である。この事案における厚生労働省の理由説明書は，か

かる内容の主張を述べていないことからも明らかなように，この部分は，情報公開審査会の独自の判断であることは間違いない。このことは，2002年7月15日に答申したことが公表されている「北海道地方最低賃金審議会委員任命に係る書類の不開示決定に関する件（平成14年諮問第99号）」の答申書においても，「そこで検討すると」として，情報公開審査会の判断として示されていることからも明白である。

　しかし，これは，二重の意味で不当な主張の展開である。まず，第一に，その内容自体に関しての不当性は，前述のとおりである。さらに，「地方労働基準審議会」は，現在では，「地方労働審議会」に改組されているが，その全国版ともいうべき「労働政策審議会」の労働者委員候補の推薦に際しては，別途情報公開された資料が明記しているように，労働省（当時）側から「産別の委員長クラスを中心に選定する。」と人選にあたっての指示がなされており，「当該団体内部において自主的に決定すべき問題」として必ずしも扱われていないという実態は，そのような主張の論拠を失わしめるものでもある。

　それに加えて，情報公開審査会が，労働組合の基本的な権利について，偏見に満ちた判断を行ったことは，その権限を逸脱しているものである。さらに，厚生労働省が，そのような不当な判断を安易に受け入れ，自らの主張のごとく引用したことは，労働行政の責任官庁としての立場と責任を軽視したものと言わざるをえない。

　最後に，使用者委員を推薦する使用者団体名は開示しておきながら，労働者委員の推薦団体だけを不開示情報とすることはあまりにも不自然であり，合理性はないことを強調しておきたい。なぜなら，法律上の地位から言えば，一般法の規制に服する使用者団体に比べて，労働組合は，労働組合法という特別法によって，規制・保護されているのであるから，労働者委員の推薦行為というその活動は，かかる労働組合として承認された権利の一態様であって，その活動が法的保護を受けるとともに，他面では，公的な評価を受け，公開されることを予定すべきものである。

　かかる経過の中では，この「参考資料」の性格は，不明のままであるが，「開示文書」であることは明らかである。「参考資料」の問題点のこれ以上の追求はひとまず措き，ここでは，上記の「参考資料」の内容の検討を行う。

　まず，**資料〈3-8〉**は，文書⑤の一部（抜粋）である。この文書は，地方家内労働審議会委員や地方労働基準審議会家内労働部会委員の任命手続きであるが，その手順を詳細に規定するとともに，委員の任命は，「りん伺」によって，本省の「承認」によることを明記している。委員の任命が，各都道府県労働基準局長の裁量にはないこと，任命される委員（候補者）の報告制度が存在していること，それを通じて，本省による委員の資格や基準のコントロールが行われてい

第3章 労働行政における労働者代表の選出のあり方

資料〈3-8〉

地方家内労働審議会又は地方労働基準審議会家内労働部会については，本年9月中に発足させることを目途として次により委員の任命手続を進めること。
(1) 委員の人選について
　イ　家内労働者を代表する委員及び委託者を代表する委員について
　　㈡　推薦期間満了後直ちに候補者を選定すること。
　　㈤　候補者の人選については，必要に応じ，婦人少年室並びに都道府県労働主管部（局）（労政課，内職補導事業主管課等）及び中小企業対策主管部（局）の協力を求めること。
　ロ　公益を代表する委員について
　　㈠　公益委員については，審議会における公益委員の役割はきわめて重要であることにかんがみ，適任者を得られるよう人選は慎重に行なうこと。
　　　なお，家内労働者の大部分が婦人である事情にかんがみ，適任者が得られる場合には，婦人の任命を考慮すること。
　　㈡　文部教官の委員への併任について
　　　b　文部省としては，管理職（学長，学部長，研究所長等）の文部教官については，審議会委員等への併任を原則として認めないという方針であるので，これを委員に任命しようとする場合には当該併任申請に本人が委員としてきわめて適任であり，かつ，余人をもってかえがたい理由，委員としての業務が本人の本務に支障を生じないのみならず，むしろ有益であること等の特殊事情を附記すること。
(2) 本省へのりん伺について
　イ　前記(1)イ及びロにより選定した委員候補者については，8月25日までに本省にりん伺すること。
　　　なお，特別の事情によって委員候補者の選定が遅れる場合には，その見とおしをあらかじめ報告すること。
　ロ　家内労働者を代表する委員又は委託者を代表する委員の候補者については，別紙2の様式1により，それぞれの委員定数に相当する人数をりん伺すること。なお委員候補者選定の経緯，理由等で本省の参考となるような事情があるときは記載すること。
　ハ　公益を代表する委員の候補者については，別紙2の様式2により委員定数に相当する人数をりん伺すること。
(3) 委員の発令について
　委員の発令は，本省の承認後行なうこと。
(4) 特別委員の選任について
　イ　特別委員は，地方家内労働審議会にあっては，婦人少年室長，当該都道府県を所管する通商産業局商工部長並びに都道府県労働主管部（局）長及び中小企業対策主管部（局）長に就任を依頼するものとすること。
　　　また，地方労働基準審議会家内労働部会にあっては，婦人少年室長，内職補導事業主管課長（内職公共職業補導所長）及び中小企業問題主管課長に就任を依頼するものとすること。

たことを物語っている。さらに,「承認」制度が設けられていると言うことは,その「承認」のための客観的な基準が存在すると推測されるべきである。そうでなければ,担当者の主観的な判断によって,個々に判断されていたことになる。この点,労働者代表の選任方法・基準の客観性・公開性の原則から問題が残されている。

　文書⑤ (1970年) による「りん伺」の制度は,文書② (1972年) では,「選定した候補者の本省へのりん伺は必要としないこととし,任命後は報告例規家501 (委員任命報告) により報告すること。」とされ,都道府県レベルでの委員任命状況の報告制度となった。この文書②による,労働省労働基準局長から各都道府県労働基準局長に対する指示によって作成された委員名簿が文書⑥である。以上の文書は,地方家内労働審議会委員や地方労働基準審議会家内労働部会委員の任命手続きに関するものであるが,地方労働基準審議会委員については,文書⑦によって,全都道府県のレベルの地方労働基準審議会委員の名簿が確認されている。すなわち,地方労働基準審議会委員についても,本省への報告義務が存在することになるが,それを明文化した文書は,見当たらない。これは,「参考文書」として開示されなかっただけで,文書②や文書⑤に対応する地方労働基準審議会委員の任命手順を指示した文書が存在することを示唆しているものである。

　当初,厚生労働省側は,地方労働基準審議会委員は,各都道府県労働基準局レベルでの問題であり,本省としては,何も把握していないという主張だったものが,このような名簿の存在,その名簿報告義務を明文化した通達を「参考資料」という形で「開示」せざるをえなくなったのであるが,地域産業労働懇談会問題では,各都道府県労働局レベルでの委員任命問題について,何の記録も保有していないという主張が繰り返されたが,その信憑性を自ら減殺してしまったと言ってよいであろう。

　このように,地方労働基準審議会委員の選出過程をめぐる一連の資料からは,労働者代表の選任方法・選任基準の公平性・客観性・公開性の原則が踏みにじられている実情が浮かび上がってくるのである。

(4) 労働保険制度における労働者代表

「労働保険審査官及び労働保険審査会法第5条・第36条の「関係労働者及び関係事業主を代表する者の指名」の手続 (同施行令第2条・第22条の解釈および運用基準,推薦する関係団体の資格,被推薦者の資格,選任基準,選任手続等) とその実情を

第3章　労働行政における労働者代表の選出のあり方

資料〈3-9〉

労働保険審査官及び労働保険審査会法第36条の規定に基づく関係事業主を代表する者の推薦について

今般雇用保険制度の関係事業主を代表する松井利博の辞任の申し出に伴い，労働保険審査官及び労働保険審査会法（昭和31年法律第126号）第36条及び同法施行令（昭和31年政令第248号）第22条第1項の規定に基づき，補欠の関係事業主を代表する者を新たに指名したいので資格ある事業主の団体は，下記により関係事業主を代表する者を推薦されたい。

　　　　　　　　　　　　　　　　　平成12年2月24日　労働大臣　牧野　隆守

記

1　推薦資格　推薦資格を有するものは，雇用保険法（昭和49年法律第116号）に規定する雇用保険の被保険者の加入している労働者団体であって，2以上の都道府県の区域にわたって組織を有するものであること。

記録する文書」の開示請求を行ったところ，相当数の文書の開示決定が行われた。

　これらの開示決定のうちには，「推薦労働団体の名称，労働団体の規約等」については，不開示決定とされた。

　開示決定の対象となった文書は，総枚数1000枚近くに及んだため，閲覧および複写によって開示手続きを行ったが，複写によって開示された行政文書から明らかになった実態を記録しておく。

　まず，推薦制度の信頼性自体に疑義を抱かせる状況を指摘しなければならない。資料〈3-9〉は，「労働保険審査会参与の辞任に伴う補充のための官報公示について」という文書に基づいて掲載された官報の引用であるが[33]，「関係事業主を代表する者」の推薦資格を「労働者団体」としている。これは，労働保険審査官及び労働保険審査会法施行令第22条1項に規定されているように，「事業主の団体」の誤りである。この明確な誤りを含んだ文書が，官報に掲載されているのである。このように，推薦資格という推薦制度の根本に関わる重要な事項が，軽率に扱われ，官報の掲載内容まで間違って記載されているということは，この推薦制度に対する行政当局の軽視の姿勢の現れであると言えよう。

　次に，前述したように，行政当局が，「推薦団体の性格や状況」を判断するという問題については，労働組合側は，名称自体が不開示情報とされており，そ

---

[33]　「官報」（2000年2月24日）第2815号，9頁（「官庁報告」）。

2 労働者委員選出の実態と課題

資料〈3-10〉

推薦団体についての説明書

2. 北海道経営者協会

　北海道の産業経済に関する法人，団体等を会員とし，労働関係の諸問題を調査研究し，労使の安定確立を図り，産業経済の興隆に寄与することを目的として設立された。
　会員数は構成員数442社で，道内における大企業経営者の大部分が入会している。
　日本経営者団体連盟の下部組織であり，労働，経済対策及び中小企業の各専門委員会を有するほか，函館ほか9地区に地区経営者協会が組織されている。

資料〈3-11〉

審査参与の指名にあたっての意見
　記1のとおり，複数の関係労働者を代表する団体から，それぞれ候補者の推薦があり，当局としましては下記の理由により，■■■■■■■■■■■■■■■■■■■の「鈴木昭二」氏について指名をお願いしたい。
記
指名にあたっての理由
1　関係労働者を代表する者について，非改選者と組織が異なる者を指名した場合，労働保険審査官及び労働保険審査会法施行令第8条第1項で「審査官は，関係労働者及び関係事業主を代表する者の意見を尊重しなければならない。」と規程していることから，審査官の決定に支障をきたす場合が考えられること，また，埼玉労働者災害補償保険参与会の運営についても，円滑に進行されない場合が考えられる。
2　■■■■■■■■■■■■■■から推薦された「鈴木昭二」氏は，■■■■■■■■■■■■■■■■■■■■，豊富な経験と労災補償関係行政に精通しておることが認められる。
3　■■，指名しなかった場合，今後の労災補償行政並びに労働行政に支障をきたすことが考えられる。

の部分も完全に秘匿されている。ここでは，使用者側委員の「推薦団体の性格や状況」についての記載例を引用しておく（**資料〈3-10〉**[34]）。相当に形式的な紹介と言えるが，労働組合に対する評価内容は，不開示とされているため，同じレベルにとどまるのかどうか不明であるものの，複数の推薦候補者から選考した際における「理由」は，実質的な判断を加えていることを示している。**資**

---

34) 「労働保険審査官及び労働保険審査会法第5条の規定に基づく関係労働者及び関係事業主を代表する者の候補者の推薦について」（北海道知事から労働省職業安定局長宛文書，雇用第356号，平成10年8月18日）」の添付書類「推薦団体についての説明書」

料〈3-11〉は,労働者災害補償保険審査参与の任命に関する労働局長の「意見」である[35]。氏名以外の墨塗りの部分に記載されている内容がそれを物語っている。ここでは,労働者代表を推薦する労働組合を選別する判断が存在していることを示しており,労働者代表の選出基準の客観性・公平性・公開性に関わる問題点が凝縮されているのである。

(5) 地方労働行政における労働者代表

「地方労働行政における労働者代表」の新たな問題として「地域産業労働懇談会における労働者代表」を取り上げる。

「地域産業労働懇談会(地発第213号,平成13年5月11日)の設置状況,構成する労使団体の状況,構成員の任命基準と手続を記録する文書」の開示請求を行ったところ,「開示する行政文書」として,「地域産業労働懇談会の設置について(地発第213号,平成13年5月11日)」が通知され,「不開示とした部分とその理由」として「地域産業労働懇談会(地発第213号,平成13年5月11日)の設置状況,構成する労使団体の状況及び構成員の任命手続を記録する文書については,これを保有していないため。」という決定がなされた。厚生労働省は,以下のような理由を主張した。

　地域産業労働懇談会の設置について指示した本件行政文書は,都道府県単位の労使団体の幹部から労働行政全般の運営に関する率直な意見や要望を聴き,意見交換を行う場として,各都道府県労働局ごとに地域産業労働懇談会を随時開催することを求めたものに過ぎず,その運営は各都道府県労働局の実情を踏まえた自主的な運営に委ねているものである。
　また,各都道府県労働局の管内における労使団体の構成員数等の状況は様々であり,そのような各都道府県労働局の実情に応じて地域産業労働懇談会が開催され,労使それぞれの率直な意見や要望を幅広く聴くことができれば行政目的は達成されるのであるから,そのような状況の下においては,厚生労働本省において地域産業労働懇談会の設置状況,構成する労使団体の状況を把握する必要はないのである。
　さらに,既に類似の協議会等を設置している場合においては,既存の会議等をもって地域産業労働懇談会に代えることもできるのであって,設置状況等の厚生労働本省に対する報告も求めていないのである。
　したがって,異議申立人が開示を請求する地域産業労働懇談会の設置状況,構成

---

35)「労働者災害補償保険審査参与の候補者にかかる推薦書の進達について」(埼玉労働局長から労働省労働基準局長宛文書,埼労発基第440号,平成12年8月14日)の別紙「審査参与の指名にあたっての意見」

2 労働者委員選出の実態と課題

する労使団体の状況を記録する文書は存在せず，よって，行政機関において，保有，管理されていないものである。

厚生労働省が，理由説明書において主張する理由は，いずれも根拠がなく，合理性も正当性も欠くものであって，成り立たないことを明らかにするために，異議申立人として，以下の内容の意見書を情報公開審査会に提出した。

　厚生労働省では，何らの文書や資料も保有していないのかという疑問点を呈しておく。
　地域産業労働懇談会は，「平成13年度地方労働行政運営方針」の中で，重点施策として位置づけられている。それは，「地方労働行政展開に当たっての基本的展開」の中の，「関係機関等との連携による地域に密着した行政の展開」の項目で，「労使団体等関係団体との連携」の一環として設置方針が示されているが，「平成12年度地方労働行政運営方針」における対応する項目との記述内容と対比すれば一目瞭然に明確なように，新規施策として登場しており，本件通知により，具体的な設置・運営方針が示されている。「地域産業労働懇談会」の設置という新しい政策が打ち出されている経過についてのかかる理解を前提にして，本件情報開示請求を行っているのであるが，この事実認識が正しいとすれば，その新政策の実施状況についての資料が存在することを推測するのは，労働行政のあり方に関心を抱く国民の立場としては，当然であろう。
　地域産業労働懇談会は，既存の会議や委員会の代用も可能となるのであるが，その意味で，地域産業労働懇談会という名称以外の組織も含めた，この重点課題として位置づけられた政策の実施状況の点検が行われていないのであろうか。いわゆる政策評価が，国の重点課題となっていることは周知のことであるが，この重点政策のフォローアップがなされていないのであろうか。
　地域産業労働懇談会が新規に設置される場合には，当然，会議開催費用・委員報酬等が予算計上されているであろうし，そのためには予算関連資料は不可欠である。「平成14年度地方労働行政運営方針」でも，「引き続き」開催する方針が示されているところを見ると，前年度（13年度）の実績を検討したうえで，このような継続の方針が出されているのであろう。そうした活動は，「週刊労働ニュース」でも，「地方発・雇用対策」の特集記事として，各労働局長・総務部長・労働組合幹部の報告が掲載されている[36]。地域産業労働懇談会に関連した資料は，現在の雇用状況を反映して，少なくないものが必ず存在していると推測されるであろう。

---

36) 前節（註20））引用の特集シリーズおよび第1913号（2001年10月1日）。

第 3 章　労働行政における労働者代表の選出のあり方

　地方労働行政における労働者代表の典型例である「地方労働産業懇談会」における「地域を代表する労使団体の（トップ等）幹部」という規定による労働者代表の選出のあり方が,「選任方法・基準の公平性・客観性・公開性」という原則からほど遠いものであることが，情報公開制度を通じた「情報の不公開」という結果を通じて浮き彫りにされた。特に，厚生労働省が本省レベルで「地方労働産業懇談会」の設置状況を全く把握していないという説明は，無責任の誹りを免れないであろう[37]。このような状況は，前述のように事前にあった「改革」の予測を大きく裏切るものであったが，その真の理由も，本来ならば，情報公開されなければならないであろう。その意味で，答申書が表明した三点の批判的見解（文書特定義務・回送義務・情報提供義務の指摘）に象徴されるような行政機関側の真摯な情報公開の努力が必要とされる[38]。そうした取組を通じて,「労働者代表の選任方法・基準の公平性・客観性・公開性」の原則が実質化されていくことになるであろう。

---

37)　「平成14年度地方労働行政運営方針」においては,「引き続き,「地域産業労働懇談会」を開催する。」とされているが，前年（平成13年度）の開催実績の確認を踏まえ，何らかの政策評価がなければ，「引き続き」などという価値判断は，無責任である。
38)　厚生労働省は，異議申立について，従来の例では，情報公開審査会の答申後，棄却の場合，4日から9日目に，決定（行政不服審査法第47条）を行い，決定書を送達している（同法第42条第1項又は第2項）。「ILOにおける労働者代表」事案では，答申書を受け，異議申立の理由があることを認め，処分の一部変更となったため，決定までに31日を経過した。今回は，答申書の結論だけを形式的に理由として，異議申立の棄却決定を行ったにも拘わらず，答申から決定まで40日も要したことは，内容的には，異議申立に相当の理由があることを認めざるをえず，対応に手間取ったことを物語っている。

第4章　労働委員会委員の選出制度の実態と課題

1　労働者委員選出制度の意義

(1)　労働者委員制度の概観

　労組法は，中労委について，「労働者を代表する者」(労働者委員）という定義規定（第19条）を定めた後，「労働組合の推薦」に基づいた内閣総理大臣の任命（第19条の3）について述べ，「委員の欠格条項」（第19条の4）・「委員の失職及び罷免」（第19条の7）を規定する。都道府県労働委員会（地労委）の労働者委員も基本的には，この規定を準用することになる。ここでは，中労委と地労委の労働者委員に共通する問題として，この定義規定と欠格条項・失職及び罷免要件と「委員の資格」を取りあげ，主として地労委の労働者委員に即して，推薦制度の意義との関連から検討した後，選任基準・任命行為の性格について，問題点を整理する。その上で，情報公開制度を通じて開示された行政文書によって，労働者委員・使用者委員および公益委員の選出制度の実態について解明する。

(ア)　委員の資格

　「労働者を代表する者」である労働者委員が，労働者であることは，実務上・学説上必要とはされていない。法的な意味での「労働者概念」である労組法第3条あるいは労基法第9条に該当する必要はないばかりか，社会階層としての「労働者」集団に所属していることも求められないが，どの範囲まで，許容するのかは明確にはされていない。後掲の行政解釈では，労働者委員が，任期中に「使用者」となった事例が容認されているが，公表されている（第26期中労委）労働者委員の推薦書類においては，現職として，「㈶全林野会館理事長」，「東京電力生活協同組合理事長」，「全逓信労働者共済生活協同組合理事長」，「郵政互助会理事」といった記載があり，かかる職業上の立場を前提に，労働者委員に推薦されている。名称からするかぎり，「事業主又は事業の経営担当者その他その事業の労働者に関する事項について，事業主のために行為をするすべての者」（労基法第10条）という立場にあることが推測される。つまり，任期途中だけでなく，任命時においてさえ，労働者委員が，「使用者」であっても，構わないと

133

いうことである。

　このことは,「労働者を代表する」という労組法により規定された資格が,実際には,等閑視されていることを意味しているのであるが[1],推薦制度との関連から位置づければ,労働組合によって推薦されているという事実でもって,推薦された者が,「労働者を代表する」という資格を有しているとみなされているにすぎない。その意味では,推薦手続きが,資格要件に代用されていると言えよう[2]。

　開示された文書[3]によると,任命に際して,公益委員に関しては,「公益委員候補者名簿」において,(形式的ではあれ)個々の任命理由(適格性)が記述されているが,労働者委員については,労働組合からの推薦書類にも,労働省の作成する任命手続関連書類にも,当該候補者が「労働者を代表する」ことを証明する記載はおろか,「労働者を代表する」立場にあるという叙述(文言そのもの)さえ存在していないことからも,労働組合の推薦行為だけが重要であることを示している。つまり,候補者の個人的属性(適格性)は問題ではなく,推薦する労働組合が重要な判断材料であるということを物語っている。その意味では,推薦した労働組合がどのような位置にある組織なのか(いわゆる系統)を裏付ける何らかの資料が必要となるであろう[4]。

　このように労働者委員の資格について,特段の定めを置いていないため,「欠

---

[1]　労使関係法研究会報告書『労使関係法運用の実情及び問題点4』(日本労働協会,1967)は,第2期委員任命に関して,「労使委員の推薦が委員定数にしぼってなされることが多く,かならずしも適任と思われない者を委嘱せざるをえなかつたことから」,労組法施行令を改正し,「任命権者に選択の余地のあることを明らかにした。」と叙述する(351頁)。このことは,当時,労働者委員の適格性の吟味の行われたことを意味している。

[2]　行政解釈では,「「労働者を代表する者」とは,労働者の立場を一般的に代表する者をいうのであって,具体的には,第七項の手続により任命された者をいう」としている(労働省労政局労働法規課編著『労働組合法・労働関係調整法(再訂新版)』(労務行政研究所,1983)632頁)。

[3]　「中央労働委員会の公益委員の任命にかかる内閣総理大臣あて上申について(伺い)」(1998年9月22日付け,労働省発秘第257号)

[4]　そもそも,「代表」の概念において,ある社会集団の「代表者」が,その社会集団に所属している必要はないのかという一般的命題は,代理理論からすれば,必ずしも支持を得ないとしても,労使関係という利害の対立が明確かつ尖鋭である場において,その一方の集団の代表(労働者代表)が,その対立する集団(使用者)に所属していても構わないというのは,問題があろう。その点,憲法(代表民主制)のもとでの「代表」は,法的にではなく,政治的もしくは社会学的に理解されるという指摘は重要である(『憲法Ⅱ(第3版)』(有斐閣,2001)53頁(高見勝利))。その意味で,引用した行政解釈は,委員の資格と選出方法を混同しているものであって,根拠が薄弱で説得力に欠ける。そのような解釈は,学説に反して,欠員による補充の際の新規の推薦の必要性を根拠づけているにすぎないであろう。

格事由」が事実上の資格要件となる。委員の欠格条項のうち，かつて規定されていた「禁治産者又は準禁治産者」は，成年後見制度の創設に伴う関連法律の整備法の一環として削除された[5]（平成11年法律第151号第35条）。その結果，「禁錮以上の刑に処せられ，その執行を終わるまで，又は執行を受けることがなくなるまでの者」だけが欠格事由であるが，罷免事由として挙げられている「心身の故障のために職務の執行ができない」又は「職務上の義務違反その他委員たるに適しない非行がある」ことも，事実上，欠格条項と言えようが，この適格性の具体的基準は存しない。「禁治産者又は準禁治産者」が欠格条項であった時から，この欠格条項の内容は，一般の公務員や他の行政委員会委員の欠格条項に比べて緩やかであった。これは，行政解釈では，労働問題を取り扱う適任者を得るうえから，形式的な資格要件よりは実質的な識見，経験を尊重しようとする趣旨とされているが[6]，学説では，労組法は国公法の特例を規定していると解すべきことを根拠に，国公法第38条の欠格条項が，労使委員に適用されないことを指摘するものもある[7]。同じく「労働問題を取り扱う適任者」が候補となるべき最低賃金審議会委員には，国公法第38条を適用していることからすると，労働委員会委員には国公法第38条が適用されないことの意義は，重要であろう。

このように，労働者委員の資格は，公務員法制度や他の労働者代表制度との対比からも，法律上の規定は緩やかになっているが，その根拠には，労働組合の推薦制による人選という実質的な選任基準が存在することが挙げられる。

(イ) 選任基準

労働者委員の任命行為をめぐっては，後述のように，中労委および地労委に関して，多くの訴訟の対象になっており，その詳細な分析は改めて取りあげることにする。ここでは，判決を通じて，労働者委員の何らかの選任基準の存在が確認されるべきことを述べておくことにする。

労働者委員任命の歴史的経緯について詳細に事実認定したとされる，中労委

---

5) 成年後見制度創設に伴う整備法による改正は，字句の読替えにとどまるものが大多数であるが，労組法第19条の4から，「禁治産者又は準禁治産者」を削除した理由については，明確な説明はされていない。

6) 労働省労政局労働法規課編著『労働組合法・労働関係調整法（再訂新版）』（労務行政研究所，1983）638頁。

7) 『注釈労働組合法・労働関係調整法』（有斐閣，1989）406頁（岸井貞男）。

第21期から23期の労働者委員任命取消訴訟に関する東京地裁判決[8]では,「労組法上,同法19条の4第1項所定の欠格事由に関する規定のほかに,他に内閣総理大臣の任命行為を制限する規定は存しないから,労組法は,内閣総理大臣の任命権については,労働組合の推薦を得ていない者を労働者委員に任命することはできないという限度で,その裁量権を制限しているにすぎないと解される。したがって,内閣総理大臣が労働組合の推薦する者の中からいかなる者を労働者委員と任命するかは,内閣総理大臣の自由裁量に属する」とする[9]。しかし,内閣総理大臣の自由裁量であるということと,厚生労働省レベルでどの程度の候補者の絞り込み(原案作成)をできるのかということの関係は明らかでない。そのため,いわゆる54号通牒についても,「本件任命行為が右指針(第54号通牒)に沿わない内容のものであったとしても,違法の問題は生じない」として,選任基準としての性質を否認している。もっとも,一連の判決は,こうした行政側の自由裁量論を認めつつ,選任にあたっての公正さを強調せざるを得なくなっている。このことは,労働者委員の任命者による自由裁量論が客観的な公正な基準により拘束されなければならないことを示している。

　それに対して,厚生労働省側は,過去の裁判では,自由裁量論を主張しつつも,国会答弁では,「いろいろな条件を総合的に勘案して任命をする」(坂口厚生労働大臣)[10]として,「判断要素」の存在を認めている。これは,建前上,基準の存在自体は否定しつつ,各種の判断資料が存在することは認めざるをえないということであり,厚生労働省の主張の中でも確認できるところである。

　また,前掲の東京地裁判決は,「(中労委労働者委員の)任命に際しての運用基準として,労働組合の系統が考慮されてきたことが窺われ」と判示している。この裁判において,労働省労政課長は,証人として,「中労委労働者委員13名の任命適任者の素案が決定されるのは課長よりもはるかに高いポジションでなされ,その具体的な経過は課長にはわからない」と証言している。

---

8) 1997年5月15日労判第717号149頁。
9) 内閣総理大臣の自由裁量であるということと,厚生労働省レベルでどの程度の候補者の絞り込み(原案作成)をできるのかということの関係は明らかでない。後述のとおり,(旧)労働省設置法では,「労働省の権限」として,「中央労働委員会の公益を代表する委員の候補者名簿を作成すること。」(第5条第8項)が明記されていた。当時から,労働者委員の候補者名簿の作成権限の所在は不明確であった。この規定は,省庁統合後の厚生労働省設置法・厚生労働省組織令・厚生労働省組織規則のどこからも姿を消したため,現行法上,候補者名簿作成に関する根拠規定はない。
10) 参議院厚生労働委員会(2001年6月28日)会議録第20号11頁。

これらの事実は，労働省が，任命の際の資料を作成し，それを，総理大臣に提出していたことを証明している。そのことは，客観的な任命のための何らかの検討資料としての基準が存在していることを意味している。すなわち，任命権者は，客観的な選考基準とそのための資料に基づいて，労働者委員の人選を行っていることを示している。このような事情は，後述する一部の地労委における労働者委員選出基準の存在という事実とも合致しているのである。

(2) 推薦制度の法的枠組

　地労委の労働者委員の推薦制度に関する労組法の規定は，直接的には，第19条の12（第3項）であるが，これ以外に，推薦制度の法的効果を考察する上で，看過できない法的規定や通達や行政解釈として，以下のものを引用しておく。

㋐　労組法第5条但書き

　労組法第5条は，労組法の関連する手続きに参与するために，労働組合の資格審査制度を定める。この規定に基づき，地労委の労働者委員を推薦する労働組合もこの資格認定手続きを踏んでいる必要がある。この第5条は，但書きで「但し，第7条1号の規定に基づく個々の労働者に対する保護を否定する趣旨に解釈されるべきではない。」と定める。この但書き自体は，労働委員会に対する不当労働行為の救済手続きとの関連で，資格審査制度の存在が，個々の労働者に対する保護の範囲を狭く制約することがあってはならないことを明記するものである。その意味で，この但書きの趣旨は，労働組合の資格制度によって，憲法第28条が規定する「勤労者の団結する権利」が制約されてはならないことを注意的に確認したものと理解される（労組法第7条における「労働組合」の定義も同趣旨）。したがって，推薦制度の運用に際しては，推薦当事者ではない労働組合はもとより，推薦資格のない労働組合（いわゆる法外組合）においても，推薦制度を通じて労働者委員が選出されることに法的な保護されるべき利益を持ちうることを否定されるべきではないのである。すなわち，労働者委員の推薦制度によって，どのような労働者委員が選出されるかは，推薦労働組合だけでなく，ひろく労働組合一般にとっても重大な利害を持ちうることを示しているのである。

㋑　労組法第19条の3第2項における「特定独立行政法人職員」および「国有林野事業職員」が結成し，又は加入する労働組合の推薦

　1988年の労組法の改正によって，旧来の国労委が中労委に統合されたことによって（その後，1999年には独立行政法人制度の発足により），中労委の委員定数の増

員が図られたが，その際，推薦制度については，別枠となった。その趣旨は，「労働者委員については，国労委において有していた国営企業関係労使の信頼を得つつ迅速に国営企業の労使紛争を処理できる仕組みを維持する観点から，国営企業及び国営企業職員が結成し，又は加入する労働組合による委員候補者の推薦枠（使・労各四人）を設けたこと」[11]とされている。これは，中労委における労働者委員の資格の問題ではあるが，労働者委員は，「労働者を代表する者」という一般的規定によって，抽象的に，「労働者全体の代表」あるいは「労働者の一般利益の代表者」と定義されることの限界性を示している。すなわち，労組法のこの規定は，労働者委員は，その活動の分野や経験，労働運動に関する見識等によって規定された特定の立場を持たざるを得ないことを認めているのである。そのため，労働組合にとっては，どのような立場の労働者委員が選出されるかという問題に重要な関心を払わざるをえず，そのことを法的に保護されるべき利益として認める必要があるのである。

(ウ) **労組法第27条の2第1項による公益委員の除斥および忌避制度**

改正労組法（2005年4月1日施行）は，公益委員の除斥及び忌避制度を導入した。その趣旨は，「具体的な事件と公益委員との間に特殊な関係があって審査の公正さについて疑いが生じるおそれがある場合には，その公益委員を事件に関与することができないように排除し，労働委員会が行う準司法的手続の公正を保障するためのもの」[12]とされている。その結果，公益委員について，「審査の公正を妨げるべき事情があるときは，当事者は忌避することができる」といった制度が設けられた。

これは，今回の労組法改正が，労働委員会の審査の迅速化と計画化のため，審査を担う公益委員の合議により，物件提出命令及び証人等出頭命令を命ずることを可能にしたことの関連で，公益委員の除斥及び忌避制度を設けたものである。同時に，物件提出命令及び証人等出頭命令の決定に先立ち，労働者委員（参与委員）が意見を述べることができる規定も設けられている（第27条の7第4項）。

しかし，当事者である労働組合や労働者がこの労働者委員を「除斥あるいは忌避」するための制度は設けられておらず，労働者委員が「利害関係当事者」

---

11) 「労働組合法等の一部を改正する法律及び労働組合法等の一部を改正する法律の施行に伴う関係政令の整備に関する政令について」（昭和63年9月20日，労発第95号，中央労働委員会会長・国営企業労働委員会会長あて労働省労政局長通知）

12) 「労働組合法の一部を改正する法律の施行について」（平成16年12月1日，政発第1201001号，中央労働委員会会長あて厚生労働省政策統括官通知）

となることを想定していないとみなければならない。ところが，労働組合運動の実態においては，労働組合間において，理念や立場を異にする対立的関係が生じることは避けられないことであって，現実の労働委員会において扱われる事案においても，いわゆる「労労問題」に関連する問題も少なくないのである。というのは，少なくない事案の背景においては，対象となる企業や事業所内において，異なる立場や潮流の複数の労働組合が併存しており，そのような労働組合組織間の対立抗争といった事情も考慮に入れる必要があるからである。そのため，特定の労働者委員が当事者たる労働組合組織と対立的関係にある「利害関係当事者」となる事態もありうるが，こうした規定が存在しなくても，当然，当事者と対立的な利害関係にある場合には，関与しないという運用がなされている。このような事態を回避する手立てが想定されているということであり，それを可能にする前提は推薦制度の存在である。多様な立場や潮流の労働組合の推薦を通じて，対立的な「利害関係当事者」に該当しない労働者委員が選出されてくるという制度設計に対する信頼が基礎にあるのである。

　他方，このような事情は，労働者委員が，抽象的に，「労働者全体の代表」あるいは「労働者の一般利益の代表者」の立場に立ちうるものではないことを示しており，労働組合にとっては，どのような立場の労働者委員が選出されるのかは法的に保護されるべき利益となるのである[13]。

(エ) 公益委員の政党要件

　労組法は，中労委の公益委員（15名）について，「そのうち7人以上が同一の政党に属することとなつてはならない。」（第19条の3第5項）という規定を定め，この基準に基づき，罷免規定（第19条の7第4項・5項）を定める。地労委の公益委員の場合には，都道府県によって定数が異なるが，同様の規定が定められている（第19条の12第4項・5項）。もっとも，中労委の公益委員の場合の罷免条項と異なり，地労委の公益委員の場合には，「当然退職するものとする」という規定となっている。他方，行政通達[14]が，「都道府県知事が地方労働委員会の委員を任命したときは，その者の住所氏名，職業，政党の所属及び経歴を，退職，罷免又は死亡の場合はその者の氏名のみを遅滞なく労働大臣に報告すること。公

---

[13] 労基法第7条の「公の職務」に関して，労働委員会の委員は「国又は地方公共団体の公務に民意を反映してその適性を図る職務」として衆議院議員その他の議員等とともに例示されている（昭和63年3月14日，基発第150号）。正しく，多様な利害関係と意見の対立を前提としている。

[14] 「労働組合法及び労働関係調整法の施行に関する事務処理について」（昭和24年7月11日，発労第46号，各都道府県知事あて労働次官通達）

益委員については，その政党の所属変更があつたときも，その旨を直に労働大臣に報告すること。」と明記していたように，労働者委員の政党所属関係も労働省（厚生労働省）への報告対象事項となっているが，公益委員と異なり，法的な規制の対象となっていないことは，労働組合においては政治的な立場も含め思想的な潮流が明確であるので，特定の立場だけに偏在することは事前に回避可能と見ている証拠であろう。

　公益委員に関するかかる政党要件が，労働者委員には課されていないことの意味は重要である。労働者委員は，当然，市民として，政党加盟の自由を有し，しかも，労働者の利益の擁護と実現を綱領として掲げる政党が存在しており，労働組合と政党との緊密な関係を考慮すれば，公益委員にも増して，政党所属の可能性は多いにも拘わらず，公益委員における政党条項が，労働者委員には課されていないのである。しかも，日本では，労働組合や労働者との関係が深い政党が複数存在しているにも拘わらず，労組法は，条文の上で，労働者委員の一定の割合以上の者が，特定の政党に所属するような事態を排除しようとはしていないのである。しかし，労組法にとっては，そのような事態は，想定外であり，それを防止する手立てが存在するから，敢えて，条文化しなかったとしなければならない。すなわち，労働者委員の労働組合による推薦制度が正常に機能すれば，つまり，異なる潮流の労働組合による推薦を適切に人選に反映させることによって，政党条項が想定するような弊害を防ぐことができるからである。つまり，異なる立場や潮流の労働組合による推薦に基づいて，何らかの方式（比例的な按分やドント方式など）による労働者委員の配分こそが，労組法の予定した推薦制度の運用である。

　ところで，後述のように，旧労組法の時代に，委員任命に関して「労使委員の推薦が委員定数にしぼつてなされることが多く，かならずしも適任と思われない者を委嘱せざるをえなかつた」ことから，労組法施行令を改正し，「任命権者に選択の余地のあることを明らかにした」という歴史的経過がある。こうした経過を踏まえて，いわゆる54号通牒（1949年）が，「推薦に当つては，なるべく一組合から委員定数の倍数を推薦せしめるよう配慮すること。」と定めたのであった。同様に，職業安定審議会の「労働者を代表する者」については，「任命すべき委員の少なくとも二倍の候補者を推薦することを」労働組合に対して求めるとされていた（職安法施行規則（旧）第8条）。

　こうした事情は，労働者委員の推薦制度にあたっては，労働組合が名簿を提出し，その中から，適格者を選出することを想定するのであるが，特定の立場

の労働組合から推薦される者だけが労働者委員に選任されることは，あり得ない発想であったと指摘しなければならない。

　(オ)　**公益委員の任命に関する労働者委員および使用者委員の事前同意制**
　中労委の公益委員の任命については，「厚生労働大臣が使用者委員及び労働者委員の同意を得て作成した委員候補者名簿に記載されている者のうちから両議院の同意を得て，内閣総理大臣が任命する」(労組法第19条の3第2項)こととなり，地労委の場合には，「使用者委員及び労働者委員の同意を得て，都道府県知事が任命する」(労組法第19条の12第3項)こととされており，これが，公益委員の任命に関する労使委員による事前同意制である。
　もともと，「公益委員の候補者名簿の作成」については，(旧)労働省設置法では，「労働省の権限」として，「中央労働委員会の公益を代表する委員の候補者名簿を作成すること。」(第5条第8項)が明記されていたが，労働者委員の候補者名簿の作成権限は，明記されていなかった。(旧)労働省設置法が，(旧)労働省の権限として，労働者委員(候補者)の名簿作成を明記しなかった(むしろ明記できなかった)理由をあえて探るとすれば，その名簿作成の前提として，労働組合による労働者委員の推薦制度が存在していることを指摘することができよう。名簿に掲載される労働者委員の人選は，労働組合の推薦に拘束されているからである。ところが，(旧)労働省設置法における「公益委員の候補者名簿の作成」についての規定は，省庁統合後の厚生労働省設置法・厚生労働省組織令・厚生労働省組織規則のどこからも姿を消したため，現行法上，候補者名簿作成に関する根拠規定はない。しかし，労組法における任命方法や推薦制度には変動はないのであるから，(旧)労働省設置法における名簿作成と推薦制との関係は維持されているものと見なければならない。
　この公益委員任命のための労使委員事前同意制が違憲であるとする議論も学説の一部ではあったが[15]，中労委の場合，従来は，任命予定の労使委員(候補者)の同意制であったところ，第24期公益委員任命(1996年)の際には，第23期の(任期満了前の)現職労使委員と(従来方式による)任命前の第24期の労使委員候補者の同意という方式に改められている。第25期以降もこの方式が踏襲されていると推測される。さらに，労使委員による公益委員の同意制に関しては，かつて，地労委の場合も含め，「公益委員候補者個人個人についての同意ではなく，

---

15)　石川吉右衛門「労働委員会の合憲性」(自治実務セミナー，1989年1月号51頁)，同「私見」(同12月号7頁)参照。

公益委員候補者全員の一括同意制をとる」提案がなされたことがある[16]。つまり，当時には，個々の労使委員が，個々の公益委員について，個別的に「同意」を与えるか否かが問われる制度であったことを示している。

　こうした状況の下で，地労委の場合，具体的にどのような形式による同意制が実施されているか，実態は不明である。その上，地労委の場合には，中労委の場合の「両議院の同意」に対応する要件（「議会の同意」）は存在しないので，「使用者委員及び労働者委員の同意」要件だけとなっている。このように，地労委の場合には，「議会の同意」要件が存在しないだけに，「使用者委員及び労働者委員の同意」要件が重要な意義を有することになる。

　労働委員会の公益委員は，準司法的権限を有するところから，高い水準の資質と能力や経験を必要とされるとともに，労働委員会の運営方針や救済命令等の形で示されるその判断に対する信頼感が必要とされることは多言を要しないが，労組法自体は，公益委員の資格要件については，特に規定していない。それは，公益委員の選任に関しては，労使委員の事前同意制を置くところから，労働問題についての知識や経験が豊富で，労使双方から信頼を得ることのできる候補者を得ることができるという制度となっているからである。その意味で，公益委員の選任に対する労働者委員の同意制は重要な意義を有するが，労働者委員が適切な同意機能を行使するであろうという信頼感は，労働者委員個人から生まれるものというより，その労働者委員を労働組合が推薦しているという事情に基づくであろう。つまり，労働者委員の同意を通じて，労働組合が公益委員を信任していることを根拠に，労働委員会の運営や判断の安定性と信頼関係が保障されるとみなされるのである。

　その意味で，労働者委員を推薦する労働組合が公平かつ公正に扱われなければ，こうした労働委員会の本来的な機能を担保すべき安定性と信頼観が築かれないことは明らかである。

(カ) **通　達　類**

　労働組合による労働者委員の推薦に関しては，直接的には，いわゆる54号通牒（1949（昭和24）年7月29日）が対象としているが，それ以外にも，以下のような行政解釈を参考にすべきである。

---

16)　前掲労使関係法研究会報告書357頁。
17)　昭和24年7月29日，労働省発第54号。

> (i)「(労働者)委員については,なるべく所属組合をもつものであるよう留意するとともに労働組合法第2条第1号の規定に該当しない者であること。」[17] (ii) (労働者委員が組合を脱退した場合について)「(労働者)委員が推薦労働組合の組合員の資格を失つても委員の資格を失うものではなく,又推薦母体から解任の要求があつても本人の意思に反して退職させられることはない。」[18]
> (iii) (本人(労働者委員)が,昇進し組合員である地位を失つた場合や,退職により所属していた組合員である地位を失い新に企業経営者となつた場合について)「解任し得ないものと解する。」[19]
> (iv) (労働者委員の定数以下の人数での任命の可否に関して)「地労委委員の全員改選に当つては定数全部のものを任命しなければならないものと考える。」[20]
>   本通達は,「照会の事案については……昭和24年7月29日附労働省発労第54号各都道府県知事宛労働次官通牒「地方労働委員会の委員の任命手続について」の「記,二,2」に則つて措置すべきであると考える。」と述べて,いわゆる54号通牒による「行政指導」を行っており,同通牒の法的規範性を確認している[21]。
> (v) (公労法適用労働者を労働者委員に任命する場合について)「(公共企業体等の)職員の人物及び識見並びに組合の組織状況勢力関係その他当該府県の事情を勘案して,適当と認められるものであるならば,差し支えないものと考える。」[22]

　上記(i)(ii)(iii)の通達は,労働組合の推薦に基づき,労働者委員に任命された後の,労働者委員の資格について言及するが,ここで,確認すべきことは,労働者委員は,「労働者の立場を代表する者でよく,現に労働者である必要はなく,また推薦労働組合の組合員でなくともよい」という要件である。その意味で,これらの行政通達類の前提となっているのは,労働者委員の資格は,その労働者

---

18) 昭和22年6月23日,労政課長発鹿児島県教育民生部長宛内翰。
19) 昭和23年2月9日,労発第62号,労政局長発高知県知事宛。
20) 昭和32年9月13日,労収第996号。
21) 労働大臣官房総務課監修による新労働関係法令集(5)において,同通牒がこのような位置づけで収録されていることは(1640ノ11),それが法的実効性を依然として有していることを労働省自身が認めていることである。
22) 昭和29年8月26日,労政課長,労働法規課長発内翰。

委員の個人的属性によって確認される性格のものではなく、労働組合の推薦行為によって、初めて、労働者委員の資格を取得するということである。そうであるから、労働省の行政解釈として、「「労働者を代表する者」とは、労働者の立場を一般的に代表する者をいうのであって、具体的には、第七項の手続により任命された者をいう」[23]といった見解が示されることが可能となるのである。なお、使用者委員に関しても、「当該個人が使用者たると否とを問わない。」[24]とされており、個人的な属性・資格が要件となるのではなく、推薦団体の推薦行為によって、資格が付与されることが改めて確認できる。

　したがって、推薦行為は、形式的要件・手続きにとどまるものではなく、労働者委員の資格を認証する実体的な利益を伴うものとなっている。労働者委員にとっては、労働組合の推薦行為によって、労働者委員としての資格を付与され、労働組合にとっては、推薦行為によって、自らの価値判断に基づく労働者委員を選別するという利益を有しているといえよう。

　また、(iv)の通達から明らかなように、知事は、推薦されたものの中から、定数通りの労働者委員を任命しなければならない。これは、知事の任命行為が決して自由裁量に委ねられていないことを証明しているとともに、被推薦者の中から、任命しなければならないことも併せて考えれば、推薦行為は、任命のための不可欠の行為であり、任命のための手続的要件にとどまることはなく、法的に保護されるべき実体的な利益を有するものとなる。

　(v)においては、労働者委員の任命に際に、「勘案されるべき要素」として、個人的属性以外に、「組合の組織状況勢力関係」を明示していることは重要である。すなわち、推薦労働組合の立場や地域の労働組合の勢力関係が人選に反映しなければならないことを意味している。

(3) 中労委における推薦制度の運用

　上記のような推薦制度の法的枠組のもとで、中労委レベルでは、過去、主要労働組合間での協議による委員の配分が行われてきた。推薦労働組合は、いわば名簿提出の「窓口」の役割を果たすのであって、実質は、主要労働組合中央組織間による比例按分方式による委員の配分の効果をもたらしていたのである。その点は、中労委会長を務めた石川吉右衛門氏も、この推薦資格を有する労働

---

[23]　労働省労政局労働法規課編著『労働組合法・労働関係調整法（再訂新版）』（労務行政研究所、1983）632頁。
[24]　昭和23年5月17日、労発第231号。

組合による推薦行為について,「今までの例では,総評,同盟,新産別,中立労連などがそれぞれ傘下の一つの単位組合をして,その意向を表明させるというものが多い。」[25]と指摘し,(推薦資格がない)ナショナル・センターを代理するものと説明する。同様に,東京大学労働法研究会によるコンメンタールも,「従来,中労委労働者委員の推薦に実際に携わってきているのは各ナショナル・センター傘下の全国組合の組織する各種労働委員推薦協議会である」と述べている[26]。ここでは,推薦労働組合の固有の権限が問題になっているわけではないのである。

(4) 地労委における選任基準

労働委員会の委員任命における選任制度と選任制度の存在は後述の実態調査を通じて明らかにするが,ここでは,すでに公表されている各地労委の委員選任基準を引用しておく。

(ア) 滋賀地労委

第34期(1997年4月1日任命)の「滋賀県地方労働委員会委員任命理由」として公開されているものは,以下のとおりである。

---

(1) 任命基準
① 労働組合から推薦のあった者(労組法19条の12第3項,労組法施行令第21条)
② 禁治産者等の欠格事項がない者(労組法19条の4)
(2) 裁量権(任命行為は,上記任命基準以外は,任命権者の広範囲な裁量に委ねられていると解される)
① 労働委員会制度の趣旨と役割について理解し行動できる者であること
② 労働者委員は,特定の労働者や労働組合の利益を反映するものではなく,労働者一般の正しい利益を反映する立場であること
③ 労働運動に豊富な経験を有し,かつ労働者及び労働組合の全体の利益を反映することのできる者であること
④ 労働省54号通牒(昭和24年7月29日付け労働省発労第54号,労働次官発,各都道府県知事宛)

---

25) 石川吉右衛門『労働組合法』(有斐閣,1978)371頁。
26) 東京大学労働法研究会『注釈労働組合法 下巻』(有斐閣,1982)911頁。

第4章　労働委員会委員の選出制度の実態と課題

「労働委員会の運営に理解と実行力を有し，自由にして建設的な組合運動に，推進しうる適格者であること，
　系統別の組合数及び組合員数に比例させるとともに，産業分野，場合によっては地域別等を考慮すること」等
　⑤　その他労働者委員として，ふさわしい者であること

この「選任基準」に基づき，「労働省54号通牒検討」として，以下の資料が作成されている。

第34期滋賀県地方労働委員会委員選任関係
1．系統別の組合員数に比例させると〈表〉（略）
2．「産業分野」
　①　各候補者を産業別で検討　〈表〉（略）
　②　各候補者を出身産別で検討　〈表〉（略）
　　　出身産別をみると連合滋賀に多数の組合員が加入している
3．地域別を考慮する場合
連合滋賀には，県下いずれの地域においても，産業別，出身産別でみても滋賀県労連よりも多くの組合（員）が加盟している。

その後，第35期（1999年4月1日任命）および第36期（2001年4月1日任命）の「滋賀県地方労働委員会委員任命理由」は，以下のように変更されている。

選任要件
①　労働者の立場を代表し，労働者全体の利益を擁護すべき責務を遂行できる者
②　労働者の正当な利益を考慮して活動できる者
③　労働省54号通牒（昭和24年7月29日付け労働省発労第54号，労働次官発，各都道府県知事宛）
　「系統別の組合数及び組合員数に比例させるとともに，産業分野，場合によっては地域別等を考慮すること。」
　任命権者の広範囲な裁量行為に委ねられており，上記の事項等を総合的に勘案して，（氏名略）の5名を任命することとしたい。

1　労働者委員選出制度の意義

　この選任要件に「労働省54号通牒について検討する。」として，第34期のものと同様の資料が作成されている。
　さらに，2002年4月1日に任命された（第36期）「労働者委員（補欠）の任命理由」では，選任要件の四項目に，「男女共同参画推進条例（平成13年12月27日滋賀県条例第62号）の趣旨を考慮すること」が追加された。

(イ)　福岡地労委

　福岡地裁は，2003年7月28日，福岡県地労委労働者委員任命処分取消訴訟に関し，判決を下したが[27]，そこでは，「被告知事は，原告県労連に加盟する労働組合推薦の候補者を労働者委員から排除することを意図して，原告県労連に加盟する労働組合推薦の候補者であるという理由だけで，原告Aを労働者委員に任命しなかったものと認めざるを得ない。」という事実認定を行った上で，「本件任命処分は，労組法上の労働者委員任命についての裁量権を逸脱したものというべきである。」という判断を示した。本判決は，知事の任命行為が自由裁量のものではないことの前提として，労働者委員の任命状況に関する事実認定を行っているが，県の作成した「基本方針」の存在を確認している。それは，以下の内容の「第33期福岡県地方労働委員会委員選任の基本方針について」である。

　第33期福岡県地方労働委員会委員の選任に関して，労働組合法及び関係法規の規定に基づくほか，下記の基本方針により選任を行う。
　(1)　各委員の選任においては，下記を基本とする。
　①　地方労働委員会が労使紛争の斡旋・調停・審査等を行う公・労・使による三者の合議体である性格に鑑み，地方労働委員会制度の趣旨に沿った円滑な運営が確保され，かつその機能が最大限発揮されるよう諸般の事情を総合的に勘案して任命する。
　②　労働委員会委員はすべてこれが運営に理解と実行力を有し，かつ申立人の申立内容をよく聴取し判断して，関係者を説得し得るものであり，自由にして建設的な組合運動の推進に協力し得る適格者であること。
　(2)　公益委員の選任においては，
　　　　（この部分は非公開）
　(3)　労働者・使用者委員の選任においては，労働組合，使用者団体から推

---

[27]　労判第859号7頁。なお，当事者（福岡県労連）によって『福岡地労委第33期労働者委員任命取り消し訴訟　県知事の「裁量権逸脱」認定《記録集》』(2004) が刊行されている。

薦された人物の中から，上記(1)を基本として選任する。
(4) 各委員の選任に当たっては，下記の事項にも留意するものとする。
① 女性の登用　それぞれの委員に女性委員を極力選任すること。
② 就任期間　原則として連続して10年を超えないこと。
③ 年齢制限　原則として委員就任中に満70歳を超えないこと。
④ 重複任用　委員等の重複任用を極力避け，原則として兼ねる場合の附属機関等は4機関までとする。

㈦　大阪地労委

　大阪地労委では，1994年の第32期改選に当たって，大阪府労働部長の招聘により，「第32期大阪府地方労働委員会労働者委員の推薦に伴う主要労働組合代表懇談会」が開催され，「地方労働委員会の労働者委員の推薦に関する今後の取扱い」という文書が作成された事実が確認されている[28]。その内容は，以下のとおりであるが，その基本的見地は，連合，全労連及びその他の組合並びに大阪府当局が，労働者委員を複数の系統で選任させること，1949年通牒の趣旨を尊重しようとすることである。

　大阪府地方労働委員会の労働者委員の任命に際して，大阪府が主要労組代表を招聘して候補者推薦に関する自主調整をうながす歴史的経緯を尊重し，今後も自主調整を通じて，地方労働委員会の活動の有効円滑な達成を図る
　自主調整に際しては，出席組合代表者の意見表明を受けたのち，当分の間，連合系一名，全労連系一名，その他一名の委員をもって構成する調整委員会を発足させ，その協議を通じて合意を形成するものとする
　調整委員会の協議に際しては，当分の間，原則として，委員の定数を，連合系及び全労連系にあっては，それぞれ一括して，その他の組合については各組合ごとに，所属する組合員数に応じて，ドント方式で配分しつつ，組合数などを勘案して調整する。この場合，連合系が全定数を占める傾向にある場合は，一名について非連合系に配分することに留意する

　ここでは，滋賀地労委，福岡地労委および大阪地労委における労働者委員の

[28) 中労委労働者委員任命処分取消請求訴訟（東京地判1997年5月15日労判第717号149頁）の審理過程で，原告側から証拠提出。

選任のために設定され、利用されている選任基準を引用したが、後述の全都道府県を対象とした実態調査でも選任基準の存在が明らかになっている。これらの内容を通じて、最低、以下の事実を確認すべきである。まず、地労委における労働者委員の選任のために、独自の選任基準が存在しているという事実である。知事による任命行為は、客観的な基準に基づいて行われており、その限りで、自由裁量を制約するものである。次に、重要なことは、多様な立場の労働組合による労働者委員の推薦を想定しており、そのような事態を前提として、公平な選考のための基準を設定していることである。その基準内容に関しては、いわゆる54号通牒が実効的な規範性を有していることが確認できるのである。したがって、推薦労働組合は、一定の基準によって、公平な選考が行われるべきことを期待する地位にあると言うべきであろう。その結論とするところは、労働組合による労働者委員の推薦は、行政による労働者代表の任命や指名のための、その手続き上の便宜的な制度ではなく、労働者および労働組合にとっては、推薦行為は、本来的な権利行使の一環として位置づけられるものであるということである。こうした推薦制度が設けられているのは、言うまでもなく、憲法第28条に由来する団結権保障を具体化するものとして、様々な領域で、制度化されているのである。

(5) 推薦行為の法的性格と法的効果

労働者委員の推薦制度は、労組法によって、具体的に実定法化されていることでは、他の制度に抜きんでて、その権利性が承認されるべきであり、労働者委員の推薦制度の法的性格とその権利性が認められるべきである。

知事は、被推薦者の中から、労働者委員を任命しなければならず、また、定数どおりの任命を義務づけられていることから、推薦行為は、知事の任命行為の前提条件であり、必要条件である。さらに、知事の任命行為に当たっては、自由裁量ということはできず、何らかの公平な、客観的な基準が存在することが予定されていることから、推薦者（労働組合）が誰であるか、その労働運動における立場や地位がどのようであるかといった要素が、任命行為を拘束する事実上の要件となっている。

そもそも、労働者委員の任命に関して、知事の自由裁量論が制度発足時から、本来的な原則として存在していた訳ではない。(旧)労働省の関係資料に記載された歴史的沿革においては、第2期委員任命に関して、「労使委員の推薦が委員定数にしぼってなされることが多く、かならずしも適任と思われない者を委嘱

第4章　労働委員会委員の選出制度の実態と課題

せざるをえなかつたことから」，労組法施行令を改正し，「任命権者に選択の余地のあることを明らかにした。」と叙述されている[29]。このことは，複数の立場や潮流の労働組合組織が，定数を上回る労働者委員を推薦している現状においては，適格者を選考する可能性が十分に認められるのであるから，知事は，客観的な選考基準に基づいて，労働者委員の人選をすることができ，また，その必要性があるということである。その客観的な公正な選考基準を与えるものが，推薦行為である。こうして，推薦行為自体が，客観的な公正な選考基準を構成するという法的な効果を生み出すのである。

推薦行為は，任命行為に法的な効果を付与し，有効にする効果を持つものであり，権利性を認められるところから，法的な保護の対象とならなければならない。

また，労働者や労働組合にとって，労働委員会における調査や審理といった手続きに参与委員として加わる労働者委員の人選が，不当労働行為の救済という具体的な権利実現にとって，重要な影響を及ぼすことは周知のとおりである。その労働者委員の人選は，つまるところ，労働組合による労働者委員の推薦行為の結果によるものであるから，つまり，その推薦行為がなければ，労働者委員として労働組合の権利行使に寄与することができないのであるから，推薦行為は，推薦労働組合にとって権利性や法的利益を有するものとなるのである。

推薦行為は，権利性を有し，保護されるべき法的利益を有するが，その法的利益は，「労働者一般の利益」といった公益に還元されるものではなく，「勤労者の団結する権利（団結権）」という私的利益と権利性に基づくものである。労働組合は，任意団体として，その構成員の利益と権利を擁護する地位と権能が認められていることは，労働協約条項の適用範囲と効力に関する最高裁判決[30]が説示しているところである。その意味で，推薦行為は，労働組合が労働者を代表するという私益たる性格のものである。

労働委員会の労働者委員任命に関する従来の訴訟においては，推薦行為を公益と捉え，個別の推薦労働組合が有する法的保護性を否定する見解もあるが，これらの判決類において，この公益と私益の関係は必ずしも明確ではないことはすでに指摘したとおりである。

さらに，推薦行為が，労働者や労働組合による団結権行使の一環として捉えられ，権利性や法的利益を承認されるべきことは，既述のとおりであるが，地

---

29)　前掲労使関係法研究会報告書351頁。
30)　朝日火災海上保険事件・最判1996年3月26日民集第50巻4号1008頁。

労委の労働者委員については，定数が存在するところから，他の労働組合との競合は避けられない。その結果，推薦された労働者委員（候補）の間での選考が実施されることになるが，そこでは，権利行使としての推薦行為が正当に扱われるためには，客観的に公正な基準に基づいて選考がなされる必要があるとともに，知事にとっては，団結権保障の具体化としての労働組合間の平等待遇義務，労働組合間の中立保持義務の遵守といった要請に積極的に応じなければならない[31]。

なお，推薦行為が，労組法第5条に基づく資格審査手続きを履践した労働組合に限定されるという立法上の規定から，加えて実際の労働組合運動における推薦行為の位置づけから，推薦労働組合が労働組合組織のナショナルセンターやローカルセンターの代理機能を果たすことも指摘した。このような事情からすれば，地域の労働者を広く代表する権能を有するローカルセンターの機能と役割は，行政にとっては，個別の労働組合組織以上に重視され，尊重されなければならない。その実情は，厚生労働省の地方労働行政の基本理念と方針や労働審判制度における労働審判員の選考方法にも具現化しているところであり，労働者委員の選考においても，同様の立場から，労働組合ローカルセンターの権利の保障が図られる必要がある。「主要な労働組合」という表現も幾つかの法的規制や行政文書に見られるところであるが，ローカルセンターである労働組合組織は，行政に対して，地域の労働者を代表する権能と地位を認められ，それを尊重されなければならないのである。

2　労働委員会委員の選任制度の実態

情報公開制度によって，厚生労働省および各都道府県における労働委員会委員の選任方法と選任基準の存在とその内容を把握することを目的とした実態調査結果部の内容を分析することによって，労働委員会委員の選任制度が抱える課題を明らかにする。

(A)　**全国調査より**
(1)　**全国調査の基本的性格**
(ア)　**全国調査の概略**

本節の全国調査で対象とする文書は，厚生労働省および17道県が，全都道府

31）複数の労働組合に対する使用者の中立保持義務については，日産自動車事件・最三小判1985年4月23日民集第39巻第3号730頁参照。

第 4 章　労働委員会委員の選出制度の実態と課題

県を対象に実施した，労働委員会委員に関する 29 の調査である[32]。

このような厚生労働省および 17 道県による 29 全国調査の存在自体が明らかにされてこなかったことは問題であり，今回，かかる調査結果を公表できたことは重要な意義を有するが，それ以上に，その結果内容の分析を通じて，選任方法・選任基準の客観性・公平性・公開性の原則という労働委員会委員の選任制度の問題点を析出することができる。

対象とする調査内容や調査結果の一覧は，道県実施調査は表〈4−1〉，厚生労働省実施調査は表〈4−4〉である。これらの資料の個々の内容の検討や分析は，全体的傾向と問題状況の把握という視点から，後に取りあげるが，最初に，全体の調査のあらましについて概略し，全般的特徴を抽出する。その意味で，本節では，個別の都道府県の選任制度自体の個別具体的な内容紹介と検討には立ち入らないこととする。

まず，表〈4−1〉記載の道県実施の全国調査について，調査の全体像，調査項目の特徴と資料全体の性格について述べておく。

（ⅰ）　調査実施部署は，⑪福岡県調査は県議会事務局，⑳北海道調査は労働委員会事務局[33]であること以外は，労働委員会委員の選任事務を担当していると推測される知事部局労政主管・担当部局である。

（ⅱ）　使用する資料は，調査対象機関による回答内容に基づくものであるが，以下のいずれかである。

---

[32]　一部の調査（⑨大分県調査，⑱愛知県調査，⑳北海道調査。なお⑲福岡県調査の対象範囲は不明）は，特定の都道府県を調査対象としている。対象とした文書は，厚生労働省の 2 文書（①・②）に関しては情報公開法により，厚生労働省の他の文書（③・④）および各道県の 25 文書に関しては，各自治体の条例に基づく行政文書・公文書公開手続により入手したものである。各道県が実施した各調査名および各資料名の表示や引用は，表〈4−1〉の「番号・実施者」名で明記する。資料を公開した行政機関は，各調査の調査実施行政機関および／あるいは調査対象行政機関である。回答側の「県」表記は省いた。

[33]　都道府県知事部局の労政主管部門と労働委員会事務局の関係は，行政委員会としての労働委員会の組織的性格に関わる問題で，歴史的沿革もある（伊藤正次『日本型行政委員会制度の形成——組織と制度の行政史』（東京大学出版会，2003）139 頁以下参照）が，以下のような「素朴な疑問」が，複数の知事部局側から厚生労働省に寄せられていることは，現場では明確な整理ができていないことを示唆している（厚生労働省「照会・相談記録」所収）。北海道照会事項（2008・9・30）「労組法 19 条の 12 第 3 項には，「都道府県知事が任命する」とあるが，任命事務を都道府県の知事部局ではなく，労働委員会の事務局で行うことは可能か。大半の行政委員会の職員は，委員会の長が任命することとされているが，労働委員会の事務局の職員の任命を会長ではなく，都道府県知事が行うとされているのはなぜか。」島根県照会事項（2008・6・6）「任命事務を，都道府県でなく，労働委員会の事務局で行うことは可能か。」

152

2 労働委員会委員の選任制度の実態

表〈4-1〉道県による全国調査

	実施者	年　月　日	調　査　名
①	岩手県	1992年7月31日*	地方労働委員会委員の任命等に係る調査について
②	富山県	1992年11月24日	地方労働委員会委員の構成等について
③	山口県	1994年9月8日	地方労働委員会委員の構成等について
④	富山県	1995年1月9日	地方労働委員会委員の構成等について
⑤	高知県	2000年1月25日	地方労働委員会委員の構成等についての調査結果について
⑥	富山県	2001年3月12日	地方労働委員会委員の選任等の調査結果について
⑦	長野県	2001年11月14日	地方労働委員会の委員選任等に関する調査結果について
⑧	石川県	2002年12月9日	地方労働委員会の委員の構成状況について
⑨	大分県	2003年1月15日*	地方労働委員会労働者委員の任命状況及び労働組合の状況について
⑩	富山県	2003年1月29日*	地方労働委員会委員の推薦について
⑪	福岡県	2003年9月1日*	地方労働委員会委員の任命について
⑫	鹿児島県	2004年2月13日	地方労働委員会公益委員の選任状況等について
⑬	岡山県	2004年6月29日	地方労働委員会の構成等について
⑭	佐賀県	2004年7月14日	地方労働委員会委員の任命に関する調査について
⑮	熊本県	2004年9月21日*	地方労働委員会委員の選任基準等について
⑯	岩手県	2006年5月1日*	労働委員会委員の構成等調査票
⑰	広島県	2006年10月17日	労働委員会委員の在任期間等について
⑱	愛知県	2007年5月22日	労働委員会委員の選任事務について
⑲	福岡県	2007年6月4日	労働委員会委員選任の際に労働者委員・使用者委員被推薦者が定補枠を超えた場合の候補者選任基準について
⑳	北海道	2007年8月7日	都道府県労働委員会における労働者委員任命に係る裁判事例について
㉑	三重県	2008年2月6日	労働委員会の公益委員の任命に関する調査について
㉒	長野県	2008年2月15日	都道府県労働委員会委員任命に関する調査について
㉓	熊本県	2008年3月31日	労働委員会委員の選任状況、選任基準等について
㉔	新潟県	2008年5月26日*	労働委員会の構成等に関する調査について
㉕	三重県	2008年10月14日	労働委員会の公益委員の任命に関する調査について

(a) 調査対象機関内部で作成した回答のための稟議文書
(b) 調査対象機関が調査実施機関に返送した回答文書
(c) 調査実施機関が受理した回答文書
(d) 調査実施機関が回答文書全体の内容を結果集約したもの
(e) 調査実施機関が調査対象機関に結果集約したものを送付したもの

(a)と(b)と(c)は回答個票であり、調査実施機関が(c)を集約し、結果集計のうえ文書化あるいは一覧表形式にしたものが(d)および(e)であるが、当然、内容的にはそれぞれ同一である。

153

第4章　労働委員会委員の選出制度の実態と課題

(iii)　調査日は，前掲(ii)の各文書・資料において，その作成日は調査依頼日，回答日，調査結果作成・送付日の違いがあり，典拠した資料ごとに異なる位置づけの日付けを明示することは避け，基本的に調査結果発出日としている[34]。

(iv)　調査名は，調査実施機関による調査依頼文書名である。各道県による調査について，調査項目を整理し，分類したものを一覧表形式にしているのが，表〈4-2〉である。この表〈4-2〉においては，調査項目分類の細分化を避けたために，各調査における個別的な設問内容の特徴や独自性が埋没しているおそれもあるが，各項目の設問内容の傾向について整理しておくこととする。

(イ)　設問内容の特徴[35]

設問項目の設定方法自体に，調査実施主体である道県の問題意識が現れている。選任基準や選任方法に係わる問題は，(2)で改めて扱い，ここでは，それ以外の調査項目について，調査結果の引用は最小限にとどめつつ，調査項目自体の整理を行う。まず，労働者委員・使用者委員・公益委員の「選任状況」(2008年4月1日現在)の各都道府県ごとの最新の集約は，㉔新潟県調査によるもので，表〈4-3〉である[36]。

(i)　「労働者委員の系統別推薦・任命人数」は，「連合系・全労連系・その他」の分類であるが，①岩手県調査は，「連合系・全労連系・全労協系」とする。⑮熊本県調査は，労働者委員定数の内数として「労連系委員の人数」を対象とし，「労連系委員を初めて任命した年月」を質問している。

(ii)　「労働者委員の系統別組合員数・比率，系統別組合数・比率」のうち，⑮熊本県調査は，「労働者委員定数を組合数および組合員数割合で算出したときの労働者委員数」として系統別（連合系・全労連系・その他）の委員数を調査している。

(iii)　使用者委員について，団体の分類は「経協，商工団体，企業，その他」であるが，⑭佐賀県調査は「経協，その他」，⑦長野県調査は「経協，中央会，商工会議所，上記以外」とし，㉒長野県調査は「経協，中央会，商工会議所連合会，商工会連合会，その他」と分類し，連名推薦の集計もしている。なお，⑧

---

34)　(※)を附したもののうち，①岩手県調査および⑯岩手県調査は結果集約日，⑨大分県調査，⑩富山県調査，⑪福岡県調査，⑮熊本県調査，㉔新潟県調査は調査依頼日である。④富山県調査については，2005年1月23日付けの文書（「地方労働委員会委員の構成等にかかる集計結果の訂正について」）で一部結果の訂正がなされている。⑬岡山県調査については，2004年7月16日付けの文書で一部結果の訂正がなされている。

35)　団体名については，各個別調査で用いられている表記法を引用する場合以外の包括的な記述では，労働団体名については「連合・全労連・全労協」，使用者団体名については「経協」とした。

36)　新潟県は，岩手県の使用者委員のデータを不開示としたが，他県が開示した。

2 労働委員会委員の選任制度の実態

表〈4-2〉都道府県全国調査項目

調査項目		① 岩手県 (1992)	② 富山県 (1992)	③ 山口県 (1994)	④ 富山県 (1995)	⑤ 高知県 (2000)	⑥ 富山県 (2001)	⑦ 長野県 (2001)	⑧ 石川県 (2002)	⑨ 大分県 (2003)	⑩ 富山県 (2003)	⑪ 福岡県 (2003)	⑫ 鹿児島県 (2004)	⑬ 岡山県 (2004)	⑭ 佐賀県 (2004)	⑮ 熊本県 (2006)	⑯ 岩手県 (2006)	⑰ 広島県 (2007)	⑱ 愛知県 (2007)	⑲ 福岡県 (2007)	⑳ 北海道 (2008)	㉑ 三重県 (2008)	㉒ 長野県 (2008)	㉓ 熊本県 (2008)	㉔ 新潟県 (2008)	㉕ 三重県 (2008)
労働者委員	系統別推薦人数	○			○							○														
	系統別任命人数	○	○	○	○		○			○		○	○									○	○	○		
	系統別組合員数・比率	○		○	○								○*	○												
	系統別組合数・比率			○									○*													
	推薦組合・所属組合名			○			○																			
使用者委員	団体種別推薦人数				△	○					○															
	団体種別任命人数	○	○	○	○			○			○		○	○								○	○	○		
労使委員 (推薦人数)						○	○																			
公益委員	職種別人数	○	○		○					○	○											○	○	○		
	推薦団体																				○					
	同意制																	○								
	年齢						○				○													○↑		
女性委員 (人数・比率)		○	○	○	△	△	○				△	○			○							○	○	○		
任期期間	通算任期数					○							○													
	通算年数					○							○			○			○							
選任基準	一般基準・制約事由											○							○					○		
	選任基準					○				○					○			○				○				
	欠格事由																									
	書類・書式					○							○													
	基準の公開																									
選任方法	調査・面接・公募					○				○			○			○			○							
	推薦依頼・周知方法					○	○																			
労働組合との関係	要請・抗議・異議申立	○			○	○						○												○		
	訴訟		○		○	○				○	○															
議会質問		○																								
名簿・その他		○		○	○					○																

* 委員配分定数 △定員を超える推薦 ↑労使も

155

第4章 労働委員会委員の選出制度の実態と課題

表〈4-3〉労働委員会委員の選任状況
労働者委員

労働者委員	委員数	合計 連合系	全労連系	その他	うち女性 連合系	全労連系	その他	うち70歳以上 連合系	全労連系	その他
01 北海道	9	9		1				0		
最長在任		10.4								
02 青森	5	5			1			0		
最長在任		1.7								
03 岩手	5	5			0			0		
最長在任		7.5								
04 宮城	5	4	1		0	1		0	0	
最長在任		6.0	5.3							
05 秋田	5	5			1			0		
最長在任		9.3								
06 山形	5	5			1			0		
最長在任		7.7								
07 福島	5	5			1			0		
最長在任		7.8								
08 茨城	5	5			1			0		
最長在任		3.3								
09 栃木	5	5			1			0		
最長在任		11.0								
10 群馬	5	5			0			0		
最長在任		9.5								
11 埼玉	5	4	1		0	0		0	0	
最長在任		3.0	5.0							
12 千葉	5	4	1		0	1		0	0	
最長在任		7.9	5.9							
13 東京	13	11	2		1	0		0	0	0
最長在任		13.0	東京地評 5.0							
14 神奈川	7	7			1			0		
最長在任		5.9								
15 新潟	5	5			0			0		
最長在任		5.8								
16 富山	5	5			0			0		
最長在任		6.4								
17 石川	5	5			0			0		
最長在任		7.8								
18 福井	5	5			0			0		
最長在任		8.0								
19 山梨	5	5			0			0		
最長在任		14.0								
20 長野	5	4	1		0	1		0	0	
最長在任		0.9	0.2							
21 岐阜	5	5			1			0		
最長在任		12.7								
22 静岡	5	5			2			0		
最長在任		9.8								
23 愛知	7	7			1			0		
最長在任		4.3								
24 三重	5	5			0			0		
最長在任		5.9								
25 滋賀	5	5			1			0		
最長在任		8.3								
26 京都	5	5			0			0		
最長在任		6.9								
27 大阪	11	10	1		1	0		0	0	
最長在任		10.3	4.3							
28 兵庫	7	7			0			0		
最長在任		6.8								
29 奈良	5	5			0			0		
最長在任		6.3								
30 和歌山	5	4	1		0	0		0	0	
最長在任		8.2	0.0							
31 鳥取	5	5			2			0		
最長在任		7.8								
32 島根	5	5			0			0		
最長在任		5.0								
33 岡山	5	5			1			0		
最長在任		11.3								
34 広島	5	5			1			0		
最長在任		9.3								
35 山口	5	5			0			0		
最長在任		5.3								
36 徳島	5	5			2			0		
最長在任		6.5								
37 香川	5	5			1			0		
最長在任		10.5								
38 愛媛	5	5			2			0		
最長在任		16.9								
39 高知	5	4	1		0	0		0	0	
最長在任		6.0	0.0							
40 福岡	7	7			1			0		
最長在任		4.3								
41 佐賀	5	5			0			0		
最長在任		2.7								
42 長崎	5	5			0			0		
最長在任		8.4								
43 熊本	5	5			1			0		
最長在任		5.8								
44 大分	5	5			0			0		
最長在任		5.2								
45 宮崎	5	5			0			0		
最長在任		10.8								
46 鹿児島	5	5			1			0		
最長在任		3.8								
47 沖縄	5	5			0			0		
最長在任		2.4								

2 労働委員会委員の選任制度の実態

使用者委員

第4章　労働委員会委員の選出制度の実態と課題

公益委員

	委員数	合計						うち女性						うち70歳以上					
	公益委員	大学教員	弁護士	会計士	社労士	行政OB	その他	大学教員	弁護士	会計士	社労士	行政OB	その他	大学教員	弁護士	会計士	社労士	行政OB	その他
01 北海道	9	4	5					0	1					0	0				
最長在任		25.4	17.4																
02 青森	5	2	2			1		0	0			1		0	0			0	
最長在任		5.7	9.7			1.7													
03 岩手	5	2	2		1			1	0		1			1	0		0		
最長在任		11.5	9.5		3.5														
04 宮城	5	2	2			1		1	1			0		0	0			0	
最長在任		3.5	16.0			0.0													
05 秋田	5	2	3					0	1					1	0				
最長在任		23.3	20.3																
06 山形	5	2	2			1		0	0			0		0	0			0	
最長在任		13.0	29.9			1.0													
07 福島	5	2	2	1				1	0	1				1	0	0			
最長在任		11.8	4.3	5.8															
08 茨城	5	2	2			1		0	0			0		1	1			0	
最長在任		27.2	27.5			3.3													
09 栃木	5	1	3			1		0	1			0		0	0			0	
最長在任		23.0	21.8			1.0													
10 群馬	5		2		報道機関 コンサルタント		2		1		0		1		0		0		2
最長在任			15.5		4.6	11.5													
11 埼玉	5	1	3			1		0	1			0		0	0			0	
最長在任		3.0	3.0			3.0													
12 千葉	5	2	2		マスコミ		1	1	1		0			0	1		0		
最長在任		5.9	5.9																
13 東京	13	6	5				2	2	0				0	0	0				0
最長在任		6.5	7.0																
14 神奈川	7	3	3		旅館社		1	1	1		0		0	0	0		0		0
最長在任		11.9	9.9				1.9												
15 新潟	5	2	2			1		1	0			1		0	0			1	
最長在任		14.0	13.2			2.2													
16 富山	5	1	2			1		0	0			1		0	1			1	
最長在任		1.0	17.0			7.0													
17 石川	5	1	2		県国保連常務理事		2	0	1		0		0	0	0		0		0
最長在任		7.1	23.1		シンクタンク研究員		1.1												
18 福井	5	2	2			1		0	0			1		0	0			0	
最長在任			8.0																
19 山梨	5	1	1	1		1		0	0	0		1		0	0	0		0	
最長在任		6.0	10.0	6.0		4.0													
20 長野	5	2	3					1	1					0	0				
最長在任		20.0	12.0																
21 岐阜	5	2	3					1	0					0	0				
最長在任		14.4	4.3																
22 静岡	5	2	3		新聞社客員			1	1					0	1				
最長在任		5.8	9.8																
23 愛知	7	2	2		1	1	1	1	1		0	0	0	0	0		0	0	0
最長在任		8.3	4.3		2.2	2.3													
24 三重	5	1	3			1		0	1			0		0	0			0	
最長在任		3.0	3.9			1.9													
25 滋賀	5	1	2			1	1	0	1			1	0	1	0			0	1
最長在任		15.0	19.0			9.0													
26 京都	5	3	2					0	0					1	0				
最長在任		8.0	10.1																
27 大阪	11	4	5	1		1		2	3	1		1		0	0	0		0	
最長在任		4.3	4.3	2.3		2.3													
28 兵庫	5	2	2			1		0	0			0		0	0			0	
最長在任		2.7	10.8			4.8													
29 奈良	5	2	2			1		0	0			0		0	0			0	
最長在任		10.3	20.3			4.8													
30 和歌山	5	1	2		1	1		0	1		0	1		0	0		0	0	
最長在任		2.1	23.0		0.0	0.0													
31 鳥取	5		1		元県議		1		0				1		0				0
最長在任		9.2			5.4		10.3												
32 島根	5	1	2	新聞社論説委員		1	1	0	0			0	1	1	0			1	0
最長在任		45.0	7.0		3.0	3.0													
33 岡山	5	3	1	新聞社論説委員				1	1					0	1				
最長在任		40.3																	
34 広島	5	1	3	―	税理士			0	1		0			0	1		0		
最長在任		13.1	―																
35 山口	5	1	2			1	1	0	0			0	1	0	0			0	0
最長在任		9.3	7.3			0.1	3.3												
36 徳島	5	1	3	1				1	0	1				0	0	0			
最長在任		1.0	11.0	3.0															
37 香川	5	2	2			1													
最長在任		0.5	2.5			4.5													
38 愛媛	5	2	2		1			1	0		0			0	0		0		
最長在任		6.7	25.3		4.6		元21世紀政策研究所長												
39 高知	5	1	2			1	1	0	0			1	1	0	0			0	0
最長在任		14.0	27.2			6.0	5.0												
40 福岡	5	2	3					1	1					0	0				
最長在任		6.7	6.7																
41 佐賀	5	2	2	新聞社 論説委員長				0	0					0	0				
最長在任		25.5	9.5			3.5													
42 長崎	5	1	2		高校校長	1	1	0	0		0	0	0	0	0		0	0	0
最長在任		8.4	12.9		0.4	2.4													
43 熊本	5	1	2		1	地元紙編集	1	0	0		0		1	0	0		0		0
最長在任		3.8	5.8		1.8		3.8												
44 大分	5	1	2	元県立学校長				1	0	1				0	1	0			
最長在任		2.2	14.7		2.2	2.2													
45 宮崎	5				1			1			0			0					
最長在任		6.6			4.6	6.8													
46 鹿児島	5	2	2			1		0	0			0		0	0			0	
最長在任		7.8	3.8			0.5													
47 沖縄	5	2	3					1	1					0	2				
最長在任		2.4	7.2																

158

石川県調査では,「使用者委員で商工団体・その他の委員がいる場合,経協推薦との関連はどのようにしているのか」という設問がある。

(iv) ⑩富山県調査は,労働者委員および使用者委員について,「定数を超える候補者の推薦依頼」と「定数を超える候補者の推薦」の有無を調査し,⑪福岡県調査は,使用者委員および労働者委員の「推薦のあった者の人数と（そのうち）任命された人数」を調査する。

(v) 公益委員については,「大学教授,弁護士,行政OB,その他」の分類を問うが,⑯岩手県調査,㉓熊本県調査および㉔新潟県調査は「大学教授,弁護士,公認会計士,社会保険労務士,行政OB,その他」,㉒長野県調査は「大学教授,弁護士,その他」の分類を設ける。また,㉕三重県調査は,職種の記入を求めているので,詳しい職業別集計を行っている。⑦長野県調査の結果集約は以下のとおりである。

・弁護士,大学等教授及び公務員OBを任命	22県
・弁護士,大学等教授,公務員OB及びその他を任命	11府県
・弁護士,大学等教授及びその他を任命	6都県
・弁護士及び大学等教授を任命	6道府県
・上記以外	2県

推薦団体や推薦の意義については,㉑三重県調査・㉕三重県調査が対象とし,同意制度については,㉑三重県調査が扱うが,後に改めて取り上げる。公益委員については,当該の都道府県外の住所の者の「人数,職種,理由」を問うのもある（㉕三重県調査）。

(vi) 委員の年齢に関する調査については,公益委員についての年齢別構成（④富山県調査）,会長の年齢（⑬岡山県調査）[37],労働者委員・使用者委員・公益委員の「70歳以上の人数」（㉔新潟県調査）を対象とする。

(vii) 「女性委員数（比率）」については,○は労働者委員・使用者委員・公益委員を対象とし,△は公益委員を対象としている。女性委員の選任についての考え方や基準を調査するのもある。

(viii) 「在任年数・任期数」については,⑦長野県調査は公益委員の職種別に

---

37)「会長の年齢」は,調査票によるものではなく,岡山県が「既存資料」で調べたものを調査結果に記載したものである。

(弁護士・大学教授等・公務員OB・その他），在任期間数を調査している。④富山県調査は公益委員の「就任年数」を対象としている。それによると（調査時点），最長在任期数は，職種別に「その他」で24期（島根），弁護士で19期（茨城），大学教授等で18期（岡山）となる。⑰広島県調査は労働者委員・使用者委員・公益委員を対象として「最長在任者の在任期間」を調査し，30年以上を挙げると，42年6月（島根），38年6月（岡山），37年9月（茨城），33年4月（富山），32年1月（宮崎），31年7月（秋田），30年11月（高知）が目立つ。

㉔新潟県調査も，労働者委員・使用者委員・公益委員を対象として，「最長在任者の在任期間」と「長期在任禁止規定（の有無）」を調査するが，「長期在任規定」について，「有：8道府県，無：39都府県」であり，その期間は，10年（北海道，千葉，岐阜，静岡，大分（公益委員），沖縄），6年（大阪（公益委員），熊本）である。⑰広島県調査では，長崎の長期在任禁止期間は，20年とされ，大阪は，「慣例」としている。北海道，福島，岐阜，静岡，大分，沖縄では，在任禁止期間を超えた委員の存在が記録されている。

(ix)「労働組合との関係」での「推薦依頼・周知方法」については，⑦長野県調査は，使用者団体または労働組合への「推薦」依頼の方法であるが，⑥富山県調査は，「使用者団体への周知」と「ローカルセンターへの周知」の具体的方法を記入調査し，労働組合については「地方連合，県労連，その他」ごとに対応の有無を調査する。行政組織の「中立義務」の観点から後にもふれることになるが，ここで，個別的な事例を明記しておく。調査結果によれば，「地方連合」（連合）だけに対応している事例は，山形（事務局を訪問し連絡），富山，岐阜，三重，和歌山，鳥取，長崎および熊本（公示があった旨等を連絡），島根（県報を添え口頭で推薦を依頼），福岡（推薦依頼及び選任に対する考え方の説明を直接行う）である。また，⑨大分県調査では，「全労連系及びその他の委員任命に当たって，配慮された点ならびに特徴的な事項」といった直截な設問に対して，「委員構成の多様性に配慮した」（宮城），「組合員数の構成割合を考慮した」（高知）との回答が見られる。

労働組合からの反応（要請・抗議・異議申立）は，一般的にその有無を問うものであるが，①岩手県調査は，「全労連等からの要請」として，「地方労連等から公開質問状等がありましたか。」と公開質問状や要請の有無と対応の仕方を問う。その＜まとめ＞は，以下のとおりである。こうした労働組合との関係が，具体的な選任過程にどのように反映しているのかが問題であるが，別に報告予定の全国個別調査では，各都道府県における選任過程の文書の中に反映している

2　労働委員会委員の選任制度の実態

ことは確認できなかった。

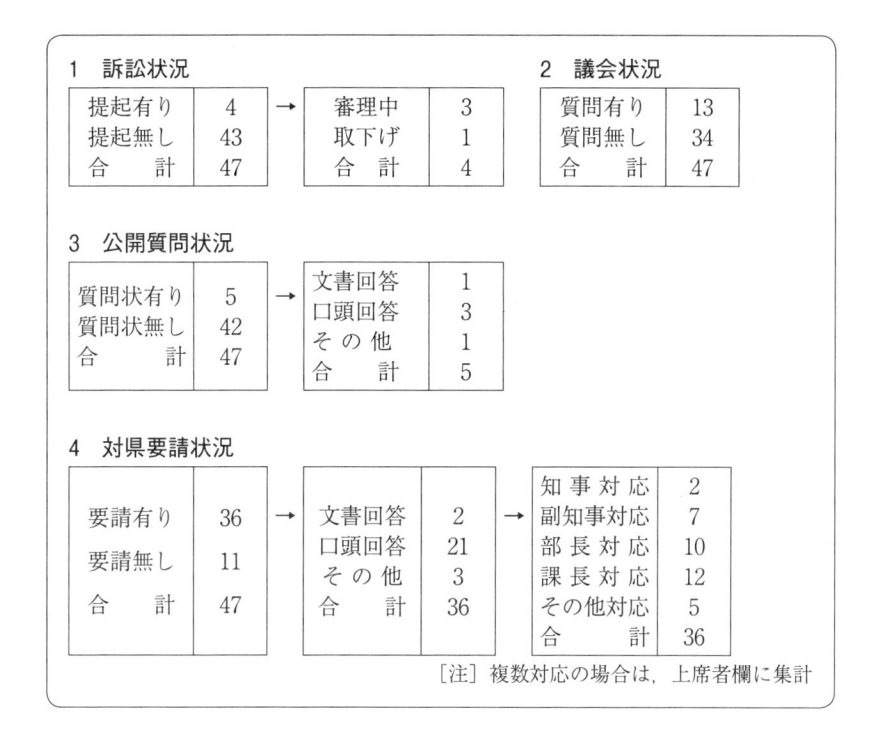

```
1  訴訟状況
  提起有り   4   →   審理中    3
  提起無し  43       取下げ    1
  合　　計 47       合　　計  4

2  議会状況
  質問有り  13
  質問無し  34
  合　　計  47

3  公開質問状況
  質問状有り  5   →  文書回答  1
  質問状無し 42      口頭回答  3
  合　　計   47      その他   1
                    合　　計  5

4  対県要請状況
  要請有り  36  →  文書回答  2  →  知事対応     2
  要請無し  11     口頭回答 21     副知事対応    7
  合　　計  47     その他    3     部長対応    10
                  合　　計  36     課長対応    12
                                  その他対応    5
                                  合　　計    36
```
［注］複数対応の場合は，上席者欄に集計

　(x)「その他」で対象としている事項については，委員名簿（②富山県調査），特別調整員（⑤高知県調査），公益委員の公募（⑦長野県調査），欠員事例（⑱愛知県調査）[38]，船員労働委員会の事務移管に伴う対応（㉔新潟県調査）である。

　次に，厚生労働省による全国調査として対象にするのは表〈4-4〉のとおりである。「平成17年度地区別労政・雇用対策主管課長会議において配布した各都道府県の労働情勢の特徴」および「平成18年度地区別労政・雇用対策主管課長会議において配布した各都道府県の労働情勢の特徴」の資料に記載された事項の各都道府県の回答であり，その内容は表〈4-5〉に原文どおり引用した[39]。

---

38) 調査項目は，「1 連合結成時（平成元年）以降，補欠委員を任命せず，次期全員改選期まで欠員として処理した事例の有無等（① 有の内容　② 事実の公表の有無　公表した場合の根拠），2 連合結成時（平成元年）以降，労働者委員が人事異動により所属組合の地位を失い，企業側に戻った場合においても，引き続き労働者委員として任期満了まで継続した事例の有無」であり，10都府県を対象としている。

39) 平成17年度（10月27日〜11月25日）および18年度（10月26日〜11月22日）の「地区

第4章 労働委員会委員の選出制度の実態と課題

表〈4-4〉厚生労働省による全国調査

	年　月　日	文　書　名
①	2005年10-11月	平成17年度地区別労政・雇用対策主管課長会議において配布した各都道府県の労働情勢の特徴
②	2006年10-11月	平成18年度地区別労政・雇用対策主管課長会議において配布した各都道府県の労働情勢の特徴
③	2006年11月24日	都道府県労働委員会　労働者委員に関する依頼
④	2008年12月26日	都道府県労働委員会　労働者委員に関する依頼

表〈4-5〉都道府県による回答（「特になし」や改選予定の記述は省略）

回答側	年	回答内容　(1) 年内に問題となるもの　(2) 来年1月以降問題となることが予想されるもの
北海道	17	(2) 平成18年11月1日改選期となっている道労委の委員定数について，本年1月の労働組合法の改正により，公労使の委員定数が現行の各9名から各7名に減ったことから，連合北海道から委員定数の増員（各9名）に向けた要請行動と，現在の労働者委員が連合系で占められていることから，道労連の委員任命への取組が活発化することが予想される。
	18	道は，昨年1月の労働組合法の改正により公労使の委員定数が現行の各9名から各7名に減員になったことから，現下の雇用労働情勢を考慮し，9月に開催した3定議会において，各委員2名を増員する条例を提案し，10月6日に原案どおり可決された。12月1日の改選時期に向け，現在選任作業を進めている。
青　森	18	(1) 青森県労連から青森県労働委員会の労働者側委員5人について，全て連合青森の傘下組合から選出されているのは問題で，組織労働者の割合からみても，青森県労連傘下組合からも選出されるべきであるとして，10月16日要請があった。
岩　手	18	(1) 平成18年10月1日，第41期岩手県労働委員会委員の改選を行った。いわて労連（地方全労連）から，推薦した委員が任命されないのは，公平・平等な任命になっていないとして，抗議行動があった。
宮　城	17	(2) 第34期労働者委員の欠員補充において，平成14年12月1日付けで初めて労連系の女性委員が選任された。第35期労働者委員の改選にあたっては，連合系，労連系共に定数通りの推薦となったため労連系の女性委員はそのまま選任された。今後は次の改選時期である平成18年4月に向けて，連合宮城と県労連双方が議席の確保を巡って活動を活発化させることが予想させる。
秋　田	17	(2) 平成16年12月1日改選後に県労連から選任過程等についての質問を含む要望書が提出された。
茨　城	17	(2) 第40期労働委員会委員の改選にあたり，労働者委員の選定について，全労連系労働組合から申し入れがあることが予想される。
	18	(1) 第40期労働委員会委員の改選にあたり，労働者委員の任命について，茨城労連（全労連系）労働組合から委員任命の申し入れがあった。（平成18年11月15日）
栃　木	18	(2) 労働者委員として県労連から推薦が予想される。

別労政・雇用対策主管課長会議」（北海道東北，関東甲信越，中部，近畿，中国四国，九州沖縄ブロック別開催）における配付資料として，厚生労働省が各都道府県に回答を求めていた「都道府県内における労働情勢の特徴について」のうちの「5　労委委員・各種審議会委員（国の出先機関を除く）等改選問題(1)　年内に問題となるもの　(2)　来年1月以降問題となることが予想されるもの」という項目の回答である（「特になし」や改選予定の記述は省略）。なお，地方（都道府県）労働委員会委員の選任問題を議題として取り扱った会議で，文書が保管されているのは，他には「平成14年度地区別労政・労働福祉主管課長会議厚生労働省提出資料」および「平成14年度地区別労政・労働福祉主管課長会議説明メモ（労働委員会労働者委員任命処分取消請求等訴訟について）」だけであるとの教示を担当部署から得ている（2009年3月）。平成14年度資料は，いずれも訴訟関係である。

2　労働委員会委員の選任制度の実態

回答側	年	回答内容　(1)年内に問題となるもの　(2)来年1月以降問題となることが予想されるもの
群　馬	17	(1)第36期群馬県労働委員会労働者委員の補欠委員選任にあたり、全労連系労働組合から申し入れがあった。
	18	(1)第37期群馬県労働委員会労働者委員の委員選任にあたり、全労連系労働組合から申し入れがあった。
神奈川	17	(1)平成16年4月15日任命の、神奈川県地方労働委員会委員の任命に関して、平成16年7月15日、「神奈川労連」「推薦組合」「被推薦者」から、横浜地方裁判所に、労働者委員任命取消請求及び損害賠償請求に係る訴訟が提起された。平成17年10月末日段階で、8回の口頭弁論が実施されたが、今後も継続して対応する必要がある。
	18	第36期神奈川県労働委員会委員の任命（平成18年4月17日）に関して、平成18年10月17日、「神奈川労連」「推薦組合」「被推薦者」から、横浜地方裁判所に、労働者委員任命取消及び損害賠償を求める訴訟が提起された。第1回口頭弁論は、平成18年12月14日に予定されている。なお、前記の任命（平成16年4月15日）に関しても、同様の訴訟が提起されているが、平成18年8月31日いに結審し、平成18年11月28日に判決が言い渡される予定である。
新　潟	17	(2)次期（第40期：H19.2.1～H21.1.31）選任時に県労連が推薦をあげてくる場合は、委員の任命について強い申し入れがあるものと考えられる。（過去4期推薦なし）
	18	(1)次期（第40期：H19.2.1～H21.1.31）委員の推薦告示を10月3日に行ったところ。県労連から推薦があるか注視している。（過去4期については推薦なし）
長　野	17	(2)任命権者は、公益委員、労働者委員、使用者委員の任命にあたり、新たな公益委員の選出や新たな使用者団体、労働組合からの推薦を期待している。
静　岡	17	(1)労組法の改正に伴う委員定数の増員及び公益委員の常動化については、県として改正等条例制定が必要な状況にはないと認識している。
	18	(2)次期県労委員の改選にあたり、公益委員の大幅な見直しが予定されており、人選が問題となることが予想される。
滋　賀	17	(2)第39期労働委員会委員の任命について、平成19年4月が改選時期となる。前過去2回の改選には滋賀県労連から任命処分の取消を求める異議申立が出されているが、申立資格がないとして却下している。第38期任命時においては抗議声明が出されたところである。次期労働者委員任命に向け、各種の要請行動等が予想される。
	18	(2)第39期労働委員会委員の任命について、平成19年4月が改選時期となる。前過去2回の改選には滋賀県労連から任命処分の取消を求める異議申立が出されているが、申立資格がないとして却下している。第38期任命時においては抗議声明が出されたところである。第39期についても、10月に労委委員の公正任命を求める要請があり、また、数度街頭宣伝が行われた。今後も各種の要請行動等が予想される。
京　都	17	(1)平成16年9月21日に京都総評などから任命取消・損害賠償を求める提訴がなされ現在係争中。 (2)現在係争中の訴訟（地裁レベル）の判決が、4月～5月頃に想定される。
	18	(1)平成16年9月21日に京都総評などから39期地労委員任命取消・損害賠償を求める提訴がなされ係争中であったが、平成18年6月20日に京都地裁で判決が出された。（任命処分取消の却下及び損害賠償請求の棄却）なお、原告側はこれを不服として、平成18年7月4日付けで大阪高裁に控訴していたが、平成18年10月5日付けで大阪高裁に「訴えの取下書」を提出したため、本府の同意書提出（平成18年10月13日付け）により訴訟は終結した。
大　阪	17	(1)公益委員任命に係る調整、労働者委員任命に係る調整 (2)公益委員任命に係る労使委員の同意
	18	(2)全労協系の労組等から、労働者委員の選任に当たって、連合、全労連、全労協及び中立労組の4単位からそれぞれ選出するよう求められる可能性がある。（現状：労働者委員11名中、連合系10名、全労協系1名） (3)各種審議会委員：各種審議会委員のうち、労働関係団体からの推薦を受ける委員については、連合大阪から推薦を受けているが、各審議会とも、その委員数が1～2名であり、連合大阪が組織組合員の8割を超える規模であることから、特に問題は生じていない。

第4章　労働委員会委員の選出制度の実態と課題

回答側	年	回答内容　(1)年内に問題となるもの　(2)来年1月以降問題となることが予想されるもの
兵　庫	17	(2)民主法律協会や兵庫労連構成組織等でつくる「労働者委員の公正な選任を実現する兵庫県連絡会議」は、第39期労働委員の公平・公正な任命を求め、17年6月6日、①第39期労働委員会労働者委員の選任に当たっては、連合兵庫加盟労組出身者が独占することがないこと、②非連合推薦候補者を労働者委員に選任すること、などを県に要望した。・県は、第38期委員の任期満了に伴い、第39期委員を17年7月28日に任命した。・この第39期労働者委員の任命について、兵庫労連は、「連合独占」について、これまで同様、神戸地裁へ提訴するとしている。
	18	(1)民主法律協会や兵庫労連構成組織等でつくる「労働者委員の公正な選任を実現する兵庫県連絡会議」中の労働組合等は、第39期労働者委員の任命について、神戸地裁へ提訴し、現在、第39期労働委員会労働者委員の取消等訴訟および第39期補欠委員取消等訴訟が、神戸地裁第6民事部で併合審理されている。 (2)第39期労働委員会労働者委員の取消等訴訟および第39期補欠委員取消等訴訟が、平成19年1月頃結審、平成19年3月頃判決と予想される。
奈　良	17	(2)第37期委員が本年末をもって任期満了となるため、労働団体・使用者団体に労使委員候補者の推薦を求め、現在、各定数5名に対し労働者委員候補者7名、使用者委員候補者5名の推薦が出ている。・労働者委員候補者は、連合系から6名、労連系から1名となっている。・第38期労働者委員の任命において、11月8日付けで奈労連から公正・公平な任命を求める申入があって、労連系候補者が委員から漏れたときに、奈労連から何らかのアクションが予想される。
	18	(2)第38期委員が平成19年末をもって任期満了となるため、労働団体・使用者団体に労使委員候補者の推薦を求めることになるが、奈労連からも労働者委員候補者の推薦が予想される。
和歌山	18	(1)労働者委員の4名が連合系、1名が全労連系。特に問題なし
鳥　取	17	(2)労働審判制度における審判員は県労委員との兼任が不可であること。
	18	(1)県労委改選に伴う人選、女性委員の登用
岡　山	17	(1)県労会議が「労働者委員の選任基準」について公文書の開示請求を行った。その後、平成17年5月に情報公開に係る異議申立がされたので、6月に岡山県行政情報公開審査会に諮問した。 (2)異議申立について答申を受けた後の決定を受けての県労会議の対応。平成18年11月の労働委員会委員の改選時
	18	(1)県労会議から、県及び複数市の議会へ労働委員会労働者委員の選任に関して、陳情書が提出された。
広　島	17	(2)現在、労働委員会委員が全員連合系であるので、県労連から加盟組合数の比率に応じて県労連系の委員を1人は入れるよう要請がある。
山　口	18	(2)山口県労連は、県労委の委員改選での非連合系労働者代表任命に向け、中立労組との協議をすすめ、「宣伝行動」、「県への要請」、「500団体署名」などに幅広く取り組む、としている。
福　岡	17	(1)第35期改選に伴う県労連の抗議活動への対応
佐　賀	17	(2)現在、労使委員に女性がいないことから、次期改選にあたっては、労使双方の団体へ女性委員候補者の推薦を強く働きかける必要がある。
熊　本	17	(2)県労連から次期労委委員(H18.7～)の任命に向けての要請活動が強くなってくるものと思われ、各都道府県の改選状況等を参考にしながら、改選の方針等を決定する必要がある。
大　分	17	(2)次期県労委員の任命にあたり、連合大分推薦以外に県労連からの推薦が予想される。
	18	(2)次期県労委員の任命にあたり、労使側女性委員の選任、在任10年超委員(公益1、使側2)の取り扱い。
宮　崎	17	(1)今年、労働者委員の一斉改選を行ったが、労働者委員については連合系からのみの推薦であり、特に問題なかった。 (2)使用者・労働者委員の人事異動等によっては補選を行う場合はあるが、今のところ動き等はない。
沖　縄	17	(1)現在、次期労働委員会委員の改選にむけた調整が大詰めを迎えているが、今月25日、県労連から県労連推薦の労働者委員候補者を委員に任命することを求める要請が行われたところである。今後どのように展開していくか留意する必要がある。
	18	(1)現在、労働委員会労働者委員の補欠に係る任命手続きを進めるところであるが、今後、県労連から県労連推薦の労働者委員候補者を委員に任命するよう要請等が行われることが考えられる。

2 労働委員会委員の選任制度の実態

表〈4-6〉 都道府県内の労働情勢の特徴について

1　労使関係全体の状況
2　主な集団的労使紛争の動向（地労委の対応（申立件数，あっせん件数等）について具体的に）
3　現在の都道府県における労働行政の状況 （労政主管課の名称，労使関係分野を直接担当する職員数，業務内容，労働組合・使用者団体との接触状況等）
4　個別労使紛争の状況及びその処理方法（労政主管課等の対応，相談体制，相談件数，相談内容の傾向，他の関係機関との連携状況等）
6　雇用問題（リストラ等）をめぐる労使の状況
7　地方自治体（県，市町村）職員の給与・手当問題及び定員問題をめぐる動向
8　都道府県労政主管課と都道府県労働局間の連絡調整窓口の設置状況，連絡方法及び連携状況等について
9　その他

　ちなみに，労働委員会委員選任問題以外の調査項目は，表〈4-6〉に引用したとおりである[40]。一部の県では，「地方における政党と労組との関係（民主党，社民党等に対する労組の対応，いわゆる「自公保政権」に対する労組の対応等）」という項目が追加されている。各都道府県におけ日常的な労働行政の状況からは，労働組合との接触の様子が「正直に」記録されており，本書の主題とも関わる「労働組合組織に対する行政組織・行政活動の平等対応原則」に関連した具体的事例が含まれている。これは，先の④富山県調査でふれた「ローカルセンタへの周知方法」における労働組合組織間の不公正な扱いとも共通する問題である。その意味では，事務的なレベルでの情報交換を超えた，極めて政策的な判断や政治的な対応を「共有」し，「方針化」する会議であることが伺われる。

　2006年（11月24日）の「都道府県労働委員会　労働者委員に関する依頼」は，表〈4-7〉に引用した内容での「各都道府県　労政・労働福祉主管課（都道府県労働委員会委員任命　担当部署）」への「事務連絡」である。2008年（12月26日）分は，「第30期中央労働委員会委員」と日時の変更があるだけである。

(2) 選任方法の実態と問題点
(ア) 全国調査結果の意味するもの
　一部の道県および厚生労働省による全国調査の概略を纏めたが，調査主体の側には，一定の志向性が存することは明らかであろう。ここでは，これらの全国調査の存在自体が意味することを検討する必要がある。

---

40) 一部の都道府県の標題の記述の仕方や表現が異なるところもあるが，厚生労働省が指定した様式にしたがって，各都道府県が作成したことによると推測される。

第4章　労働委員会委員の選出制度の実態と課題

表〈4-7〉

> 本調査は第29期中央労働委員会委員任命等について，ILOへ報告書を提出する際の参考等として必要であるため行うものです。
> 　都道府県労働委員会におかれては，平成18年12月1日時点での労働者委員全員につきまして，以下の項目を別紙に記入の上，12月6日㈬までに下記連絡先へ送付ください。
> 　また，現在，都道府県労働委員会の委員任命において，取消等訴訟が提起されている都道府県におきましては，訴訟の進行状況を併せて情報提供いただきますよう，よろしくお願いいたします。
>
> | 氏　　名 | 任命年月日 | 現　職 |
> |---|---|---|
> | | | |
>
> ＊　平成18年12月1日現在の状況を記載のこと。

　まず，一部の道県による全国調査であるが，ここに引用したものが，過去に実施されたすべての調査を網羅しているのかどうかは不明である。1990年代は，労働戦線の再編問題直後の時期であり，労働者委員の選任問題について新たな「火種」を抱え込んだ都道府県が，参考例を求めて全国の実情を活発に調査したことも推測されるが[41]，表〈4-1〉で対象とした調査を全体として総括すると，各道県による調査は，個々の道県による自主的な取組なのかどうかという素朴な疑問を禁じざるを得ない。調査実施主体の道県は，ある種の輪番制あるいは当番制によるものと推測されないこともないが，ここでは，基本的には，調査実施の道県の必要性から行われた調査としての性格を想定するにとどめておく。

　調査結果自体は，当該の調査実施道県による労働委員会委員の選任事務にとって，特に選任基準を設定する際に，全国の状況を参考にするための根拠として利用されている。そのため，前述のように調査項目自体に，調査実施側の問題意識が明確に反映している。そのうえで，調査結果が調査対象となった全都道府県で共有されていることである。その意味で重要なことは，調査項目には，明確な傾向が存していることである。それは，端的には，労働組合の系統別による労働者委員の配分問題にどのように対応するかという問題意識と，公益委員の選任方法に介在する曖昧さを解決するための処方をどうするかということである。

　系統別労働組合組織間の労働者委員の配分問題では，組合数や組合員数とい

---

41) 多くの都道府県では，行政文書の保管期間が短く，このような種類の調査報告類は，3年程度で保管期間満了となっている事例が多いことが一つの問題点である。

2　労働委員会委員の選任制度の実態

う基礎的調査が不可欠である。それは，本来的には労働組合の代表性認定制度[42]が構想され，それに代替する意義を有するのであるから，客観的で合理的な調査方法に基づくべきことは当然であるのもかかわらず，どのような制度と方法で実施されているかは，明確ではない。最新の調査は，⑭佐賀県調査であるが，ここでは調査当時の委員任命時直前の労働組合基礎調査の数字の記入を求めているが，結果取りまとめ文書では，「数県より，労働組合員数等について外部への公表を控えて欲しいとの申し出がありますので,，集計結果については，慎重な取り扱いをお願いします。」という注意書きがある。厚生労働省による公的統計であり，公表されている「労働組合基礎調査の数字」の公表を渋る理由が理解できないが，さらに不可思議な事実は，⑭佐賀県調査の結果一覧表に記載されている労働組合数・組合員数が，厚生労働省によって公表されている「労働組合基礎調査」の数字と合致しないことである。委員任命日との関係で参照の可能性のある「労働組合基礎調査」の2001年から2004年の「都道府県，加盟主要団体別単位労働組合数及び組合員数」から，⑭佐賀県調査の結果一覧表の数値と合致するものを精査したが，熊本の2003年の組合数・組合員数（合計・連合・全労連）が合致した他は，北海道の2001年の組合数（合計・系統別），鳥取の2002年の組合数（合計）と組合員数（合計・連合），佐賀の2003年の組合数・組合員数（合計），長野の2003年の組合数（合計），沖縄の2004年の組合数（合計）[43]だけが合致したにすぎないという実情である。数字の食い違いと増減に法則性はなく，特定の労働組合組織に不利益が偏重しているという傾向までは解析できなかったが，いずれにせよ，各都道府県が，厚生労働省に報告しているものと異なる数値を利用しているのであるから，公表責任と説明責任を負わなければならない。

　この点で，25の全国調査において，各都道府県が，各調査項目に「正直に」回答しているのかという疑義も浮かび上がってくる。とくに，委員の選任基準の存在については，ほとんどの都道府県は否定しているが，圧倒的に多くの道府県において，選任基準が存在している事実があることは，(B)都道府県調査に

---

42)　全労働者を代表する労働組合の資格と権限の視点からすれば，常設国際司法裁判所判決が指摘するように，労働組合の組織現勢調査に基づく主要組織間の比率という数字だけを判断基準とすべきではないが，各調査における「比率」の算定方式は合理的理由，客観的根拠と統一性に欠けている。

43)　沖縄の場合，任命日は2003年11月なので，偶然の一致か，調査報告の段階で把握していた数値なのかは不明である。なお，⑭佐賀県調査の結果において，京都は組合数を「公表なし」と回答し，福岡は組合数を無回答である。

第 4 章　労働委員会委員の選出制度の実態と課題

おいて検討する。

　他方，系統別の組合数や組合員数は，労働者委員の選任基準の重要な要素であることは多言を要しないが，数字の比較のみが絶対的な基準として利用され，厚生労働省調査の結果に記録されているような少数派労働組合組織に対する冷遇といった機械的対応を合理化することはできない。それは，第 2 章で述べたように，ILO の労働者代表の任命基準について，常設国際司法裁判所判決[44] が明確にした原則からも明らかである。それによれば，「組合員数は，ある組織の代表的性格を判断するための唯一の基準ではないが，重要な要素である。すべての条件が等しいならば，最大の組合員数を擁する組織が，最も代表的な組織となるであろう。」と述べながらも，「ある国において，労働者階級を代表する複数の職業組織が存在する場合には，政府が労働者代表および顧問の任命を行うに際しては，すべての事情が政府によって考慮に入れられなければならない。」と判断し，組織現勢による代表性判断基準を採らないことを正当としたからである[45]。

　厚生労働省による全国調査結果からは，労働委員会委員の選任事務に直面し，当事者からの異議申立や抗議を予想しつつも，より透明性のある，公正で，客観的な選任基準を準備しようとする姿勢は皆目見られない。かかる当事者の声をどのように評価し，受け入れるかどうかの判断は別として，説明責任を果たせるような制度設計を検討する努力は必要である。ちなみに，各県の選任過程に関する文書の中で，労働者委員に任命されなかった労働組合組織によって予想される異議申立や抗議への対応方針やそのための配慮について記録されているのは，沖縄県において，「第 12 期地労委労働者委員の任命に際して，県労連から提起された，訴訟における県側の主張及び那覇地裁と福岡高裁那覇支部の判決を考慮する。」という文書と，愛媛県における「労働者委員の公正・民主的

---

44)　Avis consultatif N° 1 du 31 juillet 1922, Bulletin Officiel, Vol. VI, N° 7 du 16 août 1922, pp. 295-302.

45)　滋賀県では，2009 年 4 月に県労連傘下労働組合推薦の労働者委員が任命されるが，その選任文書には，労働組合・組合員数等の調査数字は掲載されていない。かつては，54 号通牒に則って，系統別労働組合の詳細な組織実勢調査資料が添付さていたので，選任方法・基準の変更と任命方針・結果の変更との関係が明らかにされる必要がある。同様の事情にある京都府（2008 年 10 月任命），中労委（2008 年 11 月任命），神奈川県（2009 年 4 月任命）では，以前の任命時と同じく，選任文書には組織実勢調査資料は一切含まれていない。神奈川県では，「当該団体には推薦資格があり，推薦方法も妥当である」と各推薦労働組合組織毎に，被推薦者名とともに確認する文書が作成されているが，今回新たに作成された様式なのか，前回はたまたま不開示だったのかは不明であり，選任過程の変更を伴ったことは確認できていない。

な任命について」等に関する想定問答集を確認しただけであった。

　内容的には，16県調査で，系統別労働組合組織状況に関連する調査が実施されており，労働者委員の選任基準の検討にあたっては，この点の検討が不可欠であることを物語っている。さらに，法律上の推薦制度のない公益委員については，客観的な選任基準をどのように設けるかについて腐心していることが推測されるのである。

(イ)　**選任基準の問題点**

　ここでは，全国調査結果の中で，選任基準に関するものを取りあげ，その内容に立ち入って検討を加えたい。

　まず，労働委員会委員選任の客観的基準の存在の可能性である。「一般基準・制約事由」のうち，⑰広島県調査および㉔新潟県調査は，長期在任禁止規定に関するものであるが，⑮熊本県調査および㉓熊本県調査は，一般的基準や人事制約基準について調査している。㉓熊本県調査は，「選任に際し，人事上の制約（年齢制限，在職期間限度，女性登用率など）がありますか。」と質問しているが，22道府県が「制約あり」と回答している。その内容は，基本的には，政府の「審議会等の運営に関する指針（平成11年4月27日閣議決定）」の「2. 委員の選任」に関する方針[46]を反映したものである。在任期間に関しては，この指針は完全に反古にされている状況は，前述のとおりである。この指針の労働委員会委員への適用の有無に関しては，一部県において，特別の規定を設けており，全国個別調査報告の機会に紹介する。

　労働委員会委員に関する選任基準については，⑦長野県調査では2県（三重，佐賀），⑫鹿児島県調査（公益委員）では8道県（北海道，青森，茨城，高知，福岡，佐賀，熊本，沖縄），㉓熊本県調査では9道県（北海道，福島，茨城，兵庫，岡山，山口，福岡，大分，宮崎）が存在すると回答している。その基準の内容が問題であるが，それはこれ以外の府県におても基準が存在することも含めて他の機会で検討することとして，少なからぬ道県において，労働委員会委員の選任基準が存在することが当事者によって認められている事実は重要であることを指摘する。

　選任基準に関して，法定上の欠格事由をどの程度明確にし，どのような方法で確認するのか，提出書類や調査方法が問題となる。⑦長野県調査では，以下

---

[46]　以下の定めが対象になる。「⑵ 高齢者　委員がその職責を十分果たし得るよう，高齢者については，原則として委員に選任しない。(2)任期　委員の任期については，原則として2年以内とする。再任は妨げないが，一の審議会等の委員に10年を超える期間継続して任命しない。(3)女性委員　委員に占める女性の比率を府省編成時からおよそ10年以内に30％に高めるよう努める。」

の結果となっている。

> 被推薦者等（公益委員を含む。）の欠格条項確認について
> 本籍地市町村に対し，被推薦者が欠格条項に該当するか否かの確認を行っていますか
> ・いる（全員確認）　　　　　19都道府県
> ・いる（被推薦者全員）　　　 1県
> ・いる（既委員以外全員）　　 1県
> ・いない　　　　　　　　　　26府県

　実質的な選任方法について，⑲福岡県調査は，「労働委員会委員選任の際に労働者委員・使用者委員被推薦者が定員枠を超えた場合の候補者選任基準」に関して，具体的な事例を例示して調査している。その調査項目を引用する。

> 　1　労働者委員・使用者委員選任の基準
> 　労働者委員・使用者委員選任基準について，下記に関する基準を（総合判断の要素の一つとして）考慮し候補者を選任している場合に○，考慮していない場合に×を上書きしてください。
> 　被推薦者の年齢・学歴・所属企業での職歴（役職歴）・労働関係の役職歴（専従歴）・公職の就任経歴・所属労組（団体）の規模（産業分野・都道府県内での分布状況・組織比率）・推薦労組（団体）の規模（産業分野・都道府県内での分布状況・組織比率）・労働委員会への申し立て事件の状況・過去の労使紛争（相談）事例の経験回数（解決事例）・労使紛争実務や労働組合法等法律に関する知識・労使紛争の想定事例に対する解決方法（考え方）・その他（　）
> 　2　候補者調書の内容
> 　労働組合・使用者団体から推薦の際に提出される候補者調書の内容について，下記に関する記載欄がある場合に○，ない場合に×を上書きしてください。
> 　被推薦者の年齢・学歴・所属企業での職歴（役職歴）・労働関係の役職歴（専従歴）・公職の就任経歴・過去の労使紛争（相談）事例の経験回数（解決事例）・その他（　）
> 　3　被推薦者に対するヒアリングの有無・ヒアリング内容

2　労働委員会委員の選任制度の実態

> 労働者委員被推薦者・使用者委員被推薦者に対して，ヒアリングを行い候補者選定の際の判断材料としている場合，そのヒアリング内容を教示ください。
> 例：労働関係の役職歴や専従歴を過去の労使紛争（相談）事例の経験回数や解決事例を中心に聴取，労使紛争実務や労働組合法等法律知識を聴取，労使紛争の想定事例を設けて解決までの考え方を聴取，公職の就任経歴やその際の経験を聴取
> 4　上記の取り扱いを始めた経緯（訴訟，情報公開や要望（要請）との関係）

　この調査の結果とりまとめは，「訴訟継続中」「訴訟終了」「訴訟終了。全労連系を労働者委員としている」「全労連系を労働者委員としている」にグループ化して，15都道府県の回答を集約している。調査実施県の問題意識が如実に現れている。結果集約表のうち，「具体的基準」と「抽象的基準」の存在とその内容を回答した府県のみ，表〈4-8〉に引用する[47]。

　選任方法については，⑦長野県調査は，公募（公益委員）と面接等を問うものである。公募は，47都道府県が「いない」としているが，面接等については，福岡が「面接」の実施を回答している。㉓熊本県調査では，秋田（制度ではないが，公益委員については面接を行っている。）と愛媛（公益委員，新任委員選任にあたっての候補者への訪問面接）が，「候補者面接」の実施を回答している。⑲福岡県調査は，前掲のように「ヒアリング」について質問しているが，結果とりまとめに掲載の15都道府県はすべて「無」と回答している。

　公益委員について，推薦の有無について，㉑三重県調査では，「ある：22都道府県，ない：25県」であり，推薦団体は，弁護士会以外では，マスコミ関係（神奈川），公認会計士協会（大阪），社労士会（宮崎）である。他方，㉕三重県調査では，「弁護士会からの推薦」を調査するが，26都道府県に増えている。「弁護士会から推薦を受けている場合で，被推薦者が任命に至らなかったことはありますか。」について，1県（新潟）では「ある」と答えている。また，「公益委員候補者名簿の登載数は，定数と同数ですか，定数より多いですか。」について，青森（2名超）・三重（2名超）という回答である。

　公益委員に対する労働者委員および使用者委員の同意制について，㉑三重県

---

47)　「その他」として，審議会委員選任の政府指針に沿って，任期・女性登用方針を明記する（静岡，愛知，沖縄，福岡，千葉，高知）。また，「事前に調整」として，東京は「推薦団体と調整しながら総合的に判断」，大阪は「主要労組代表者懇談会（自主調整会議）」を記載する。

171

第４章　労働委員会委員の選出制度の実態と課題

表〈4-8〉委員選任基準

具体的基準

府県名						
神奈川	所属企業・労組（団体）での（役）職歴（専従歴）	公職の就任経歴・賞罰	所属・労組（団体）の規模・分野・分布状況・構成比率	産業分	年齢	学歴	労使紛争の想定事例に対する解決方法（考え方）・過去の労使紛争（相談）事例の経験回数（解決事例）
京都	所属企業・労組（団体）での（役）職歴（専従歴）	公職の就任経歴	所属・労組（団体）の規模・分野・分布状況	産業分	年齢	学歴	
兵庫	所属企業・労組（団体）での（役）職歴（専従歴）	公職の就任経歴	所属・労組（団体）の規模・分野・分布状況	産業分	年齢	学歴	
沖縄			所属・労組（団体）の規模・分野・分布状況	産業分			
訴訟終了。全労連系を労働者委員としている 宮城	所属企業・労組（団体）地位・（役）職歴	賞罰			年齢	学歴	
埼玉	所属企業・労組（団体）での（役）職歴（専従歴）	公職の就任経歴			年齢	学歴	
千葉					年齢		
長野	所属企業・労組（団体）での（役）職歴（専従歴）	推薦理由	所属・労組（団体）の分布状況				労使紛争実務や労働組合法等法律に関する知識
全労連系を労働者委員としている 和歌山			所属・労組（団体）の規模・分野・分布状況・構成比率				
高知			労組の構成比率				

抽象的基準

県名	
静岡	目的に照らした公正・均衡のとれた委員構成及び委員の十分な職責遂行の観点から判断
訴訟終了 愛知	（労働者委員）労働運動に豊富な経験を有し、労働者及び労働組合の全体の利益を反映できる者
福岡	労働委員会制度の趣旨に沿った円満な運営が確保され、その機能が最大限発揮されるよう諸般の事情を総合的に勘案する。（使用者委員）使用者の正しい利益を反映できる者。労働委員会の運営に理解と実行力を有し、申立人の内容をよく聴取して判断して、関係者を説得しうるもので、自由にして建設的な組合運動の推進に協力しうる適格者。

172

調査によれば,「事前の書面による同意」が28都道県,「任命前に会議等を開催」が8県であり,他は「任命前に同意の意思を確認し,任命式で書面による同意」(栃木),「事前に労使委員に同意書を送付し,任命日までに提出」(群馬),「事前に内諾をもらい,任命式当日労使委員任命後に書面による同意」(埼玉),「労使委員任命予定者から書面による同意を事前に取るとともに,委員として任命後,再度,確認的に書面による同意」(愛知),「個別に口頭」(京都),「事前に,労使代表者に対し非公式に打診。任命日に書面による同意」(大阪),「事前に口頭で了承を得ておき,労使委員の任命後に書面による同意」(兵庫),「労使委員の各幹事に説明」(鳥取),「事前に労使各委員(任命予定者を含まず)への書面による同意」(島根),「任命前に労使委員による会議等を開催し書面による同意」(徳島),「任命前に「労使委員の同意を求める会」を開催し,その中で労使委員から書面による同意」(宮崎)と,同意制をめぐる問題点は解決していない[48]。同意に関して,「同意が得られない場合,再度推薦をもらっていますか。」という設問について,殆どの回答は,「再度もらう」や「(かかる)事例はない」も含め想定外の事例としているなかで,例外的な「もらわない」(秋田,栃木),「ケースバイケース」(岡山)と「個別に判断することになる」(山口)という回答の方が評価に値しうるであろう。

　女性委員については,多くの調査の対象となっており,⑧石川県調査では,「3 女性委員がいる場合:年齢・職業,4 女性委員選出にあたっての経緯等,5 今後,女性委員を増やす予定があるか。」という設問が設けらている。また,⑨大分県調査においては,「女性委員の登用に配慮した」(宮城),「公益,使用者,労働者委員ともに,女性委員の積極的登用を基本方針とした」(千葉)という方針や,⑭佐賀県調査においても,「労・使委員への女性の登用」(福島),「労働者委員への女性の選任」(岡山),「女性委員の登用」(愛媛),「女性委員の登用」(熊本),「女性委員の登用」(大分)という「懸案事項」が公表されている。⑲福岡県調査では,静岡,高知が「40％」目標を明記する。こうした方針の実践状況の検証が必要である。

(B) 都道府県調査より

　本節では,各都道府県の行政文書を対象に取り上げ,各都道府県における労

---

48) 石川吉右衛門「労働委員会の合憲性」(自治実務セミナー,1989年1月号51頁),同「私見」(同12月号7頁),労使関係法研究会報告書『労使関係法運用の実情及び問題点4』(日本労働協会,1967) 357頁参照。

第 4 章 労働委員会委員の選出制度の実態と課題

働委員会委員の選任制度の実態を解明し，現状の問題点を検討する。

　各都道府県における労働委員会委員の選任制度と選任過程を記録する行政文書については，対象となるべき文書名の特定と確定の困難さを考慮し，また，一斉調査における調査手法の統一性を堅持するため，各都道府県の条例に基づく情報公開制度によって，全都道府県に対して，以下の文書の開示請求を実施した[49]。

　① 労働委員会委員の選任方法・選任基準に関する文書。

　② 労働委員会労働者委員について，推薦から任命までの間の，行政内部での選考手続きや選考基準等の選考内容を記録する文書（推薦書類・履歴書・任命候補者決定後の任命書類自体は不要）。以前の選任方法と変更がないのであれば，直近の任命に関するもの。

　③ 上記文書外で，54 号通牒の扱いや適用について記録する文書。

　④ （現在の）労働委員会公益委員について，労働組合法第 19 条の 12 第 4 項の要件（政党要件）を充足していることを確認する文書。同法第 19 条の 12 第 5 項および労働組合法施行令第 22 条の手続のための書式などの書類。

　労働委員会委員の選任基準全体の公開を求めつつ，文書特定の必要な場合には，労働者委員の選任過程に限定している[50]。全都道府県に対して，基本的には同じ条件での情報公開請求による一斉調査という性格を保持するため，異議申立制度の活用あるいは追加的な開示請求によって，補充的な資料を入手するよう努めたのは，選任基準が文書として存在していることが明らかになった場合

---

49) 行政文書の開示請求は，最初①の一般的な委員選任方法・選任基準に関する文書を対象とした後，都道府県側の対応によって②および③の補正を行ったものであるが，手続上，①の開示対象文書名の修正として扱われた事例や②が別件の開示請求と扱われた事例もある。④については，約半数の都道府県を対象とした。情報公開制度の運用といった視点からすると，各都道府県の情報公開度には雲泥の差があり，その点での評価の公表も意義あると考えるが，別の機会に譲りたい。なお，文書開示は，追加の開示請求や異議申立分も含めて，2008 年 12 月から 2009 年 7 月にかけて実施されているが，この前後に，労働委員会委員の改選時期を迎えた都道府県が多い。各都道府県の文書名の「第〇期（都道府県名）労働委員会」という表記部分は省略した。また，個人名は，匿名にした。墨塗りによる不開示部分は，分量を問わず「（不開示）」と記載した。資料の引用は，原文の表記どおりで，必要な部分の抜すいであるが，一部を除いて，冒頭に（都道府県名）を註記した。

50) 行政委員会委員の選任制度のあり方の視点から，教育委員会委員・選挙管理委員会委員・公安委員会・人事委員会委員の選任過程をめぐる文書について，一部府県で情報公開請求を行った。その結果については，公益委員の項でふれる。

174

に限っている。そのため，一部都道府県では，明らかに開示されるべき資料が不足ないし欠如している可能性もあるが，全国の実態と傾向を解明するという調査研究の目的は達成していると考えている。統一的な視点から，全都道府県の実情を比較検討するため，できうる限り分析項目を一覧表化するとともに，各都道府県の個別的な実態の特徴を簡略に紹介する。「選任制度（方法と基準）の客観性・公平性・公開性」という分析視点を基に，選任過程自体の記録性によって担保される客観性の分析の後，選任基準のあり方を解明する。その上で，本節で対象とした文書・資料の中で確認された実態とともに，他の節の資料に基づく実際の運用状況についての検証と分析によって，これらの選任過程と選任基準の運用の実態が明らかになり，課題も浮かび上がってくるのである。

(1) 選任過程の客観性と公開性
(ア) 選任過程の記録化の意義

まず，労働委員会委員の選任過程が，行政文書としてどの程度記録されているのかが問われるべきである。選任過程の記録化が，選任過程の客観性と公開性を保障するものだからである。今回の開示請求によって，各都道府県が，本来開示されるべき文書をどの程度公開したのかは個々には検証困難であるが，全体を概観することによって，各都道府県の情報公開に対する姿勢が明らかになっている。選任過程自体が，都道府県によって異なっているので，選任過程の内容の検討は，個別の段階ごとに行う。**資料〈4-1〉**は「（第36期）滋賀県労働委員会委員任命手続きフロー」であるが，選任過程自体がどの程度記録されているか問題にする必要がある。開示請求では，「推薦書類・履歴書・任命候補者決定後の任命書類自体は不要」と明記したが，推薦労働組合・使用者団体が作成し提出した個々の候補者に関する個別的な書類とは別個に，行政機関側は推薦されてきた候補者全員について委員としての資格や適格性を選考するための資料を作成しているかどうかを検証してみる。

表〈4-9〉は，各都道府県によって公開された文書の種類と選任過程の公開度である。文書の性格は，当該の文書の記述によったが，一部で「協議・合議」とする性格の文書もあるが，「伺い」とするところは，原案の作成までの手続きが完了し，知事の決裁を求める形式となっている。そこでは，手続を説明する文書において，抽象的・一般的に知事が任命権者であることを述べているものはあるが，結果として，任命責任者としての知事の判断やその根拠が曖昧にされており，実際の人選担当者の権限と責任は不問に付されてしまうことになる。

第4章　労働委員会委員の選出制度の実態と課題

資料〈4-1〉　滋賀県労働委員会委員任命手続きフロー

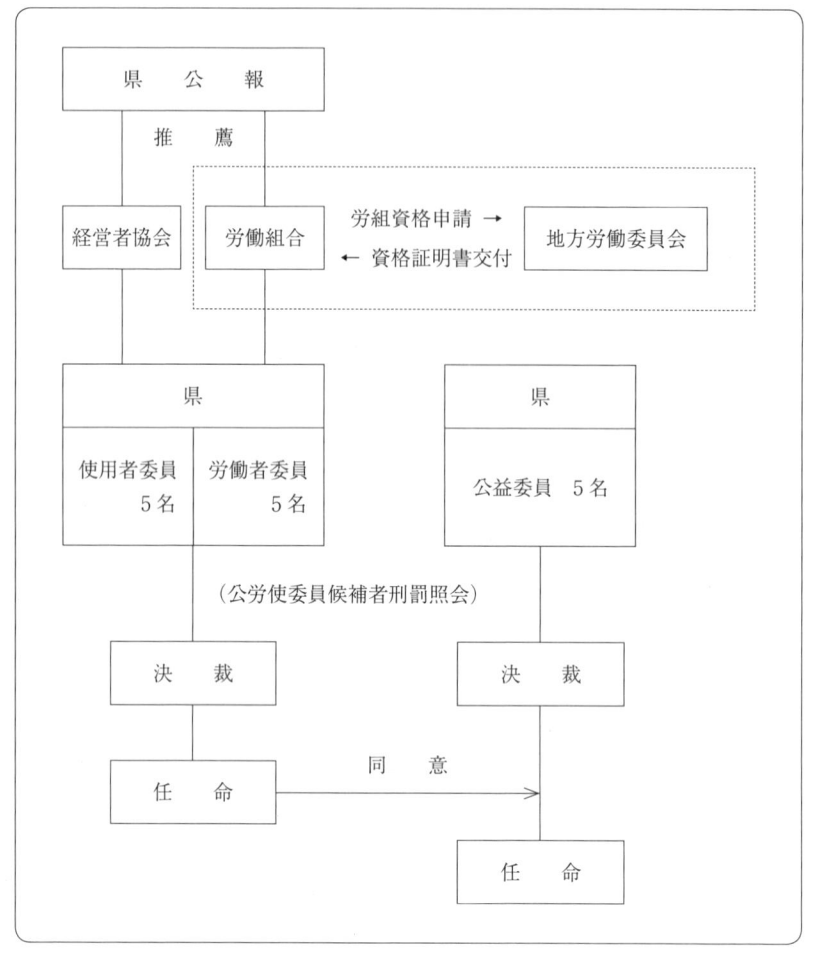

```
           ┌─────────┐
           │ 県  公  報 │
           └─────────┘
                │
               推  薦
                │
    ┌───────────┼─────────────────────────────┐
    │           │   労組資格申請 →            │
┌───────┐  ┌───────┐                    ┌─────────┐
│経営者協会│  │労働組合│                    │地方労働委員会│
└───────┘  └───────┘   ← 資格証明書交付   └─────────┘
    │           │
    │           │
  ┌─────────────┐         ┌─────────┐
  │     県      │         │    県    │
  │┌────┬────┐│         │┌───────┐│
  ││使用者│労働者││         ││公益委員 ││
  ││委員 │委員  ││         ││  5名   ││
  ││5名  │5名  ││         │└───────┘│
  │└────┴────┘│         └─────────┘
  └─────────────┘              │
    （公労使委員候補者刑罰照会）
        │                       │
    ┌───────┐              ┌───────┐
    │ 決  裁 │              │ 決  裁 │
    └───────┘              └───────┘
        │                       │
    ┌───────┐    同  意       │
    │ 任  命 │─────────────→  │
    └───────┘              ┌───────┐
                           │ 任  命 │
                           └───────┘
```

行政文書の作成手順において最終段階の決裁はこのような「伺い」になるとしても，それに到る選考の具体的な過程[51]についても記録されなければならない。

---

51) 一部において，労働委員会委員の任命過程チャート図が作られているが，推薦の公告等対外的な行政事務の説明であって，行政内部の手順は明確でない。中労委の公益委員の任命について，厚生労働省は，①委員候補者に対する就任依頼，②委員候補者に対する履歴書等の記入依頼，③市町村あての欠格条項の調査，④公益委員候補者名簿の作成，⑤国会同意，⑥委員任命についての内閣府への上申及び⑦内閣総理大臣による委員任命，という一連の手続を説明している（情報公開・個人情報保護審査会答申書〔平成20年度（行情）答申第513号，2009年3月12日〕7頁）が，選任過程の核心たるべき「委員候補者」を確定する作業の説明が抜け落ちている。

2 労働委員会委員の選任制度の実態

表〈4-9〉 選考過程の記録性と公開度

	開示文書		推薦記録		選考記録			全委員の確定名簿
	性　格	最終決済	候補者	推薦者	資格確認	理　由	根拠資料	
北海道	決定書	知　事	△	×		○		
青　森	伺い	知　事	△	○				○
岩　手	回議	知　事	△	−		○		○
宮　城	伺い	知　事	○	○		○	○	○
秋　田	伺い	知　事	△	×		○	○	○
山　形	伺い	知　事	△	○				○
福　島	伺い	知　事	△	○		○		○
茨　城	伺い	知　事	△	○	○	○		○
栃　木	伺い	知　事	△	○	○		○	○
群　馬	伺い	知　事	△	○	○			○
埼　玉	回議・合議	知　事	○	○				○
千　葉	伺い	知　事	○	○				○
東　京			−	−				
神奈川	伺い	知　事	○	×				○
新　潟	伺い	知　事	○	−	○	○		○
富　山	案		△	−			○	
石　川	伺い	知　事	○	×			○	
福　井	伺い	知　事	○	−	○			
山　梨	説明資料	知　事	△	○		○		
長　野	レク資料	知　事	×	×				
岐　阜	伺い	知　事	△	×				○
静　岡	名簿		△					
愛　知	伺い	知　事	△	×	○			
三　重	伺い	知　事	○	−				
滋　賀			−	−				
京　都	伺い	知　事	△	○				○
大　阪	伺い	知　事	○	−	○	○		
兵　庫	伺い	知　事	△	△	○	○	○	
奈　良	伺い	副知事	△	−	○	○	○	
和歌山	要領		−	−		○	○	
鳥　取			○	−		○	○	
島　根		知　事	○	−				
岡　山		課　長	○	○				○
広　島	伺い	知　事	△	×	○	○	○	○
山　口	伺い	知　事	○	−				○
徳　島	伺い	次　長	△	×				
香　川		部　長	−	−	○			
愛　媛	伺い		−	−		○		
高　知	回議書	知　事	△	○		○	○	
福　岡	伺い	知　事	○	−		○		○
佐　賀			△	−		○	○	
長　崎	伺い	部　長	△	△			○	
熊　本	伺い	知　事	○	×		○	○	
大　分	伺い		○	−				
宮　崎		知　事	○	○	○			○
鹿児島	伺い	知　事	○	−		○	○	○
沖　縄	内協議書	知　事	△	△		○	○	○

177

その上で，本来54号通達が「貴下(知事)の責任において任命されたい」と明記しているように，任命責任は知事にあり，任命過程における知事の責任を前提とした任命方針が明確になっていなければならないが，その事例はほとんどない。

例外は，北海道の一般的方針である「任命の考え方」において，「労働委員会の委員の任命手続きに関しては，昭和24年の労働省通牒全体の趣旨を尊重しつつ，かつ，道の選任基準（選任時年齢69歳を上限，任期は10年を限度）を尊重して，任命権者である知事の裁量権のもと総合的に判断し，適任者を任命することとする。」と任命基準を明記しながら，かつ，「知事の任命責任」を確認している事例である。具体的な手続においては，青森県の文書で「(労働者委員)5名の定数に対し11名の推薦があり，その内容を知事に説明したところ，別紙名簿の5名について任命の指示があったので任命するものです。(再任5名)」(公益委員・使用者委員についても同様の形式) として，「知事の任命判断」を記録している。しかし，知事の判断で，候補者の絞り込みが行われたのか，原案を承認したのかは不明である。岩手県の「検討資料」では，(労働者委員の任命に関して)「ア　定員枠5に対して，被推薦者が10人であることから，5人に絞り込む必要がある。」として，以下のような手順を記録している。選任過程は明確になっているが，行政組織内部のどの段階で，誰がこの作業を行ったのかは明らかではない。

(岩手県)
イ　これまでの選定基準は以下のとおり。
① 労働組合の推薦のあった者の中から，労働者を代表するものとして，より適任と考えられる者を総合的に判断して任命していること。
② 昭和24年の労働省通牒，いわゆる「54号通牒」について，任命の際に考慮すべき事項として例示しているもので，考慮すべき要素の一つとして認識していること。
ウ　被推薦者（任命候補者）の絞り込みにあたっては，推薦書に記載された内容（別紙2）を基に，労働者委員としての適格性項目（長としての経験，単組以外の業務経験，広域圏域での労働関係団体の業務経験，労使関係事情への精通度，労働委員会制度への理解，業種別等の評価）により，総合的に判断する。
エ　判定の結果（別紙3）（不開示情報），次のとおり個別検討した結果，A～Eの各氏を任命（いずれも再任）することとしたい。
【検討結果】（不開示）

2　労働委員会委員の選任制度の実態

　厚生労働省の文書では，一部の県で知事への説明と判断表明の機会が設けられている具体的状況が記録されているが[52]，このような実質的な選考内容を反映した文書は例外的にしか確認できていない。その中では，長野県の「レク資料」は，知事および副知事への説明資料（内容は同一）であり，山梨の「説明資料」は，知事および部長への説明資料（部長への説明資料を簡素化したものが知事への説明資料）とされており，そのような「合議・相談」の場が設けられていること，その内容が記録されていることが確認できる。こうした状況は，知事が任命権者であるとされながら，どのようなプロセスで，実質的にどの部門のどのような立場の者がどのような権限においてどのような基準で原案を作成したのか秘匿することによって，任命責任を曖昧にすることになっているのである。

　反対に，東京都は，開示した文書数は多いが，「文書の取扱い」としては「秘」扱いの（東京都労働委員会委員の選任手続きに伴う）「関係書類の照会について」（各区市町住民票主管課長宛の住民票送付依頼）および「委員候補者の欠格条項該当の有無について（照会）」（本籍地の各区市町村長宛の刑罰の有無の照会）の2文書をのぞけば，プレス資料や推薦団体への報告など行政組織の外部へ報告する文書であって，選考過程を記録する文書は皆無である。そのため，異議申立手続きによって，「審査」に関する文書の開示を求めたが[53]，手続き上の事由から，他の文書の存在の確認は拒否された。

　表〈4-9〉の項目の「推薦記録（候補者・推薦者）」は，労働者委員および使用者委員について，委員候補者が推薦労働組合・使用者団体から，推薦された後，その名簿がどの程度客観的に作成されているのか調べたものである。委員候補者と推薦労働組合・使用者団体の名称を開示しているものから，一部を非開示

---

52)　群馬県からの問い合わせ（1992・9・29）において，以下のようなやりとりが記録されている。「10月末に地労委員の任命を予定し，9月4日に労使の推薦を打ち切った。知事（去年初当選し，初めての地労委員任命）に推薦状況を説明したところ，定員と同数の推薦のあった使用者委員について，高齢で在任の長い人は任命せず，もっと若い人を任命したいと言い出した。」（厚生労働省「照会・相談記録」）。なお，各都道府県から厚生労働省（労働省）への問い合わせと回答についてはすべて本「照会・相談記録」によるものであるが，以後，「問い合わせ」として表記・引用する。

53)　委員候補者の「審査」の内容の文書が存在することは，東京都が被告となった東京都地方労働委員会労働者委員任命に関する訴訟において，東京都側の証人が明らかにしている。東京高裁判決（1999年4月28日，未掲載）では，「証人Aの証言によれば，被控訴人（東京都）は，従前の例にならって，労組法所定の資格審査を経た労働組合から推薦を受けた候補者全員について関係部局における所要の審査手続を経た上…労働者委員として任命した」と認められているからである。

としているものが混在しているが，記載の対象にさえなっていない事例も多い（-で表示）。非開示情報については，候補者について，任命されなかった候補者の名称だけが不開示の対象となっている場合（△で表記）は，それは個人情報であるという判断であるとしても，推薦労働組合・使用者団体については，任命の有無と無関係に，全ての推薦労働組合・使用者団体の名称を非開示とする県（×で表記）と，任命されなかった候補者の推薦労働組合（△で表記）のみを非開示とする県に分かれる。これらの推薦関連情報は，非開示にする根拠も実益も乏しいと言わなければならない。厚生労働省は，中労委の労働者委員の任命文書の開示に関して，情報公開法の解釈と運用において，任命されなかった候補者の名称については，個人に関する情報であって，不開示情報から除外される情報にあたらないと主張し，推薦労働組合に関しては，「公にすることにより，組合の権利，競争上の地位その他正当な利益を害するおそれがある情報」に該当するとして，非開示にしてきたが[54]，このような不統一ぶりは，その実質的根拠を失わせるものである。

「選考記録」の項目については，どのような内容と程度であるかを問わず，委員の欠格条項に関連する記述がある場合には「資格確認」において，選考における何らかの理由・根拠の叙述や指摘がある場合には「理由」において，その理由を裏付ける何らかの事実関係資料の作成や引用がある場合には「根拠資料」において，その存在を摘示した。「全委員の確定名簿」欄は，選考過程の終了段階を確認した文書の存在であるが，開示対象の文書以外において，そのような名簿が作成されている可能性もある。

全体としては，選考過程が客観的に記録化され，それが，公開の対象となる状態に置かれているとは評価されないのであって，選考過程の客観性・公正性・公開性を確実にするためには，その全過程の文書化・記録化が必要となっている。

(イ) **個別事例の分析**

記録化の点で，全体としての消極的傾向が顕著な中で，前述の岩手県の事例以外には，長野県の事例を検証する。

長野県における知事および副知事への「選任について」の「レク資料」として，以下の項目について説明がなされている。

---

54) 大和田敢太「労働者代表の選出をめぐる問題(3)」（彦根論叢第338号，2002.10）9頁以下参照。

2　労働委員会委員の選任制度の実態

```
(長野県)
・第39期長野県労働委員会委員の状況
・長野県労働委員会（第40期）労使委員被推薦者名簿
　　労働者委員推薦状況
・第40期県労働委員会委員の採用・不採用理由　①（不開示）②54号通牒
・第40期県労働委員会委員候補者の状況　←　第39期県労働委員会委員
・Ⅰ　労働組合法　Ⅱ　労働組合施行令　Ⅲ　第54号通牒
(参考)　労働組合基礎調査結果からの労働者委員数の推計
```

区分	組合数 (組合)	構成比① (%)	①から労働者委員数の推計 (人)	組合員数 (人)	構成比② (%)	②から労働者委員数の推計 (人)
連合長野	949	58.3	2.9	128,018	67.5	3.4
県労連	169	10.4	0.5	19,770	10.4	0.5
その他	511	31.3	1.6	41,878	22.1	1.1
(不開示)	…	…	…	…	…	…
合計	1,629	100.0	5.0	189,666	100.0	5.0

　さらに、「部長手持ち資料」の中ででは、「取扱事件の状況（過去5年間）」「平成19年・18年　長野県労働委員会係属事件一覧表」といった資料が記録されている。
　選考過程の結果の妥当性の評価は別として、その客観的な記録性と公開性のひとつのモデルとして紹介した。他の一部の県においては、選考基準を明文化しているところもあるが、その適用のプロセスと結果までを明文化するところは例外的である。情報公開制度によって文書の公開の必要性やその要請も強まるが、それに応えうるだけの内容を伴った情報公開によって、選考過程の客観性・公開性をより透明性のある形で一層広げる必要がある。

(2)　推薦過程[55]
(ア)　公告と推薦依頼
　委員候補者の推薦に関して、中労委の場合は、「（推薦を求める）旨及び推薦に係る手続その他必要な事項を官報で公告する」（労組法施行令第20条第2項）とさ

---

[55]　一部の府県では、公益委員（候補者）の推薦が制度化されているが、法律上の制度ではないので、ここでは取り扱わず、公益委員の選任基準の実態の解明の観点から、三(ウ)で取り上げる。

れているが，都道府県労働委員会の場合には，「当該都道府県の区域内のみに組織を有する使用者団体又は労働組合に対して候補者の推薦を求め」(同第21条第1項)とするだけで，公告の手段やその内容は法定されておらず，各都道府県にゆだねられている。

　この点，長野県が実施した全国調査による「地方労働委員会の委員選任等に関する調査結果の概要」(2001年11月14日)では，以下のとおりである。

1　委員候補者の推薦について
(1)　使用者団体又は労働組合に対し，どのような方法で被推薦者の推薦を求めていますか。
・公報　　　　　　　28都道府県　　・公報，口頭連絡　　　　9県
・公報，広報誌等　　4県　　　　　・公報，公文書　　　　　4県
・公報，掲示板　　　1県　　　　　・公報，公報持参　　　　1県
(2)　推薦に当たって，どのような書類の提出を求めていますか。
・推薦書，履歴書，地労委証明書　　　　　　　　　　　31道府県
・推薦書，履歴書，地労委証明書，同意書(内諾書)　　　9県
・推薦書，地労委証明書　　　　　　　　　　　　　　　3県
・推薦書，履歴書，地労委証明書，使用者団体定款　　　1都
・推薦書，履歴書，地労委証明書，使用者団体定款，内諾書　1県
・推薦書，地労委証明書，候補者調書　　　　　　　　　1県
・推薦書，履歴書　　　　　　　　　　　　　　　　　　1県
(3)　履歴書などに被推薦者の本籍地を記入させていますか。
　(欠格条項を本籍地に確認するため)
・いる　　　　　　18道県　　・いない　　　　　　　29都府県
(4)　委員の条件(労組法の欠格条項に該当しない者，委員報酬等)を公報などに掲載していますか。
・いる(欠格条項等) 38道府県　　・いない　　　　　　　9都県

　これ以外には，推薦期間等が検討事項になりうるが，都道府県から厚生労働省への問い合わせ事例では，補欠委員のための推薦に際して，届出期間の例外扱いが可能かどうか問題となっている実情があり，別の機会にふれる。

　こうした公的な手段での広報活動以外に，推薦労働組合・使用者団体への個別の周知方法が問題となる。全国調査によって，特定のローカルセンターへの

2 労働委員会委員の選任制度の実態

周知という実態が明らかになっているが，ここでは，個別的な周知先の選定方法の事例を紹介しておくが，不明朗な運用が疑われる事例もある。

　沖縄県では「県下組合への推薦依頼文の送付」「沖縄県経営者協会への推薦依頼文の送付」と記録されているが，労働組合関係だけ名称が伏せられている。熊本県でも「委員改選に伴う委員候補者推薦事務処理要領（案）」において，「使用者団体に対し，使用者委員候補者の推薦について依頼する。」として熊本県経営者協会会長へ「「使用者委員」候補者の推薦依頼」の文書が作成されているのに対し，「労働団体に対し，労働者委員候補者の推薦について協力を依頼する。」という異なる対応となっている。愛媛県では「労働委員会委員任命に係るフローチャート」において「各労働組合に労働者委員候補者　経営者協会に使用者委員候補者の推薦を依頼」と表記する。鳥取県は「推薦依頼先」の労働組合として日本労働組合総連合会鳥取県連合会と鳥取県労働組合総連合，使用者団体として社団法人鳥取県経営者協会を明示する。大阪府は「大阪府労働委員会労働者委員候補者の推薦に係る主要労組代表者懇談会」の開催要項において「招聘基準」を明記し，「組合員1千名以上を擁する労働組合の内，連合体，協議体，単一組織本部」を挙げている。福島県では「地方労働委員会委員の選任基準について（内部基準）」の中で「使用者委員及び労働者委員の推薦が必要になった場合は事前に関係団体に対し（委員選任基準の兼職・任期原則の）考え方を伝えるとともに，関係団体の意見を参酌すること。」として，推薦段階での意見交換を制度化している。宮城県では「労働者委員候補者の推薦について」において，連合宮城および県労連への通知を記録・文書化している。秋田県は「秋田県労働委員会労働者委員の候補者推薦に係る周知及び使用者委員の候補者の推薦依頼について」において，以下のように労働組合への周知を制度化している。

（秋田県）
　県広報の周知を図り，産業分野・系統別等の広範囲から推薦を得ることが望ましいので，県内各産業別労働組合等に対して県広報を送付します。
○労働者委員の推薦に係る県内各産業別労働組合に対しての周知（対象：75組合）
　平成20年度労働組合基礎調査から，連合系・労連系などの労働組合のうち，各産業別労働組合の支部及び前回第37期に送付した主要単一組合に対して送付する。県内に産業別労働組合支部などが無い場合は，各構成単一組合に対して送付する。

推薦の人数について，54号通牒では「委員定数の倍数」の推薦という基準もあるが，石川県では「推薦できる委員候補者の数」として，「1組合（団体）につきおおむね5人まで」という基準を設けている。鳥取県の「推薦要領」では，「推薦することができる候補者の数」について「制限はないが，2人以上の場合は，順位を付けること。」とされている。しかし，新潟県は，「推薦する委員候補者の数に制限はありません。」とする[56]。

　推薦行為の意義については，鳥取県の「委員選任参考資料」が「任命フロー」として以下の図を掲載している。「知事任命拒否」の選択肢が成り立つ事例の可能性は少ないが，被推薦者数が定員と殆ど重なる場合，都道府県の側では，推薦制度を軽視する志向が多いことも事実である。厚生労働省への問い合わせ事例の分析から，別の機会に明らかにする。

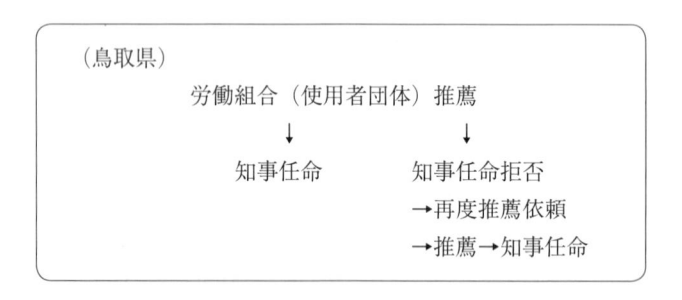

```
（鳥取県）
        労働組合（使用者団体）推薦
              ↓          ↓
          知事任命     知事任命拒否
                      →再度推薦依頼
                      →推薦→知事任命
```

(イ)　推薦資格と証明書類

　推薦資格は，使用者団体と労働組合について「当該都道府県の区域内のみに組織を有する」の要件と，労働組合について「推薦に係る都道府県労働委員会の証明書」の提出であるが，この要件と証明書類の具備について確認できない推薦労働組合・使用者団体は，当然，委員候補者の推薦を受理されず，その経過は，都道府県の開示文書には記載されない。しかし，都道府県の側では，資格要件をめぐる疑義，たとえば，「当該都道府県の区域内のみ」の解釈をめぐる事例，「推薦に係る都道府県労働委員会の証明書」の作成時期に関する事例等については，別の機会に紹介する。

　推薦労働組合の提出する資料については，労組法施行令（第21条第3項）は，

---

56)　富山県が2003年に実施した全国調査結果では，「定数を超える推薦の依頼」をしたのが，労働者委員で13都県（青森，福島，東京，山梨，富山，福井，岐阜，奈良，岡山，広島，山口，大分，宮崎），使用者委員で4都県（東京，山梨，富山，山口）となっている。

労働委員会による証明書だけを求めているが，手続き上，推薦書および推薦される候補者の履歴書，一部の県では「就任内諾書」[57]が必要になる。労働委員会による資格証明書は，推薦書の提出と同時に提出を求めている事例（したがって，それ以前に証明書の取得が必要となる）と選任事務を担当する知事部局への推薦書類の提出時に，労働委員会に対して，証明書交付のための書類の提出を求める事例（この場合は，推薦のための書類一式の中に，証明書のための立証資料が併記される）がある。問題は，推薦書や履歴書の内容が，過度に個人情報への介入になるおそれがある点であるが，被推薦資格として扱う。

(ウ) **被推薦資格**

推薦される候補者の条件については，労組法では委員の要件を定めているが，それが被推薦者の要件となるか問題となる。手続き上は，推薦書の所定の書類の様式が定められている場合に，特に履歴書や推薦書の記載事項が，単なる情報提供なのか，被推薦資格なのか，委員適格要件なのか，あるいは委員選任基準としても利用されうるのか問題となり，法定の要件以外でも，たとえば年齢制限を設けることの可否が問題になるが，年齢基準は，選任基準で取り上げることにし，ここでは，被推薦資格を推薦書の記載事項の問題として取りあげるが，まず，推薦依頼を通じた推薦条件の存在の可能性についてふれておく。

山梨県では推薦について公報による公告の方法だけが記録されているが，（使用者委員・労働者委員）候補者名簿では「女性候補者の推薦を依頼したが，推薦はなかった。」という記述がある。推薦のどの段階での依頼かは不明である。また，埼玉県では，「推薦団体における労働委員会委員候補者推薦について」において，「県の方針である「委員の任期は原則2期まで」に係る推薦団体の対応について，聴取した」結果を記録している。推薦前の段階で，県の方から，候補者の条件を伝達していることが確認できる。

次に，推薦書の書式については，和歌山県の「労働委員会委員候補者推薦書」の「備考」欄には，「当該候補者の労働問題に関する熱意及び経験の有無，政党

---

[57] 宮城県から労働省への問い合わせ（1995・11・17）では，「推せんを求めるにつき，中労委だと官報で必要事項を広告することが定められており，地労委の場合，何もないが，どこかで準用していないか。（回答）準用はない。地労委委員の任命手続は知事の裁量行為なので，法令では，例えば「推せんの求めは，県公報で……を広告すること」といったことまで求めてはいないもの。中労委については，推せん書に経歴書，内諾書，組合の資格証明書を添えて推せんすることを官報公告することが通例になっている。」という事例がある。なお，千葉県の推薦書の書式には，「候補者の推薦に当たっては，本人の承諾を得ておいてください。」の記述がある。

関係,その他参考となるべき事項を記入すること。」とされている。「政党関係」については,愛媛県の「委員候補者の推薦について」の公告で,委員候補者の履歴書の記載事項を明記し,「所属政党」の記載を求めている。政党関係は,公益委員の要件で課題となるが,労働者委員・使用者委員について,その記載を求める法的根拠がないばかりか,違憲のおそれさえある[58]。

　山口県の推薦書では,「候補者の学歴,職歴及び兵役関係,組合運動関係並びに政党関係を詳細に記入した履歴書」が添付書類とされている。労働委員会委員であれば,職歴や組合運動関係は,適格性や選考基準との関係で考慮される要素となりうるが,兵役関係や政党関係が同じ種類の情報と位置づけれるのは合理的な根拠はないであろう。

　履歴書の記載欄では,刑罰関係の欠格条項との関係で,「賞罰」欄を設けるかどうかが問題となっている。前述の長野県調査 (2001年) では, 21都道府県が,被推薦者の本籍地市町村への「欠格条項該当確認」を行い[59], 26府県は,確認事務は実施していないが,神奈川では,「当県では,本人に口頭確認をすることで調査」としている[60]。岐阜県の資料では,個人情報保護条例を理由に欠格条項調査を実施していない県や,「既委員が在任中に欠格条項に該当する事実があれば,当然新聞報道等で公になるものであり,改めて確認を行う必要性はない」と判断している県の実例が記録されている。その点,厚生労働省は,「任命に当っての欠格事由の調査については,各県の実情に応じて相当の方法によって行われたい。ただし,各方面問合せ等厳密に行いすぎると,人権等の問題も発生する可能性も考えられるので,一つの方法としては,推セン書に賞罰欄を設

[58) 愛媛県から労働省への問い合わせ (1991・2・15) では,「地労委委員の推薦期間中であり (~2/26), 全労連系の組合から推薦書が提出された。その際,労働者委員候補の履歴書の中に所属政党の記載を求めているのはおかしいのではないかと言われ,県では従来からの慣行でそう扱っていると答えたら,そのまま帰って行った。政党の記載を求める法的根拠はあるか。(回答) 労働者委員候補について,所属政党の記載を求める法条文,根拠はない。」という事例がある。

59) 福井県は,本籍地の市町村長への「刑罰等調書」で,「刑罰の有無」と「破産宣告又は破産手続開始決定の有無」の証明を求めている。破産関係の情報は,法律上の根拠もなく,個人情報への過剰な介入であり,違法な調査となろう。

60) 神奈川から労働省への問い合わせ (1996・2・29) では,「本人が虚偽の申告をして,それをうのみにし,委員になれない者を任命してしまった場合,その者が参与した事件の命令の効力はどうなるか。(回答) 欠格事由に該当する者を任命するケースは想定していない。瑕疵ある行政行為であり,損賠の対象にはなるであろうが,公定力があるので命令自体が無効になるとは考えにくい。しかし,実際の問題が発生しなければわからないことでもあり,結論づけは困難であると解する。」とされている。

けておくことが考えられる。」として[61]，履歴書での「賞罰欄」の記載を勧めているところである。

このような経過を辿って，推薦労働組合・使用者団体からの委員候補者が受理されるが，労働者委員候補者の名簿一覧における推薦労働組合の名称について，実際に推薦を行った労働組合名を記載しているもの以外に，系統別の地方組織名(地方連合や県労連名)を記述している例も多い。その意味では，実際の推薦労働組合名が問題となるのではなく，どの系統別労働組合組織からの被推薦者かが重要な選考要素となっている事実を物語る。これは，選任基準として扱う。

(3) 選任基準
(ア) 一般基準

労働委員会委員の選任基準について，他の行政委員会や審議会委員との共通の「一般基準」，公労使委員に共通する選任基準である「共通基準」，公労使の各委員ごとの個別の選任基準について，それぞれ個別に独立の文書の形式(例えば「選任基準」という文書名)による書式化されている場合と，各種の選任関係文書のなかに記述されている個別的な事項として「選任基準」が対象となって文書化されている場合があるが，全体状況は，表〈4-10〉のとおりである。「54号通牒」欄は，54号通牒が，準拠の形式を問わず，明示されている場合である。それぞれの「基準」のあり方について検討する。

一般基準の範型は，政府の「審議会等の運営に関する指針(平成11年4月27日閣議決定)」であるが，労働委員会委員の選任基準の一般的指針となりうるのは，以下の規定である。

---

(1) 委員の選任
① 府省出身者
　府省出身者の委員への任命は，厳に抑制する。
　特に審議会等の所管府省出身者は，当該審議会等の不可欠の構成要素である場合，又は属人的な専門的知識経験から必要な場合を除き，委員に選任しない。
② 高齢者

---

[61] 兵庫県(1997・5・16)への回答。神奈川県(1992・1・20)，広島県(1988・11)からの問い合わせにも同旨の回答がある。なお，愛媛県・群馬県では，推薦書に「労組法第19条の4(1項)該当の有無」欄を設け，宮城県では，推薦書の「備考」欄に「候補者の賞罰等，参考となる事項」の記載を求め，略歴書には「賞罰については，ない場合にもその旨記載願います。」と註記している。

第4章 労働委員会委員の選出制度の実態と課題

表〈4-10〉選任基準の存在状況

	一般基準	共通基準	公益委員基準	労働者委員基準	使用者委員基準	54号通牒
北 海 道		○	○			○
青 森						
岩 手		○	○	○	○	○
宮 城				○		
秋 田				○		○
山 形						
福 島		○	○	○	○	○
茨 城		○	○	○		○
栃 木						
群 馬						
埼 玉		○				
千 葉						
東 京						
神 奈 川						
新 潟						○
富 山						
石 川						
福 井						○
山 梨	○	○	○			○
長 野						○
岐 阜			○	○		○
静 岡	○					
愛 知			○	○	○	○
三 重	○					
滋 賀						
京 都				○		
大 阪						
兵 庫						
奈 良				○		
和 歌 山			○	○	○	
鳥 取	○	○		○		○
島 根						
岡 山						
広 島	○	○	○	○	○	○
山 口		○		○		
徳 島						
香 川						
愛 媛				○		○
高 知				○		
福 岡		○	○	○	○	○
佐 賀				○		
長 崎				○		
熊 本		○		○	○	
大 分				○		○
宮 崎			○	○		○
鹿 児 島				○		○
沖 縄		△	○	○	○	○

188

委員がその職責を十分果たし得るよう，高齢者については，原則として委員に選任しない。
③ 兼職
委員がその職責を十分果たし得るよう，一の者が就任することができる審議会等の委員の総数は原則として最高3とし，特段の事情がある場合でも4を上限とする。
(2) 任期
委員の任期については，原則として2年以内とする。
再任は妨げないが，一の審議会等の委員に10年を超える期間継続して任命しない。
(3) 女性委員
委員に占める女性の比率を府省編成時からおよそ10年以内に30％に高めるよう努める。

この政府指針が，都道府県労働委員会委員の選任基準の一般基準として運用される場合の形式としては，① 政府指針をモデルにした都道府県の一般規程を労働委員会委員に適用する，② 労働委員会委員の選任基準の規程の中に，一般的方針として規定する，③ 労働委員会委員の選任基準の中で，共通基準として規定する，④ 公労使各委員委員の個別の選任基準の中に規定する，の4類型があるが，③④は(イ)以下で扱う。

①の都道府県レベルでの一般規程の存在が労働委員会委員の選任文書の中で明記されているのは，広島県（「行政委員会委員等の選任基準について（平成4年1月総務部長通知）」），山梨県（「附属機関等設置運営要綱」），鳥取県（「附属機関委員選任基準」），三重県（「平成6年4月の総務部内規」），北海道（「行政委員会委員等に関する選任基準」）の事例がある。②の類型については，静岡県では「一般基準」要件を含む「審議会等委員選任候補者名簿」様式によって，労働委員会委員候補者名簿が作成されている。ただし，広島県では「行政委員会等の委員等の選任に係る取扱い6の運用について（4．1．27人事課）」によって，「各分野の代表者等をもって構成される行政委員会」である地方労働委員会には，「(具体的基準は)適用しない。」との運用内規がある。その理由としては，「職務の専門性など特別な事情」が挙げられ，「委員会の機能に支障が生じないことを重視して選任する」とされているが，その適用外とされる一般方針が実際の選任基準の中で大きく位置づけているという現象もみられるところで，女性委員の登用など，一

般方針を都合よく利用しようとする思惑が見え隠れすることを否定できない。また，鳥取県でも，一般基準は，「参考資料」に掲載されているが，「労働委員会の場合適用されない」旨明記されている。このような扱いをしつつ，全体として，一般基準として位置づけられているのは，内部事情によるものと推測する他はない。

　山梨県「労働委員会委員の選任について」では，年齢制限について，厚生労働省・私学文書課の見解として，「法律の中では委員の年齢制限はないので，県公報に年齢を掲載することには問題がある。」として，「70歳を限度とすることについては，関係団体へ連絡する際に，口頭でこの趣旨を伝える」として，運用上の年齢制限としている。「委員の留任期間の制限については，県で判断する事項であることから関係団体に伝えない。」としているが，女性委員の推薦についても依頼したことが記録されている。「関係団体」の選択は不明であるが，推薦団体の権限との関係が明らかではない。

　このような状況は，一般基準が県の基本方針として独自に規程化されていても，その実効性は強くなく，次の「共通基準」あるいは「個別基準」として設定されている場合の方が，拘束性が強いと判断できる。しかし，全体として，年齢条件および兼職・留任規制は事実上空洞化している状況と，女性委員の規定は数値目標として明記されている事例が多いが，選任基準として機能しているのか疑問であることは，全国調査からも伺われるところである。

　(イ)　共通基準

　ここでは，各都道府県労働委員会の公労使の委員に共通する「共通基準」とされている選考基準の内容について，選考に関する文書の中で明記されているものを取りあげる。そのような基準の存在を，分類項目について言及している事例によって確認したのが，表〈4-11〉である[62]。「三者構成」について言及している基準は，54号通牒に依拠した形式であり，「理念」については，多くは，

---

62)　一部県では，文書開示手続きの限定によって，労働者委員関係の文書しか開示されなかった。その場合には，共通基準と公益委員基準・使用者委員基準の内容確認はできていないので，その他で（＊）を付した。表〈4-10〉〈4-12〉〈4-14〉において，54号通牒の選任基準としての分類は，54号通牒として明記されている場合にかぎり，54号通牒と明示せずにその文言の一部を引用しているだけの場合は対象としていない。具体的な選任基準としての位置づけを整理した「共通基準」（表〈4-11〉）では54号通牒の項目を取り上げていない。なお，沖縄県は，「公益委員の選任に関する基準（内規）」の一部規定（年齢・任期・女性登用）を労働者委員・使用者委員の選任に際しても「考慮」するとしているので，表〈4-12〉〈4-14〉の記載と重複している（表〈4-10〉「共通基準」△）。

2 労働委員会委員の選任制度の実態

表〈4-11〉共通基準の内容

	三者構成	理念	年齢	任期・在任年数	女性登用	その他
北海道			69	10年		
青森						
岩手					2人	可能な限り，若手の任命
宮城						
秋田						
山形				5期10年		（行政OB3期6年）
福島						
茨城						
栃木						
群馬						
埼玉						
千葉						
東京						
神奈川						
新潟						
富山						
石川						
福井						
山梨			70	8年	○	
長野						
岐阜						
静岡			70	10年		
愛知						
三重						
滋賀						
京都						
大阪						
兵庫						見識・理解
奈良						
和歌山						
鳥取						
島根						
岡山					○	欠格条項
広島	○	○	70	5期10年	○	再任可能な者
山口		○				
徳島					○	（女性委員40％）
香川						
愛媛						
高知						
福岡	○	○	70	10年	○	重複任用制限
佐賀						＊
長崎						＊
熊本		○	70	3期	○	前任者優先
大分						
宮崎						
鹿児島						
沖縄			70	5期	○	

191

54号通牒の内容の引き写しである。具体的な選任基準の適用や運用に関しては特徴的な事例について，個別に紹介する。

熊本県の「労働委員会委員の選任方針（商工観光労働部）」は，各委員共通の方針として「労働委員会の運営に理解と実行力を有し，かつ，自由・公正な労使関係の推進に寄与し得る適格者を選ぶこと。」として，この方針と年齢（70歳未満）・在任期間（通算3期限度）を「満たす前委員が引き続き選任候補となった場合は，原則としてこれを優先すること。」と定める。

福岡県「労働委員会委員選任の基本方針」は，以下のような基本原則を掲げ，その上で，各委員の選任基準を設けている。この理念は，54号通牒の表現を踏襲したものであって，具体的な選任基準において54号通牒を直接引用していることはないが，理念としては生かされていると言ってよい。同じような54号通牒の規定は，山口県（「労働委員会委員選任の基本方針」）でも明記されている。

> （福岡県）
> ① 労働委員会が労使紛争の斡旋・調停・審査等を行う公・労・使による三者の合議体である性格に鑑み，労働委員会制度の趣旨に沿った円滑な運営が確保され，かつその機能が最大限発揮されるよう諸般の事情を総合的に勘案して任命する。
> ② 労働委員会委員はすべてこれが運営に理解と実行力を有し，かつ申立人の申立内容をよく聴取し判断して，関係者を説得し得るものであり，自由にして建設的な組合運動の推進に協力し得る適格者であること。

愛媛県の「労働委員会委員の選任について」では，「特に女性委員（現在各1名）の登用については，今般各2人ずつの推薦がなされたところである。これにより，委員15名中6人が女性委員（公・労・使各2名）となり，40％の割合となる。」とし，女性委員については，実質的にクオーター制を取り入れている表現をしている。これは，後に引用する「想定問答集」（らしき文書）からも窺われるところであるが，系統別基準との関連性が不明確な運用となっている。

徳島県の「労働委員会員の選出方法」は，「内定の条件」として，「各界の代表としてふさわしく，かつ，労働問題を深く理解し，労使関係調整の役割を果たすことのできる適任者を選出する」としている。

山口県の前記「基本方針」では，「新委員は，最低1回は再任できる者を選任

する。」という事項に「留意」するとしている。

広島県「労働委員会委員の選任について」では,「欠格条項に該当しないこと以外に法的に拘束力のある選任基準はなく」としつつも,「労働委員会が労働問題に係る準司法的な権限を持つことから,労働省通達によって選任基準が……示されている」として,54号通牒が明示の上,引用されている。

鳥取県の「選任方法」文書では,「会長は労働委員会経験の長い弁護士（内規）」とされている。会長人事について言及している文書は,北海道でもみられる。なお,「選任方法,選任状況」欄において,「弁護士3名,学識経験者（社会保険労務士1名,元県議1名）,女性2名」としているが,この数的基準の拘束力は不明である。

兵庫県では,「労働委員会委員の任命について」において,「候補者の労働問題に対する見識,労働委員会の運営に対する理解など種々の要素を総合的に勘案した結果,適任と認められる者として,第40期兵庫県労働委員会委員を別紙（案）のとおり決定します。」との説明文が記載されているが,これが「共通基準」として実質的に機能しているかどうかは確認できない。

愛知県の「労働委員会委員任命について＜基本的な考え方＞」は,以下のとおり整理している。

（愛知県）労働組合法を始め関係法令に基づき,総合的に判断して労働委員会委員としてふさわしい適格者を任命する。				
	定　　義	考え方	主な選考要件
公益委員	使用者,労働者という立場にとらわれず広く県民全体の利益を一般的に代表する者（労働組合法コンメンタール労働省編著）	公益委員は,準司法的機能を果たす点から,特に専門別（法律,経済等）を充分考慮のうえ,政党政派に偏せず,その主義主張において真に中正な人物を選ぶこと。（昭和24年事務次官通牒）	労働問題に高い識見を有し,かつ,公正・中立な立場で職責を遂行できる者

労働者委員	労働者の立場を一般的に代表する者 (労働組合法コンメンタール労働省編著)	労働者委員は,「労働者一般の正しい利益」を反映させる立場にあるのであって,特定の労働者や労働組合の利益を反映する立場にあるのではない。 (大阪高裁判決・労働省見解)	労働運動に豊富な経験を有し,かつ,労働者及び労働組合の全体の利益を反映することのできる者
使用者委員	使用者の立場を一般的に代表する者 (労働組合法コンメンタール労働省編著)	使用者委員は,「使用者の正しい利益」を反映させる立場にある。 (大阪高裁判決)	使用者の正しい利益を反映できる者

　岩手県の「労働委員会委員の任命に当たっての考え方(検討資料)」では,「共通事項」として,「女性委員について,全体で最低2人の枠を確保する。また,可能な限り,若手の任命に努める。」とされているが,この方針は,部内での検討過程においては,「最低」の文言が追加され,「堅持する」から「確保する」に表現が強まり,若手方針が追加された経緯が記録されており,選任基準は,先例墨守による固定的なものではなく,任命権者側の姿勢次第で変更可能なことを物語っている。

(ウ) 公益委員の選任基準

　労働委員会の委員としての共通的な選任基準とは別に,公益委員に適用される個別の選任基準が明記されている場合に,その内容を示したのが,表〈4-12〉である。「公益理念」と「中正な立場」の項目は,公益委員の立場や資格を定義するものであるが,(54号通牒を明示せずに)54号通牒の文言を引用している例が殆どであり,独自的なものは個別的に紹介する。54号通牒を明示して引用し,基準に取り込んでいる場合には,「54号通牒」欄で確認している(位置付けについては,表〈4-15〉参照)。「政党条項」欄は,労組法(19条の12第4項)における政党の員数制限を公益委員の選任基準とすることを条件としていることを明示し,その条件を確認する趣旨(と解することのできる)文書や記述が存在することの調査結果である。その問題点については,(4)で改めて取りあげる。「職種別」欄については,選任前に「大学教員・弁護士・社会保険労務士等」の職種別の人数枠を明確に設けている場合であり,「推薦」欄は,委員候補者の推薦を依頼することが明文をもって制度化されている場合である。多くは弁護士会である。一

2 労働委員会委員の選任制度の実態

表〈4-12〉公益委員の選任基準・選任方法

	公益理念	職種別	推薦	年齢	任期・年	女性登用	54号通牒	政党条項	中正な立場	欠格条項	その他
北海道		○	○					○	○	○	
青森											
岩手											
宮城											
秋田								○			
山形									○		評価
福島		○		70	2期			○	○		
茨城											
栃木											
群馬											
埼玉											
千葉											
東京											
神奈川											
新潟		○					○		○		
富山								○			相談調査
石川							○		○		
福井		○	○			○	○		○		
山梨									○		調査
長野											
岐阜									○		
静岡	○						○	○			
愛知											
三重									○		
滋賀			○								
京都		○	○	70	3期	○					評価
大阪											
兵庫											
奈良	○		△								
和歌山		○					○		○		実績
鳥取								○			
島根			○				○	○			
岡山		○						○			
広島			○								
山口									○		評価
徳島											
香川									○		
愛媛		○									
高知											
福岡											
佐賀											
長崎	○			70	5期	○		○			
熊本	○	○			10年	○		○			
大分											
宮崎											
鹿児島				70	5期	○	○	○		○	
沖縄											

△できる

第 4 章　労働委員会委員の選出制度の実態と課題

部で，大学が推薦団体とされているが，推薦する大学側にどの程度の人選の自由があるかは不明である（推薦の形式を取り繕っているだけの可能性は否定できない）。「その他」では，公益委員の選任にあたって，「評価」を取り入れている事例，特定の個人に「相談する」という事例を列挙した。

　労使委員による公益委員の同意制度は，公益委員の選任基準自体ではないが，ここで取りあげておく。従来，同意する委員の資格（改選前の委員・内定した委員・任命後の新委員）や同意の形式（個別同意・一括同意）が問題になってきたが[63]，内定委員による文書同意以外の方式を採用している事例を，表〈4-13〉に列挙した。労組法が「公益委員は使用者委員及び労働者委員の同意を得て，都道府県知事が任命する。」（第19条の12第3項）を厳格に解釈すれば，内定段階ではなく，任命された委員による同意が必要であるとすべきではないかと思われるが，この点での実態は，同意制度の意義の再検討も含め別の機会で明らかにする。

　公益委員の選任基準をめぐる都道府県の個別的状況を以下に概観しておく。

　宮崎県「労働委員会公益委員選任基準（平成19年4月10日労働政策課）」では，公益委員の選任基準として「迅速さをもって積極的かつ熱心に職務を遂行できると見込まれる者で，あっせんや審問等の処理に当たって，労働者委員及び使用者委員との調整を図りながら，的確に紛争解決のための判断や指導ができる者」として，「政党政派に偏せず，その主義主張において真に中立公正な者」としたうえで，「弁護士・大学教授等3名，行政経験者1名，社会保険労務士1名」の割合を定め，弁護士・大学教授等は「専門分野を十分考慮」，行政経験者は「労使関係に造詣が深く，行政実務に優れた者」，社会保険労務士は「労働関係法令に精通し，適切な労務管理に関する指導を行い得る者」という基準を明記する。

　福岡県の前記「基本方針」の公益委員選任基準では，「① 委員の構成は，弁護士3名，大学教授等4名の割合を基本に選任する。② 大学教授等については，法律，経済等の分野のバランスを考慮するものとし，労働法及び民事訴訟法の専門家を各1名選任する。」とし，公益委員候補者調書では，選任基準としての

---

[63]　公益委員任命のための労使委員同意制が違憲であるとする議論については，石川吉右衛門「労働委員会の合憲性」（自治実務セミナー，1989年1月号51頁），同「私見」（同12月号7頁）参照。中労委の場合，かつては，任命予定の労使委員（候補者）の同意制であったが，24期公益委員任命の際には，23期の（任期満了前の）現職労使委員と（従来方式による）任命前の24期の労使委員候補者の同意という方式に改めたが，25期以降もこの方式が踏襲されていると推測される。個別・一括同意制をめぐる問題については，労使関係法研究会報告書『労使関係法運用の実情及び問題点　4』（日本労働協会，1967）357頁参照。

196

2 労働委員会委員の選任制度の実態

表〈4-13〉労使委員による公益委員の同意制の運用

神奈川	同意を求める会議
新　潟	公益委員選任会議（辞令交付に先立ち）
長　野	内定者協議会
大　阪	団体を通じて内定者の同意
徳　島	内定委員による公益委員選出会議
福　岡	労使委員の任命を得ることが任命の停止条件
宮　崎	予定者による「同意を求める会」（慣例として全員）
鹿児島	就任内諾書提出の際に，名簿提示

位置づけなのかどうか不明であるが，「政党関係」の回答欄があり，「月3,4回以上の委員会出席の可否」を問うている。

愛媛県の前記文書では，公益委員の選任理由について，「各委員とも，労使団体関係者の評価も高いことから，継続しての就任をお願いする。」とあるが，これは，公益委員の選任基準として，「評価・実績」を制度化していることを意味するのかどうかは不明である。

香川県では，選任基準として定式化したものはないが，「公益委員候補者選任理由」によると，県弁護士会からの推薦が明記されているので，弁護士会への推薦制度が存在すると推測される。

山口県「基本方針」では，「弁護士2名，大学教授等2名，行政経験者1名」を基本とし，「大学教授等から選任する委員は，できる限り労働法の専門家」，「行政関係者から選任する委員は，労使関係に造詣が深く，行政実務に優れた者であって，労働者委員，使用者委員をリードできる者」と方向づけている。また，労使委員に対して同意を求める際の公益委員名簿には，「政党関係」の欄がある。「政党関係」情報が，政党要件充足のための情報として用いられる以外に，労使委員に公開される必要性と合理的根拠が見出し難い。

広島県前記文書では，日本公認会計士協会中国会と広島弁護士会から推薦があったことが記述されており，選考基準としては，54号通牒の「準司法的機能を果たす点から特に専門別（法律，経済等）を充分考慮の上，政党政派に偏せず，その主義主張において真に中正なる人物を選ぶこと」を特に考慮し，専門別，所属団体を総合的に勘案して選考するという検討基準によって，検討結果が記されている。

鳥取県の「委員候補者選定方針」では，「現委員の事件処理実績を評価」として「全員を再任」とした。

和歌山県「労働委員会委員任命要領」では，「公益委員の候補者の名簿の作

成」として，公益委員の選任方法・選任基準を以下のように定める。

> （和歌山県）
> (1) 候補者の選定
>   知事は……候補者の選定に際し，必要と認めるときは，関係団体（弁護士会等）に対し，候補者の推薦を求めることができる。
> (2) 候補者の選定基準
>   知事は，次の基準により公益委員の候補者を選定するものとする。
> ア　法律，経済，社会等について豊かな学識経験を有する者であること。
> イ　申立て事項に対し，公正的確な判断を下し，当該申立て事項の関係者間を調整し，当該関係者を納得させ得る者であること。
> ウ　政党及び政派に偏せず，主義主張において中正な者であること。

　大阪府の「労働委員会委員選任スケジュール」では，公益委員の選任過程が以下のように整理されている。労委事務局からの聴取している評価の記録はすべて不開示であるが，個々の公益委員毎に不開示とされている文書量が異なっており，公益委員に対する個別の評価が行われていると推測される。労使委員に対しては，「公益委員任命に係る労働者委員（使用者委員）からの意見聴取」において，「公益委員が4名交代する。公益委員に対する意見はないか。」と質問し，文書化されている。労使委員の評価によって，公益委員の再任方針が決まるのではなく，「公益委員の選任方針（案）」が先に決定されているようである。そして，「委員の任命（伺い文）」では，「公益委員のについては，労使関係の民主的調整に熱意を有していることを基本に，労働委員会在任期数，職業など種々の要素を考慮し，検討を重ねてきた結果，(案3) の候補者11名が相応しいと思われます」と「決済関与者」の決済を求めている。

> （大阪府）
> ＜公益委員選任スケジュール＞
> ○現委員の評価を労委事務局より聴取
> ○労使代表委員の評価聴取　現委員意向打診
> ○推薦団体への推薦依頼及び選任方針に係る情報収集
>   ・大阪弁護士会・大学

2　労働委員会委員の選任制度の実態

```
・公認会計士協会近畿会
○労使団体に公益委員の選任方針等説明
○推薦書受理（弁護士会，大学，会計士会）
○候補者の本籍地・欠格事由調査
○委員候補者の確定
○就任承諾書の徴収
○団体を通じて公益委員内定者の同意
○任命式
```

```
＜公益委員の選任方針（案）＞
1　基本原則
(1) 3期6年，70歳（任命時）を限度とする。ただし，特別の事情（会長等）がある場合，この限りでない。(4期以上あり得る)
(2) 分野（弁護士，大学教授，会計士，行政）別の枠組みは変更しない。
(3) 女性委員は現在2名となっており，前回の3名より減少しているため，可能なら3名に戻したい。
2　検討方向
(1) 任期満了により再任しない委員
　　＊　後任については，弁護士会に対して，委員の推薦を依頼する。
　　＊　A委員の後任については，女性委員の推薦を依頼する。女性の推薦が2名にならないか依頼する。
(2) 委員の都合により再任しない委員
　　＊　B大学から別の委員を推薦してもらう。
(3) 再任を求める委員
```

　京都府の「労働委員会の委員候補者について」とする文書（第40期）では，公益委員の推薦団体として，京都弁護士会以外に特定の大学名を挙げているが，第41期の文書では，推薦団体は京都弁護士会だけになっている。
　滋賀県の「公益委員の任命について」での選任理由は，「① 法律や経済等の知識や幅広い経験があるとともに，判断能力や説得力のある者であること。② 主義主張において，真に中正な者であること。」という基準を掲げ，個人ごとの評価を加えつつ，以下のように述べているが，この部分は，選任理由というよ

199

りも，選任結果についての説明の位置づけとなろう。

> （滋賀県）
> 　現職である2名の候補者はいずれも，現在までその任にあって，十二分にその職務を遂行しており，また他の労使委員の信頼も厚いことから引き続き再任することとする。
> 　委員会の運営上，高度な法律の知識を有する人材が必要であり，労働問題に詳しい弁護士をさらに1名任命する。また合議制で事案を決定するときに，学識経験者としての視点や一般市民の意見は得難く，社会保険労務士1名と裁判所で調停委員としての実績がある者1名を任命する（。）

　愛知県の「労働委員会委員任命要綱」では，「公益委員の選考については，学界，法曹界等の団体又は個人から適任者を選考」としているが，「団体」からの選考の経路は明らかになっていない。
　岐阜県の「公益委員の選任について」（検討資料）は，「東海3県の大学における労働法を専門分野とする教授等」を実名によって列挙し，以下のような「選考要素」によって検討を加えているが，「政治的中立性」や所属学会，組合役員歴を調査しているという重大な事実がある。

要　素	観　点
①政治的中立性	政党政派に属せず，主義主張に中正であること
②行政委員等の経験	行政委員，審議会委員等の経験があること
③教授歴	学識経験者として経験があること （20年以上◎，10年以上○，10年未満×）
④県にゆかり（就任可能性）	県出身・県内在住・県内在勤等，岐阜県と関わりがあること
①政治的中立性は○△（不明）評価，②行政委員等経験は○×評価，④就任可能性は○△評価	

　山梨県の「労働委員会委員の任命について」では，「弁護士，公認会計士，大学教員等から選任している。また，5名のうち2名を女性としている。」としているが，「弁護士会では，弁護士会長又はそれに準ずる一定の経験年数がないと推薦しないこととしており，女性弁護士（登録者3名）には該当者がいない。」と，弁護士会側での選任基準の存在が確認できる。「公益委員候補者名簿」では，弁

護士2名，公認会計士2名，大学教員5名，社会保険労務士3名の名前を登載し，弁護士2名，公認会計士1名，大学教員1名，社会保険労務士1名が任命されているが，弁護士以外の候補者がどのようにして候補者となっているのかは不明である。

　石川県の「任命計画」では，「県は，学界，法曹界，言論界，その他各界から適任者を調査する。」としているが，そのプロセスや調査結果は明らかになっていない。

　茨城県の「選任基準（県内規）」では，「在任中に70歳を超える者は，原則として選任しない」が，「労働法専攻の大学教授及び弁護士については，75歳まで任用することができる」として，在任期間制限（2期）は，県職員OBに適用がある。

　岩手県では，新規に公益委員を選任する過程で，「公益委員潜在候補者一覧（取扱注意）」を作成し，大学（11人）（「大学は，県内の大学（短大を含む）の教授，准教授で労働法等を担当している者である。」），弁護士（6人），社会保険労務士（17人），公認会計士（3人），税理士（8人）の「性別，生年月日，年齢，勤務先，職種等，他の委員等就任状況，摘要（専門）」を調査している。

　北海道では，「任命に関する事項」で，「公益委員予定者は労働組合法第19条の12第4項に規定する3名以上の同一政党の所属制限を満たしている。～別添「履歴書」のとおり」と確認する点が目立っている。また，「次期以降の会長，会長代理候補を育成する。」ことを「選任の考え方」で述べている。

　㈡　労働者委員の選任基準

　労働委員会の委員としての共通的な選任基準とは別に，労働者委員に適用される個別の選任基準が明記されている場合に，その内容を示したのが，**表〈4-14〉**である。「利益代表理念」は，一般的に「労働者の利益」の定義や労働者代表の立場と資格であるが，多くは，54号通牒の文言をそれと明示することなく引用している。「54号通牒」欄は，実質的に54号通牒に準拠する場合ではなく，54号通牒と明示して引用する事例であり，その位置付けについては，**表〈4-15〉**に纏めている。欠格条項（労組法第19条の4）については，一部で，被推薦資格として規定されている事例もあるが，すべて選任基準で取り上げた。「構成数・比例」欄は，組合数・組合員数の調査・確認，組織別の比率の算出などの資料を，（広い意味で，すわなち意義づけや結論の導き方，拘束性を問うことはせず）選任基準資料として引用している事例である。

第4章 労働委員会委員の選出制度の実態と課題

表〈4-14〉労働者委員の選任基準・選任方法

	利益代表理念	構成数・比例	活動・役員歴	年齢	任期・年	女性登用	54号通牒	欠格条項	その他
北海道		○				○	○		
青森									
岩手			○				○		推薦書
宮城		○	○				○		
秋田	○	○	○				○		
山形									
福島	○								
茨城	○	○					○		現職再任原則
栃木							○		
群馬									
埼玉									
千葉									
東京									
神奈川									
新潟						○	○		
富山		○				○			
石川		○					○		
福井						○			
山梨									
長野		○	○				○		
岐阜		○					○		ドント方式
静岡			○				○		
愛知	○		○						
三重	○								
滋賀									
京都									
大阪							○	○	自主調整会議
兵庫		○	○	○	○				
奈良		○							
和歌山	○	○							全国の状況
鳥取		○				○	○	○	実績・経験年数
島根									
岡山									
広島		○	○				○	○	
山口								○	
徳島									
香川						○	○		
愛媛									
高知		○							
福岡			○				○		ドント方式
佐賀			○						ドント方式
長崎			○	○				○	
熊本							○		
大分							○		
宮崎									
鹿児島		○	○				○		政府参考答弁(国会)
沖縄		○		○	○	○	○		ドント方式・訴訟判決

202

2　労働委員会委員の選任制度の実態

表〈4-15〉54号通牒の位置づけ（行政内部での検討記録）

北海道	全体の趣旨尊重	三　重	
青　森		滋　賀	
岩　手	関係法令等	京　都	行政内部で検討していない
宮　城		大　阪	
秋　田	基本的考え方	兵　庫	作成していない
山　形		奈　良	
福　島		和歌山	
茨　城		鳥　取	参考資料
栃　木		島　根	管理していない・作成していない
群　馬		岡　山	作成していない
埼　玉	担当者間で口頭	広　島	選任基準
千　葉		山　口	
東　京		徳　島	
神奈川		香　川	尊重しているが,公文書は存在しない
新　潟	留意事項	愛　媛	想定問答集
富　山		高　知	県独自の規則等は定めていない
石　川		福　岡	作成も取得もしておらず,存在せず
福　井	参考・作成していない	佐　賀	資料
山　梨		長　崎	
長　野	採用・不採用理由、任命手続き・作成・取得した記録なし	熊　本	作成・取得していない
		大　分	任命根拠（参考法令）
岐　阜	考え方	宮　崎	参考
静　岡	参考（議会答弁）・作成していない	鹿児島	関係法令・通達
愛　知	基本的な考え方・作成していない	沖　縄	考慮する

　労働者委員の選任基準における系統別の組織比率や比例原則がどのような役割を果たしているのかは，別個に検討する課題であるが，現段階での中間的結論としては，それは，むしろ，少数派組合を労働者委員候補から締め出す根拠として利用されており，客観的で公正な選任基準という視点からすれば，組織人員を相対的に位置づけ，労働組合の組織的力量や組織的人員の多寡とは別個の観点，団結の自由に由来する労働組合の平等扱い原則に立脚すべきであろう[64]。総括的な作業は，今後の課題としつつ，個別的な事例を紹介しておく。

　沖縄県では，「ドント方式を採用する」としていることと「第12期地労委労働者委員の任命に際して，県労連から提起された，訴訟における県側の主張及び那覇地裁と福岡高裁那覇支部の判決を考慮する。」と特記していることが特徴的である。

---

64)　前節(A)(「全国調査」)でも強調したように，組合数による比較を絶対要件とせず，すべての労働組合の平等取扱いを強調するILOにおける労働組合代表性準則原則が示唆的である。

第4章　労働委員会委員の選出制度の実態と課題

　鹿児島県の「労働者委員の選任について（案）」では，参議院厚生労働委員会（2001年6月28日）の政府参考人答弁である「54号通牒については，これまでの国会答弁でも述べているとおり，労働者委員の任命の際に尊重すべきものであるというふうに考えております。」を引用する形で，54号通牒を明記しており，特に54号通牒の「委員の選考に当たっては，産別，総同盟，中立等系統別の組合数及び組合員数に比例させる」という文言にアンダーラインを付して重要視している。

　大分県は，「労働組合状況」として，「大分県の推定組織率の推移」，「九州各県の県内組織労働者数に占める各労働団体の勢力」についての統計資料を作成し，「九州各県の労働者委員選任状況」として，「全ての県で，連合系委員を選任（県労連出身の委員なし）」と記述し，「労連系委員任命県の状況」として，8都府県における連合系と労連系の組合員数比率と選出委員数を記録する。

　熊本県は，労働者委員の選任方針として「労働組合からの推薦に基づき，次の各項目を総合的に判断し，労働者としての立場での豊かな経験と識見を有し，労働者の代表として適切な人物を選ぶこと。ア　候補者の年齢，職歴，勤務先，イ　候補者の労働組合における役職歴及び現在の地位」とし，「熊本県労働委員会「労働者委員」の選任について（案）（労働雇用総室）」という文書が以下のような選任方法と選任基準を記録する[65]。

　（熊本県）
　1　推薦の状況
　　熊本県労働者委員会労働者委員（定員5名）については，別紙名簿のとおり6名の推薦がなされている。
　2　選任方針について
　　選任については，推薦候補者について，労働組合法の規定によるほか，別紙「熊本県労働委員会委員の選任方針」により行うものとする。
　3　選任について
　(1)　推薦候補者6名のうち現委員2名が推薦されており，これまでの委員としての経験，活動状況等を考慮し，再任としたい。[選任方針1－(3)]
　(2)　残りの新任委員3名については，候補者4名から選任する必要があり，①委員会運営の理解と実行力，②労働者の立場としての豊かな経験と識見，の2つの観点から考察する。

---

65)　委員候補者の所属組合名・役職名・経歴は匿名にしている。

① 委員会運営の理解と実行力

　各組合の推薦書によると，AはX組合委員長を務めており，……推薦のあった4名ともそれぞれの労働組合で重要なポストにある。

　4人の中で，各組織において，構成員をまとめていく実行力が求められる執行委員長を務めているのは，ACDの3名である。

　また，推薦があった4人のうち，ACDは，所属の活動だけでなく，上部団体の要職につき活動を行っており，この点からも実行力があると判断される。

② 労働者の立場としての豊かな経験と識見

　各組合の推薦書によると，Aは，（不開示）を務めて以来，組合の役職歴は20年以上，専従歴もある。

　Bは，現職の他に，（不開示）を務めた経歴があり，組合の役職年数は18年あり専従歴もある。

　Cは，（不開示）を経て現職。組合の役職歴は17年あり，専従歴もある。

　Dは，（不開示）を経て現職。組合での役職年数は15年あり，専従歴もある。

　4人の候補者ともに役職年数が15年以上であり，また組合専従歴も有しており，労働者の立場としての豊かな経験と識見を有するものと判断できる。

<結論>

　以上のように経歴，現在の地位等について，選任方針に照らし総合的に勘案すれば，4候補者のうち，労働組合の執行委員長を務めており，労働委員会運営においても理解と実行力を有すると判断できるACDの3名が適任であると考えられる。

　長崎県は，「労働者委員の内定について」において，「組合員の構成比に基づく配分案（ドント方式）」を，連合長崎組合員数と県労連組合員数に基づき作成し，「定員5の配分は，連合長崎系5となる。」と算定し，「配分案により，連合長崎系の推薦者5名を，労働者委員として選任することとする。」という結論を示している。なお，54号通牒については，「公文書不開示決定通知書」において「労働省54号通牒に関する労働者委員については，組合員の構成比を基に選任していること。」と回答している。

愛媛県では，前記文書において，「連合愛媛系組合から8人，愛媛労連系組合から1人の推薦があったが，連合愛媛から特に推薦のあった5人を選任する。(5人中女性2人)」と述べているが，「特に」の文言は，後述の選任基準の説明文書との整合性や合理的理由が見あたらないところである。また，委員候補者の履歴書において，「所属政党」欄があるが，前述のとおり，内部的に問題となってきた経過が記録されている。

広島県前記文書では，下記の項目の二種類の労働者委員候補者名簿が作成され，任命に当たっては，54号通牒の指摘する系統別の比例原則と産業分野・地域別等を「特に考慮し，下記表のとおり，系統別，組合役員経験年数，役職別，産業別，地域別を総合的に勘案して選考する。」としている[66]。

「労働者委員候補者名簿（広島県）」

名前	年齢	現住所	所属及び役職	推薦団体	欠格事由の有無	組合役員経験年数	全県組織組合活動歴（全業種／業種別）	備考

名前	系統別／判定	組合役員経験年数	役職別／判定	産業別	地域別	検討結果／摘要
						◎ 再任
						○ －

その検討結果として，「以上2系統8名の候補者について，総合的に判断すると，現職委員のA－Dの4候補が適任者と認められる。残り1名については，産業別バランスの観点や女性委員の選任という基本方針を考慮して，現職委員のEが適任者と認められる。したがって，A－Eの5候補を労働者委員の内定者とする。」と具体的な判断プロセスが示されている。

鳥取県前記文書では，「複雑・多様化する事件を円滑処理する観点から実績及び経験年数を重視」と「系統別の組合員数を考慮」という二つの理由から全員再任している。

和歌山県の前記「任命要領」では，「使用者委員及び労働者委員の任命」として以下のように定める。使用者委員の選任基準と一体となっているので，全体

---

66) 「参照」の位置づけから，他に，「県内の労働組合の現況（系統別）」，「加盟系統別組合員数及びその比率に基づく労働者委員選出人数」，「県内労働組合の現況（産業別）と労働者委員候補者の数」，「県内労働組合の現況（郡市別）と労働者委員候補者の数」の表が作成されている。

を引用する。

> （和歌山県）
> 　知事は、推薦要項に基づき推薦された候補者のうちから、次に掲げる基準により委員として最適と認められる者を、本人の承諾を得て使用者委員又は労働者委員に任命するものとする。
> ア　委員は、労働委員会の業務に理解と実行力を有するとともに、それぞれ使用者又は労働者を代表する者として、使用者又は労働者全体の意思を反映する者であること。
> イ　使用者委員の任命にあたっては、近代的な労使関係に理解のある者であるとともに、産業別、場合によっては地域別等を考慮すること。
> ウ　労働者委員の任命にあたっては、労働組合の産業別、場合によっては地域別等を考慮すること。

　その上で、「労働者委員選考に関する参考資料」では、資料1「加盟組合及び組合員数」、資料2「労組法・地公労法適用組合及び組合員数」のそれぞれによる委員配分数の算出、資料3「過去の状況」、資料4「全国の状況」を収録する。
　奈良県の「労働者委員の選任について」は以下のような選任基準を設けているが、文書を「取扱注意」とすべき必要性と根拠はないであろう。

> （奈良県）
> 1　奈良県労働委員会は使用者委員5名、労働者委員5名、公益委員5名をでもって構成。
> 　労働者委員は、知事が労働組合の推薦があったものを任命する。
> 　労働者委員の選任は労働組合から推薦あったものから、次の選任基準（従来からこの見解を採っている。但し、外部にこの見解を示していない。）より行っている。
> 　①　委員候補者の人物、識見、組合経歴、労働者委員としての適性及び委員経験の有無等を総合的に勘案。
> 　②　所属組合員数、所属系統組合員数（産業分野、地域別考慮を含む。）を考慮。
> 　従前より、労働者委員構成は、連合系5名、奈労連0名となっている。
> ※最近の選任状況及び他府県の状況　（資料1）

> 2　構成出身組合の組織状況　　　　　（資料2）
> ・　県内労働界に影響力を持つと思われる，概ね800人以上の産業別組合13組合の状況をみると，連合系11組合，労連系2組合で，組合員数では，連合系が40,568人，労連系が4,325人と約9：1の割合となる。
> ・　また，連合奈良，奈労連からの報告によると組合員総数は，連合奈良（不開示）人，奈労連（不開示）人で，約5：1の関係にある。

　兵庫県の「労働者委員・候補者一覧」では，以下のような調査項目による資料が作成されている。表〈5-6〉には記載したが，選任基準との関係は不明である。

「労働者委員・候補者一覧（兵庫県）」

学歴	欠格該当	賞　　罰	所属会社・役職	
所属組合（単位組合）		所属組合・役職		
		所属組合役員経験年数（三役以上）	組合員数	
産別組織		産別組織役職（三役以上経験年数）	組合員数	
全県組織		全県組織役職（三役以上経験年数）	組合員数	
全国組織		全国組織役職（経験年数）	組合員数	
公職歴	県（本庁）関係	国（労働局）・県（地方機関）・市町関係		
	労働関係団体・役職（準公職）	地労委委員		
官民別	産業分野（主な産業分類・従業員数）	地域	推薦組合	

　大阪府は，前述のとおり，「次期労働者委員候補者の推薦手続を円滑に行っていただくため」の「大阪府労働委員会労働者委員候補者の推薦に係る主要労組代表者懇談会」による自主調整方式であるが，この会議自体は，大阪府商工労働部長の招聘によるもので，その「主要労組代表者懇談会開催要領」では，会議の目的を「第39期大阪府労働委員会労働者委員候補者の推薦について，大阪府内の主要な労働組合の代表者を招聘して懇談会を開催し，その意向を聴取させていただくとともに，府側の要望をお伝えし，懇談会を通じて労働組合間の話し合いによる労働者委員候補者推薦の自主的調整をお図りいただくことを目的としています。」としている。その調整会議の結果は，「労働委員会労働者委員の推薦状況について」において「労働者委員の推薦状況（見込み）について，

調整委員から次のとおり情報収集しました。」として,「労政課労政補佐 A 及び主査 B が,調整委員である C 連合事務局長に,推薦予定者についてヒアリングを行ったところ,以下のとおりであった。(C 事務局長)・第 39 期大阪府労働委員会労働者委員の推薦に当たり,調整委員 3 名 (連合大阪事務局長 C,大阪労連事務局長 D,全港湾関西地方本部委員長 E) は調整会議を開催し,協議を行い,次の 11 名を推薦予定者とすることとした。」と報告されている。大阪府は,このような自主調整結果を尊重することになるが,その前段階で,「府の意向」が歴然と存在することも事実である。

滋賀県は,かつては労働者委員の選任要件として,54 号通牒を挙げ,系統別の組織人員数の調査結果を根拠にしていたが,今回の任命では,以下のような抽象的な理由が挙げられ,54 号通牒は「意図的に」外されている。数量的な比例配分方式によらずとも,系統別の選任を実現していることは注目される。

(滋賀県)
① 労働者の立場を代表し,労働者全体の利益を擁護すべき責務を遂行できる者
② 労働者の正当な利益を考慮して活動できる者

岐阜県の「労働委員会委員の選任について」では,「選任にあたっての考え方」で 54 号通牒の「産別,系統別の組合数及び組合員数に比例させるとともに,産業分野,場合によっては地域別等を充分考慮すること」を明記し,「検討資料」では,「選考要素」として以下の基準を設ける。

観　　点	要　　素
(1) 適性・遂行能力,組合活動推進への協力	① 組合歴の長短・内容
(2) 男女共同参画の推進	② 女性委員の任命促進
(3) 労働者一般の利益を代表	③ 系統別の組合員数への比例

この「選考要素による検討」として,「組合員歴 10 年に付き 1 点」,「女性 1 点」,「系統別組合員数比例」と「系統別組合数比例」で,「比例按分」と「ドント方式」で点数配分し[67],合計点を算出している。この点数が絶対的な基準とし

---

67) 系統別労働団体加盟状況による検討として,＜比例按分した場合＞ 組合員数では,連合岐阜 5 人:県労連 0 人,組合数では,連合岐阜 4 人:県労連 1 人,＜ドント方式による場合＞連合岐阜

第 4 章　労働委員会委員の選出制度の実態と課題

て利用されているのかどうかは不明であるが，公益委員の調査資料と一体であるため，客観的な基準として公開されているかどうか問題となる。

長野県の「知事・副知事レク」資料については前述したが，基本的には54号通牒に則っている。

山梨県では，「労働者委員候補者名簿」で，「女性候補者の推薦を依頼したが，推薦はなかった。」としているが，依頼のプロセスを明らかにする必要があろう。

石川県の「選任について（労働者委員）」では，系統別，産業分野，地域別での統計資料を作成し，「他県の状況」を記載し，「選定の理由」を記述する。

富山県の「労働者委員の選任（内定）案」では，「選任にあたっての基本的な考え方」として，以下の三点が明記され，選任案で候補者個人への基準の当てはめを行っている。
ている。

> （富山県）
> ①　候補者の出身労組，産別が同一とならないようバランスをとる。
> ②　系統別・産別の組合数，組合員数を考慮する。
> ③　女性委員の登用を図る。

新潟県の「委員の任命について」では，「被推薦者数が法定数と同数のため，被推薦者全員を選任したい。」とし，他方，「今回，労働者側から女性が1名推薦されたが，女性を巡る労働環境変化への対応や各種審議会への女性登用の推進の観点からは望ましい状況」と評価している。

群馬県の文書（「起案説明」）では，「定数を超える推薦があり，この調整」を行うと記述するが，その方法と基準が問題であり，それは，「調整」が意味することではない。

栃木県「労働者委員の選任について」では，組合員数を根拠に，「より多くの労働者を代表するという点から，連合栃木に所属する5名の候補者を労働者委員とするのが適当である。」と決定づける。

茨城県「選任基準」の県内規では，「現職の委員が推薦された場合は，それまでの委員会での活動状況，年齢，健康状態等を考慮したうえで，格別の障害がない限り，再任することとする。」としている。

5人：県労連0人として，各委員に点数配分する。

2 労働委員会委員の選任制度の実態

　山形県では、かつては、労働者委員の各ローカルセンターへの配分の「計算方法」として、「組合員数を基にし、加えて組合数を若干考慮の対象とする」客観的な基準としても特記されるべき以下のような数式が存在した（労政課長名による文書）。この数式に替わる現在の方式は作られていないようである。

（山形県）
　　センターに対する配分数 ＝ $\left(\dfrac{B}{A} \times 1 + \dfrac{D}{C} \times 0.3\right) \times \dfrac{5}{1.3}$
（注）① 計算に際しては、小数第5位を四捨五入し、第4位まで表示する。
　　　② 各配分数計が正数位で5に達しない場合は、小数位の最も多いものからくりあげる
　　　③ 略号等
　　Ａ＝センター参加組合員数の総計　Ｂ＝当該センター所属の組合員数
　　Ｃ＝センター参加の組合数総計　　Ｄ＝当該センター所属の組合数
　　0.3＝組合数の対組合員数比　　　1.3＝組合員数比＋組合数比
　　5＝労働者委員の数

　秋田県の「基本的考え方」では、「昭和24年通牒など判断の目安・指針となるものはある」と明記したうえで、「労働者委員の選定基準」では、54号通牒を選定基準として引用しつつ、「労働者委員としての実績及び産業分野、また労働者全体の代表という趣旨を踏まえ、出身労働組合、産別労働組合、系統労働組合の組合員数及び組合数などを総合的に考慮した結果、順位の高い5名を選定した。」と説明している。評価基準の評価項目では、遂行力（実績）と数量比とで比較するもので、客観的データではあるが、「労働者委員としての実績」評価は、在任年数であって、結局は、現役委員再任原則と異なるものではない。

　宮城県の「選考理由」では、「労働界の情勢」が挙げられているのが特徴的である。また、1986年から1990年の任命時の選考資料も情報開示されているが、そこでは、具体的で明確な選考理由が記録されていた。そのような選考方法や選考基準が存続しているのか、変更されたのかは明確ではない。

　岩手県では、「推薦書に記載された内容を基に、職歴、労働関係経歴等を総合的に判断」として、「検討資料」では、「労働者委員としての適格性項目」を以下のような「労働組合での地位（経歴）」によって評価し、「総合判定」している。

第4章　労働委員会委員の選出制度の実態と課題

「労働者委員としての適格性（岩手県）」

1	長としての経験	委員長，議長としての経験の有無（○，×）を判定
2	単組以外の経験	出身労組以外の労働関係団体の業務経験の有無を判定。三役レベル以上の経験がある場合には，◎
3	広域的業務の経験	市町村レベルを超えた広域圏域での労働関係団体の業務経験の有無を判定。県全域を対象とする場合及び三役レベル以上の経験がある場合には，◎
4	労使関係事情への精通度	① 労働関係団体の役職の多さ（2つ以上経験） ② 単組を含めた経験の長さ（10年を目処）で判定
5	労働委員会制度への理解	労働委員会委員の経験がある場合には，◎
6	業種別等の評価	① 組合員数の多い製造業，卸売・小売，運輸業を○とし，かつ組合員数300人以上（中小企業の従業員数を基準）の場合を◎ ② 複数の組合から推薦があった場合は◎ ①②以外は△
7	総合判定	◎3つ以上かつ×・△1つ以下を「◎」 ◎1つ以上かつ×・△1つ以下又は×・△なしを「○」 ×・△が合わせて3つ以上を「×」 ◎，○，×以外を「△」

　北海道では，「選任方法について」で，欠格条項と「推薦基準を満たしていること」の要件を具備していることを踏まえ，再任者を確認した後，新任者を「総合的に勘案した結果」として，選任している。結果的に，現職再任原則を認めているが，被推薦資格と選任基準の関係等曖昧さが残っている。

(オ)　**労働者委員選任基準と54号通牒**

　54号通牒が，公益委員と労働者委員の選任基準において運用されている状況については，表〈4-13〉と表〈4-14〉で整理したところである。その都道府県の文書の中での54号通牒の位置づけのあり方については，表〈4-15〉で纏めている。「54号通牒の扱いや適用について記録する文書」という開示請求に対して，文書不存在決定がなされている事例も多く，その理由を引用した。しかし，多くの道県では，54号通牒の存在を前提に，その内容に依拠して選任基準を設け，運用している。

　ここでは，54号通牒の位置づけとその法的な効果について行政内部で確認し

2　労働委員会委員の選任制度の実態

ていることを検証する意味で，愛媛県の例を取りあげておく[68]。

　愛媛県の「労働委員会委員の任命について」は，文書の性格は不明であるが，担当部署の説明からは，部内で作成した一種の「想定問答集」ではないかと推測されるもので，以下のような質問項目を設け，見解や回答を示している。

（愛媛県）
(1)　労働委員会制度について
(2)　労働者委員の公正・民主的な任命について

> (2)　第38期愛媛県労働委員会の労働者委員の任命に当たっては，憲法・労働組合法等の趣旨に則り，また，労働省の通牒を踏まえて特定の労働団体のみが委員を独占することがないように，公正・民主的な任命を行って欲しい。

(3)　委員任命の経緯について
(4)　選任の基準，「総合的に勘案」について

> (4)　選任の基準を明らかにせよ。また，「総合的に勘案」とは具体的にどういうことか。

(5)　昭和24年通牒の有効性・精神について

> (5)　昭和24年の労働省事務次官通牒は，今日でも有効と考えているのか。また，有効と考えているなら，この通牒の精神をどのように考慮しているのか。

(6)　現在の系統別の組合数及び組合員数について
(7)　憲法第14条・第28条・第99条について

---

[68]　厚生労働省への問い合わせ事例でも，54号通牒の扱いについて検討した結果が確認されているのであり，54号通牒の存在とその拘束力の承認は，都道府県によって避けがたいものとなっている。香川県問い合わせ（2005・3・15）への回答「54号通牒は未だ生きており，各県における任命についてはこちらを考慮していただきたいと考えている」，山梨県問い合わせ（2005・1・14）「54号通牒は生きているか。（回答）生きている。」，京都府問い合わせ（2004・10・12）「昭和24年発出の第54号通牒に関し，委員任命が機関委任事務となった平成12年4月以降，この通牒の持つ意味が変わったとか，効力を失ったとか，また取扱が緩やかになったとかの判断はあるか。（回答）従前からの効力と変更なし。（変更する，等の見解を示していないため。）」，千葉県問い合わせ（1990・5・24）「24年通牒は「任命基準」ではないと考えてよいか。（訴訟等の資料をみるとそのように書いてあるので確認したい。）（回答）①24年通牒は，任命権者の裁量権を拘束する意味での「任命基準」ではない。②任命権者としては，24年通牒も考慮に入れながら，裁量に基づいて任命するということである。」

> (7) 労働者委員の任命は，憲法第14条の「法の下の平等」，第28条の「団結権保障」，第99条の行政府の「憲法尊重擁護の義務」に違反するものではないか。
>
> (8) ILO第87号条約・国際規約について
>
> (8) 労働者委員の任命は，ILO第87号条約（昭40／結社の自由及び団結権の保護に関する条約），経済的，社会的及び文化的権利に関する国際規約（昭54），市民的及び政治的権利に関する国際規約（昭54）に反し，組合の諸権利を侵害する違法なものではないか。
>
> (9) 女性委員の登用について
>
> (9) 女性が登用されているが，性別よりも推薦組織の系統や委員としての資質を優先させるべきではなかったのか。

これらの想定質問に対して準備された回答について，全体の引用はできないが，選任方法と54号通牒に関する(4)と(5)を引用しておく。

> (4) 選任の基準，「総合的に勘案」について
> 1　労働組合法は，都道府県知事の労働者委員の任命について，法第19条の12第3項に基づき，労働組合から推薦があった者のうちから任命することとしている。
> 　また，消極的要件として法第19条の4第1項所定の欠格事由（禁錮以上の刑を受け執行中の者等）に非該当であることのほかは，何ら選任の基準を置いていない。
> 2　したがって，任命に当たっては，役員等監督的地位にある者でないことなど法の定める基準はもとより，建設的な労働組合運動の推進に協力しうる者であること，特定の者の利益を代表するのではなく労働者一般の利益を代表する者であることなど，昭和24年の労働省事務次官通牒も踏まえながら，諸々の要素を「総合的に勘案」して，知事が裁量権に基づく決定を行ったものである。
> 「総合的勘案」の主な内容
> 　1．愛媛県内のみに組織を有する労働組合から推薦があること。（労働組合法施行令第21条）

2．禁錮以上の刑に処せられその執行を終わるまで，又は執行を受けることがなくなるまでの者でないこと。(労働組合法第19条の4第1項)
3．役員，雇入・解雇・昇進・異動に関して直接の権限を持つ監督的地位にある労働者でないこと。(労働組合法第2条但し書第1号)
4．委員会の円滑な運営に理解と実行力を有している者であること(54号通牒)
5．申立人の話をよく聴取し，適正に判断して，関係者を説得しうる者であること。(54号通牒)
6．自由にして建設的な組合運動の推進に協力しうる者であること。(54号通牒)
7．系統別の組合数・組合員数，産業分野，地域別等を考慮すること。(54号通牒)
8．なるべく所属組合を持つ者であること。(54号通牒)
9．人物・識見が優れていること。
10．推薦母体の労働組合や組合員の利益を代表するものでなく，労働者一般の利益を代表する者であること。

(5) 昭和24年通牒の有効性・精神について
1　通牒は，今日でも有効と考えている。
2　なお，この通牒は，知事がその裁量によって委員を任命する際の指針を示したものであり，留意点が訓示的に述べられているものの，選任基準として，「任命権者の裁量権を拘束するものではない。」と考えている。
3　したがって，従来から任命に当たっては，通牒の趣旨を十分踏まえつつ総合的な検討を加え，最終的には知事が任命権者としての立場で，推薦された方々の中から適任と考えられる方を選任している。

(カ) 使用者委員の選任基準

使用者委員の選任基準については，前述の和歌山県の「任命要領」のように労働者委員の選任基準と一体化している事例や労働委員会の委員としての共通的な選任基準が適用される事例とは別に，使用者委員に適用される個別の選任基準が具体的に明記されている事例は多くはないが，ここでは，若干の特徴的なものを引用する。

熊本県の前記「選任方針」では，使用者委員の選任方法として，「使用者団体からの推薦に基づき，次の各項目を総合的に判断し，使用者としての立場での豊かな経験と識見を有し，使用者の代表として適切な人物を選ぶこと。ア　候補者の年齢，役職歴，勤務先，イ　候補者の所属における地位」と労働者委員のものと類似の基準を明文化している。

広島県前記文書では，「系統別，出身企業産業別，地域別を総合的に勘案して選考する。」という選考基準が明記されている。

鳥取県前記文書では，「理由」として「使用者団体推薦者が定数と同数」としている。候補者数が定数通り（あるいは定数以下）の場合，推薦制度の法的拘束力からすれば，被推薦資格（欠格条項）の吟味の問題は別として，任命権者の自由裁量が制約され，選任行為自体が機能しない（一部候補者の選任拒否の可能性が認められない）とするのが厚生労働省の公的な解釈であるが，実際にはどのように運用されているのか表面化していないだけに，検討を要する。

(4)　公益委員の法定資格要件の運用と実態
(ア)　公益委員の政党要件と政治活動の規制

本来，規範的な序列としては，選任基準よりも上位にくるべきものが委員の法定の資格要件であるが，労働者委員と使用者委員の法定資格要件である欠格条項は，多くは推薦資格や選任基準で扱われてきており，ここでは，公益委員の政党要件を取りあげる。

労組法（第19条の3第5項）は，中労委の「公益委員の任命については，そのうち7人以上が同一の政党に属することとなつてはならない。」と定め，この規定に反する場合には，公益委員の罷免を規定する（第19条の7第4・5項）。都道府県労働委員会の公益委員についても同じ定め（第19条の12第4項）があるが，この「規定に抵触する」場合には「当然退職」を規定する。また，(廃止前の)船員労働委員会公益委員についても準用が規定されていた（(旧)第19条の13第4項）。そのため，公益委員は「政党に加入したとき，政党から脱退し，若しくは除名されたとき，又は所属政党が変わつたときは，直ちに」，内閣総理大臣あるいは知事に「通知義務」を有する（労組法施行令第22条）。このような公益委員の政党所属に係る規定である「政党要件」は，労働委員会公益委員に限ったことではなく，国の行政組織については，人事院人事官（国公法第5条第4・5項），国家公安委員会委員（警察法第7条第5項・第9条第3・4項），中央選挙管理会委員（予備委員）（公選法第5条の2第5・8項），地方自治体の行政組織については，人事委

2 労働委員会委員の選任制度の実態

員会（公平委員会）委員（地公法第9条の2第4・5項），公安委員会委員（警察法第39条第3項・第41条第3・4・5項），選挙管理委員会委員（補充員）（地方自治法第第182条第5・6項），教育委員会委員（地方教育行政組織法第4条第3項・第7条第2・3項）にも規定がある。その意味では，労働委員会公益委員の政党要件は，行政委員会の委員の資格という視点から，沿革も含めて検討する必要もあるが，本章では，その点は措くこととする[69]。

中労委公益委員の政党要件に関して，厚生労働省は「口頭で確認を行っている」として，文書不存在を主張して，以下のような「理由説明書」を情報公開・個人情報保護審査会に提出している。

・各公益委員（候補者）の所属政党については，労働組合法の規定は，書面による確認等を求めておらず，実際の運用も上記公益委員就任の説明時に，口頭での確認を行っているのみである。第28期及び第29期の公益委員について，政党に所属している事実の確認はなされていないことから，厚生労働省としては本件に係る文書を作成・取得していない。

・「政党要件」につき口頭で確認を行っていることについて
　ア　労働組合法は要件の確認方法については明記しておらず，名簿作成の意思決定過程に関わる者が委員候補者に直接口頭にて確認すれば，公益委員名簿の作成等を行う厚生労働省が政党要件について把握できることになるので充分であり，現に口頭にて確認しているところである。
　　なお，政党は行政機関ではないこと等から，政党に対して書面による確認を行う方法によることでは，確実に確認することは現実問題として不可能であり，委員候補者から直接確認することが合理的である。

---

[69] 沿革については，鵜飼信成「わが国における行政委員会制度の概観」・辻清明「米国行政委員会の独立性」（東京大学社会科学研究所編『行政委員会―理論・歴史・実態』）（日本評論社，1951），白井俊郎『國家公務員法詳解』（大阪タイムス社，1948）参照。なお，現在の人事官の任命に際し「国公法による政党要件の充足を確認した文書」の内閣政務官に対する開示請求に対して，「閣議書」が開示されたが，「政党要件」に関する記述は存在していない。国の人事行政の元締めである人事院による政党条項の取扱い水準を超えた運用が，労働委員会公益委員において適用になるとは考えられないとも言えよう。一部の府県での調査では，選挙管理委員会委員の就任承諾書や経歴書において，「政党関係」を確認している事例や他の行政委員会委員については，「口頭で確認」とする事例がある。また，国土交通省は，（旧）船員中央労働委員会公益委員の「政党要件」を「口頭により行っている」と回答している（なお，いわゆる54号通牒は，船員労働委員会には適用していないとしている）。

217

イ　その確認内容は事務担当者間において引き継がれているが，これまで政党に所属していたという例は確認されていない。そのため，政党に所属していないという内容について文書にて残す必要性も薄い。
　また，法律の要件は7人に達しているかどうかの確認を必要としているものであり，政党に加入している者についてのみ記録に残し，その累計が7人に達した場合に，当該規定を発動するものである。したがって，政党に加入していないことについては，文書にしなくても足りるものであって，記載しない取扱いを現に行っていた。したがって，申立人の請求する「政党要件の充足を確認する文書」は作成・取得していない。

　しかし，労組法による要件と手続が，文書（書面）を用いることなく行われうるという主張は，合理的な根拠を欠くもので，疑義を挟まざるを得ない。労組法による政党要件は，個々の公益委員（候補者）の政党所属の事実が問題なのではなく，特定の政党に所属するものが一定の人数を超えるか否か（員数確認）が重要な問題である。それは，任命時に確認する必要があるとともに，公益委員は，任期中，政党所属関係（加入・脱退・変更）について，内閣総理大臣に通知する必要がある（「通知義務」）ところから，常時，何らかの手段で記録が保持されている必要がある。
　その点，従来の労組法（旧規定）の解釈では，「（任命時の）制限員数の超過は……無資格者に対する任用となり，当該政党所属委員全員の任用が無効となる」，「（任期途中に）新たに員数を超える者について委員資格が欠如し，「当然退職」となる」とされており，(旧)労働省の行政解釈も確認しているところであるが[70]，公益委員の資格そのものに関連する重要な情報として管理されなければならない。
　厚生労働省の理由説明書は，書面による確認手続は不要であると主張するが，厚生労働省は，あくまで，原案作成を担当するだけであり，政党要件は，任命権者である内閣総理大臣の任命行為を拘束するものである以上，何らかの書面による確認手続を要すると理解する方が合理的である。
　また，労組法による政党要件は，個々の公益委員（候補者）の政党所属の事実が問題なのではなく，公益委員の中での特定政党への所属の偏重のチェックを

---

70)　東京大学労働法研究会『註釈労働組合法　下巻』（有斐閣，1982）911-912頁，労働省労政局労働法規課『労働組合法（再訂新版）』（労働行政研究所，1983）638頁。

目的とする。前記の厚生労働省「理由説明書」は、公益委員が「これまで政党に所属していたという例は確認されていない。」と明言するが、かかる個人情報がどのように管理されているのか不明なまま、公開されるべきものか、検討を要すると言えよう。むしろ、重要なことは、個々の公益委員への確認作業よりも、公益委員全体の政党所属関係の把握が必要になることである。公益委員就任のための内諾の過程において、厚生労働省の担当者によって、個々の公益委員の政党要件の確認作業がなされているとしても、その情報を全体で共有化し、員数確認する必要がある。

実際に、15名の公益委員（候補者）に対して、就任の内諾を得る業務を担当する厚生労働省の職員が、たとえ一名であって、その担当者が瞬時に、員数確認を行いうるとしても、担当者の「頭の中」で記録が保存されるだけというのは、不自然である。公益委員の任期途中の「通知義務」は、内閣総理大臣に対してなされるものであるから、もし、内閣総理大臣に「通知」がなされた場合には、どのように対応することが想定されているのであろうか。

このように、政党要件は、何からの記録として残されていなければ、その運用が不可能である。それでも、厚生労働省の理由説明書のように、担当者の口頭による確認だけで十分であるとすれば、そのような簡便な手続自体を可能とする規定など何らかの取り決めの記録化が、手続全体との整合性も踏まえて、行われているべきである。

あるいは、過去において、「員数超過」といった事態が生じたことがないということから、その手続は必要ないという解釈と運用方針が担当部署でなされているのであれば、そのような理由を明示すべきであり、それを記録する文書の有無を明らかにするべきである。

結局、情報公開・個人情報保護審査会の答申書[71]は、「政党要件」に関連する文書の不存在という厚生労働省の主張を認めるに至ったが、その根拠とするところは、該当する文書の存在が確認されなかったというにすぎない。実際に、政党条項に関連する一切の文書が作成されていないとすると、法定要件を満たしていることを客観的に確認することはできず、法的に要請されている正当な手続きを逸脱した違法な運用とみなすか、労組法の政党条項が形骸化しているとみなすか、そうでなければ、政党条項を存続させている意義は、その存在が本来的な役割を超えた機能を果たしているところにあると考えることができるの

---

71) 前掲 平成20年度（行情）答申第513号（2009年3月12日）。

である。それを裏付けるのが，都道府県労働委員会委員の選任制度における政党条項の運用実態である。

　すなわち，中労委公益委員に対する「政治活動（政党その他の政治的団体の役員となり，又は積極的に政治運動をすること）の禁止」（労組法第19条の6）という規制は，都道府県労働委員会公益委員には適用されないが[72]，実際には，より明確な形での，公益委員の「政治活動の自由」への規制行為が一部の都道府県で確認されているからである。その背景には，54号通牒が公益委員について「政党政派に偏せず，その主義主張において真に中正な人物を選ぶこと」と定めている規定の表現が，公益委員の選任基準に用いられている影響があると推測できる。すなわち，政党要件自体は，実際上の適用の可能性が想定されていないが，公益委員の政治的立場への任命権者の側からの「監視」[73]，その前提として，公益委員の選考過程における候補者の政治的立場の調査といった憲法違反ともすべき事例が横行している実態を明らかにする必要がある。以下，一部の都道府県の文書を通じて確認できるその実態を紹介する。

(イ)　政党要件の運用

　前述の公益委員の選任基準の状況は表〈4-12〉で示したとおり，公益委員の選任基準として政党要件を明示している都道府県の事例自体が少ないが[74]，政党要件を確認する文書の状況は，「作成していない」という明示の文書回答があった都道府県を含め，表〈4-16〉である。文書で人数確認を行っているところはなく，担当者が記憶しておく（大阪府）といった回答であるが，個々の公益委員の作成する文書において「確認」しているとする事例もある。

---

72)　本条は，1988年改正（法律第83号）により追加されたものであるが，それ以前の解釈では，「政党要件」の「政党」の定義には，広義の政治団体も含むという解釈であった（前掲『註釈労働組合法 下巻』912頁）ところからすると，主たる趣旨と意義は後段の「政治運動」禁止にあるようである。なお，地方（現都道府県）労働委員会公益委員に本条の準用がないことに関して，厚生労働省は，千葉県からの問い合わせ（1995・11・14）に「地方の委員会は，国の委員会に比して，委員の政治的中立性の要請は低いものと考えられるため，中労委の公益委員の政治的活動等の禁止を準用しなかった。」と回答している。

73)　群馬県から厚生労働省への以下のような問い合わせ（1991・2・14）がある。「労組法19条の6は地労委委員に適用されるか？（公益委員の1人が地方選のある候補の後援者をたのまれている。）（回答）1. 19条の6は地労委には準用されておらず，適用がない。2. 後援者というのがいかなるものかわからないが，法の適用があるかというのと適当であるかというのとは別問題である。」

74)　鳥取県においては，「労組法第19条の3（準用）」を明示している事例がある。労組法・同施行令の労働委員会関係の条文全体を引用している場合もあるが，選考基準の明示と位置づけていない。なお，表〈4-16〉は，開示請求文書④を請求した都道府県のみ表示している。

2　労働委員会委員の選任制度の実態

表〈4-16〉政党要件確認文書について

北海道	確認明記・履歴書「政党関係」
秋　田	候補者一覧「政党」
東　京	（作成していない）
神奈川	（文書化した資料がない）
山　梨	「本人に確認」（厚労省問い合わせ）
岐　阜	（文書がない）
愛　知	履歴書「所属政党」・（作成していない）
三　重	（文書がない）
滋　賀	（文書がない）
京　都	（確認の結果を文書で記載していない）
大　阪	口頭確認（文書は管理していない）
兵　庫	口頭説明・履歴書「政党への加入」
奈　良	（作成していない）
鳥　取	（関係法令記載のみ）
広　島	履歴書「所属政党」（文書が存在しない）
山　口	労使委員同意書「政党関係」・（書類がない）
愛　媛	（作成していない）「所属政党」
高　知	（確認書類がない）
福　岡	候補者調書「政党関係」・（作成していない）
長　崎	履歴書「政党関係」
宮　崎	特段行っていない

　福岡県の公益委員候補者調書では、「政党関係」の記入欄がある。山口県の労使委員に対して同意を求める際の公益委員名簿には、「政党関係」の記載があるが、この記録は、公益委員候補者の提出する履歴書等によっているはずである。広島県の（公益委員候補者用）履歴書には「所属政党」欄があり、名前の次に置かれており記載場所からすると重要な位置づけを与えられている。兵庫の公益委員の履歴書には、「政党への加入」欄があり、「有り（政党名　　）・無し」への記入を求めている。愛知県では、公益委員の「候補者の名簿を労働者委員及び使用者委員に提示し同意を求める」ために「当該名簿に登載するため履歴書を必要と」するという理由で必要事項の記入を求めている中に、「所属政党」欄がある。秋田県では、労働者委員・使用者委員も含めた「秋田県労働委員会委員候補者一覧」において、「所属職場／政党／職業」とする欄がある。北海道では、公益委員の履歴書欄に「政党関係」がある。その上で、前述のとおり、「公益委員の任命について」とする文書で、「※公益委員予定者は、労働組合法第19条の12第4項に規定する3名以上の同一政党の所属制限を満たしている・〜別添「履歴書」のとおり」という文言を記載している。これが、政党要件の充足

221

第4章　労働委員会委員の選出制度の実態と課題

を文書確認している唯一の事例である[75]。

　しかし，問題は，公益委員の選考過程における調査と，公益委員の日常の言動への「監視」の実態である[76]。旧労組法の下での「第三者委員の性格」に関する実態調査の趣旨と内容[77]が明らかにしているように，立法趣旨からすれば，公益委員の労使からの中立性が要請されており，政党所属自体が問題なのではなく，特定の政党への所属員が多数を占めることへの警戒，まさしく員数制限こそが重要であった。その後，54号通牒が，公益委員について，「政党政派に偏せず，その主張において真に中正な人物を選ぶこと」として，公益委員の労使からの中立性の要請と政治的立場の自由を混同し，個々の公益委員の「政治的中立性」があたかも選任基準であるかのような解釈と運用を容認することとなってしまって以降，労組法の員数制限の規定が，その立法目的を超えて，公益委員個人の政治的立場への規制へと変質したことの結果である。すなわち，当初の立法目的から逸脱した「政党条項」の運用がまかり通っていると言わざるをえないのであるが，換言すれば，労組法が中労委の公益委員の政治的行為の規制（第19条の6）について，都道府県労働委員会の公益委員には準用しないとしていることによって，本来都道府県労働委員会公益委員に対しては適用されない労組法による法的規制が54号通牒の存在によって適用されることになっており，そのような意義からしても，54号通牒の法的規範性が首肯されるべきことになるのである。

　以上，都道府県の文書の検討・分析によって，都道府県労働委員会委員の選任方法・選任基準の実態を解明してきたが，これまで行政の側からの情報公開の姿勢も機会も皆無だっただけに，その一部でも明るみにできたことは，労働委員会委員の選任基準の客観性・公平性・公開性といった原則を考察する上で，重要な意義と実際的な有用性を認めることができよう。同時に，都道府県が情報公開制度によって提供した文書を手掛かりにしたもので，行政内部の文書管理・保管制度によって「公開可能」とされた文書による資料分析という限界をも有していた。実態解明のためには，本来的には，行政機関の側の情報公開に対する責務を前提に，その積極的な対応を必要とする。

---

75)　他に，和歌山県の「委員候補者推薦書」には，「備考」欄に，「政党関係」を記入することを求めているが，公益委員の履歴書の要式は不明である。

76)　その他の実例については，次節「C」（質問・照会集）で紹介する。

77)　前掲『行政委員会—理論・歴史・実態』による実態調査（「地方労働委員会の構成」87頁以下）では，第三者委員の職業と政党関係が調査の対象となっているが，労使からの中立性確保と個々の公益委員の政治的活動の自由を前提としていると位置づけられる。

222

(C) 厚生労働省文書による選任制度の実態

　本節では，厚生労働省文書の分析によって，労働委員会委員の選任制度の運用実態の解明と分析を対象とする。

(1) 「資料集」と「質問・照会集」

　労働委員会委員の選任方法や選任基準の実態について，厚生労働省の「資料集」と「質問・照会集」の二文書の分析によって解明を行う。その手掛かりとする「資料集」と「質問・照会集」の性格と意義，内容の概要について説明を加えておく。

(ア) 「資料集」の性格と概要

　「資料集」(「労働委員会委員任命関係資料集」)[78]は，「改訂版」(平成10年3月)で，旧版の作成時期は不明であるが，その時期に改訂された意図は，以下の「目次」構成からもある程度推測がつく。

```
　Ⅰ　法令・通達関係　　　　　　　　　　　　　　　　　　　　　　　(頁)
　　労組法　　　　　　　　　　　　　　　　　　　　　　　　　　　　1
　　　・労組法第19条の12による地労委への準用規定(読み替え後の条文)　4
　　　・労組法施行令　　　　　　　　　　　　　　　　　　　　　　　5
　　　・通達　　　　　　　　　　　　　　　　　　　　　　　　　　　7
　　行政不服審査法（抜粋）　　　　　　　　　　　　　　　　　　　　18
　　行政事件訴訟法（抜粋）　　　　　　　　　　　　　　　　　　　　23
　Ⅱ　委員任命関係問答集　　　　　　　　　　　　　　　　　　　　　27
　　　＜参考＞国会議事録　　　　　　　　　　　　　　　　　　　　　32
　Ⅲ　民事訴訟法手続の流れ
　　①　民事訴訟法第一審手続の流れ　　　　　　　　　　　　　　　　37
　　②　控訴審手続の流れ　　　　　　　　　　　　　　　　　　　　　38
　　③　上告審手続の流れ　　　　　　　　　　　　　　　　　　　　　39
　　④　参考　　　　　　　　　　　　　　　　　　　　　　　　　　　40
　Ⅳ　訴訟の事務処理関係
　　1　民事訴訟が提起された場合の事務処理について　　　　　　　　43
```

---

78) 「部内限」という扱いは，「厚生労働省文書管理規程」にも定義はなく，法的な意味合いはなく，単なる事務上の扱いにすぎないが，わざわざ「部内限」とする理由は明確ではない。選任制度の客観性・公開性の原則からしても問題がある。

```
    2  行政訴訟が提起された場合の事務処理について          49
  Ⅴ  委員任命に関する争訟関係
    ①  労働委員会労働者委員任命処分取消等請求訴訟の状況について  53
    ②  中央労働委員会訴訟関係（第21期〜第23期）         60
    ③  千葉県地方労働委員会訴訟関係（第33期〜第35期）     173
    ④  東京都地方労働委員会訴訟関係（第31期）           235
    ⑤  長野県地方労働委員会訴訟関係（第34期）           300
```

　全体の分量（頁数）の90％は，訴訟関係であり，実質的には労働者委員任命訴訟に関する資料集である。さらに国会議事録は，中労委の労働者委員任命問題での質疑応答を収めている[79]。当時係争中の訴訟への対応に関する指南書の役割を果たそうとしていたとも考えられる。

　「Ⅰ　法令・通達関係」では，労組法の解釈を踏まえて，各種通達を引用するのであるが，問題は，「（参考）」として収録されている54号通牒の位置づけである。後述の裁判例は押し並べて通達の法的性格を根拠に54号通牒の法的拘束力を否定するのであるが，「資料集」では，各種通達類が法的拘束力を有するものとして下達され，その内容を遵守するよう指示・命令されている。したがって，54号通牒を通達であるという理由から，法的拘束力を否認することは一貫性を欠くものであって，ご都合主義以外の何ものでもない。

　本「資料集」が都道府県の委員任命事務において，重要性を有していた事実は，「質問・照会集」の中の以下の事例からも確認できる。

```
　　佐賀県（H7・8・10）
　　　地方公営企業の組合は推せんできると，資料集p8にあるが，自治労のような官公労組は推せんはできるか。
```

---

[79]　参議院決算委員会会議録（1990年10月31日）。他に参議院社会労働委員会（1956年3月29日），衆議院社会労働委員会（1988年5月17日）の会議録を併せて1頁分収録するが，これは公益委員の同意制に関する質疑である。なお，労働者委員任命問題は，衆議院社会労働委員会（1988年5月17日），参議院社会労働委員会（1988年5月19日）でも取りあげられていたが，触れられていない。答弁内容の引用の仕方によっては不都合との判断があったとも推測される。

2 労働委員会委員の選任制度の実態

> 長野県（3・11・26）
> 労委任命関係資料集に右のような想定問があるが，……市町村教育委員会の委員についても，地労委の委員と兼職ができないと考えてよいか。

　これらの記録は，都道府県の委員任命事務において，本「資料集」が手引きの役割を果たしており，その解釈に疑義がある場合や未掲載の事例については，直接，厚生労働省へ問い合わせを行って，事務処理を進めていることが窺える。その意味では，都道府県の側が，訴訟の場において，任命権者の「自由裁量」を強調したり，厚生労働省が，各都道府県の判断の問題であるとする姿勢を示すこともあるが，それは，一定の枠内で許された固有の裁量の問題であり，厚生労働省は，「全国調査」での事例に典型的な関連する情報収集と「資料集」や「質問・照会集」を介しての選任事務の運用についての強力な指導を行っていると見なければならない。

(イ)　「質問・照会集」の性格と概要

　「質問・照会集」は，「労働委員会委員の選任手続き・選任方法に関して，都道府県との間での問い合わせ・連絡等を記録する文書（保存されているものすべて）」という内容での行政文書の開示請求に対して，「照会・相談記録」として開示されたものである。どのような名称と形式の文書として保管されていたものかは不明だが，日時の記録のある最も古いものは「48・10～49・9」とあり，1970年代以降の記録177件の集成である。広範な時期に跨っているが，途中，全く記録の形跡が残っていない時期があり[80]，また，177件以外にも存在していることが判明しており[81]，他にも都道府県との関連する連絡文書が存在する可能性は高いが，本節では，これら179件を分析の対象とする。本書の他の章節で紹介したものは省いたが，類似事例は多く存在しており，例外的な事例として位置づけられるものではなく，実態を反映したものであると推測される[82]。

---

80)　1997年5月19日（和歌山県問い合わせ）から2004年9月2日（山口県問い合わせ）の間が存在しないのは不自然である。

81)　177件の開示後，異議申立により，「照会文書等を保存する行政文書ファイルを再度慎重に確認したところ，当該文書の存在が確認された」等の経過で，2件の文書が開示された。なお，その後の異議申立の過程で，「照会記録」という名称の行政文書ファイルは，「都道府県以外に，各省庁，新聞社等，各所からの照会についての記録をつづった」ものと説明されている（平成22年度（行情）答申第23号（2010年5月18日））。

82)　担当者と決裁者の名称と都道府県の担当課名は，最初の山梨県の事例を除いて省略した。厚生

225

第4章　労働委員会委員の選出制度の実態と課題

　個々の文書の様式は時期によって,「照会・相談処理記録」,「相談・照会処理メモ」,「電話照会等処理簿」となっている。記録上は,「労働法規課」が受付・回答し, 必要に応じて,「協議・通報先」を記録することになっている。質疑の形式は, 問い合わせ・回答ともに, 電話・文書・面接の区別があるが, ほとんど電話によるものとなっている。厚生労働省の側の回答は, 課長・補佐・係長・回答者の確認欄があり, 事案に応じて, 決裁を受けている。電話による質疑のため, 都道府県側と厚生労働省側の記録内容に微妙にズレが生じていることもある。それは, 同時に, 厚生労働省の回答に対する都道府県の側の重圧感を反映した記録でもあり, 質疑応答の具体的プロセスとして, 重要な問題を含んでいる山梨県の事例を引用しておく。

（厚生労働省側の記録）

　山梨県労政課（H17・1・14）
　① 労使の同意を得るべき委員は, 任命をしない委員も該当するのか。
　② 54号通牒は生きているか
　③ 推薦期間について。定めはあるか。県では通常, 1月末から2月頭にかけて県広報上で4月〜の推薦期間を公示し, 推薦を募っているところであるが。
　④ 委員の年齢制限について定めはあるか。また仮にそれを公告の中で記載するとして, 問題は生じるか。
　→① 任命される委員のみでよい。
　　② 生きている。
　　③ 推薦期間について, 特段法令で定めるものはない。が, 期間があまりに短いと, 推薦者があがってこなかったり, また団体の側で非推薦者を選定するに十分な時間がなかったりし, 支障があると思われる。中労委の任命の際には, 通常1ヶ月程度は期間として考えている。また, 労働者委員については資格審査も必要で, そのための公益委員会議が推薦期間中に必ずなければ手続上まずいであろう。これまでの県の取扱と大幅に変更される場合には, 理解を得られにくいものと考えられ, それらも参考としていただき, 期間を設定していただきたい。
　　④ 特段法令上の定めがなく, 通達等も無い。よって縛りはないわけだが, 逆に法律の縛りがないものについて, 公告の中に記載をするのも

労省の回答は「→」以下で示し, 引用は便宜上付した項目番号を除いて, 年号表記を含め原文どおりとするが, 元号の記載のないものもある。

2 労働委員会委員の選任制度の実態

好ましいとは考えられない。選任をする際に県の側でその方が適任かどうか，お考えいただく他ないと思われる。

山梨県労政課（H17・1・18）
① 労働組合法施行令19条の12第4項における公益委員の任命について，そのうち2名以上が同一の政党に属してはならないという文言につき，政党に属するとは政党員であるか否かということで判断して良いか。
② 上記は本人に確認すればよいか。
③ 年齢制限につき，閣議決定を送付願いたい。
→① 貴見のとおり。
　② 貴見のとおり。
　③ FAXにて送付。

（山梨県側の記録）

口頭受理用紙（労政雇用課）
平成17年1月14日
○労働委員会委員の任命手続き等について，次のことについて御教示願いたい。
　相手方：厚生労働省政策統括官付労政担当参事官室法規第一係　A事務官
1　平成10年3月発行の「労働委員会委員任命関係資料集・改訂版」について
（答）　平成10年3月発行の「労働委員会委員任命関係資料集・改訂版」が最新版である。
　　　現在のところ，改訂版の発行の予定はない。
　　　内容については，今回の労働組合法等の一部改正部分を除いては，基本的な考え方は変わってはいない。
2　昭和24年7月24日労働省発労第54号，労働次官通達・各都道府県知事宛「地方労働委員会の任命手続きについて」の通達は現在でも生きているか。
（答）　現在でも生きている。
3　県公報による推薦請求公告日と推薦期間について
　　公告日と推薦期間についての規定があるか。
（答）・特段の規定はないが，推薦する側の立場になって，不利益にならないように行うことが望ましい。

- ・従来から，山梨県で行っている，事前に推薦期間を予告し，公告することも一方法と思われる。従来の方法で差し支えない。
- ・推薦期間については，2週間以上1カ月間が望ましい。

4 公告の際に推薦する委員の年齢を制限することができるか。
(答)
- ・法律の中では，委員の年齢制限はないので，県公報に年齢制限を掲載することには問題がある。
- ・官報では年齢についての制限はしていない。
- ・中労委においては，公益委員の選任については，一定の基準があり70歳を限度（閣議決定）としている。
- ・労使委員についても，この基準を準拠している。

平成17年1月18日
○労働委員会委員の任命手続き等について，次のことについて御教示願いたい。

相手方：厚生労働省政策統括官付労政担当参事官室法規第一係　A事務官

1　中労委における，公益委員の年齢については，一定の基準(70歳)を限度としているが，選任についての基準，内規を設けているのか伺いたい。
(答)　選任についての基準，内規はなく，「審議会等の運営に関する方針」（平成11年4月27日閣議決定）を原則として選任している。
　　　この指針の中では，70歳とは言わず高齢者としている。
2　参考のために，「審議会等の運営に関する方針」を頂きたい。
　　また，労使委員についても，この指針を準拠しているとのことですが，実態はについてはどうなっているか伺いたい。
(答)　承知した。(FAXで送信します。)
　　　労使委員の選任について，新任委員については，この指針を原則としているが，再任委員については，この限りではない。(労働者委員0人，使用者委員5人(70歳以上))
3　労働組合法第19条の12第4項，公益委員の任命については，5人のうち2人以上が同一の政党に属することとなってはならない。とありますが，「政党に属する」判断はどのように行うのか伺いたい。(党員，政党支持者等，何をもって確認するのか。)
(答)　後日，連絡します。
　　　1/19※確認方法等の規定，基準等明確なものはないので，一般常識的に，本人に党員であるか否かを確認する方法しかない。

2 労働委員会委員の選任制度の実態

「質疑・照会集」の分析によって、選任手続と選任基準について、厚生労働省による都道府県への回答を通じた統一的見解の明確化とそれによる選任基準の「制度化」の実態を確認する。それは、選任行為の「自由裁量」化を志向するために、極力手続上の問題として弾力的に処理しようとしながらも、選任制度における権利性を無視し得ないことの反映から厳格な法解釈を前提として、柔軟な運用を安易には容認できないという相反する対応の相克として分析することができる。例えば、都道府県の側からは、法令の解釈と先例からの例外的運用あるいは逸脱を招きかねない運用を求める要請に対して、厚生労働省の側が、限界事例の封じ込め、あるいは本来、違法・不当なものと評価され、その立場から取り扱われるべき事例を、水面下で処理することを求めている事例である。また、都道府県が、質問形式によって厚生労働省の解釈のお墨付きと誘導を得ようとしている事例もある。

問い合わせ内容は多岐にわたるため、項目の分類を行うとすると、以下のとおりである。

① 任命手続
② 担当部署
③ 委員の辞任・欠員
④ 特別調整委員
⑤ 54号通牒
⑥ 推薦
⑦ 労働組合
⑧ 使用者団体
⑨ 欠格事由
⑩ 選任行為・選任基準
⑪ 公益委員
⑫ 同意制度

これらの項目のうち、主として、⑤以降の推薦関係・選任行為関係を中心に取りあげることにし、①〜④については、「選任事務の実態」として引用する。

(2) 選任事務の実態
(ア) 任 命 手 続

任命手続として分類したものには、選任基準や委員資格を除いて、公告・公告期間、任命行為・任命日、任期、任命日の移動、斉一原則、公募、情報公開

等に関する問い合わせ事項がある。斉一原則は，被推薦者が定員と同数の場合とともに，知事の裁量権の作用を事実上否定するものでもある。

長野県（H16・10・6）

本年4月に委員任命を行ったが，うち1名が辞任したため欠員が生じた（労側委員）。

① 公告を行ったところ2名の推薦があったが，県として任命したい方（A）が，病気，事業主との関係からすぐに就任することが難しいと言ってきている。すでにAに内定と連絡しており，Bを任命することなく空席のままにしているのだが，このままAを任命できる状況になるまで，知事の裁量であるとして放置していいものか。

② 場合によってはAの内定を一方的に取り消してよいか。

③ Aについて，事業主から就任の同意が得られておらず（当職の感触では，こちらが任命できない主な理由と思われる。），これを県として何らかの形で事業主に指導するようなことはできないものかと思っているが，可能か。

④ すでに推薦後2ヶ月経っており，長いこと時間が経ってしまったので（？）2名とも任命せず別の人を任命する，ということにする必要はあるのか。

→① 法令上，公告後いつまでに任命すべし，というように定めたものはない。ので空席期間がどのくらいならばいい，悪いの判断は法令上はできない。一般的に考えて，妥当な期間（これが具体的にどのくらいなのかは判断不可能だが，例えば次の改選まで空席が続くだとか，1年間空席だとかは一般的に考えて妥当な期間ではないだろう。）については知事の裁量で任命しないことも考えられるが，外部からの問い合わせ等の際に，説明責任を負える範囲内で対処すべきであろう。

② 法律上地労委員については内定という概念がないため，内定取り消しには特段の手続きは必要ないと思われる。県とAとの間でどのような形で内定をしているかにもよるのだろうが，法令上内定の概念もない以上，当人と県との間での話合い次第で内定を取り消すことになるのだろう。

③ 県として指導が出来るか否かは，法令上定めがない。知事の裁量にて行うかどうかは県にて判断されたい。

④　先に述べたように公告後いつまでに任命すべし，という定めがない以上，時間が経ってしまったので，という理由で任命をしないのはいかがなものか。欠格事由等があり任命できないのであれば話は別だが。今回の公告をもって推薦のあった2名のうちから，特段の事情がない限りは任命をすべきであろう。

(イ)　担当部署

　福島県（1995年1月12日）から「他のほとんどの行政委員会の職員の任命はその行政委員会が行っているようだが，なぜ労働委員会の職員については知事が任命するのか。このような制度になった理由は何があるのか。」という質問や島根県（2008年6月6日）から「公益委員は都道府県労働委員会の同意（ひ免の話）が必要となっている以上，労働委員会の事務局で作って，同意もするというのは無理があるということか。」という問い合わせの実例がある。

(3)　54号通牒

　54号通牒は，前述のように，「資料集」では，「通達」編において，「第19条の12第3項関係（委員の任命等）（第19条の3関係）」の区分で，「委員の任命方法」の標題の中で，「（参考）」として，収録されている。他の通達の引用形式においては，「廃止通達」や「削除」項目の表記があるものが存在することから明らかなように，54号通牒が現行の通達として存在することは厳然たる事実であるが，問題は，その法的拘束力である。

　54号通牒は，都道府県から，頻繁に問い合わせの対象となっている。その内容は，大別すると，①効力，②拘束力（裁量の範囲），③解釈に関する質問となっているが，54号通牒の存在を無視できないことと，実際の任命結果との齟齬をどのように辻褄を合わせるか苦慮している跡が窺われるところである。さらに，厚生労働省側の回答の基本的姿勢は，54号通牒が効力を持ち続けていることを前提に，その条文の解釈を行うのであるが，他方，訴訟においては，54号通牒の効力や拘束性が争点となっている際には，被告側の主張において，その法的規範性を否定するという主張を行わざるを得ないことから，効力を認めつつ，運用において，裁量の余地を認めるといった回答も見られる。54号通牒自体の存在とその拘束性を認め，それを都道府県に指示していることが確認されるのである。

第 4 章　労働委員会委員の選出制度の実態と課題

(不開示) 3・3・11
　2年ほど前の国会で質問のあった件 (24年7月の労働委員の関係の通ちょうの扱いについて)
① 選任にあたっての基準なのか。
② その基準は守る必要があるのか守らなくてよいのか。
京都府から
・最近の (不開示) に特別変わった動きはない。
・2/27の証人尋問においても, 通牒について特別の指摘はなかった。
・府では従来, 通牒は1つの指針であり, 法的拘束力はないといっている。
　→① 任命にあたって考慮する事項を通知したもの
　　② 基準という言葉をどういう意味で (不開示) さんが使っているのかわからないが, 任命自体は知事の裁量で行われるもので, その際に考慮して頂きたい事項を通知したものである

岡山県 (080521)
【公益委員の任命について】特に欠格条項以外で, 法令上の問題はないか (通牒含む)。
　→54号通牒で, 公益委員について言及しているので, 留意してもらいたい。ただ, 最終的には, 労使の同意を得た知事の裁量である。

滋賀県 (H17・3・11)
　54号通牒について。2 (2) にいう「労働組合」とは, 労組法上の労働組合のことをいうのか。(質問の理由は, 現在推薦期間中であるのだが, 推薦をされてきた者のうち, 履歴書の中に職員団体の組合専従経験のある者 (現在は既に定年退職をし, ある組合の顧問に就いている) がいて, 参考にしたいとのこと。)
　→54号通牒にいう労働組合は労組法上の労働組合を指すとお考えいただきたい。従って地方公務員法上の職員団体等は含まれない。

福岡県 (H7・6・5)
　地労委委員任命についての昭和24年通牒において記の二の1にある

「一組合から定数の倍の人数の推せんを受けるよう配慮」とあるのはどのように解すればよいか。
→各側委員の定数が5人なら、推せんは10人にということ。しかし推せんをするのは組合であり、必ず倍数の推せんが必要であるわけではなく、同通達の同部分は県を拘束するものでもない。
　任命についてのポイントは記の一であり、適任者を選任するため、県に適宜の方法で推せんを取りつけられたい。

徳島県（H7・5・8）
引き継ぎ資料に、課長会議の資料で「比例配分でなく」というのがあるが、54通ちょうの主旨を聞いておきたい。
→54通ちょうのポイントは記の一の「適任者」を任命することにあり、比例配分させなければならないというのは絶対的な要件ではない。
　適任者を選んだら結果的に比例配分していなかったということもありうると考えられる。

(4) 推薦制度

ここでは、労働者委員の推薦制度を取りあげ、使用者委員に関する問題は、使用者団体に関する項目でふれる。① 推薦の意義、② 被推薦資格、③ 推薦の効果について、具体的な状況を紹介する。

(ア) 推薦の意義

推薦の人数について、54号通牒の解釈問題以外に、以下のようなやりとりが存在する。

島根県（3・2・20）
地労委労働者委員の推薦について、連合系の組合から、1つの組合が資格審査を受けて3人推薦したい旨の話があったが、可能か？（従来は候補連記のときも、1組合1候補のときもあった）
→法律的には可能である。（過去はともかく）現在の状況で、それが適当かどうかは疑問であり、県で考えて判断されたい。

> 愛媛県（3・2・8）
> 　地労委の労働者委員の推薦で，1組合から複数の労働者委員を推薦することは可能か。（それぞれ出身組合は違うが，共に連合系の組合であることから，資格審査を受ける手間を省くため，従前より1組合だけ資格審査を受け，その組合から全員推薦している。）
> 　→法律的には可能である。いいか悪いかはこちらで判断することではない。基本的には労働組合が決めること。

　これは，複数推薦の本来的意義と実際的な機能の間の矛盾として捉えることができる。推薦を手続的要件とだけ見て，特定の労働組合が窓口となって，同じ系統の複数の労働者委員を推薦する事例は，本来の54号通牒の想定する「倍数」推薦とは異なるからである。推薦された候補者は，実態として，系統の代表者となっているので，任命権者が系統別の候補者の区別を明確にし，選任基準との関係での根拠づけを正当化しようとすれば，便宜的な複数推薦は好ましいものではないことの証左である。

(イ)　**被推薦資格**

　推薦組合が誰を推薦するかは，労働組合側の自主的判断であり，任命権者は，その被推薦者から選任基準により適任者を選任するのが本来の制度であるべきだが，選任基準の項目で引用する事例でも明らかなように，実際には，推薦段階で，選任基準が持ち込まれ，選別されている状況がある。以下は，推薦過程の前段階での想定質問であり，すでに，選任基準が作用しているものである。

> 徳島県（H17・4・7）
> 　次期委員任命で，政党職員が，労働側委員になることも考えられるが，問題ないと思うが，それで良いか。（県労委のベテランに聞いても，問題ないはず，とのことだったが，念のため。）
> 　→中労委委員への就任制限，公益委員への人数制限はあるが，県労委への労使委員に関する制限はないので，問題ない。
> 　　ただ，その政党べったりでは問題なので，労働者一般の利益のために活動するものである，とのことを伝えておいた方がいいかもしれない。

> 石川県（2・10・4）
> 　地労委の委員（公労使）への県職員の任命は可能か。
> →労組法上は不可能とはいえないし（解釈総覧p202），以前事務局長を公益委員に任命した事実があるが，<u>極力避ける</u>よう回答すべきと考えられる。（地公法38条兼業許可）
> 　（なお，地方公務員の服務規律等の関係も問題となると思われるので，その点についても示唆も必要か。）

(ウ)　推薦の効果

推薦行為が単なる手続的な制度ではなく，団結権保障に由来する実体的な権利保障の意義から位置づけられなければならないことが，推薦の効果についての質疑に反映していると見ることができる。

> 東京都（H7・10・23）
> 　労働組合から推せんされた委員候補者が，組合内の派ばつ争いに敗れて，労働組合が推せんそのものを撤回したいといってきている。どういう対応をとればよいか。（本人は任命されれば，委員就任の意思あり）（なお，本件事案は，非連合系組合であり，連合系委員は予定通りとのこと）
> →公示期間中に，適法な推せんがされたものを撤回するというのは，よほどの事情がない限りできないと思われる。
> 　組合の意思が固ければ，都の判断で，任意の様式で撤回させるという方法も考えられるが，任命に当たっての考慮の要素の一つとして，当該被推せん者を任命するかどうかということで考えてみてはどうか。

> 東京都（62・10・8）
> 　公報で組合に期限を決めて，地労委の労働者委員の推薦を求めたところ，Aを推薦してきた。ところが期限後に，AからBに変更する申出があった場合，都として，Bを推薦者と認めて差支えないか。
> →労組法19条7号には労組の推薦を受けた者でなければ，委員に任命できないとしか規定しておらず。従って推薦期間の設定，期間経過後の変更を認めるや否やは条例等に規定のない限り，都の裁量行為と解すべきだから，Aを推薦者と認めることも，Bを推薦者と認めること

も一応裁量の範囲内であると解される。ただ，今回変更を認め，次回
は認めないような扱いは問題となろうから，公報の期限は一応の目安
であって推薦を促したものに過ぎず任命までは推薦，変更とも可能で
あるとの考え方で今後の処理をしないと問題となるおそれがあろう。
裁量権の逸脱とならない様，合理的な裁量で処理されたい。

(5) 労 働 組 合
(ア) 推薦労働組合の資格

　推薦労働組合には，「当該都道府県の区域内のみに組織を有する労働組合」という要件（労組法施行令第21条）があり[83]，その資格証明の手続を踏むことになるが，労働組合の組織形態や組合員の範囲は，団結権の内容としての団結自治に属する問題でもあるところから，推薦する意思を有する労働組合の事情と合致しない場合もある。そうした場合について，都道府県の側の対応は，推薦行為が単なる手続的な問題ではなく，実質的な選考過程に組み込まれていることを示している。そこでは，どのような立場の労働組合からの推薦であるかが，選考のための情報の重要な要素となっているからである。

奈良県（3・9・12）
　地労委の労働者委員の推薦のため，ある労組から地労委に資格審査の申請があったが，審査の途中で次のような組織実態が明らかになったが，どうすべきか。
　組合員の所属が，県内610人　県外27人（東京，大阪，名古屋）（連合系労組とのこと）
→労組令では，地労委の労働者委員を推薦できる組合を「県内のみに組織を有する」と限定している。ただ，県外に多少組合員がいても無視しうる程度ならばよいとの通牒が出されている。本事案がこの程度に入るか否かは疑問である。
　県の判断によろうが，申請組合とは別の県内のみに組織を有する組合から同一人の推薦をしてもらえるなら，その組合に変更した方がよい。
　なお，県外に組織を有する組合からの申請に対しては資格証明書を

---

[83]　「組織」の定義については，「「のみに組織」とは人的構成のことにも重点を置き判断すべき旨の判断を過去にしたことがある。人がいればおのずと組織がある。」という厚生労働省の見解がある（山梨県からの問い合わせ（1991年3月25日）に対する回答）。

> 発出できないのではないかとの疑いもある（労委則の資格審査事項に該当しない。）。

> 京都府（3・10・16）
> 　地労委の労働者委員の推薦組合資格について，県内に70％，県外に30％の組織を有する団体から推薦があったが（連合系），推薦資格はあるか？
> 　→30％は無視しうる程度とは思えない。推薦のこの点の瑕疵がその後の任命を違法とするかは速断できないが，適正な組合から推薦することができないか組合と相談してみた方がよい。

(イ) 平等待遇義務

　労働組合からの推薦が単なる手続上の問題ではないことは，特定の労働組合に対する特別の対応からも窺われる。これらは，行政機関としての労働組合に対する団結権保障としての平等待遇義務に反するものでもある。都道府県の側からの労働組合組織の系統別の区分に対する「過剰」とも評すべき対応と戸惑いを確認することができる。厚生労働省側は，流石に文書の上では，立ち入った判断を示していないので，その回答は省略するが，以下のような都道府県の側の対応は，平等待遇義務の理念からの問題状況を証している。

> 富山県（H17・3・2）
> 　現在推薦期間中であるが，県労連の名前で推薦があがってきた。県労連は連合体であり推薦組合としては不的確と思うがいかがか。

> 秋田県（5・3・17）
> 　秋田では，4・12・1に地労委委員を任命したが，最近県労連からの要請が多い。
> 　沖縄で全労連系が任命，高知で内定したが，その後労働省として任命方針はどのように変わったか。

> 岡山県（3・12・2）
> 　地労委労働者委員の補欠委員（1名）の任命について，連合系1名，全労連系1名（岡山県労働組合協議会は国労も含まれており，全労連にまだ加盟はしていない。）の（不開示）

> 滋賀県（3・2・15）
> 　全労連系から2名の推薦が見込まれている。そのうちの1名の推薦組合が（不開示）の支部であり，県外の組合員が20％いる（県の資料による）。

(6) 使用者団体

推薦の使用者団体については，固定化していることを問題視する判断がある。その背景には，推薦される委員の立場についての批判的な見解の存在も推測される。都道府県側の質問を引用する。

> 鹿児島県（080606）
> 　委員任命の際，推薦元の使用者団体は経営者協会や商工会議所でなくともよいのか。
> 　例えば医師会は使用者団体たりうるか。

> 広島県（H7・6・27）
> 　使用者委員の推薦母体である経営者協会は会員の大部分が大企業であり，労働問題の多くは中小企業であることから，当県では次回は目先を変えるため商工会議所を考えているが問題はないか。（不開示）

> 佐賀県（61・5）
> 　地労委の使用者委員の任命にあたって，経営者協会に対してのみ推薦依頼を行っているが，経営者協会の被推薦者は高齢者に偏っており，県の人事方針と矛盾抵触する。他の団体へ推薦を求めたいが，他県の実情を知りたい。

(7) 欠格事由

欠格事由の調査方法に関する問い合わせが多く，他には，兼業の可否についての質問が目立つところである。前者は「都道府県調査」においてその実態をすでに紹介しているが，「欠格事由」の運用上の曖昧な定義を象徴する事例を引用する。

> 佐賀県（5・3・1）
> 　地労委の労働者委員をしている（不開示）が，（不開示）を兼務することとなった。次回再任する場合何か問題はあるか否か。
> →法律上禁止する規定はない。その者が労働者委員としてふさわしいかどうかは貴県で判断されたい。

> 奈良県（3・6・19）
> 　ある労働組合に行ったところ，そこから推薦していて，その組合の役員である労働者委員が7月の組合大会で役員をしりぞく予定であるとの話があった。委員を失職するのか？
> →欠格事由に該当せず，本人が辞めない限り，失職することはない。

(8) 選任行為・選任基準

選任に関する具体的な状況を窺わせる質問が繰り返し登場する。① 任命行為における裁量の可能性，② 実質的判断のあり方，③ 選任過程における厚生労働省の関与，について重要な事例を引用する。

(ア) 裁量の可能性

推薦者が定員どおりの場合には，裁量の余地はないことが明確になっているが，適格性判断が働かざるを得ない場合もあり，実質的判断要素が介在していることになる。

> 島根県（H7・4・19）
> 　労働者委員（定数5名）の任命につき，労働組合から5名の推せんを受けたが，内1名の適格性を考慮の上，他の4名だけをまず任命するということが可能か。

→通常，定員と推せん人数が同一の場合，任命権者の裁量権は働かないと考えられる。
　　5人共同一日の選任でなければならないという原則論を考慮して頂きたい。

大阪府（H7・10・16）
① 府地労委の任命について，各側11人の推せんが，定員丁度の数であった場合，知事の裁量権は働くか。
② 不当労働行為で，労委に係属している事件の当事者である会社の労担を使用者委員に任命するのはふさわしくないのではないか。定員丁度の推せんの中に，そのような人がいる場合はどうか。
→① 定員丁度の推せんだと，裁量権の問題にはならないのでは。しかし，11名を越える人数の推せんを受けた場合は，その内11名を誰にするかは知事の裁量になる。
　② そのような人がふさわしいか否か，任命するか否かは知事の裁量であるが，定員丁度の場合は原則任命せざるを得ないであろう。それでも正当な理由があって任命できないので，公募から手続きをやり直すということは，知事の裁量になると考えられる。
　　ただし，任期斉一の原則は守らなければならないし，正当な理由については，個別具体の場面で考えてほしい。

(イ) 実質的判断のあり方
　労働委員会委員の選任にあたって，前述のように選任基準と被推薦資格が混同されているところもあるが，どのような判断基準によって，実質的に適格性を判断しているかの実態を示す事例である。

大阪府（H20・3・6）
　本年3月1日付けで大阪府労委の委員任命がなされたところであるが，使用者委員に，（不開示）を兼ねている委員がおり，社内の手続が複雑であるため労働委員会の報酬を辞退したいとのことであるが，労組法上，報酬は支払わないことに問題はないか。
→① 都道府県労働委員会の委員の報酬については，労組法施行令第

24条に規定があり，費用の種類，金額，支払い方法は各都道府県が条例により定めることとされている。
② したがって，報酬の辞退を申し出ている委員について，当該申し出を受け入れるかは条例の定め等にしたがった上で各都道府県で判断して構わない。
　中労委の公益委員については，過去に総務省に照会したところ，特別職公務員として給与の辞退は「総務省としては承認できない」との回答あり。
③ なお，労働委員会の委員が特別職の地方公務員に当たること，また（不開示）を務めることにより委員の職務に支障を来すようであればそもそも委員として不適当であること等は留意する必要がある。また，「手続が煩雑」ということが，給与を支払わない理由として適当であるかどうかも検討を要すると思われる。

神奈川県（H8・2・2）
　入札の多くを占めるような，県との取引が大きな民間企業の社長を，使用者委員に任命すると，問題はないか。
　→地自法§180の5⑥では，委員はその職務に関し請負をする事業の長等たることができないことになっている。
　　地労委使用者委員は，一般的には該当しないと考えられるが，県の方で実態判断の上，考慮して欲しい。

広島県（H7・6・27）
　委員に年齢制限はないが高齢を理由にやめさせられないか。その高齢者委員は元気ではあるが。
　→高齢を理由に罷免することはできない。しかし心身の故障があり職務の執行ができないと県が判断するという事情があるのならば，罷免は可能ではないだろうか。しかしかくしゃくとして元気なのであれば難しいのでは。

高知県（H7・5・17）
　地労委労働者委員の補欠選任について，国家公務員の労働組合専従者で休職中の者を任命することはできるか。
　　→法律的には可能であるが，一般的には好ましくない。

岡山県（3・12・2）
　任命しないことの理由として係属中の事件の当事者であることとして良いか。考慮の対象として良いか。
　　→申立組合の推せんであるとか事件の当事者であることが任命しないことの理由とはならない。

神奈川県（50・12）
　一般職の地方公務員である者（例えば，労働部長）を労委の委員に任命することができるか。
　　→法律論としては可能であるが，労働部長が地労委の委員を兼務することは極めて好ましくないことであるから，慎重に対処されたい。

新潟県（50・3）
　地労委事務局長を地労委の公益委員に任命することができるか。
　　→過去において，設問のような例がみられたが（注），現在は，地労委事務局長が公益委員を兼務している例はみられない。そのようなことは避けられたい。（注）神奈川地労委において昭25〜37，旧法時代に静岡，大阪，山口及び佐賀地労委

富山県
　労働者委員に欠員がでた場合に，同じ産別の労働者委員（たとえば（不開示）の委員が2名になる場合）を任命して問題ないか。
　　→法令上の禁止する規定はなく自治事務であり，基準のようなものを示す立場にないが……54号通牒は当省として尊重すべきものと認識しているが，特段の事情を認めるのであれば，知事の裁量によって判断

2 労働委員会委員の選任制度の実態

愛媛県（H7・4・4）
　管内に（不開示）という大労組があるが，県としては，中小労組よりえらびたい。なお，前回のすいせんは，連合10名，県労連2名であった
→被推せん者の中から誰を委員にするかは，任命権者の判断であり，選任に際し，県の意向を加味する問題ではないだろうか。

山形県（H16・10・12）
　来年3月に地労委委員の任期が切れるところであるが，労側委員1名につき，11月で（不開示）する予定である。当方としては代わりの者を推薦すべく推薦組合に働きかけようと思っていたが，推薦を行った組合は，3月の任期切れまでこの者に委員を務めさせたいとの意向があり，改選をすることが困難である模様。法令的に問題なしと判断できるか。（結局は本人が辞表を出さないと改選の手続きも取り難いと考えておるところではあるが。）
→（不開示）という理由は法律上の失職事由とはならないだろう。労組法は労働者委員に現実に組合活動に従事する者であることを要件として求めているわけではないので，仮に組合の職を辞するとしても，同様である。
　問題としてはその委員が転出することで，業務に支障が出るか否か，また委員が職務を続ける意思があるかであろうが，業務に支障は出ないとのことであり（A氏談），ご本人に継続して業務に従事する意思があるのならば，引き続いて委員をお勤めいただくことは，問題ないと思われるが，具体的な判断は県にお任せすることとしたい。

茨城県（H20・9・17）
① 審議会等の運営に関する指針に基づき，中労委の女性委員比率も30％をこえているのか？
② 地労委においてこの指針はどの程度の拘束力をもっているのか？
→① 現29期委員については9名（うち公益委員は5名）。中労委につ

いては，審議会等の運営に関する指針にのっとって女性比率が30％となるように努めている。
② 審議会等の運営に関する指針における審議会の範囲については「国家行政組織法第8条並びに内閣府設置法第37条及び第54条の審議会等の本委員」とされている。

(ウ) 選任過程における厚生労働省の関与
労働委員会制度が労組法による法律上の制度として統一性を保たなければならないことと一定の事務が都道府県の自治に委ねられていることの間で生じる矛盾が，都道府県の固有事務という建前と厚生労働省による実質的な指導という形で現れていると判断できる。

滋賀県（3・2・15，2・16）
　地労委々員の労働者委員を推薦できる労働組合の資格について
　昨日の労働省の指導は承知している。現段階では組合と県と何ら接触がなく，どう対処するのか（県に持って来られた書類をどうするのかを含め）月曜日までに検討することとしている。状況に進展がありしだい月曜日に連絡する。
　→組合とのやりとりを文書としておくこと。特に相手方が推薦資格がないことを承知しながら推薦していることを確認

(9) 公益委員
「政党条項」の実際上の機能について，公益委員の政治的立場と政治活動への監視を証拠づける事例について引用しておくことにする。

岡山県（080521）
　現職の公益委員が，今まで（不開示）に所属していたが，先日，（不開示）になった。ついては，任命の際に問題となるか伺いたい。
　→最終的には知事の任命裁量となる。労使の同意を得なければならないが，労側の同意を得ずらいのではないか。全国的にも，国でも，あまりないんじゃないか。

2 労働委員会委員の選任制度の実態

香川県（H17・3・15）

公益委員について。① 現委員で（不開示）の方がいるが，この方が（不開示）の就任要請を受けている模様。現段階ではご相談を受けているところで，委員として支障が出るようであればお断りするとおっしゃっているが，いかがか。

② 54号通牒の「三公益委員については，準司法的機能を果す点から特に専門別を十分考慮の上，政党政派に偏らず，その主義主張において真に中正な人物を選ぶこと」とあるが，この点を理由としてもいいか

③ （不開示）に就任したことで，労側使側の委員から苦情が出たりするか

→① 法令上，（不開示）に就任したということを理由には解任することはできない。しかし公益委員というのは中立な立場で活動することが求められているので，労側使側いずれに傾いても困ると思う。（不開示）そうであれば話は別かもしれないが，中立な立場で活動することに支障ないと県で判断できない場合には，先生にその旨お話しされた方がよいと思われるが。

② こちらは法令ではなくあくまでも通達なので，こちらをもって解任，というわけにはいかないかと思うが，54号通牒は未だ生きており，各県における任命についてはこちらを考慮していただきたいと考えているので先生への説得材料としては使用できるのではないか。

③ 必ずしもそういった状況が想定されるという訳ではないが，あってもおかしくないと思われる。

※電話の後，香川県における公益委員で（不開示）の方の就任状況を確認したところ，下記の2名であった。検索の結果からは（不開示）に所属，もしくは（不開示）に就任している等の情報は得られなかった。（不開示）

福井県（H17・2・9）

当県の公益委員（不開示）が，（不開示）に就任することになった。法令上制限はないようであるが，運用上，何か留意点等はあるか。

→労組法には特段禁止規定がないので可能である。が，公益委員である以上，使に傾いては困るわけで，その点お分かりかとは思うがよく指導されたい。報酬はどのくらい出るのか（→不明）。常識的にみて説

明の付くような額か（使に傾くのでは，というような額ではないか）よく確認なされては。

(10) 同 意 制 度

同意制度の実態については，「都道府県調査」で報告したが，そこでは明らかにならなかった「同意」の実態について紹介する。

新潟県（4・7・9）
　公益委員の同意にあたっては公益委員について詳しい情報を得たうえで判断したいとの意見が労働者委員の一部があった。今後どう対応すべきか。（公益委員はどのような人物なのか知らないのに同意させられた旨の苦言があった。）
　→同意を得る際公益委員それぞれについてどの程度の情報をどのような方法で提示するかについては当方で判断できない。労働者委員，公益委員の意見をよく聞いて対応してはどうか。

佐賀県（61・8）
　労働者委員の一人が，総評と同盟の委員の数の配分に不服があるとして，公益委員の任命にあたっての同意を拒んでいる。この場合，当該労働者委員の同意を得ずに公益委員を任命してよいか。
　→公益委員の任命にあたっては，労使委員全員の同意が必要であるから（コンメンタール p636），当該労働者委員の同意のないまま，公益委員の任命を行うことは避けられたい。（その後，本件は，当該労働者委員の同意がとりつけられ，決着した（61.9）。）

東京都（61・5）
　地労委の公益委員1名を補欠任命したいが，労使委員の同意をとりつけるに際して，労使各側1枚ずつの同意書にとりまとめてよいか。
　→労組法19条21項で準用する同法19条7項では，労使委員の同意を得て公益委員を任命することを定めているが，その方法，手続については何ら規定されていない。したがって，設問のように取り扱うこ

とは差し支えない。可能である。
ところで，中労委における委員の任命にあたっては，補欠任命の場合であっても，労使各委員から個別に同意書を得ている（注　昭50.3.4団藤→福田）。これは，一枚の同意書にまとめることは，同意をとりつける順番等をめぐって，かえって事務手続が煩雑になるおそれがあるからである。
要するに，委員の任命手続を進めるにあたっては，各労委の実情を踏まえ，円滑な運営を阻害しないよう配慮されたい。

大阪府（54・5）
労組令21条2項の労使委員の同意を求める公益委員の候補者名簿には，定数以上の候補者を掲載することは可能か。
→候補者名簿に掲載する候補者については，何ら規定がないので，定数以上の候補者を掲載することも差し支えない。

3　中央労働委員会委員の選任の実態

「中央労働委員会労働者委員任命処分取消訴訟部局内検討資料（1998年度）」および（第25期（1998年度）・第26期（2000年度）・第30期（2008年）の）「中央労働委員会委員任命に関する資料」の情報開示請求を通じて明らかにされた選任過程の一端とその公開に否定的な姿勢に固執する厚生労働省の主張の分析を通じて，選任の実態を分析する[84]。

ここでは，①開示された文書を通じた選任手続や選任基準など選任過程の実態の分析，②異議申立手続における厚生労働省の理由説明書や情報公開審査会の調査審議を通じて明らかになった選任過程の解明，③厚生労働省が主張する文書の不存在や不開示をめぐる論点の整理を通じて，選任過程の公開性のあり方に関する問題点の解明という視点から，検討する。

---

84)　他に「会議出席状況調」として，一年間の会議出席回数の一覧表がある。それによると，244回の会議開催のうちの出席回数は，最高198回最低162回とされている（任期途中で任命された委員分を除く）。部会等へ出席義務は不明であるが，全体の出席率71.39％という数字は高いとは言えない。この数字は，常勤委員のいる公益委員に関するもので，労働者委員・使用者委員の数字こそが公開されるべきである。

第4章　労働委員会委員の選出制度の実態と課題

(1)　選任過程の実態

　労組法上における資格要件は，公益委員についての特別の要件（第19条の3第5項による同一政党所属規制），欠格条項（第19条の4第2項による議員，国営企業・特定独立行政法人役職員等排除）と服務規程（第19条の6）を除けば，労働者委員・使用者委員・公益委員は，それぞれ「代表する」対象が異なるだけで，選任基準そのものに区別はないし，したがって，選任手続きの中での選任基準の位置づけも同じ扱いを受けなければならない。しかし，開示文書の限りでは，公益委員には，任命理由についての記述があるものの，労働者委員および使用者委員には，対応する記述はなく，選任基準が明確にされていないばかりでなく，それが公開もされていない（あるいは文書としては作成されていない）という問題点が際立つ。

　その公益委員の任命理由は，「略歴」，「審議会委員等の兼職」，「著書」および「主な活動」[85]とともに，以下のような文書で叙述される。

　　Ａ君は，従前東京都地方労働委員会委員を務められ，現在中央労働基準審議会委員として活躍されているなど労働問題に対する造詣が深く，また，Ｂ大学法学部教授として，豊富な学識経験をお持ちであることから，現在の委員会業務の最適任者として，同君を任命しようとするものである。

　このような公益委員任命理由は，定型的な様式文書を基に，労働委員会委員の経験・他の審議会委員歴に，現職内容を当て嵌めて機械的に作文できるものであって（実際の内容もほとんど画一的定型文である），内容的にそれほど評価できるものではないが，それでも，労働者委員・使用者委員における選任基準の密室性に比べれば，一定の客観性と公開性はあると言えよう。

　次に，労使委員による公益委員の同意制に関しては，かつて，地労委の場合も含め，「公益委員候補者個人個人についての同意ではなく，公益委員候補者全員の一括同意制をとる」提案がなされたことがある[86]。つまり，当時には，個々の労使委員が，個々の公益委員（候補者）について，個別的に「同意」を与えるか否かが問われる制度であったことを示している。しかし，それは，中労委の場合には，特別なのか，あるいは近年，地労委も含めて同意制のやり方が変わっ

---

[85]　例えば，「Ａ大学法学部教授として労働法の研究に携わり，また，現在第24期中央労働委員会公益委員を務めるなど活躍されている。」というもので，任命理由の内容（適格性の証明性）からすれば，トートロジー的説明にすぎない。

[86]　労使関係法研究会報告書『労使関係法運用の実情及び問題点　4』（日本労働協会，1967）357頁。

3　中央労働委員会委員の選任の実態

資料〈4-2〉

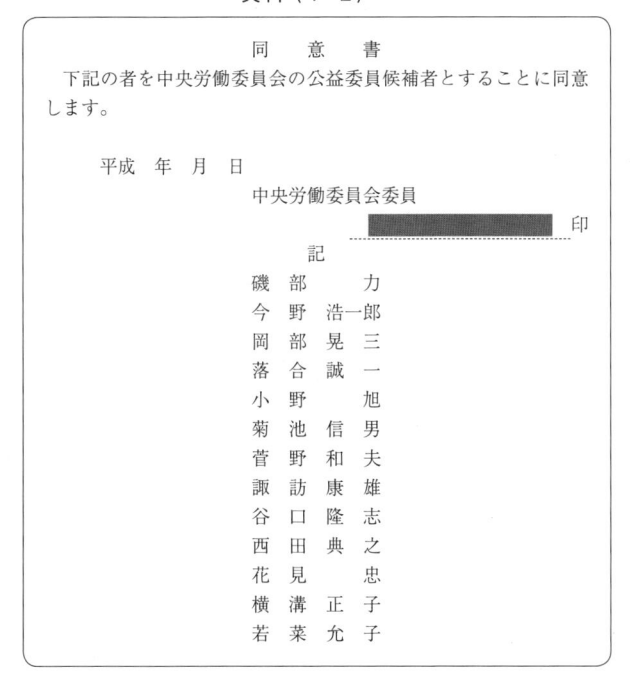

```
              同   意   書
   下記の者を中央労働委員会の公益委員候補者とすることに同意
 します。

     平成　年　月　日
                  中央労働委員会委員
                                      ㊞
                記
              磯　部　　　力
              今　野　浩一郎
              岡　部　晃　三
              落　合　誠　一
              小　野　　　旭
              菊　池　信　男
              菅　野　和　夫
              諏　訪　康　雄
              谷　口　隆　志
              西　田　典　之
              花　見　　　忠
              横　溝　正　子
              若　菜　允　子
```

たのか不明であるが，開示された「同意書」(**資料〈4-2〉**)によれば，13名の公益委員(候補者)に対して，一括して同意を与える形式のもので，「一括同意制」になっている。その意味で，労使委員の同意が，個々の公益委員への評価に基づくものではなく，名簿を作成した厚生労働省への信任を表明するものにすぎず，同意制自体は，形骸化しているという評価を与えることが可能であろう。「同意」を与えた(新・旧)労使委員34名全員の「同意書」がすべて，**資料〈4-2〉**のような，日付の記入もない形式的な内容のものになっているからである。労使委員が，一部の公益委員(候補者)の任命には同意できないという事態を想定していないということ，むしろ逆に，厚生労働省の準備した公益委員(候補者)の一部の任命には同意できないような労使委員は選任されないという事実上の「基準」が存在するということを推測してもあながち間違いとは言えないであろう。

(2) **選任過程の解明**

　第26期の労働者委員任命における厚生労働省側の当初の主張では，以下のと

249

おりであった。

　異議申立において引用される「1949年の労働事務次官の54号通牒」及び「労働組合の系統別組織状況」が明らかとなる資料である「労働組合基礎調査報告」は，労使関係に関する一般的な資料であり，第26期中央労働委員会の労働者委員の任命に際して，個別の決定においては使用されていないため，開示請求の対象には含まれないと解したものである。

情報公開審査会の答申書では以下の経過が認められた。

　諮問庁の説明によれば，① 被推薦者から候補者を選考するに当たっては，人事事項として諮問庁の最高幹部により，被推薦者名簿及び履歴書を基に方針が決定され，その後，事務手続を進めたもので，その性格からして，その過程を何らかの行政文書として作成・保管するものではない，② 確かに「1949年労働事務次官54号通牒」及び「労働組合基礎調査報告」は存在するが，これらはいずれも，一般的な資料であり，本件第26期中央労働委員会委員の任命に関するファイルにも含まれていなかった，としている。

　このような見解に対する批判として，異議申立人としての意見書の内容を引用する。

(i)　(「推薦から任命に至る過程における審議内容，決定理由が明らかになる文書」が開示されていないし，その不開示の理由も示されていないことに関し) 参議院厚生労働委員会 (2001年6月28日) において，坂口大臣は「いろいろな条件を総合的に勘案して任命をする」と答弁され，坂本政策統括官は，「いろんな要素を，種々の要素を総合的に勘案して任命する」と答弁され，1949年の労働事務次官の第54号通牒という「行政の内部的な指針」が存在することを認められている。また，労働組合の系統別組織状況も明らかにされている[87]。したがって，被推薦者から任命する委員を選考する基準や理由を記録した文書が存在することは明白な事実であり，そのような文書を開示しないことは，行政文書隠しであり，違法な処分である。

(ii)　「推薦から任命に至る過程における審議内容，決定理由が明らかになる文書」について，理由説明書は，「個別の決定に関する行政文書の全てを対象としており，本件請求に係る行政文書は他には存在しない。」と述べるが，もし，この通りであるとしても，まさに「個別の決定」にとどまらない，一般的方針あるいは全般

---

87) 参議院厚生労働委員会 (2001年6月28日) 会議録第20号10-11頁。

3　中央労働委員会委員の選任の実態

的決定に関する文書は存在することを物語っている。

　かって，労働省の担当者は，全労連との交渉の席上において，「(総理府に対して) 総合的に勘案する資料は提出している。通牒については，総合的勘案の中に入れるものとしている。」[88]と発言している。

　また，中央労働委員会労働者委員任命取消請求訴訟の東京地裁判決 (1997年5月15日)[89]は，「(中労委労働者委員の) 任命に際しての運用基準として，労働組合の系統が考慮されてきたことが窺われ」と判示している。この裁判において，労働省労政課長は，証人として，「中労委労働者委員13名の任命適任者の素案が決定されるのは課長よりもはるかに高いポジションでなされ，その具体的な経過は課長にはわからない」[90]と証言している。

　これらの事実は，労働省が，任命の際の資料を作成し，それを，総理府に提出していたことを証明している。その意味で，「推薦から任命に至る過程における審議内容，決定理由が明らかになる文書」が存在していることは明らかである。

(iii)　ILO (国際労働機関) の勧告 (結社の自由委員会第328次報告) を資料として提出する。この勧告は，本件開示請求が対象とした「第26期中央労働委員会委員 (2001年4月の追加任命分を含む) 労働者委員」の任命に関して，全労連がILOに対して訴えていた申立についての結論である。この審議過程で，日本政府は，2002年1月31日付の文書で意見を送付しているが，その内容が，「政府の回答」として収められている (パラグラフ430-438)。

　この「政府の回答」の中では，「中労委労働者委員の任命に関しては，労働組合法に従い，内閣総理大臣が労働組合の推薦に基づき，種々の要素を勘案して，労働者の一般的な利益を代表するに適任の者を任命した。これらの任命は公正であり，第87号および98号条約の違反はなかった。今後，各労働組合の組織状況が一つの要素として勘案されることになろう。しかし，将来の任命は予測できない。」(パラグラフ438) として，判断材料としての「種々の要素」の存在を明確に認めている。

　この「種々の要素」は，国会で厚生労働大臣が答弁している「いろいろな条件」とほとんど同じものであると考えても差し支えないであろう。そして，重要なことは，この「種々の要素」は，口頭で確認されうるような情報ではありえず，文書の形式での資料として作成され，保管されていることは明白である。

---

88)　全労連情報第246号，1996年11月1日。
89)　労判第717号149頁 (要旨)。
90)　全労連情報第261号，1997年5月21日。

(3) 選任過程の公開性

「中央労働委員会労働者委員任命処分取消訴訟部局内検討資料(1998年度)」の開示請求に対して，厚生労働省は，「中央労働委員会労働者委員任命処分取消訴訟に対する国の対処方針に関する情報であり，公にすることにより，国の当事者としての地位を不当に害するおそれがあ（る）」として，不開示決定を行った。その理由について，厚生労働省が情報公開審査会に諮問を行うために提出した理由説明書では以下のとおり説明する。

(i) 本件不開示とした文書である「中央労働委員会労働者委員任命処分取消訴訟部局内検討資料（1998年度）」は，訴訟に対する国の対処方針に関する情報であり，公にすることにより，国の当事者としての地位を不当に害するおそれがあり，同条第6号ロに該当する不開示情報であるから不開示とした原処分に誤りはない。

(ii) 準備書面及び書証は裁判において公開されることを前提とされているが，一方，中央労働委員会労働者委員任命処分取消訴訟部局内検討資料は訴訟当事者としての対処方針を検討した過程の文書であり，そうした対処方針の策定過程は相手方と対等な立場で訴訟遂行するためその利益は保護される必要があるものである。

中央労働委員会委員の任期は労働組合法第19条の5の規定により，2年（補欠の委員の任期は前任者の残任期間）とされており，任期満了後改選し，新たに委員任命をすることとなっており，将来の中央労働委員会委員任命の際に同様な訴訟が提起される可能性がある。したがって，「対処方針」を開示した場合，同様の訴訟の遂行に当たって，国の当事者としての地位を不当に害するおそれがある。

このような厚生労働省の主張に対して，厚生労働省の理由説明書に反論する形で，異議申立人として，情報公開審査会に提出した意見書の基本的内容は，以下のとおりである。

厚生労働省のかかる主張は，今後の方針の基本的な考え方を表明し，それを方向づけるにも等しく，極めて不当な内容である。つまり，本件文書の内容をなす争いが来年の改選期にも起こりうるとの予想は，中労委労働者委員任命に関する従来の方針を踏襲し，その結果，関係者から反対意見が出てくることを予想しているからである。すなわち，発生もしていない将来の事務の経過と結果について，一定の予見を示しているもので，行政としての権限を逸脱している。

そもそも，労働者委員任命手続きは，労働組合法に基づき，官報での公告（同施行令第20条）という手続きから開始され，推薦候補者が出揃った段階で初めて，具

体的任命基準について検討され，その結果，任命行為が行われるべきもので，どのような推薦状況のもとで，どのような任命結果になるかは，今の段階では，不明である。しかし，労働組合関係者の推薦手続きが始まっていないにも拘わらず，その任命基準について言及し，任命結果について予想をしているものであって，すでに，行政内部では，確定しているかのように予断を抱いていることを表明するに等しく，越権的行為と言わなければならない。

　しかも，2001年6月28日の参議院厚生労働委員会において，坂口厚生労働大臣は，「今後の変化によりまして，当然のことながらそのことは今後の問題の選定に加味されるものと私は思います。」と答弁され，今後の労働者委員の任命基準のあり方について，見直しあるいは再検討の可能性を明言されている[91]。この大臣答弁からすれば，現在の時点で，来年の労働者委員改選期における任命基準は，確定しておらず，本件文書の公開によって影響を受けることはありえない。何故なら，本件文書の中で検討された内容，すなわち，従来の方針の正当性の主張は，今後当然に堅持される予定にはないからである。大臣答弁にある「今後の変化」の有無の検討から始まる，新たな任命基準の検討が課題となる時に，過去の訴訟資料を公開することは，何らの影響もないと言わなければならない。

　なお，理由説明書は，「補欠の委員の任期は前任者の残任期間」と記述し，あたかも，補充委員の任命問題が，本件文書の不開示処分の正当性に関連するかのごとき印象を与えているが，これは，従来の労働省の見解に反する内容である。

　すなわち，1949年の第54号通牒は，「委員に欠員を生じた場合の補充についても前各号により新たに委員任命の手続を要すること。」と明記し，労働者委員の任期中に欠員となり補充委員の任命を行う場合には，改めて，一般の全委員改選の場合と同様の手続きを踏む必要があることを明らかにした。労働省労政局労働法規課が編著者となっている労働組合法のコンメンタールにおいても，かかる解釈が明確にされている[92]。

---

91) 参議院厚生労働委員会（2001年6月28日）会議録第20号11頁。
92) 労働省労政局労働法規課編著『労働組合法・労働関係調整法（再訂新版）』637頁。ただし，学説は，「労使委員としての推薦があった候補者の数が労使委員定数以上であれば，任命されなかった予備的候補者のなかから任命すれば足り，改めて新たな推薦手続に従う必要はない。」とする（東京大学労働法研究会『注釈労働組合法　下巻』（有斐閣，1982）910頁）。第54号通牒の推薦方法（一組合から委員定数の倍数を推薦）の趣旨を貫けば，そこから補充委員が追加されるべきであろう。そのような条件があるにも拘わらず，現実の補充方法では，新規の推薦を必要としているのは，合理性を欠くものである。なお，第54号通牒は，「地方労働委員会の任命手続について」という表題になっているが，前掲『労働組合法・労働関係調整法（再訂新版）』でも，中労委の労働者委員の任命手続の項で引用され，その内容に沿って注釈されているように（637頁），中労委労働者委員に関しても適用される。

このように，補充委員の任命は，新たな推薦手続きを必要とするのであるから，本件文書の対象である任命手続きとは無関係に別個に実施されるものである。したがって，本件文書の開示が，補充委員の任命に影響を及ぼすという主張が仮にあるとしても，その理由は成り立たないのである。

次に，「中央労働委員会委員任命に関する資料25期（1998年度）」の開示請求によって開示された文書の中に含まれている個人情報や労働組合名について，不開示となった部分があるが，中央労働委員会労働者委員候補者の推薦組合名を「不開示とした部分とその理由」について，厚生労働省側は以下のように主張している。

(i) 労働者委員候補者の推薦組合名について

同条第2号イにおいては，法人その他の団体に関する情報又は事業を営む個人の当該事業に関する情報であって，公にすることにより，当該法人等又は当該個人の権利，競争上の地位その他正当な利益を害するおそれがあるものを不開示としている。

件開示した文書中中央労働委員会労働者委員候補者の推薦組合名については，公にすることにより，組合の権利，競争上の地位その他正当な利益を害するおそれがある情報であり，同条第2号イに該当する不開示情報であるから不開示とした原処分に誤りはない。

なお，本件開示した文書中中央労働委員会労働者委員候補者の推薦組合名については，同じ文書について本件以前に別人から公開請求があった際に，当該推薦組合に対して，法第13条第1項の規定に基づき第三者に対する意見書提出の機会を付与したところ，自由な労働組合活動が阻害されるおそれがあり，開示による支障（不利益）があるとする意見が提出されているところである。

(ii) 使用者委員候補者の推薦団体名について

労働団体については，推薦を行いうる労働組合法の資格要件を満たす団体が複数存在し，どの団体が推薦を行ったか否かの事実は，法第5条第2号イに該当すると考えたため，当初，意見照会の手続きを行ったものである。

これに対し，使用者団体については，労使問題を含む労働問題を主として取り扱うものが日本経営者団体連盟であることは周知の事実であり，また，一般に，使用者団体に関しては，その活動内容を公にすることによる，結成・活動への第三者の不当な介入の蓋然性が認め難いため，日本経営者団体連盟が使用者委員の推薦を行った事実は，法第5条各号に規定する非開示情報に当たらないと考えたため開示したものである。

このような推薦労働組合名の不開示については，「第26期中央労働委員会委員の中，労働者委員（2001年4月の追加任命分を含む）について候補者の推薦から任命に至る過程における審議内容，決定理由が明らかになる文書」の開示請求においても維持された。その理由は，先の「第25期労働者委員選任資料」における不開示理由と同一であるので，その内容紹介はここでは省略するが，この問題は，選任手続きの公開性の根本に関わるものとして，以下のように，異議申立書・意見書において詳しく批判の対象としている。

(i)　「中央労働委員会労働者委員候補者の推薦組合名」が不開示にされている。しかし，任命された委員がどのような労働組合組織から推薦されたかを知ることは，重要な情報である。2001年6月28日の参議院厚生労働委員会において，坂本政策統括官は，第21期以降の労働者委員82名全員が，「連合系の労働組合から推薦のあった方」と答弁されているように[93]，推薦労働組合名を秘匿する必要はないし，国会答弁を通じて，断片的に公開している。また，委員の定数があることから，候補者を推薦する労働組合の間の利害が相対立することは当然であり，関係労働組合間の見解の違いが従来から明確であることは周知のことであるから，推薦労働組合名を公開することによって，「組合の権利，競争上の地位その他正当な利益を害する」ことはない。さらに，今回の開示決定により，使用者委員候補者を推薦した団体名が開示されているが，労働組合名だけを不開示にすることに合理性はない。

(ii)　労働者委員候補者の推薦組合名の公開性について

　　任命された委員がどのような労働組合組織から推薦されているのかは，異議申立書で議事録を引用したように，国会でも明らかにされているところであって，不開示とする合理理由は存しない。これは，公表されている文書[94]に記載されているように，従来から，公開されている事実である。その意味で，「労働者委員候補者の推薦組合名」は，法第5条第1号ただし書イに該当する，不開示情報から除外される情報とされなければならないのである。

　　なお，理由説明書は，「同じ文書について本件以前に別人から公開請求があった際に」における「第三者に対する意見書提出の機会の付与」（法第13条）での意見について言及するが，そもそも，内容の不明確な別件における手続きを，事情の異なる本件において援用すること自体，同法の解釈を誤っており，不当な主張

---

93)　参議院厚生労働委員会（2001年6月28日）会議録第20号10頁。
94)　『中労委労働者委員任命取消訴訟の『最終準備書面』と最終意見陳述』（増補版，労働委員会民主化対策会議，1995）

である。しかも，同法の解釈においては，当該情報が既に公にされているものである場合には，第三者に意見提出の機会を与える必要がないとされており，この条項を理由として，「中央労働委員会労働者委員候補者の推薦組合名」を不開示とすることは，二重の意味で不当である。

(iii) 使用者委員候補者の推薦団体名の公開性について

　労働者委員候補者の推薦組合名を不開示としたのに対して，使用者委員候補者を推薦した団体名が開示されていることの理由として，「労使問題を含む労働問題を主として取り扱うものが日本経営者団体連盟であることは周知の事実」であることと，「その活動内容を公にすることによる，結成・活動への第三者の不当な介入の蓋然性が認め難い」ことという二点を挙げている。しかし，いずれも，根拠がなく，合理性に欠ける。

　まず，推薦を行いうる使用者団体が複数存在するからである。現に，厚生労働省は，労働政策審議会の「使用者側委員等の各団体の割り当ての目安について」で明記しているように，労働政策審議会における使用者側委員の推薦依頼を，従来の「中基審（中央労働基準審議会）」や「中職審（中央職業安定審議会）」の例に倣って，「日経連（日本経営者団体連盟）」とともに，「日商（日本商工会議所）」および「中央会（全国中小企業団体中央会）」にも行っている。また，中央最低賃金審議会の使用者代表委員についても，これら三団体から委員の推薦が行われている。

　労働委員会においては，結果的に，使用者委員候補者の推薦団体が日経連以外になかったとしても，それを当然視する厚生労働省の見解は，この労働政策審議会や中央最低賃金審議会での使用者側委員の推薦実態に矛盾するだけでなく，使用者団体の自主的な決定に対する予断に満ちた介入であって，不当なものである。

　また，労働組合の場合には，活動内容を公にすることが，「結成・活動への第三者の不当な介入の蓋然性」を認めるものであるという見解に立つとすると，そのような「不当な介入」を排除することこそが，厚生労働省の役割であり，それを理由に，情報公開の制限の根拠とすることは，逆立ちした論理にすぎない。

　結局，使用者委員候補者の推薦団体名を公表したのであるから，同じ理由から，労働者委員候補者の推薦組合名も公表されなければならないのである。

(4) 小括：労働組合の推薦行為の意義——選任制度の公開原則

　これまで叙述してきた「中央労働委員会における労働者委員」選出問題に関する三件の行政文書開示請求を通じて，厚生労働省側は選任基準の不存在を強弁する頑迷固陋な姿勢に終始した。その原因となっているのは，労働組合の推

3 中央労働委員会委員の選任の実態

薦行為の意義についての誤った解釈である。けだし，この労働組合による労働者委員の推薦制度は，労組法上の規定により例外的に（行政上の便宜として）認められているものではなく，労働者がその代表者を選出する権利の一態様として認められていると理解されなければならないからである。その意味で，この推薦制度は，最大限公開された形態で運用されなければならないのである[95]。それは，選任制度の公開原則の具体化として尊重されなければならないことを強調したい。重要な論点となった推薦労働組合や被推薦者名の公開については，労働組合の推薦行為（推薦労働組合名・全候補者名）は，労働者代表の選任手続きの公開性・客観性という観点からして，公開されて当然であるが，厚生労働省は，非公開とする立場を固守している。これは，労組法に基づく推薦行為であって，強くその公開性が指摘されなければならない。

このような労働組合による労働者代表の推薦制度（選任制度の公開原則）に対する消極的な解釈むしろ端的に誤った解釈は，労組法の趣旨を曲解するにとどまらず，かかる労働者代表の推薦制度一般の有する権利性の意義を無視することである。つまり，労働者代表の推薦制度は，労働者が自らの代表を選出し，その代表者を通じて労働条件の維持・改善や権利の擁護を実現するために，労働行政に参加する権利を保障するという根源的な価値を具体化したものであり，そのために，各種労働者代表選出制度における労働組合の推薦行為として具体化されているのである。労働者の権利としての労働組合による労働者代表推薦制度は，その権利性から帰結する原則として公開性（選任制度の公開原則）を認められなければならないことを強く指摘しなければならない。

---

[95] 石川吉右衛門『労働組合法』（有斐閣，1978）は，この推薦資格を有する労働組合による推薦行為について，「今までの例では，総評，同盟，新産別，中立労連などがそれぞれ傘下の一つの単位組合をして，その意向を表明させるというものが多い。」（371頁）と指摘し，（推薦資格がない）ナショナル・センターを代理するものと説明する。同様に，東京大学労働法研究会『注釈労働組合法 下巻』（有斐閣，1982）も，「従来，中労委労働者委員の推薦に実際に携わってきているのは各ナショナル・センター傘下の全国組合の組織する各種労働委員推薦協議会である」（911頁）と述べている。ここでは，推薦労働組合の固有の権限が問題になっているわけではなく，したがって，その権限行使の事実が他の労働組合との関係で秘匿される合理性も必要性もないことは明らかである。つまり当時から，推薦労働組合名が公開されることに何らの不都合もなかった（公開原則の存在を確認できよう）。もちろん，この叙述は，連合と全労連の二極化というナショナルセンターの再編統合が行われた時期以前に関わるものであるが，労働組合の推薦行為の法的性格自体に変化はないのであるから，推薦労働組合名の公開原則は不変のまま生き続けている。

4 労働者委員の推薦制度の権利性：判例動向分析

(1) 訴訟・異議申立の概要

労働者委員任命処分に関する裁判の状況は，厚生労働省や北海道（労働委員会）による全国調査の対象にもなっており，任命権者の側でも，その推移に問題関心を持っていることを窺わせるが，判明したものは表〈4-17〉および表〈4-18〉のとおりである[96]。また，厚生労働省調査（「資料集」）による異議申立事例（1998年3月10日現在）の状況は表〈4-19〉のとおりである。

これらの訴訟はすべて，原告である労働組合側の訴えが退けられているので，被告となった都道府県や国と任命権者の「勝訴」という形式で集約・分析することは可能であるが，これだけの件数の訴訟や異議申立が相次いだという事実自体を真摯に受け止める必要があろう。それは，労働者委員の選任制度の信頼性と安定性が揺らいでいることを意味するのである。こうした訴訟動向や選考過程について，厚生労働省は「個別の都道府県の問題」と無関係を装っていることもあるが[97]，実際には，「資料集」や「全国調査」に明らかなように個別の

---

[96] 労働省調査「労働委員会労働者委員任命処分取消等請求訴訟の状況について（平成10年3月10日現在）」（「資料集」）および北海道調査「都府県労働委員会における労働者委員任命に係る裁判事例について（平成19年6月30日現在）」を基に未記載判決を補充したが，裁判所名は省略した。これら資料では，控訴・上告の記載のないものは「終了」と記録されている。地裁判決の引用は判決番号により，高裁判決と最高裁判決は①（高），⑤（最）のように表記した。中労委関係については判決が下されたものだけをまとめた（第24期については取下げが公表されている）。なお，旧労組法時代には，千葉地労委事件（千葉地判（1948年4月23日），東京高判（判決日不明），最大判（1949年4月20日）民集3-5-135）がある。判決掲載誌は以下のとおり。③千葉地判1996年12月25日（労判710-28）、④千葉地判1998年9月24日（千葉県訟務資料127頁）、⑤東京地判1998年1月29日（労判731-6）、⑪静岡地判2002年5月10日（判例自治240-92）、⑬名古屋地判1999年5月12日（労判763-86）、⑮大阪地判1983年2月24日（労判405-58）、⑮（高）大阪高判1983年10月27日（労判425-52）、㉑福岡地判2003年7月18日（労判859-7）、㉓東京地判1997年5月15日（労判717-149）、㉓（高）東京高判1998年9月29日（労判753-46）。

[97] 厚生労働省が情報公開・個人情報保護審査会に提出した理由説明書（平成21年度（行情）答申第280号（2009年10月22日）参照）で「(54号通牒に関し)「(地方労働委員会委員の）選考に係る文書を厚生労働省では作成・取得していないものである」と述べ，「質問・照会集」では，「県労連の推せんを受けたが，全国の県労連の推せんを受け任命しなかったという事例は把握していないか。」という福井県からの問い合わせ（1996年3月7日）に「把握していない。」と回答している。しかし，広島県からの問い合わせ（1995年6月27日）「委員の任命につき今般異議申立がでたが，全国の状況の一覧は取まとめておられないか。」に対して，「（一覧表を手渡し済み。）」との記録があり，「資料集」とは別個に「一覧表」が作成されている事実が残されている。

258

4 労働者委員の推薦制度の権利性：判例動向分析

表〈4-17〉（都道府県）労働委員会労働者委員任命関係訴訟記録

判決番号	労働委員会（都道府県）名 任命日	期	請求区分	一審（地裁）判決日	一審（地裁）取下げ日	二審（高裁）判決日	二審（高裁）取下げ日	最高裁判決日	備考
①	北海道 2006.12.1	38	任命処分取消 損害賠償	2008.11.17		2009.6.25			
	宮城県 1994.4.1	30	任命処分取消		1996.1.31				
②	宮城県 1996.4.1	31	任命処分取消 損害賠償	1999.4.13					
	宮城県 1998.4.1	32	任命処分取消 損害賠償		1999.5.27				
	福島県 1994.6.20	32	任命処分取消		1996.1.26				
			損害賠償		1995.6.5				
	埼玉県 1993.4.6	35	任命処分取消		1995.7.24				
			損害賠償		1999.3.24				
	埼玉県 1995.4.6	36	任命処分取消		1998.3.26				
			損害賠償		1999.3.24				
	埼玉県 1997.4.7	37	任命処分取消 損害賠償		1999.3.24				
③	千葉県 1990.7.11	33	任命処分取消		1993.3.24				異議申立却下決定に対する提訴
			損害賠償	1996.12.25		1999.6.30			
③	千葉県 1992.7.13	34	任命処分取消	1994.8.10					
			損害賠償	1996.12.25		1999.6.30			
③	千葉県 1994.7.13	35	任命処分取消	1996.8.28					
			損害賠償	1996.12.25		1999.6.30			
④	千葉県 1996.7.15	36	任命処分取消 損害賠償	1998.9.24		1999.7.23			
④	千葉県 1997.2.25	36補欠	任命処分取消 損害賠償	1998.9.24		1999.7.23			
	千葉県 1998.7.15	37	任命処分取消 損害賠償	2000.10.23					
⑤	東京都 1993.11.1	31	任命処分取消	1996.7.17					
			損害賠償	1998.1.29		1999.4.28		2000.9.7	
	神奈川県 1988.4.8	27	任命処分取消	1990.4.23					
⑥	神奈川県 2006.4.17	36	任命処分取消 損害賠償	2008.2.28					
⑦	長野県 1996.1.13	34	任命処分取消	1997.12.25		1998.6.18			
			損害賠償	1997.12.25		1999.5.25		2000.7.14	
⑧⑨	長野県 1998.1.13	35	任命処分取消	1999.2.12		1999.9.1			
			損害賠償	2000.2.4		2000.9.7		2001.2.27	

259

第4章 労働委員会委員の選出制度の実態と課題

判決番号	労働委員会(都道府県)名 任命日	期	請求区分	一審（地裁） 判決日	一審（地裁） 取下げ日	二審（高裁） 判決日	二審（高裁） 取下げ日	最高裁 判決日	備考
⑩	長野県 2000.1.13	36	任命処分取消	2000.11.30		2001.3.28			2001.12.6 上告取下げ
			損害賠償		2001.12.11				
	静岡県 1990.6.1	29	任命処分取消 損害賠償	1992.9.11					
	静岡県 1992.6.1	30	任命処分取消 損害賠償	1994.9.12					
	静岡県 1994.6.1	31	任命処分取消 損害賠償	1996.11.6					
	静岡県 1996.6.1	32	任命処分取消 損害賠償	1998.10.8					
	静岡県 1998.6.1	33	任命処分取消 損害賠償	2000.6.26					
⑪	静岡県 2000.6.1	34	任命処分取消 損害賠償	2002.5.10					
⑫	愛知県 1989.12.1	30	任命処分取消	1992.3.27					
⑬			損害賠償	1999.5.12					
	愛知県 1991.12.1	31	任命処分取消		1994.1.24				
	愛知県 1993.12.1	32	任命処分取消		1996.3.7				
	愛知県 1995.12.1	33	任命処分取消		1998.6.8				
			損害賠償		1999.6.9				
	愛知県 1997.12.1	34	任命処分取消 損害賠償		1999.6.9				
	京都府 1989.11.10	32	任命処分取消 損害賠償		1992.4.16				
⑭	京都府 2004.6.25	39	任命処分取消 損害賠償	2006.6.20			2006.10.5		
	大阪府 1980.2.22	25	任命処分取消		1982.6.11				
⑮	大阪府 1982.2.22	26	任命処分取消	1983.2.24		1983.10.27			上告取下げ（⑰言及）
⑯	大阪府 1984.2.22	27	任命処分取消	1985.10.23		1986.4.4			
	大阪府 1990.2.22	30	任命処分取消		1992.5.25				
			損害賠償		1994.2.7				
⑰	大阪府 1998.3.1	34	任命処分取消 損害賠償	1999.12.9					
⑱	兵庫県 2001.7.9	37	任命処分取消 損害賠償	2004.3.31		2004.12.24			

4 労働者委員の推薦制度の権利性：判例動向分析

判決番号	労働委員会(都道府県)名 任命日	期	請求区分	一審（地裁）判決日	一審（地裁）取下げ日	二審（高裁）判決日	二審（高裁）取下げ日	最高裁判決日	備考
⑲	兵庫県 2003.7.22	38	任命処分取消 損害賠償	2005.3.18		2005.10.7			
⑳	兵庫県 2005.7.28	39	任命処分取消	2007.3.13		2007.9.27			
⑳	兵庫県 2006.3.16	39 補欠	任命処分取消	2007.3.13		2007.9.27			
㉑	福岡県 2001.10.1	33	任命処分取消 損害賠償	2003.7.18					
㉒	沖縄県 1999.9.17	12	任命処分取消 損害賠償	2001.3.28		2001.11.22			

都道府県での労働者委員の選任に関する情報を収集しており，都道府県の側でも，訴訟動向に関心を払っている様子が記録されている。したがって，当事者の側から，選任制度への批判的な意見が噴出している事実を踏まえ，個別の裁判例の動向や結論だけを個々に評価すること以上に，全体としての動向をどのように評価するのかが問われているのである。

これらの判決の内容自体の妥当性は別として，一部判決は，当該の労働者委員の選考過程を一定程度明らかにしたという役割は果たしている。しかし，公開された行政文書の内容と食い違いがあることは，重要な問題でもある。

例えば，判決①は，事実認定において，北海道労働委員会の労働者委員の選考過程を具体的に明らかにしている。北海道から開示された「第37期北海道労働委員会労働者及び使用者委員の任命について」の内容と対比すると，北海道が引用している「第54号通牒の要旨」が「産別等の系統別」としているところから，裁判では「産別等」の文言を欠落させて，単に「系統別」としているほかに，「産業分野，地域別等を十分配慮すること」とある表現を「産業分野，場合によっては地域別等を十分配慮すること」と「場合によっては」という文言を付加し，さらに，「すべての労働組合が積極的に推薦に参加するよう努めるとともに，推薦に当たっては，なるべく1組合から委員定数の倍数を推薦させるよう配慮すること」という文章を追加している。これらの変更内容は54号通牒の表現とも食い違いがあるが，それは，北海道が「第37期北海道労働委員会労働者及び使用者委員の任命について」とは別個に提出した証拠（書証）や証人証言によるものか，裁判所の証拠調べの結果なのかは不明であるが，このうち労働者委員の選任結果の合理的な理由となりうるように54号通牒の内容を引用

261

第4章　労働委員会委員の選出制度の実態と課題

表〈4-18〉中央労働委員会労働者委員任命関係判決

		地裁判決	高裁判決
㉓	第21-23期	1997.5.15	1998.9.29
㉔	第28期	2006.11.8	2007.12.5

表〈4-19〉（都道府県）労働委員会労働者委員任命処分異議申立

	期	任命日	結　果	
青森県	35	1994.11.2	1995.10.20	却下決定
福島県	31	1992.6.20	1993.3.19	却下決定
群馬県	29	1990.10.31	1992.9.4	取下げ
	29	1990.10.31	1991.7.29	取下げ
	29補欠	1991.9.1	1992.9.4	取下げ
埼玉県	34	1991.4.6	1993.3.25	却下決定
千葉県	33	1990.7.11	1991.7.10	却下決定
東京都	30	1991.11.1	1992.12.24	却下決定
神奈川県	29	1992.4.9	1993.6.10	却下決定
新潟県	32	1991.2.1	1992.3.30	却下決定
	33	1993.2.1	1994.3.31	却下決定
	34	1995.2.1	1996.3.29	却下決定
長野県	32	1992.1.13	1993.3.29	却下決定
	33	1994.1.13	1995.1.17	却下決定
大阪府	25	1980.2.22	1980.9.20	棄却決定
	27	1984.2.22	1985.2.7	却下決定
岡山県	35	1994.11.19	1995.12.26	却下決定
広島県	33	1991.3.1	1991.12.3	却下決定
	34	1993.3.1	1993.11.15	却下決定
	35	1995.3.1	1995.12.26	却下決定
徳島県	35	1995.6.1	1996.3.29	却下決定

していると判断できる[98]。さらに，また，「産業分野，地域別」の選考理由は，文書化されていない。こうした事情は，文書化されていない証人の証言によるも

---

98) 54号通牒は，「産別，総同盟，中立等系統別」と表現しているが，北海道が引用する「産別」が原文の一部の引用であれば，今日において，「産別等の系統別」から，「産別」の文言を削除する方が適切であるとも言える。同程度の厳密な用語法を採用するとすれば，労働組合の産業分野，地域別の定義を明らかにするべきである。

のとすると，選考過程や選考基準の客観性や公開性の原則から重大な問題を孕んでいる。

他方，判決㉒は，沖縄県労働委員会における労働者委員（第12期）の選考過程を以下のように指摘した。

> 商工労働部労政福祉課では，被推薦者が法令に基づく組合の推薦を受けているか，労働組合法19条の4の欠格条項に該当しないかを調査したほか，地労委の役割，各県での地労委の委員の構成割り，県内の労働組合，ローカルセンターの組合員数や組合数，他県での地労委の委員の選任に関する裁判例等の資料の収集を行った。なお，被告県では，労働者委員の任命に当たって，独自の選任基準は作成していない。
> 　当時の商工労働部長Ａと労政福祉課担当課長Ｂは，商工労働部担当のＣ副知事に対し……根拠法令，選任の要件，委員会の制度，役割，これまでの委員選任に当たっての過去の経緯，各労働組合からの要請，連合沖縄と原告県労連等の県内における組合員数などの組織実態，組合員数に応じた単純比例による配分案と参議院の比例代表区選出方式としても採用されているドント方式による配分案，他県での状況，裁判例等を説明した……被推薦者の人物評定及び過去の実績については，特に説明していない。

「第16期沖縄県労働委員会委員の選任について」に収録されている「選任にあたっては，以下のことを基準にしている。」の項では，以下のような事項が記録されている[99]。

> ① これまでの労働者委員の選任に際して，これまで用いられてきた<u>ドント方式</u>を採用する。
> ② 昭和24年に労働省から出された「54号通牒」を考慮する。
> ③ 第12期地労委労働者委員の任命に際して，県労連から提起された，訴訟における県側の主張及び那覇地裁と福岡高裁那覇支部の判決を考慮する。

---

99) 参照されている「沖縄県地方労働委員会公益委員の選任に関する基準（内規）（平成13年7月11日，沖縄県商工労働部労働政策課）」の該当箇所は以下のとおりである。「2　任命時において，原則として70歳以下である者を選任するものとする。3　委員としての任期が，通算で5期を超えない者を選任するものとする。4　女性委員の登用に努めるものとする。」

④　沖縄県地方労働委員会公益委員の選任に関する基準（内規）2,3及び4を考慮する。
　⑤　労働組合法第19条の4の欠格条項に該当しないこと。

　判決が対象としている第12期と行政文書として開示された第16期との間の時間的経過によって，選考過程や選考基準にどのような変更があったのか検証する必要がある。第12期において，判決が「被告県では，労働者委員の任命に当たって，独自の選任基準は作成していない」と事実認定を行っていること，さらに，第16期では54号通牒の位置づけが明文化されているが，第12期の選考過程の説明には言及がないことからすると，選考基準自体に見直しや変更が加えられたことは事実である。選考過程は，各期において共通するところも多いが，その時々の労働界や知事の立場をめぐる状況に影響もされて，流動的な側面が存することも物語っており，その意味で，選考過程や選考基準が客観的に記録され，公開可能な状態に置かれていることが必要である。

(2)　判決分析の視点
　判決は，損害賠償訴訟においても，任命処分の取消訴訟においても，その結論においては，損害賠償請求や任命処分取消という原告の訴えを認めることはなかった。知事の任命処分の正当性については，福岡県（判決㉑）の事例は，知事の任命権の濫用を認めるものであったが，任命行為自体の法的効果を否認することはなかった。さらに，判決の結論には影響を及ぼさないまでも，リップサービスという印象を与えないこともないが，知事の任命結果についての不当性にまで判断を踏み込むものもある。しかし，判決㉑を除いては，すべての判決が，知事の任命行為を裁量権の範囲内と捉えるものとなっている。その理由するところは千差万別であり，労働委員会制度，三者構成制度そして労働組合による推薦制度の趣旨や意義に対する理解や説明は，裁判官の個人的見解の流布と言っていいほどであって，判決相互の間の法律解釈としての整合性や一貫性は欠いたものとなっている。
　このような状況は，労働委員会委員の選任制度の運用が公開されていないために，個々の裁判において，対象となった任命行為についての判断の限りで，制度の説明がなされているという事情によってもたらされたものである。すなわち，行政機関の側が，制度の運用状況の客観的な公開を行ってこなかったこと

の弊害の現れである[100]。

本節では，個々の判決に対する判例研究という視点ではなく，これらの多数の判決が相互に矛盾するような説明を行っている状況と，それが構造的なものであることを示す。この構造的というのは，個々の判決において，労働委員会制度の理解と推薦制度の趣旨の判断とが結びついているという意味での構造性と，判決全体として矛盾した論理を展開するという傾向を示しているという構造性を明らかにする。

最高裁判決も三例（判決⑤（最），判決⑦（最），判決⑨（最））あるが，いずれも，「上告理由は……その実質は事実誤認又は単なる法令違反」であり，上告理由に該当しないとして門前払いしているのであるが，労働委員会委員の選任制度とそのあり方は，憲法第28条の団結権保障に由来するものであって，憲法判断を回避したものと批判されざるを得ない。また，一覧表の高裁判決は，原審の地裁判決を一部変更したり追加したりはしているものの，基本的には地裁判決を踏襲しているものである。高裁判決で新たに付加された部分だけを取りあげることにする。

(3) 判決の構造的傾向
(ア) 労働委員会制度の意義と理念

労働委員会制度の由来や理念について，労組法による設立とか行政委員会とかいう文言を繰り返すのみで，その歴史的沿革や憲法による団結権保障との関連にまで立ち入って深く洞察することがないのが特徴であるとともに，そこが判決としての立脚点を曖昧にしたまま委員の選任方法の評価に直結しているという点での欠陥であり，そのことによって，労働委員会委員の選任制度の有する重要性や労働者委員の存在が団結権保障と密接に結びついていることを見誤っている。

労働委員会制度と憲法第28条との関連について説明するのは，判決⑮が「憲法が保障している労働者の労働基本権を擁護し実現する」とし，判決⑥が「労使の利害を適切に調整して紛争を解決し，その中で労働基本権を侵害された労働組合・労働者を救済（する）」として，労働者の権利保障に言及するのみである。この二判決を例外として，他は，判決①が「独立の行政委員会であり……準司法的な機能や調整的機能を営むものである」と述べ，判決⑪の「独立の行政

---

[100] 判決⑰は「法定の欠格事由の調査が行えなかった」と判断したが，「都道府県調査」や「全国調査」でも明らかにしたとおり，欠格事由の調査方法に厳密な要式は求められていない。

委員会であって，労使間の紛争に関し公平な立場からその自主的解決を促進するなどの調整権限を有する」や判決⑬の「公正な労使関係秩序の形成，維持」の見解など，労働委員会制度を労働組合法の文言の中で捉えるか，行政解釈による制度紹介を借用しているに過ぎない。その結果，判決⑳（高）のように「紛争解決機関たる労働委員会を労使中立的な機関とみない点でそもそも採ることのできない見解であって，到底採用できない」とし，判決㉓が「多様な意見を直接反映させて政策形成等を行う機関とは異なる性格・構造を有する」として，労使間の利害対立や労働者間の多様な価値観の存在も無視する。

　行政解釈ということでは，54号通牒の文言を援用している形跡もある。判決が押し並べて54号通牒の法的規範性や法的拘束力を否定していながら，制度の説明に関する部分を借用するということは不当な解釈というよりも，不誠実な対応といった批判が相応しいものである。

　労働委員会制度における団結権保障の意義についての認識を欠いているため，判決②は「労働委員会の利用ということは，労組法が労働委員会を設けたことに伴う一種の反射的利益に過ぎず，それが原告らの権利であるとまでは認め難いのであるから，右のような支障が生じているからといって，それが法的な権利の侵害となるともいえないと考えられる」と述べ，「地労委を利用しにくい情況」を容認し，労働委員会の活用に対する労働者の権利性を否認した結論に至っている。

　(イ)　三者構成制度の理解

　ほとんどの判決が労働委員会制度における三者構成制度とその趣旨や目的等について言及しているが，その理解は，前述したような三者構成原理の歴史的沿革とその本来的な価値を無視したものとなっていることが，最大の特徴である。そのことが，後述の労働者委員の推薦制度に対する労働組合の権利性の承認の消極的傾向にも結びついている。その淵源は，54号通牒が「労働委員会が三者構成の合議体である性格」と叙示したことにあるとも考えられるが，判決が，憲法による団結権保障と労働委員会制度との関係について立ち入った判断に踏み込まなかったことに最大の原因が求められるべきであろう。

　判決による三者構成制度の根拠は，大別すると，(ⅰ)労使問題の専門性や専門的知識の必要性という専門性重視論，(ⅱ)利益代表性や利益調整を重視する利益関係論，(ⅲ)労使関係秩序形成あるいは労使自治という労使関係論に求めている。それぞれの代表的な判決の見解を例示し，その帰結するところを指摘して

おく。それとともに，推薦制度に対する判断が，(iv)労働者委員の資格と立場の理解とも結びついていることを明らかにする。

(i) 専門性重視論

　三者構成制度を取り入れた趣旨を，労使問題の専門性や専門的知識の必要性から説明する立場の判決が目立っている。判決③（高）は「各委員がそれぞれ専門的識見を出し合って公益及び労使の利益を適切に調和させることを期待し，労使の委員が紛争当事者間を取り持って自主的解決を促進する」として三者構成の目的を紛争処理の専門家の貢献に見出している。判決⑤も「労使紛争の処理は極めて高度の専門的知識を必要とし，労使内部の実情に詳しい者がその衝に当たることが適切である」としつつ，公益委員について「紛争の当事者たる労使を代表する者のほか，一般市民の立場からの見解も加味して中間的，第三者的立場から公正な判断を行う」としている。「一般市民の立場」，「中間的立場」と「第三者的立場」と「公益」の関係は曖昧であるが，どのような選任基準によってそのような立場を確認するかが問われなければならない。

　他方，判決⑭は「労使紛争の解決には高度な専門的知識経験を必要とするため，労使内部の実情に詳しい者や高い識見を有する者を委員とすることによって，公益および労使の利害を適切に調和させ，労使紛争の自主的解決の促進を図ろうとした」と，判決③と類似の表現ながら，「経験」や「高い識見」をも必要とし，「利益の適切な調和」への期待のレベルではなく，「調和」そのものを役割としている。この点，判決⑦（高）は「専門的な知識経験ないし高い識見」としているように，各判決の立場に共通性を見出すことは困難でさえある。

(ii) 利益関係論

　判決の中で主流を占めているのは，三者構成制度を当事者の利益代表と位置づけるという利益関係論や委員の利益代表性を強調する立場である。判決⑮は「利益代表委員としての労働者委員と使用者委員の参加」として，「労使それぞれの私的利益の主張を直接にとり入れるためのものではなく，労使それぞれの主張を通して当該事件についての労使の利害を明らかにして，客観的に妥当な解決を図ろうとする」とする。ここで，特徴的なことは，労使の主張する利益の「私的」性格が没却されて，その「公益性」にすり替えられていることである。その結果として，判決⑧は「労働者一般の利益という，いわゆる公益」とするように，労働者委員が目的とするべきものが，「公的な利益」であり，「労働者全体の代表者」（判決⑨・判決⑱）として担う「労働者一般の利益」（判決②・

判決⑬),「労働者一般の正しい利益」(判決⑮(高)) や「労働者全体の利益」(判決③・判決㉓(高)),「全労働者の利益」(判決①) といった「抽象的な利益」に昇華させられ, 具体的な権利侵害への対応といった「個別的・具体的な利益」の保障を軽視することになっている。この「利益」の性格は, 裁判の上では, 原告適格性の判断に重要な影響を及ぼすだけに, 労働委員会制度において労働者委員が果たしている団結権保障という具体的な権利の救済という「私的」性格を正当に評価しなければならない[101]。

　ここでは, 労使という二者の利益が問題になっているが, 判決⑬では「公・労・使の三者委員がそれぞれ専門的識見を出し合って公益及び労使の利益を適切に調和させる」とされ, 判決⑩では「公益及び労使の利害を適切に調和させ(る)」として, 公労使の三者の利益の調整が対象となっており, 公益という独自の利益が存在することになっている。

　他方, 判決㉓は「労働者委員は, 労働者側の事情に精通し, かつ, その感覚をもって, 公正に行動をすべきものとして参加しているのであって, 三者構成をとるからといって, これを利益代表的な考え方で捉えるのは労組法の趣旨に合致しない」として, 労働者委員の利益代表的性格を否定し, 上記の判決とは異なる立場を採っているが, この控訴審判決である判決㉓(高)は「労働者委員が, 公益委員とは異なり, 使用者委員と同様に, その推薦団体からの推薦に基づいて選任されるという制度上, 労働者全体の利益代表としての性格を帯有すること自体は当然である」として, 推薦制度を根拠に利益代表性を肯定した。

　利益関係論の中でも, 利益調整という機能面を重視する判決もある。判決⑲は「労使それぞれの内部の実情に詳しい者を委員に加えて, それぞれの専門的識見に基づき労使の利害を適切に調和させることを期待する」としているが, 判決⑲(高)では「労働問題においては労働者の立場と使用者の立場という根本的に異なる二つの立場があることを前提」として, どのような「調和」が可能なのか問題になるであろう。他方, 判決㉑は「労使紛争において公労使の各委員がそれぞれ意見を交わし, 公益及び労使の利益を適切に調和させる」とし, 判決①は「労使の利害と公益とを適切に調和」としているが, ここでは, 公益と

---

[101] この点, 判決⑮は「労働組合の推薦は, 公益のためにするものであつて, 推薦する個々の組合の利益のためにするものではないことを理由に, 同原告の訴の利益を否定する考え方」は,「知事が正当な事由がないのに推薦された候補者を審査の対象外にしたりこれと同視しうる場合, 誰もその手続的違法を指摘してこれを矯正する手段がないことになるが, この結論には, 到底賛成できない」と判断し, 推薦制度の「公益」性を批判した。

労働者の利益と使用者の利益の三者の調整であることを述べるのである。

(iii) 労使関係論

三者構成制度を労使関係の視点から説明する判決もある。まず，労使関係秩序形成に着目するものとして，判決③は，三者構成制度が「労使関係の対等かつ安定した秩序の形成を促進する」ことを目的とする点で，他の判決にはない視点を取り入れるのであるが，それも，「公益の実現」として位置づけることによって，「労働者委員が個々の労働組合やその組合員の利益状況を代表する」ことは予定も，期待も，要請もされてはいないという結論に導かれ，具体的な労使関係の場における「労使関係の対等かつ安定した秩序」とは次元の異なるものとなっている。

他方，労使自治という法的原理について，判決⑲は「紛争の当事者である労使をそれぞれ代表する者を委員とすることにより，労使自治の精神を生かし，自主的解決を促進することを期待したもの」とし，労使自治を明確にした上での，労使委員の参加の意義を認める。判決⑳は「労使それぞれを代表する者を委員とすることにより，労使当事者との間をとりもって自主的解決を促進することを期待した」とするのであるが，「労働者委員についてみれば，労働者の代表として，労働組合及び労働者の利益や立場に配慮し，公益をも加味した上で，自主的解決を促す役割が求められている」として，公益という前提が課せられていることは説明不足である。

結局，三者構成制度を労働者の団結権保障と関連づける考え方は，前述の判決⑥において「労使紛争の解決のため有用な専門的知識及び経験を有する労使の代表者と公益を代表する者を委員とすることにより，労使の利害を適切に調整して紛争を解決し，その中で労働基本権を侵害された労働組合・労働者を救済し，もって労使関係の対等かつ安定した秩序を促進するという公益の実現を図ろうとした」という後段の指摘の中でその形跡を見ることも可能であるが，その前提条件は，先の専門性論と利益関係論の折衷に過ぎないところに，この判決の限界がある。

(iv) 労働者委員の資格と立場

三者構成制度や原理について，このような平板で表層的な解釈を展開したことが，労働者委員の資格や意義についての判断に結びついていることも明らかになった。つまり，公労使という三者を並列的・羅列的に捉えることから，労働者委員の存在が団結権保障の具体化であり，労働者委員の具現する利益は団結権保障という具体的な権利保障であることを無視することになっている。

第4章 労働委員会委員の選出制度の実態と課題

　典型的には，判決⑤が「「労働者を代表する者」として，自己の所属する系統別労働組合の利益の枠を超えて，等しく申立人たる労働組合，労働者の主張や利害等を明らかにして客観的に妥当な解決を図る職責を負うのであって，特定の系統の労働組合の利益のために奉仕することが要請されているのではない」とし，判決⑩（高）が「労働者委員については，労働者一般の利益という公益的見地における役割が期待されているのであって，特定の労働組合の利益のための役割が期待されているものでないことはいうまでもない」とするが，申立人の主張や利害という具体的な権利保障と特定の系統の労働組合の利益が機械的に対立構造に置かれ，矛盾するような位置づけに置かれる。その点で，判決⑤（高）は「現実には各系統ごとに対立，対抗している労働界について労働者一般の利益というものを具体的に観念することは著しく困難であり，個々の労働者，労働組合ごとに利害や方針が異なることが考えられるから，労働組合が推薦した者の中から労働者委員を任命したからといってその者が当然にすべての労働者の立場を代弁できるというものではない」として実態に即した見解を示しつつ，「労働者委員は労働委員会を構成する一員として公益的見地から個々の事件の解決を目指す」という労働者委員の役割が「公益的見地」に服させられることになっている。この公益概念の問題点は前述したが，ここでは，それが労働者委員の資格や資質と結びつけられていることを指摘する必要がある。判決⑲の「労働者の地位向上及び適正な労働関係の形成を図るという公益（的役割を担う労働者委員）」や判決①の「労働者一般の公益的見地」として一層抽象化されている。しかも，判決⑲（高）のような「第三者的役割を果たす公益的立場」という「公益」概念も見られる。判決⑲は同時に「系統の異なる者の間であっても，労働者の地位向上及び適正な労働関係の形成を図るという公益的役割」と述べており，そこでは，別の系統の労働組合の労働委員会における利益代表を「公益」と位置づけ，全体的・一般的性格を持つものと定義される「公益」概念とは異なっている。しかし，判決⑳の定義する労働者委員は，「労働者の代表として，労働組合及び労働者の利益や立場に配慮し，公益をも加味」することが期待され，「公益」は労働者の利益にとって外在的な価値と位置づけられるのである。

　判決⑨（高）では「労働者委員は労働者全体の利益を代表する」ところから，「中立公正性が求められる」ところまで帰結する。この「中立公正性」の論理は，判決⑦（高）では「すすんで推薦を受けた労働組合若しくは所属する労働組合の利益を代弁するものではなく，その限度では，労働者委員といえども中立公

正性を求められている」と具体的な行動規範として例示されている。「中立公正性」という表現での要件は，判決⑬では「自主性，中立性を有する公の立場」とされるが，54号通牒では公益委員に対して「中正な人物」であることを求めていたことと類似していること自体が問題性を裏付ける。他方，判決⑭では「労働者の正しい利益を踏まえ，公平適正にその権限を行使する」とし，判決⑱では「公正・中立性が要求される」という表現が用いられるなど，抽象的な多義的な概念を一貫性を欠く形で表現することになっている。

　(ウ)　推薦制度の趣旨，意義と目的

　審議会委員の推薦制度について，法律上の規定が存しない「公立学校共済組合運営審議会委員」をめぐる任命処分取消等請求事件判決[102]では，「地公共法及び定款は，運営審議会委員及び理事の任命及び認可の手続として，中央労働委員会の労働者を代表する者を任命する際の労働組合の推薦のような，教職員団体の推薦について何ら規定していない」ことを前提に，「情報提供やその要請の方式も，文書による照会とこれに対する回答といったものではなく，特段の方式も定まっていないものであったほか，聴取すべき教職員団体の範囲についても特段の決まりがあるわけではないなどの事情からすると」，教職員団体による推薦は「事実上の措置と解するほかはなく……慣行として確立しているとするのは困難である」と判断した。労働委員会の推薦制度の場合には，推薦の「方式」や推薦団体の「範囲」も法令上明確にされており，それに相応した法的意義や法的効果が認められなければならない。しかし，判決⑭は「労組法において，推薦組合が選考手続に関与することを認めた規定等はないから，推薦組合に労働者委員の選考手続上何らかの権利又は利益が認められていると解することはできない」と述べるように，選任過程における推薦制度の意義を正当に評価しないことによって，選任過程全体の原則のあり方を見失うことにならざるを得ないのである。

　判決の全体的動向については，推薦制度の意義と目的，推薦の効果を混同して議論しており，それが，推薦行為の権利性や推薦労働組合の地位に曖昧な評価を与えることになっているものが多い。そのため，推薦制度を手続的措置と見なす傾向が強く，その権利性を正当に評価することに消極的であることが特徴となっている。しかし，推薦制度が明確な法律上の規定に基づくものであることから，推薦行為の権利性を積極的に評価しようとする一部の判決の傾向も

---

102)　東京地判 2007 年 12 月 12 日。

見られる。ここでは，判決において述べられた推薦制度の意義と目的を分類し，結果としての混乱状況が，推薦行為の性格についての曖昧な判断をもたらしていることを検証してみる。

　推薦行為の意義や目的については，大別すると，労働委員会制度自体と関連づける見解，任命行為に関連づける見解，委員の適格性確保に関連づける見解，労働者や労働組合の権限と関連づける見解がある。そして，推薦制度の意義や目的について，手段的性格を重視するか，実体的性格を重視するかによって，推薦労働組合の権利性の承認の分岐となる。

　(i) 労働委員会制度と推薦行為の意義

　まず，推薦行為を労働委員会の権限と根拠づけようとするのが，判決⑮(高)による「権限行使に際し，使用者及び労働者の正しい利益を反映させようとした」という見解である。同様に，判決⑤(高)は「被推薦者の中から任命された労働者委員が理念的に労働者一般の利益を代表する立場に立つものであるとし，同様に使用者団体の推薦に基づいて任命される使用者委員は使用者一般の利益を代表するものと位置づけ，これに中立的な公益委員を含めた三者構成をもって労使紛争を解決するのにふさわしい機関として位置づけた」として，推薦行為によって，労働者委員および使用者委員の行動規範の役割を担わせて，労働委員会の権限の根拠づけを与えている。

　(ii) 任命過程における推薦行為の意義

　他の判決は，推薦行為に対して，任命過程における意義を見出すことになる。まず，労働組合の推薦には候補者確定という役割しか認めないという最も消極的な立場がある。判決⑮は「推薦することは……候補者が，推薦を受けた候補者全員の中の一人として，知事が任命を行う際の対象となる」とする。また，判決㉔は「労働組合に労働者委員にふさわしい専門的な知識・経験を有するとみられる者の情報提供を求めるという推薦制度の趣旨」という役割しか認めていない。しかし，推薦する労働組合には一定の要件が必要とされるのであるから，単なる候補者名簿提出の役割しか認めないとすることはできないのであり，推薦行為を通じて労働者委員としての適格性を確保しあるいは労働者委員としての資格要件具備を確認しようとする。判決③や判決⑦における「推薦制度は，労働者全体の利益を擁護するのにふさわしい労働者委員を選任することにより，その労働委員会における活動を通して，労働者の地位を向上させることに寄与し，労使関係の対等かつ安定した秩序の形成・維持を図るという公益を実現す

る」という見解や判決①の「全体の代表としてその利益を擁護するのに適した候補者を確保し、かかる候補者の中から労働者委員を任命」という見解である。これら判決における「労働者委員」像に問題はあるとは言え、推薦行為がそのような委員を確保する役割を果たすのである。

　そして、適正な候補者の確保が、任命権者の恣意的な委員任命を防止することにも繋がるとして、推薦行為に対して「恣意性の排除」という目的を担わせている。それは、「知事が、労働者を代表する者であると恣意的に判断した者を労働者委員に任命する事態の発生を回避し、労働者委員が労働者を代表する者であることを担保するために労働組合の推薦を要求した」(判決⑥)という見解や判決⑯での「任命権者の恣意を排除し、かつ、労働者の意思を反映させる」という見解である。

　推薦行為が任命行為の正当性を担保する役割を担うべきことは、「推薦に基づいてなされるものと定められたのは、その任命行為が右の労組法の趣旨に沿った適正妥当で公正なものであることを担保することにある」(判決⑩)という表現でも指摘されるところであるが、この文言に続けて、「労働者委員の推薦は、文字どおり推薦であって、もとより法的な拘束力を持つものではない……都道府県知事の任命行為の適正妥当と公正とを担保するという公益に資するものにすぎない」(判決⑦(高))とする見解が展開されるように、推薦行為を任命手続という狭い領域に閉じ込めることによって、その権利性を否定し、手続的な行為に位置づけることになっている。推薦行為は、このような手続的な視点からではなく、実体的な権利の側面から位置づけることが必要である。

(ⅲ) 推薦行為の制度的保障

　そのような積極的な意義は、推薦行為を労働者の意思の反映とする見解に一定の役割を見ることができる。判決③(高)は「労働者の立場を代表する者を選任するに際し、できるだけ労働者側の意見を反映させるために、労働者によって組織された労働組合にその候補者を推薦させ、選任者はその候補者の中からでなければ労働者委員を選任することができないようにした」と述べ、判決㉑は「労働者一般の意思を反映させることにより、労働者全体の利益を擁護する労働者委員を任命させ、かかる労働者委員の労働委員会における活動を通じて、労働者の地位向上を図るなど労働者一般の利益を保護することにある」とする見解である。かかる視点は、推薦制度を労働委員会制度への当事者の参加と理解する立場にも一定の意義を見出しうる。判決⑩(高)は「推薦の権限を認めたのは、労働委員会の職務及び権限の特殊性から、その構成員の中に使用者及び

労働者を代表する者を加え，その権限行使に際して，使用者及び労働者の正しい利益を反映させようとしたためである」としている。判決 ⑲（高）は「推薦制度や同意制度を設けて，各委員の任命について，任命権者に全面的に委ねるのではなく，労使がそれぞれ組織している団体（労働組合，使用者団体）に，それぞれの立場を代表する委員の選任に関する主導権を与え，公益委員の任命についても関与を認めている。労組法は，対立的立場にある労使の自治を労働委員会の委員の選定手続に取り込んでいるものである」と判断し，推薦制度と同意制度を同じ次元から捉え，そこにおける「労使の自治」の役割を承認している。そのような立場から，「労組法が労働組合及び使用者団体に推薦権を認めた趣旨，目的」を論じることによって，推薦制度を「推薦権」として把握するところに，積極的な意義を認めることができる。

　推薦制度における労働者や労働組合の役割を重視することは，推薦制度に労働者代表制度の意義と役割を見出すことでもある。判決 ④ は「労働組合による労働者委員候補者の推薦は，一般に，労働者一般の意思の認識が困難であることから，労組法上労働者の地位の向上をその使命とする労働組合を推薦の主体とすることで労働者一般の意思確認を組織的に担保した上で，都道府県知事が労働者全体の利益を擁護するためにふさわしい者を労働者委員に選任し，もって，労働者の地位の向上を図るとともに，労使間の紛争を公正に解決して，対等かつ安定した労使関係を構築するという公益を実現するための制度である」と説明する。また，判決 ⑬ では「推薦制度は，労働者委員の任命に際し，労働者全体の意思を反映させるために存在するものであり，ただ，労働者全体の意思を認識することが容易でないことから，これを制度的，組織的に担保するものとして，労組法上労働者の経済的地位の向上をその使命とされている労働組合が推薦主体とされた」として，判決 ㉑ では「労働者一般の意思を把握するのは困難であることから，労働者一般の意思を反映させるための制度的担保として……労働組合が推薦主体とされた」とする見解は，労働者の意思の集約の困難性を前提に，推薦制度を通じた労働者の意思の反映という労働者代表制度の役割を承認している。ここでは，制度としての推薦行為の役割，すなわち推薦制度の実体的役割を承認せざるを得なくなっているのである。それは，前述の推薦制度における任命手続重視の判決 ⑭ が「知事による恣意的な任命手続に歯止めをかけ，労働者一般の意思を労働者委員の任命手続に反映させることを制度的に担保した」と「任命手続」に限定して述べていることとの対比からも，その積極的な意義を認めることができる。

(エ) 労働組合の推薦行為の権利性

　推薦行為の意義や目的の理解と大きく関るが，推薦労働組合にとって，それが権利性を帯びるのかは，訴訟においては，推薦行為が「法律上の利益」なのかあるいは「事実上の利益」なのかという争点ともなった。任命処分取消あるいは損害賠償請求という形式での訴訟の原告適格性を判断する要件[103]としての法的利益を承認する権利性については，いずれの判決も否認しているが，その判断とは別個に，推薦行為における労働組合の地位という視点から，すなわち労組法の規定する推薦制度において労働組合にどのような権利を認めるかの判断が必要である。

　判決⑮は「推薦をした労働組合にとつて法律上の利益」として，「候補者を推薦した労働組合に対しても，任命処分が違法になされたときにはこれを争いうる地位を保障し，推薦の効果が任命手続に反映されるように法的に保護している」として，労働組合にも訴の利益を認め，推薦行為の「権利性」を認めることになっている。その控訴審の判決⑮(高)も「労働組合にとつて一の法的な利益であり権利である」が「特定の労働組合の利益のため認められたものではなく，労働者一般の利益のため認められたもの」として「権利性」を認めたものの，「委員の推薦・任命に関しては労働組合と使用者団体とを全く同列に取り扱つている」ことから「労働組合の推薦である点に特殊性を認める見解」を退けた。これは，推薦労働組合の権利性を認めつつも，訴訟上の要件としての「法律上の利益」を否認するというレトリックに過ぎない。

　前述のように判決⑲(高)は推薦制度について「選任に関する主導権」，「主導的な関与」を認めて，「労組法が労働組合及び使用者団体に推薦権を認めた趣旨，目的」として「推薦権」と明言しながら，「推薦権の付与によって，推薦組合に労働者委員の選任審査手続上何らか権利を認めたり，利益を認めたりしたものと解することはできない」とか「推薦権が付与されたのは，知事が，労働者の立場を考慮することなく労働者委員を任命することに歯止めをかけるとともに，労働組合の主導的関与によって選任された労働者委員によって，労働者の地位向上及び適正な労働関係の形成を図るという公益を実現するためであって，推薦組合に対して，候補者の推薦をしたことで何らかの個別的利益を認めたものということはできない」と，「推薦権」自体の厳密な内容での権利性と選任過程

---

103) 推薦労働組合が行政事件訴訟法第9条第1項における「取消しを求めるにつき法律上の利益を有する者」に該当することについては，判決⑭における橋本博之「意見書」(『第39期京都府労働委員会労働者委員不当任命取消等請求訴訟裁判資料集』(2009) 130頁) 参照。

における推薦行為の役割を混同することによって,「推薦権」を曖昧にしてしまっている。

　同様の立場は,判決④では「候補者を推薦する個々の労働組合は,候補者を推薦することで労働者委員選任手続の一端に関与し得る地位にあるものに過ぎず,かかる地位を仮に推薦権と称することができるとしても,右手続に関与しうる地位をもって,当該労働組合の固有の個別的,具体的な権利ないしは法律上保護された利益と解することはできない」として,労働組合の推薦行為を労働者委員選任手続への「関与権」としながら,「法律上の利益」を否定する。

　しかし,「関与権」について,判決⑦は「個別の労働者委員の任命手続に具体的に関与するための手続的権利として推薦権が労働組合に付与されているものということはできず」とし,判決⑭は「個別の労働者委員の任命に具体的に関与するための権利としての推薦権が付与されているわけではなく」と述べ,推薦行為と選任過程,選任手続と任命手続とを混同させさせることによって,つまり,「関与」のプロセスを肥大化させることによって,推薦行為による選任手続への「関与」の内容を曖昧にしてしまい,「関与権」自体を否認しているのである。

　このような推薦行為の権利性の否定は,判決⑧では「任命の前提手続としての推薦制度を通じて一般的に任命手続に参加する」という「参加」の役割を述べながら,「推薦には被推薦者以外を任命し得ないというほかに何らの拘束力はない」として,その「参加」の内容を具体化しようとしないところに問題がある。

　また,判決㉒は「推薦制度を通じて労働者委員の任命手続に参加すること」として,「参加」の意義を認めつつ,「個別の労働者委員の選定についてまで関与し得る法律上の権利又は利益」を否定することになっている。ここでいう「参加」と「関与」の厳密な内容やその相互の関係を明らかにしないことによって,「参加」の承認によって労組法の規定を無視することを回避しつつ,「関与」の否認によって具体的な権利性を否定するという二律背反を覆い隠したに過ぎないのである。

　他方,判決⑪は「県知事の個人的な好悪や思惑による度外視とすれば,その任命は裁量権の逸脱濫用となり,損害賠償の対象となるから,任命されなかった労働者委員候補者及び同人を推薦した労働組合に任命処分の取消権を与えなければ著しく不当な結果となるとはいえない」として,任命結果が不当な場合,損害賠償は認めつつ,取消権を否認するのは,推薦行為が有する権利性を正当

に評価できないからである。

(オ) **自由裁量論と裁量権の限界**

判決は，推薦労働組合の具体的な権利性を否認するとともに，任命行為を任命権者の自由裁量と構成するのであるが，その結果について，合理的な根拠を欠く事例が生じていることは，多くの判決が明確に認めているところである[104]。そのため，例外的に自由裁量による任命結果を違法・無効とする可能性を認めざるを得ず，その事例を認める場合について，任命手続における違法性，裁量権の逸脱あるいは濫用について強調し，かかる判断基準の存在によって，選任行為の適正性が確保されるかのごとく主張する。ここでは，違法な任命手続，裁量権の逸脱あるいは濫用基準として例示されたものを摘示することによって，判決の描く「自由裁量」論が，一貫性と整合性を欠いており，恣意的な判断を許すものとなっていることを明らかにする。

まず，任命手続の違法を述べるのは，判決⑮であり，「労働組合の推薦した候補者が，正当な事由がないのにこの対象から除外され，又はこれと同視しうる扱いを受けたときには，その任命手続は違法である」と述べる。

裁量権の逸脱について判断する対象であるが，判決③(高)は「裁量権の逸脱があったかどうかは人事の結果から推認するほかはなく，そうであるとすれば，永年にわたって，特定の系統に属する組合の推薦に係る候補者のみが労働者委員に選任されることが繰り返された場合には，それは，特定の系統に属する組合の推薦に係る候補者以外の者を労働者委員から排除することを意図してされたものであるとの推認が強く働くこともあり得る」と任命結果から判断することを認める。この点，判決⑱などのように「当初から当該労働組合が推薦する候補者を排除する意図を持って」と裁量権の逸脱あるいは濫用の判断に際して「排除する意図」という主観的要件を必要とするのは，事実上その立証が困難なだけに，客観的状況によって外形的に推認できる「排除の意図」で充分としなければならない。

---

104) 判決④では「Ⅰに属する労働組合推薦の候補者とＦに属する労働組合推薦の候補者との間に，推薦母体が異なるというほかに，候補者自身の資質に違いもあるとする事情をうかがい知る証拠資料がないことを併せ考慮すると，被告知事は，推薦母体と各推薦母体が属する労働組合の組合員数の違いに重点を置いて労働者委員の選任を行ってきたものと推認することができる」と合理的な根拠を求めている。また，判決⑬では「任命権をゆだねられている県知事としては，現在の選任方法を安易に継続するのではなく，常により適切な選任方法を検討していくことが望まれる」と「自由裁量」を制約する。

しかし，他は，選考過程における手続を検討の対象する。その基準であるが，判決⑨（高）は「任命という人事に関しては，住民の直接選挙により選出された県を代表する知事の広い裁量に委ねられているのであって，その裁量の中には知事の政策判断的な要素も包含されることも否定できない」として政策的判断という広い裁量範囲を認め，裁量権の逸脱や濫用の基準を明確にしない。裁量権の逸脱を認める場合として，判決③は「推薦された者の一部を全く審査の対象にしなかった場合」を挙げるが，「審査の対象」という問題について，その控訴審判決③（高）は「形式的には審査の対象としながらも実質的には被推薦者について全く審査せず，あるいは，積極的にある系統に属する組合の推薦する候補者を労働者委員から排除することを意図して，その系統に属する組合の推薦に係る候補者であるということだけで選任しないとすること」も裁量権の逸脱として例示する。「形式的な審査と実質的な審査」の区分は合理的ではなく，判決㉒（高）は「当初から審査の対象から除外したり，あるいは，実質的には同候補者に関しては全く審査せず，積極的に排除するなどしてこれを除外したと同様の取扱い」といった基準を設けている。この「形式的な審査」であったという事実認定を行った判決㉑では「すべての候補者の面接を行った事実」は「実質的な審査」に該当しないという判断であるから，主観的な選考方針[105]も含んだ具体的な審査内容にまで踏み込んだ上で，基準の該当性が判断されなければならない。

さらに，判決㉑は「特定の系統に属する労働組合推薦の候補者であるという理由だけで労働者委員に任命しなかった場合」も裁量権の逸脱に該当すると判断する。判決⑦（高）は「①任命された委員が法定の欠格事由等に該当する場合，②都道府県知事の任命が法定の推薦を経ないでされた場合，③これを経た場合においても事実上推薦を経ないでされたと同視し得る事情が存在するとき等に限り，裁量権の範囲を逸脱したかその濫用があったものとして違法となる」と具体的な事由として説明する。他方，判決⑪は「推薦に係る書類の紛失等特別の事情による重大かつ明白なものでない限り，推薦のない者を任命した場合と同視することができない」とし極めて狭く解した。

　(カ)　選任基準のあり方

任命行為は自由裁量行為であると構成することによって，判決④は「適格性

---

105)　判決㉑は「知事は，原告県労連に加盟する労働組合推薦の候補者であるという理由だけで，原告Ａを労働者委員に任命しなかったものと認めざるを得ない」と認定した。

の判断は，候補者についての総合的な検討を要し，あらかじめ定型的な選任基準を設定するのは困難であるから，法は，都道府県を代表する地位にある知事をその任命権者とした上で，あえて定型的な選任基準を規定することなく，知事が健全かつ妥当な判断をすることを期待した」として，選考過程における選任基準の必要性も否定することになる。しかし，判決⑬が「大綱を作成することは可能であるし，任命処分の統一性を確保するためにも，また，公正性，透明性を担保するためにも，任命基準を作成して公表することが望ましい……独立の行政機関である地方労働委員会の労働者委員の任命は政治的であってはならないが，政治的であるとの疑問が生ずるだけでも問題であり，これを防止するためにも任命基準の作成，公表が有益である」述べるように，選任基準は，労働委員会委員の選任にとって不可欠のものである。

その選任基準は，裁量権行使に当たっての基準として，裁量権の「外在的制約」[106]と見なすか，任命基準として裁量権に「内在する基準」[107]と位置づけるかの立場の違いはあるが，選任基準自体の必要性は否定できないものである。ここでは，この選任基準の一つとしての54号通牒の意義と効力についての判決の見解を整理しておく。

まず，54号通牒の実効性自体について，判決⑳は「54号通牒についてみると，これは，連合の結成という非常に大きな労働運動の変化が起きる約40年も前に発せられた通達であり，このような通達を根拠として，現在の労働者委員の任命に関する裁量権の逸脱・濫用を論じることには大きな躊躇を禁じ得ない」として，控訴審の判決⑳（高）は結論部分を「必ずしも相当ではない」とまで断定し，あたかも現状に適応できない時代遅れの通達であるかの判断を示そうとしている。しかし，判決⑥が「54号通牒の趣旨は現在においても妥当し，これが労働者委員任命に関する知事の裁量的判断において考慮すべき事項であるとする原告らの主張には相応の理由があるところである」と判断し，判決㉓（高）が「従前からその趣旨が尊重され，関係官庁である労働省の担当者も国会において右通牒の遵守を表明している」と確認するように，実態として「実効性」を肯定せざるを得ないのである。問題は，どのような拘束力をもつどのような性格の基準として定義するかである。

全体的傾向としては，54号通牒の法的拘束力を承認することは，任命権者の

---

106) 判決⑨「都道府県知事の裁量権の行使にあたっての要素」の見解に典型的である。
107) 判決⑤のように「任命の指針」と見る考え方は，54号通牒を「選考基準」のレベルで位置づける。

裁量権を覊束するだけに，その効力を否定しないまでも過少評価しようとする志向性が顕著である。そのため，通牒の法的性格論へと議論を誘うことになっている。判決は，54号通牒の拘束力を認めない立場に固執しているため，その役割を多様な表現で定義するのが特徴である。それを例示すると，「行政組織内部における指示事項」（判決③・判決④），「考慮すべき事項等を示したもの」（判決⑦），「考慮事項」（判決③・判決⑭），「考慮すべき要素を例示し，その任命の指針」（判決⑤・判決㉓），「考慮すべき要素に関して一つの指針」（判決⑪），「考慮する一要素」（判決⑨（高）），「裁量権行使の規準」（判決⑤），「要素について，一つの指針」（判決⑨），「任命基準，大綱」（判決⑬・判決㉓），「考慮すべき事由」，「労組法の立法趣旨を忖度したもの」（判決㉓（高））というような曖昧な，核心をはずした定義づけによって，法規範としての存在を否定することに執着していると言わざるを得ない。そのため，判決⑧は「54号通牒によってあたかも推薦組合の利益が得られるかのような状況が存したとしても，それは右通牒が遵守されたことから生ずる反射的利益にすぎないのであって，これから直ちに推薦組合の被推薦者が個別・具体的に何らかの法律上保護された利益を有するものでないことは明らかである」として，「遵守されたことによる反射的利益」という表現で，「遵守された」事実を正当に承認しないことに問題の所在がある。

　結局，54号通牒は「行政組織内部の指示事項であって（国家行政組織法14条2項），特に法令の委任を受けて発せられたものでない限り法規としての性質を持つものではなく，24年通牒は，特に法令の規定を受けたものではないから，法規としての性質を有するものとは認められない」（判決④）という形式論に依拠し，その実際の拘束性や実施状況を無視しようとするのである。そのため，「通牒の趣旨に沿わない任命処分がされたとしても，それは当不当の問題にこそなれ，通牒違反というだけで処分が違法となるものということはできない」（判決③）とするように，選考手続の評価を違法判断とは別個の「当不当」というレベルでの評価では成り立つとするような思わせ振りな判断によって，労働委員会委員の選任問題の解釈に積極的な姿勢を見せた印象を与えようとするに過ぎないのである。

　ここまで裁判例の動向について分析し，全体的特徴を把握する視点から，いかに統一性のない，整合性のない判断が累積しているかを明らかにしてきた。これは，行政の側から，選任過程についての客観性・公開性を積極的に示してこなかったことの弊害の現れでもある。

第5章　労働組合法と情報化：
サイバーレイバーローの可能性

1　労働関係におけるサイバー化：労働者を主体として

(1)　労働法における情報化の現状

　労働関係におけるサイバー化を，広く情報化と関連づけると，この問題は，これまで，専ら個別的労働関係における情報化の課題と行政手続における電子化の課題として扱われている。前者の個別的労働関係における情報化をめぐっては，企業内での従業員のEメール送受信に対する使用者の検閲の是非や従業員の個人情報の保護が問われることになる。そこでは，労働者は，個人情報の対象者として位置づけられており，いわば，情報化によって管理される立場が所与の前提となっている。このことは，労働者は，専ら情報化の客体の立場にあることだけを意味しており，情報化に対する権利主体という重要な視点が抜け落ちていると言わざるをえない。

　他方，行政手続における電磁媒体の利用が進んでいるが，それがあくまで行政の側の利便性や事務の簡素化のために構想されてきたため，行政活動に参加する国民や労働者の側の権利としての側面の配慮が不足していると言えよう。そのような限界を前提としつつ，労働関係法令においては，労使当事者間および行政機関との関係において，各種の書面作成が必要となるが，ある程度，インターネットの利用が可能となっている。

　現行法令における個別的な法律上の根拠規定としては，労働委員会規則が，各種の手続に関して，インターネット（電子情報処理組織）を利用することができることを明示していたが，「行政手続等における情報通信の技術の利用に関する法律」(2002年12月13日公布）が，包括的に，申請，処分通知，縦覧，作成について，「書面等により行うこととしているものについては，当該法令の規定にかかわらず……電子情報処理組織(行政機関等の使用に係る電子計算機(入出力装置を含む。)と申請等をする者の使用に係る電子計算機とを電気通信回線で接続した電子情報処理組織)を使用して行わせることができる。」と定めたことにより，広範にインターネット利用が可能となった。労働法分野では，「厚生労働省の所管する法令に係る行政手続等における情報通信の技術の利用に関する法律施行規則」に基づき，労

第5章　労働組合法と情報化：サイバーレイバーローの可能性

働組合法・労働委員会規則および労働基準法が規定する手続が，例外なく，インターネットの利用を認められている。しかし，個別立法では，制限列挙によるものの，一般法によって，包括的に認めているという状況は，法的規制のあり方として問題点を孕んでいるであろう。

　それに対して，労使間において，「書面の交付」に代えて，「電磁的記録」によることを明示的に認めている立法規定は，少数例にとどまる。例えば，企画業務型裁量労働制（労基法第38条の4）に関する労使委員会の「議事録が作成され，かつ，保存されるとともに，当該事業場の労働者に対する周知が図られていること」が必要であるが，その方法は，「磁気テープ，磁気ディスクその他これらに準ずる物に記録し，かつ，各作業場に労働者が当該記録の内容を常時確認できる機器を設置すること。」（労基則第24条の2の4③三）が可能である。労基法や就業規則等の周知義務（労基法第106条）についても，同様の「磁気テープ，磁気ディスクその他これらに準ずる物に記録し，かつ，各作業場に労働者が当該記録の内容を常時確認できる機器を設置すること。」の方法が可能である。また，職業紹介，労働者の募集又は労働者供給における労働条件等の明示（職安法第5条の3③）の方法は，書面被交付者が希望した場合には，電子情報処理組織によることが可能である（職安法施行規則第4条の2第2項二3）。これらの事例以外においては，電磁的記録やインターネットの利用が明示されていない場合に，一方の当事者あるいは両当事者が合意した場合に，電磁的記録やインターネットの利用の正当性が問題になるであろう。2008年4月1日施行の改正パート労働法においては（第6条），「事業主は，短時間労働者を雇い入れたときは，（労基法15条1項で定める事項以外で，省令で定めるものを），（省令で定める方法で）明示しなければならない。」とし，その明示の方法について，文書の交付以外に，ファクシミリと電子メールを明記している。

(2)　**情報化における労働者の権利性**

　労働関係における情報化の重要な視点は，労働者を権利主体として構想する立場であるが，具体的には，ひとつには，労働法における情報公開の問題であり，主に第3章と第4章で扱ってきたところであるが，もうひとつは，集団的労働関係における情報化の問題である。本章では，集団的労働関係において，情報化がどのような新しい問題を提起しているのか検討することを目的としているが，中心的には，労働者の団結活動における情報化の活用について分析する。その意義と目的について，簡単にふれる。

現代の情報化・国際化時代の労働運動とは，とりもなおさずインターネット時代の労働運動であり，労働運動の側での多様なメディア活用の可能性の開拓が課題とされうるであろう。企業の多国籍化・経済活動の国際化を背景に，国境を越えた労働者の連帯活動，インターネットを活用した労働者間の意見交流の促進による連帯活動が活発になってきている。不当な児童労働や女性労働を導入する多国籍企業の商品ボイコット活動も盛んである。ここでは，インターネットを活用した多様な形態の争議行為は，労働者の意思表明手段として位置づけられているのである。

　今後どのような形態の運動が発展するのか，インターネットの利用により，労働者や市民間の「連帯」「支持」「共感」が醸成・組織化され，測り知れない影響力を及ぼすようになる可能性は，消費者サイドの異議申立運動や選挙運動において重要な成果を挙げた事例がよく知られている。同様に，労働者側が，インターネットを活用した運動形態によって，情報発信サイトとして，国際的な連帯活動を展開し，世論の共感を得るなかで，使用者への有効な圧力手段を活用することを展望することができるであろう。意思表示・言論型争議行為の意義と役割を評価する必要性に迫られているのである。

　このことは，争議行為の社会的機能・意義の変化と捉えることができるとともに，争議行為における「表現の自由」の理念の評価として争議権論を再構成することができる。従来から，示威型争議行為として捉えられてきた争議行為類型があるが，それをより一般化して，「表現の自由」を理念とする意思表示型争議行為を，争議行為の理念型として，また，情報化・国際化時代の争議行為の社会的機能に応えるものとして積極的に位置づけるのである。

　このような問題提起は，今日ますます現実性を帯びるようになっていることを踏まえて，労働組合法の解釈も含めた，情報化の影響を明らかにしつつ，労働法における新しい可能性（サイバーレイバーロー）を探ることとする。

2　サイバーレイバーローの先例的事例

(1)　国際的教訓

　労働運動におけるインターネット活用の実践的教訓の理論化は，Labourstart主催者 Eric Lee によって，長年の経験を踏まえて，探求されている。ここでは，その歴史的発展を素描しながら，国際的な経験を通じた総括を紹介し，そこで定式化されている労働運動によるインターネット活用の足跡と総括を踏まえて，

第5章　労働組合法と情報化：サイバーレイバーローの可能性

その国際的教訓を整理しておく[1]。

　コンピューター時代のオンラインキャンペーンの貢献は，国際連帯活動における発展として，Lee は，三つの側面での意義を強調する。

　まず，オンラインキャンペーンの第一の意義は，国際連帯活動の主体についてのものである。従来は，労働組合内の国際担当が，国際連帯活動を担当し，重要な課題と判断されたものが，執行部に伝達されるという流儀であった。そのため，労働組合運動国際主義の伝統は，グローバリゼーションが登場する時には，労働組合の現場では周縁に追いやられていたという逆説的な現象を生み出していた。このような現象が，オンラインキャンペーンの出現によって，転換をもたらすこととなった。国際連帯活動の担い手が，労働組合の専門部や担当者から，一般組合員へと移ってきたからである。多くの一般組合員や労働者が，オンラインキャンペーンに参加することになり，従来，100の労働組合が連帯のメッセージを送ることで実現していた国際的連帯活動が，5000名の労働者が参加することで，より実効性のある運動となって，発展したのである。こうして，国際的連帯という活動が，オンラインキャンペーンという手段により，労働組合から労働者の手に移ることにより，その運動主体の変化が実現し，それが，同時に，運動の実効性を高めることにも貢献したとされるのである。これは，オンラインキャンペーンを介して，運動の担い手としての主体の交替という意義にとどまらず，この運動への参加を通じた，この運動に対する個別の労働者の権利性の確認という意義をも有するのである。

　次に，オンラインキャンペーンの第二の意義は，その即時性にある。かつては，国際的連帯活動として，抗議の書面は専ら郵送という手段に頼っていた。その後，ファックス機器の利用によって，伝達方法がある程度向上したが，オンラインキャンペーンによって，抗議の意思が瞬時に伝達されるという飛躍的な手段が実現した。

1）　単著とウェッブ上で公表された多数の論考があるが，直接参照したものだけ引用する。Eric Lee, The Labour Movement and the Internet: The New Internationalism, Pluto Press, 1996. ; Global campaigning: Beyond protest emails and solidarity messages, February 2006, http://www.ericlee.info/2006/02/global_campaigning_beyond_prot.html. ; How to win an online campaign, September 2004, http://www. ericlee. me. uk/archive/00094.html. ちなみに，高須裕彦・青野恵美子「ロサンゼルスの新しい労働運動とその社会的基盤」(『社会運動ユニオニズム――アメリカの新しい労働運動』(緑風出版，2005))は，アメリカの労働運動の新たな発展方向の研究から，労働者のメディア・表現活動として，インターネットの活用の可能性を指摘する（349頁以下）。

オンラインキャンペーンの第三の意義は，その費用負担の点にある。かつての国際的連帯活動は，労働組合代表者の派遣や国際会議の開催といった金銭的な負担を考慮しなければならなかったものが，オンラインキャンペーンは，労働者や労働組合に対して実質的に費用負担を課することはなくなった。こうして，Lee は，オンラインキャンペーンによる国際的連帯活動は，広範な組合員を権利主体として，ほとんど費用も要せず，即時に運動に参加させることが可能になったと強調する。

　しかし，その反面での弱点をも直視する必要がある。ひとつは，オンラインキャンペーンをめぐる路線的な対立が克服されていないことである。オンラインキャンペーンは，既存の労働組合や労働運動の活動手段の補完であって，伝統的な制度に代替する，新たな運動体そのものを創出しないことが指摘されている。ネット活動家集団に依拠する緩やかなかつ非公式なネットワークは，それ以上の大きな存在に成長しない。労働運動の伝統的な制度が，新しい技術を包摂し，効率を大きくしながら，それを活用するのである。そのため，オンラインキャンペーンは，あくまで，既存の労働運動における新たな活動手段として位置づけられるべきものであって，オンラインキャンペーン自体が，労働運動の目的や手段に転化するものではないし，いわんや運動主体とはなりえないことを強調している。これは，オンラインキャンペーンと既存の労働運動との関係をみる上で，既存の労働運動の側から重要な視点を述べるものである。

　次に，オンラインキャンペーンの内容自体についても，検討を要する。一部の労働組合がオンラインキャンペーンとして実施していることは，単に「評論」や「論説」を流布することであって，労働組合の見解を伝達しているにすぎないからである。オンラインキャンペーンとは，意見を表明するだけの活動ではなく，政府や使用者に圧力をかけるために，労働者や支援者を動員するための取組であって，政府や使用者に圧力をかけ，譲歩を迫る「争議行為」であるとされるのである。ここでは，「意見を表明するだけの活動」を狭く捉えすぎ，「意思表明型・異議申立型争議行為」の可能性を積極的に認めようとしないきらいがあることは留保しつつ，オンラインキャンペーンが，相手方に圧力をかけることを目的とする「争議行為」として位置づけられる可能性を認められていることが重要である。

　このオンラインキャンペーンの具体的な形態については，初期段階でのメーリングリストの組織化から発展し，今日では，以下の三つの手段として定型化されている。

第5章　労働組合法と情報化：サイバーレイバーローの可能性

① Googleのキーワードと広告欄との結合によるキャンペーン（検索連動型広告）

2002年3月以降の約4年間で，Googleで，11千ドルの費用で，2650万5百回以上の広告を掲示した結果，Labourstartのサイトに25万人が訪問したとされる。一例として，2003年にブリティッシュコロンビア州での争議の際に，キーワード「Winter Olympics」に連結して，広告欄に「Olympic bidder guilty:British Columbia violate workers' right says UN body-find out more」という宣伝を掲載した。最も成功した例として，ニューヨーク市交通労働者のストライキ支援のために，「NYC transit strike:Which side are you on? We support the TWU and the right to strike」という広告を，10万回掲示し，3.5％の人がそれを見て，さらに調べるために，クリックしたが，費用は，わずか159.32ドルだったとされる。

② ニュース配信方式の確立（RSS）

ヘッドライン・ニュースとして，最新の労働者の支援情報を配信し，ニュースとキャンペーンを結合するものである。各ニュース内で，リンク先を掲示し，最新の情報を紹介する。このニュースとキャンペーンには，「労働組合の承認」を必要とする。

この運動における失敗例として，ベラルーシの労働組合弾圧に対するキャンペーンが例示されている。2週間で，数百人の人がメーッセージを送ったが，広範な人を動員できず，結局，労働組合は押しつぶされた。「ベラルーシについて知っているのは，ごく少数の労働組合員だけであり，この問題で広範な人を動員することは困難であった」が，教育的価値はあったと指摘されている。そのため，ニュースの伝播（情報）と運動への参加（キャンペーン）は，一定の工夫が必要であり，言論活動と争議行動の結合が重要であると総括されている。

③ 「最も重要で，効果的なオンラインキャンペーンシステム」として，抗議と支援者の組織化の同時実現の形式がある。Get Activeソフトによって，オンライン上の送信フォームを利用し，抗議・連帯メッセージの送信，複数のアドレスへの送信，集約機能により，労働組合による支援者の組織化をするものである。携帯電話の活用が画期的な成果をもたらす可能性を秘めている。

こうした経験と教訓を踏まえて，労働組合がオンラインキャンペーンに勝利するために，七つのキー・ワードを列挙している。

① 企業イメージ

ホテルや消費者が購入する商品の製造者のように，高度に公共的な側面を有

する企業は，そのイメージやブランドに特に敏感であって，人権の乱暴な侵犯者として見られることを欲しない。世界に貢献しているという印象を与えるために，譲歩するのである。

② 合理的であること

要求は，達成可能でなければならない。ひとりの労働者を復職させることや労働組合を承認することを要求することは，非合理的な要求ではない。会社は，巨費を要することなく，これらの要求を容易に満たすことができる。

③ 労働組合を巻き込むこと

最強のキャンペーンは，単位労働組合，異なる国々の同一の部門の提携労働組合，および世界的な労働組合連合体の全面的な支持を受けてなされるものである。

④ 争　点

争点（労働組合の非承認，労働組合活動家の解雇）は，たとえ一般公衆ではなくとも，労働組合構成員の間の広い支持を得るようなものでなければならない。民営化に反対するようなことや賃金紛争に焦点を当てるキャンペーンは，同じレベルの支持を得ることにはならないであろう。労働者の権利は，人権であり，このことが，広範な支持を獲得しながら，キャンペーンをより成功裡につねに導くのである。

⑤ 数的優位

ある成功したキャンペーンは，4カ月以上にわたり実施され，送信されたEメール・メッセージ数の総計は，Labourstartのオンラインキャンペーンの2位ないし3位にはいる最大規模のものであった。

⑥ 記憶に残すこと

キャンペーンの成功は，関連するウェッブサイト数の更新という持続性により左右される。開始されたものの，まったく更新の兆候を示さないキャンペーンは，衰え，消滅していく傾向にある。

⑦ 開放的なこと

最も成功するオンラインキャンペーンは，オンラインだけでなく，ピケット・ラインやその他の抗議行動を含む強力なオフライン行動を特徴としている。

最後に，今後の課題として三点指摘されている。

① 参加者を増やす課題。特に，使用者側や行政機関側も，スパムメール対策を実行しており，伝統的なEメール・キャンペーンを封じ込めているため，その防衛策をどのように克服するかが問題となる。

② 標的である使用者に圧力をかけるためには、数量的に増加させる必要があるが、「明らかに、最も有効なキャンペーンは、Eメール、ファックス、電話、書簡、ピケットライン、集会、デモ行進などを用いて、これらすべての手段をともに含むことであろう。ひとつの手段は、他の手段を代替しないのである。つまり、過去の労働組合は、支持者に郵便カードを送信するように依頼しつつも、単なる集団的なキャンペーンにその戦術を限定していなかったのである。われわれは、実践的かつ技術的なキャンペーンを行う広範な手段類を過去に有していたし、今も有している」と、オンラインキャンペーンと伝統的な行動手段との結合を強調する。

③ 新しい手段と結合する必要がある。例えば、募金、ボイコット・バイ（Greasemonkey の拡張機能により反面宣伝の貼り付け）、ネット上のコミュニケーション（SNC として Meetup の利用）などが挙げられる。また、メール送信による連帯メッセージや抗議表明手段において、映像を添付することで、より迫力あるものにする手法も開発されている。

　労働組合の新しい発想は、連帯寄金、ボイコットや伝統的なリアル世界への動員のような既成の信頼できることが立証済みの戦略から生まれてきているのであるが、すべて新しい通信技術の戦術的利用を通じて、豊富化されてきたのである。

　ピケットライン、デモ行進や集会などというまだその潜在力を失ってはいないオフラインによる伝統的な抗議形態を強化するために、オンラインキャンペーンを活用することが目指されており、決して、これらの伝統的な組合活動の手段に代替するものではないことが改めて強調される。

　このように、オンラインキャンペーンについての Lee の分析は、彼の労働組合運動における実践活動に裏付けられたものであることから、具体的で説得力に富むのであるが、他面、既成の労働組合の新たな運動形態としての位置づけであり、この運動自体が、労働者の団結活動の新たな可能性を発現したものであるとの問題意識は希薄である。オンラインキャンペーンにおける組織論を含めたこの新たな可能性を問うことが次の課題でもある。

(2) 団結権(組合活動権)としてのインターネット・アクセス権

　労働組合がインターネットを利用し、組合活動や争議行為を効果的に実行する可能性が明らかにされたが、では、どのようなプロヴァイザーやインターネット回線に加入するかといった問題がある。もちろん、労働組合を含めた労働者

団体が，インターネット回線組織，すなわち情報通信企業を設立し，運営することは，建前としては可能であるが，実際には，既成のインターネット回線組織に加入せざるをえない。そこでは，一利用者として，市民的立場から，市民的自由のひとつとしてのインターネットの自由を享受することになる。今後，市民的な自由として，インターネットへのアクセスの権利が発展していく場合に，運営会社や行政機関に対して，利用者の立場として，労働組合も発言し，要求することになる。ここで取りあげるのは，労使関係の当事者としての労働組合が，企業のインターネット回線において，何らかの地位を要求する可能性である。企業内LANや一般消費者向けのホームページにおける労働組合のアクセスやリンクなど特別な地位を，団結権の内容として構想する可能性である。その事例として，フランス・ルノーにおける企業協定を紹介しておく[2]。ルノー企業協定「従業員代表機関によるインターネットの利用協定」は，以下のような原則と内容を宣言する。

　ルノーは，各労働者に対して，その選択する労働組合の情報に自由にアクセスする権利を承認する。そのために，企業レベルで代表的な労働組合組織は，本協定の諸規定を遵守することを受け入れることを条件に，ルノーのインターネット網およびそれを備える事業所のインターネット網に，掲示板・ホームページを開設する。

　ホームページの内容は，専ら労働組合の性格を持つことを条件に，労働組合組織によって自由に決められる。そのサイトは，労働者がアクセスする労働組合情報の公開を目的としており，討論の場合に用いられたり，職場での労働者に向けられる個別的なメッセージのために利用されてはならない。

　この原則を受けて，ルノーは，労働組合事務所内に，一定数の情報機器を無償で労働組合組織に提供する。各労働組合組織は，ルノーが付与する社内および社外で通信可能な，Eメールアドレスを取得する。各労働者は，各自の作業用の情報手段からその選択する労働組合組織に連絡することができる。しかし，「チェーン」禁止の原則，すなわち受信装置を介しての逓増的な集団的配布は，禁止され，制裁の対象となる。

　労働組合によるインターネットの利用に際しては，一定の内容の規制が加えられ，ホームページは，出版に関する法令にしたがって，中傷や誹謗を含

---

[2] Charte du 21 décembre 2000 portant sur les conditions d'accès et d'utilisation de l'intranet Renault par les institutions représentatives du personnel, LS du 1er février 2001, N° 148.

第 5 章　労働組合法と情報化：サイバーレイバーローの可能性

> んではならない。ルノーのロゴは，企業の所有物であり，企業の承認なしに利用したり，修正してはならない。
> 　ホームページは，情報開示と交換のために労働者に提供されるもので，ビデオや動画や音響のダウンロード，協定で明示的に定められているものを除く対話形式のもの，メールによるビラの配布，スパム（大部数の文書の配布），フォーラムやチャットは認められない。
> 　ルノーのインターネット網へのアクセスについては，労働組合組織および事業所委員会は，アクセスが制限されている業務を除いて，企業のインターネット網の内容にアクセスできる。この設備によって入手された情報で，内部情報に属するものは，いかなる場合にも，外部的な目的のために利用できない。労働組合組織および事業所委員会は，また特別の通信回線により，インターネットにアクセスすることができる（通信費は，利用者の負担となる）。しかしながら，そのサイトと企業の外部のサイトとの間にリンクを張ることはできない。
> 　この本協定のあらゆる濫用的な利用あるいは不遵守は，どのようなものであれ（インターネット網，インターネットあるいは他のサイトから），責任ある組織のサイトの1ヶ月間の即時閉鎖となる。累犯の場合には，確定的に閉鎖される。

(3) 労働組合活動におけるインターネットの活用の可能性

　労働組合が，インターネットを積極的に利用して，労働組合活動を展開する事例は，日本においても散見される。マスコミで報道された一部の事例を取りあげ，その位置づけについて検討してみる。ここでは，インターネットと労働組合との関連について，三つの類型に分類してみる。

　まず，第一の類型は，大衆行動への「動員」への限界を，インターネットによって補うという方向性である。

　既成の老舗組織では，「連合」が，「ネットで団結」を呼びかけている運動を紹介する新聞記事がある[3]。ここでは，従来型の動員主義（デモ）の限界による代替手段として位置づけられている。また，ここで引用する事例は，増税反対といった市民的課題を対象としており，労使関係における活動手段にまで昇華していないことが特徴である。

---

[3]　毎日新聞，2006年4月19日（夕刊）（一部略）

> **連合：増税反対訴え，ネットで団結呼び掛け　脱・デモ頼り**
>
> 　大衆行動より，ネットで団結。連合は，サラリーマン増税阻止の反対運動で，初めて本格的にインターネットを利用した反対キャンペーンに取り組む。大規模デモにシュプレヒコールで反対の意思表示をしてきた運動スタイルの転向。組織率が20％を切った労組が，ネットで大衆に投じる石は，波紋を広げることができるか。
>
> 　連合はサラリーマン増税への反対運動を始める際，ネットを使った意識調査を実施。対象は20歳以上のサラリーマン世帯の男女で，非組合員や主婦を含め約1000人が回答した。それによると，増税問題を知っていたのは約22％。知らなかった人には，問題を説明したうえで賛否を聞くと92.5％の人が反対した。また，6割の人が署名やブログ，ホームページ（HP）などで，何らかの反対の意思表示をしたいと答えた。
>
> 　増税問題は複雑で，ビラや街頭宣伝だけでは説明が難しい。連合は，アンケート結果も受け，広く反対世論を形成するには，大衆行動だけではなく，ネット利用が有効だと考えた。

　第二の類型は，新興勢力の労働組合によるインターネット活用であり，その代表例として，「首都圏青年ユニオン」が有名である。そこでは，既成の労働組合組織による従来型の運動とその行き詰まりを経験した上での「ネット上の団結」ではないことが，対照的である。2000年結成のこのユニオンは，「相談に来た組合員自らの手で団体交渉申し入れ書を書き，会社へ送るファクスボタンを押す。団体交渉の日程が決まると，メーリング・リストに流す。すると，組合員がわらわら集まる。そんなノリの労働組合」であるが，下記の紹介のように，新たな労働組合組織による，新たな発想でのインターネット型の労働組合活動と評価することができる[4]。

> 　ユニオンの活動と成長はインターネットなしでは不可能だった。職場も労働時間もバラバラな組合員をつなぐのはメーリングリストだ。メールで集合時間と場所を連絡し，その場で作戦会議を開いて団体交渉に臨む。参加は自由で，組合員は使用者と対等に交渉できることに驚き，権利を自覚する。
> 　メーリングリストでユニオンのすべての会合の経過が連絡されるので，知

---

4)　http://www.seinenn-u.org. 毎日新聞，2006年11月24日（一部略）

第5章　労働組合法と情報化：サイバーレイバーローの可能性

らないところで方針が決まるという既存組合にありがちな疎外感がない。また，個人加入の組合では自分の争議が解決すると脱退しがちだが，メーリングリストにはソーシャル・ネットワーキング・サービス（SNS）の機能もあるため，脱退者は少ない。
　いろいろ限界はあるが，時代の要請と技術革新が生んだ新しい労働運動の萌芽かもしれない。

　第三の類型は，既存の組織によるインターネットを活用した新たな組織作りである。その一例として，「サイバーユニオン」と自認し，名称にもとりいれている労働組合組織として，「サイバーユニオン『負けたくない』」がある。その自己紹介「サイバーユニオンとは何か」によると[5]，「東京一般労働組合の『インターネット部門』が『サイバーユニオン』です。」として，既存の労働組合組織の一部門として，ネットを通じて，組合員を受け入れる形態を採っていることを明らかにし，会則でも，「このユニオンは，東京一般労働組合の一部として活動を進め（る）」としている。その会則前文では，「このサイバーユニオン負けたくないは，インターネットを活用して働く者の権利を確立し，職場を明るくし，その生活と労働条件を向上させ，働く者の明るく住みよい社会建設のために活動します。」と呼びかけ，「目的」（第二条）で，「このユニオンはインターネット上で，働く者の権利を守り，知恵とノウハウを交流し，会員相互の親睦を図り，賢く働くための情報・知識の交流と，具体的な相談・支援の活動を目的とします。」と定義している。「活動」（第三条）においては，「ユニオン」の活動として，特にインターネットに関連した活動内容と手段は述べられていないが，「会員の権利・義務」（第五条）において，「会員は，ユニオンのインターネット上の活動に参加することができます。」と謳っている。

(4)　サイバーユニオンの可能性

　このように，日本では，サイバー上の労働組合活動を展開する組織や「サイバーユニオン」の名称を冠する労働組合組織が存在しているが，その特徴は，労働組合活動の手段として，ネット上で積極的に，組織活動を実践しているところにある。そこで，労働組合組織自体をサイバー化している実例として，オランダの経験を取りあげてみる[6]。

---

[5]　http://www.cyber-union.or.jp
[6]　「インターネットを基盤とする労働組合の設立」（JIL 海外労働情報，2006年6月抜粋，http://www.jil.go.jp/foreign/jihou/2006_6:holland_01.htm）

インターネットを基盤とする労働組合の設立

　オランダ一般独立労働組合（De Unie）とサービス労働者組合（CNV）は，組合費が安く，敷居の低い，インターネットを基盤とする労働組合を設立した。労働組合に関心はあるが，完全な組合員資格を欲しない労働者に対し，新たな代替案を提示することを目指している。これに先立ち，オランダ労働組合連盟（FNV）は，ホテル，レストラン，ケータリング産業において，伝統的な組合員の代替案となる，寄付金形式による選択肢を導入した。寄付者は，ずっと安い金額しか支払わなくてもよいが，ストライキの際には，別個に資金を拠出しなければならない。

　De Unie のインターネット労組は，組合非加入の労働者の組織化を目指している。このグループには，若者のほか，柔軟な雇用契約の人々や従業員のいない自営業者などが含まれる。彼らは，主に35歳以上で，既にいくらかのキャリアを積み，保険の観点から組合加入に関心を持っている人々である。De Unie はまた，これまで伝統的な組合に加入することに興味を示さなかった女性や外国人を組織化対象と見ている。

　インターネット労組は，情報源やヘルプデスクとなっており，団体交渉への参加も目指している。同労組はまた，労使関係や労使紛争に関する問題について，労使に情報交換する機会を提供するもう1つの無料のウェブ・サイトを立ち上げた。このサイトには，職場における紛争を回避するいくつかの提案などが掲載されている。

　インターネット組合員は，年間10ユーロで，労働条件や使用者との潜在的な紛争に関する質問を，ヘルプ・デスクに1度相談できる。その後の相談は，1回10ユーロかかる。インターネット労組はまた，訓練プログラムやキャリア・カウンセリングなどの雇用関連サービスを，組合員に対して1割引で提供している。組合員および非組合員は，サイト上で意見交換ができ，それらの意見は団体交渉に反映される。

　団体協約の締結に関し，インターネット労組は，De Unie など，既存組合との同盟を模索している。De Unie はインターネット組合ではないが，この新しい組合を全面的に支援している。既存インフラの活用により，新組合は，組合費を安くすることができる。インターネット労組は，初年度に5000人の組合員を加入させたいとしている。また，De Unie の伝統的組合員約8万人がインターネット労組に加入し，反対に，インターネット労組が，De Unie 組合員への架け橋となることを期待している。

第5章　労働組合法と情報化：サイバーレイバーローの可能性

3　サイバーレーバーローの可能性

(1)　労働組合法のサイバー化

　労働組合法が定める各種の要件や手続のうち，労働委員会（第四章）に関連するものは，前述のように，行政手続における情報化の促進という政策目的からかなりの程度，インターネットの利用が具体化している。労働委員会規則も，「情報通信技術利用法第3条第1項の規定により電子情報処理組織を使用して行わせることができる申請等は，労組法，労調法，特労法，地方公労法，労組法施行令，労調法施行令，特労法施行令，地方公営企業等の労働関係に関する法律施行令及びこの規則に基づき委員会に対して行われる申請，報告その他の通知（委員会間で行われる報告その他の通知を除く。）とする。」（第85条の3）と確認している。したがって，労働組合の資格審査や不当労働行為手続において，労働組合が当事者となって作成された書面の記録が，電磁的記録により，代替されることになるが，問題は，その書面の記録自体が，電磁的方法によって作成可能となるかである。ここでは，労働委員会関係を除いて，労働組合法の体系において，サイバー化（インターネット利用）可能性について，労働組合の設立，団体交渉および労働協約を対象に検討する。組合活動（オンラインキャンペーンの法的評価）および争議行為については，別にふれる。

　労組法が定める要件・様式において，書面が明記されているものには，労働協約がある。この趣旨は，「書面の作成及び当事者の署名は，当事者の最終的意思を確認するための手段にほかならないから，往復文書のような場合でも，当該書面それ自体から当事者の意思の合致が確認される限りは，労組法上の労働協約としての効力を有する」[7]とするように，書面自体が労働協約としての効力発生要件にする必要はない。そのため，「一般に労働協約の適用上必要な解釈についての労使間の合意は，必ずしも書面によることを要しない」として，「その内容が明確であって……合理的なものである限り，口頭によるものであっても協約当事者を拘束する」とするように，「口頭」での合意であっても，当事者間に労働協約としての合意の存在があれば十分であるとする解釈も成り立つように，書面の形式自体に厳格な縛りはない。したがって，ネット上の文書が，メールや書き込みによる文書の交換によって作成されたものを労使の合意内容として位置づけられることは可能である。問題は，署名・記名押印であるが，それ

---

7)　ノースウェスト航空事件・千葉地佐倉支決1981年9月1日労旬第1036号35頁。

は,「当事者の最終的意思を確認する」ことが目的であるから,文書内容の真正性確保の手段が備わっていれば,それによって代替されることができる。

　むしろ,協約締結の前提としての,団体交渉の形態において,インターネット利用のコミュニケーション手段を活用できるかが問題となる。労働組合の側からの団体交渉の申し入れに対して,会社側が,「今後の交渉はすべて書面交換の方法で行う」という態度に固執した事案において,「憲法 28 条及び労働組合法 7 条 2 号にいう「団体交渉」は,直接かつ口頭の交渉であることを当然の前提として規定されている」ので,「書面による交渉」は「団体交渉」にあたらないとして,正当な理由のない団交拒否として救済が認められた事案においては,「労使間の合意があるなど正当な理由の存する場合には,これを文書の交換によって行うなど他の方法によることも許される」[8]と判示されている。また,最近の命令事案では,会社側が,組合本部および 5 支部一括での交渉方式に固執したことについて,実質的に団体交渉を拒否したものであるとして,中労委が救済命令を発出したものがある[9]。

　これらの判断が示すように,労働組合の側からの団体交渉の申し入れに対して,使用者側が団体交渉の方法や態様について,一方的に条件を付すことは認められないものの,労働者の側の団交権を尊重する立場から,団体交渉の方法や態様について合意が成立している場合に,その団体交渉の方法や態様の内容として,インターネット利用のコミュニケーション手段が想定されるかである。肉声を伝達するネット上の会議形式は「口頭の交渉」に含まれるが,たとえば,チャット形式のように文字のみによるやりとりは,「書面による交渉」とみなすことができるかどうかであるが,リアルタイムでの双方向的なやりとりであれば,むしろ,記録性に優れた交渉形式として位置づけられる。

　また,労組法による労働組合の資格要件に関連して,組合規約の規定において,役員選挙,同盟罷業決定や規約変更手続きについて,「直接無記名投票」と定めている。この「直接無記名投票」という選挙制度において,インターネット利用が可能かどうか検討する価値があろう。その前提として,労働者や労働組合の行う各種の情宣活動や言論活動において,インターネットが活用される可能性が検討される必要があるが,組合活動の正当性の評価との関係については,後述する。その中で,団結としての意思決定過程において,インターネッ

---

[8] 清和電器産業事件・福島地いわき支判 1989 年 11 月 15 日労民集第 40 巻 6 号 631 頁。
[9] ネスレジャパンホールディング事件・中労委命令 2008 年 7 月 30 日 http://www.mhlw.go.jp/churoi/houdou/futou/shiryo-01-294.html

トが活用されることは，サイバー会議方式の普及によって，充分に可能である。一般には，どのような意思決定手段を採用するかは，団結自治に属するものであるが，電子的投票装置は，公職選挙や議会にも導入されているのであるから，技術的には，「直接無記名投票」がインターネットを介在して実施されることは想定されるべきである。労組法の規定上の要件との関係においても，インターネットによって「直接無記名投票」が実施される旨の規約上の定めは，問題となることはなく，それを理由とする組合規約の審査は，むしろ，団結自治への不当な侵害となりかねない。

(2) 組合活動としてのオンラインキャンペーンの法的評価

組合活動としてのインターネット利用について評価された事案として，「AIGスター生命保険事件」がある[10]。第一審判決が認定した事実関係および法的判断は以下のとおりである。

> 「（事実関係）被告は，平成16年1月21日以降，自ら開設するホームページ中に本件第1ビラの映像をアップロードし公衆送信した。…被告は，平成16年4月21日以降，自ら開設するホームページ中に本件第1ビラの映像と共に，本件第2ビラの映像をアップロードし公衆送信した。」
> 「（争点に対する判断）本件ビラの内容は，原告の対外的な社会的評価の低下を生じさせ，原告の名誉，信用を毀損する内容というべきであ（る）。本件ビラの記載内容は，原告の名誉，信用を毀損するものである。しかし，だからといって，直ちに，本件ビラを配布及びこれを公衆送信した被告の行為をもって，違法と評価することはできない。なぜなら，被告の本件ビラ配布及びその公衆送信行為は，労働組合の組合活動の一環として行われているところ，そのような場合には，本件ビラで摘示された事実が真実であるか否か，真実と信じるについて相当な理由が存在するか否か，また表現自体は相当であるか否か，さらには，表現活動の目的，態様，影響はどうかなど一切の事情を総合し，正当な組合活動として社会通念上許容される範囲内のものであると判断される場合には，違法性が阻却される（。）」

---

10) 東京地判2005年3月28日労判第894号55頁，東京高判2005年9月28日（未掲載）。上条貞夫「ホームページでの労働組合の教宣活動の自由を認める画期的判決—AIGスター生命保険事件」（『日本労働弁護団の五〇年【第3巻】』(2007)）810頁，同「不誠実団交と教宣活動の自由—エイアイジー・スター生命事件・東京地裁判決」労旬第1601号（2005.6）20頁。

判決は，組合活動としてのインターネット上の宣伝活動の法的評価について以下のように述べている。

> 「（表現活動の目的，態様，影響等について）被告は・・・本件第1，第2ビラを公衆送信したことにより，その内容を広く世間一般に知れ渡らせたことは容易に推認することができる。しかしながら……インターネットが普及した今日においては，組合ビラの内容を公衆送信することも目新しいものではない。そうだとすると，前記本件ビラ配布及びその公衆送信の態様は，組合活動として社会通念上許容される範囲内のものというのが相当であ（る）。
> 　本件ビラ配布及びその公衆送信によって，原告の名誉・企業イメージ・信用が毀損されたことにより，原告の営業等に影響が生じ，具体的な損害が発生したとまで認めるに足りる証拠は存在しない。
> 　被告の本件ビラ配布及びその公衆送信行為は，正当な組合活動として社会通念上許容される範囲内のものであり，損害賠償を命じなければならない程の違法性はなかったというべきである。」

ここでは，「インターネットが普及した今日においては，組合ビラの内容を公衆送信することも目新しいものではない。そうだとすると，前記本件ビラ配布及びその公衆送信の態様は，組合活動として社会通念上許容される範囲内のもの」と評価し，労働組合による宣伝活動の一環として，インターネットへの組合ビラのアップロードを肯定的に評価する。

インターネット上の言論活動が，組合活動として正当性を有するのは，単にインターネットの普及という現象自体によって説明されるべきではなく，労働者によるインターネット利用による意見表明や使用者批判が，基本的には，「表現の自由」と組合活動の自由の二重の評価基準によって，その正当性が承認されるからである[11]。

(3) 意思表示・言論型争議行為の再評価

インターネットと争議行為の関連では，争議行為の態様として，インターネッ

---

11) 判断枠組みとして，全国金属港合同南労会支部事件・大阪地決1995年1月26日労判第677号85頁では，労働組合活動性を否定し，言論の自由の枠内で判断するが，大沢生コン事件・東京地決1995年3月31日労経速第1559号3頁では，労働組合活動としての正当性と言論の自由としての正当性という二重の判断基準を設ける。

第5章　労働組合法と情報化：サイバーレイバーローの可能性

トシステム自体の業務阻害が対象となる可能性があり，争議行為の伝統的な類型からすれば，積極的サボタージュに分類されるものが想定されるが，ここでは，「表現の自由」を理念とする意思表示型争議行為が，争議行為の理念型として，また，インターネットという情報化・国際化時代の争議行為の社会的機能に応えるものとして登場してきていることに着目する。つまり，インターネットを活用した様々な活動を争議行為として位置づけることが，オンラインキャンペーンとして単に手段としての有効性だけではなく，現代における争議行為の新たな性格に合致することを明らかにする必要がある。そのために，意思表示・言論型争議行為の再評価を踏まえて，その一類型としてのインターネットを利用した争議行為の新たな可能性を展望する。先に述べたところを踏まえ，オンラインキャンペーンを，意思表示・言論型争議行為として評価する。

　まず，争議行為の社会的機能の変化についてであるが，統計的にみられる短期間の争議行為の増大は，争議行為がいわゆる要求貫徹型という性格よりも，争議を通じて，その要求の正当性を使用者に認めさせることを社会的圧力を通じて実現しようとしている事例に移ってきていることを示唆している。そこでは，使用者側の経済的損失（具体的な「業務の阻害」の程度）よりも，社会的評価の方が重要な要因である。また，争議行為（広く労働運動）の役割として今後重要視されるべきである，争議参加者の要求実現から，労働者全体を代表する立場からの制度要求の実現への発展は，こうした争議行為の社会的機能（意思表示型・言論型争議行為）においてより可能となるであろう。ここには，巨大化した企業の様々な活動に対する，労働者の側からの評価（異議申立・抗議行動）を，意思表示型・言論型争議行為によって積極的に公表していくことも期待されるのである。今後のインターネット時代の労働運動における争議行為の多様な態様・戦術も，この意思表示型争議行為として取り組まれることができる。

　従来は，意思表示型争議行為は，ボイコットやサボタージュなどの言論型争議行為として論じられ，あるいはピケッティングの分析視角においても，言論活動の自由の意義が取りあげられていたが，争議行為の本来的性格においても，「表現の自由」の理念から，その正当性について承認する必要がある。

　争議行為は，人間の反抗の意志をあらわす行動形態として歴史上誕生してきた[12]ように，常に使用者に対するのみならず，社会に対する意思表示として機能し，争議行為のあり方は，単なる職業的利益の擁護——労働力取引の手段——

---

12) 中山和久『ストライキ権』（岩波書店，1977）3頁。

3 サイバーレーバーローの可能性

一としての位置にとどまるものではなく,「社会的人間として存在する自由」の理念に支えられてきた。争議行為が内包するこのような契機を,現代における意義として改めて問い直すとすれば,争議行為は,労働者が,自らの意見を表明する手段として位置づけられる。もちろん,多くの場合には,単に,意見表明に留まらず,使用者に圧力をかけ,その譲歩を通じて,要求を実現していくことが終局的な目的となるが,争議行為によって,その要求の存在とその正当性を明らかにすることが最も重要な過程であるし,争議行為の役割もそこにあると言ってよい。その意味で,争議行為自体は,「圧力」手段であるとともに,要求主張（言論表明）手段である。貫徹型争議行為は,カテゴリー的に意思表示型・言論型争議行為に包摂され,その変型にすぎない。貫徹型争議行為においても,意思表示型・言論型争議行為の意義は失っていないのである。したがって,貫徹型争議行為においても,争議行為における意思表示機能の役割（表現の自由の意義）が,大きな比重を占めていることを評価できる。意思表示型・言論型争議行為の重要性と社会的機能の増大,貫徹型争議行為における意思表示の契機と意義の再評価を通じて,争議行為における「表現の自由」の理念が明らかにされる。

　こうした争議行為の情報化という理念面に裏付けられて,意思表示型・言論型争議行為の実行手段として,インターネットを利用することが,オンラインキャンペーンの先進例を教訓としながら,普及していくことが予想されるのであるが,その法的評価について,従来の法的枠組みを援用しつつも,情報化手段の所有と利用における労使対等原則を検討することが必要であろう。

事項索引

あ 行

異議申立……………………… 258
意思表示・言論型争議行為…… 283,297
インターネット………………… 283
インターネット・アクセス権……… 288
ヴェルサイユ平和条約………… 40,46
オブザーバー(国際労働機関)…… 81,92
オンラインキャンペーン……… 284,296

か 行

学識経験者…………………… 6
家内労働審議会……………… 101,125
教育委員会委員……………… 216
記録化………………………… 175
均衡配分方式………………… 44
欠格事由……………………… 239
欠格条項……………………… 135,186
月額報酬……………………… 21
結社の自由…………………… 45
公　益………………………… 267
公安委員会委員……………… 216
公益委員
　………6,134,138,159,171,194,196,216,244
公益委員(最低賃金審議会)……… 97
公益委員(職業安定審議会)……… 99
公益と私益…………………… 8,27
公開原則……………………… 256
公開性………………………… 175,252
公選制………………………… 11
公労使と政労使……………… 26
国際労働機関(ILO)…………… 25,31
国際労働機関憲章……… 31,61,64,69,70,81
国際労働総会(第1回)………… 49
国際労働総会(第2回)………… 54

国際労働総会(第3回)………… 56
国際労働総会(第4回)………… 59
国際労働総会(第5回)………… 62
国際労働総会(第6回)………… 66
国際労働総会(第89回)………… 81
国際労働総会(第91回)………… 90
54号通牒 ……… 136,142,190,201,212,231
国公法………………………… 135

さ 行

最低賃金審議会……………… 95
サイバー化…………………… 294
サイバーユニオン…………… 292
サイバーレイバーロー……… 281
三者構成……… 25,31,39,50,190,266
資格審査……………………… 95,137,151
実質的判断…………………… 240
質問・照会集………………… 225
自由裁量……………………… 136,239,277
常勤委員……………………… 11,21
使用者委員…………………… 215
使用者代表(国際労働機関)…… 31
使用者団体…………………… 154,238
少数派労働組合……………… 48,53,168,203
常設国際司法裁判所………… 43,70,168
情報化………………………… 281
情報公開……………………… 133,151
情報公開審査会……………… 82,107,119
女性委員……………………… 159,173
資料集………………………… 223
審議会委員…………………… 3,13,187
人事委員会委員……………… 216
人事官………………………… 216
推薦過程……………………… 181
推薦行為……………………… 149,256

301

事項索引

推薦行為の意義……………………… 272
推薦行為の権利性…………………… 275
推薦資格……………………………… 184
推薦使用者団体の資格………………95
推薦制度……………………… 137,233,271
推薦制度(家内労働審議会)………… 101
推薦制度(最低賃金審議会)…………96
推薦制度(職業安定審議会)…………99
推薦制度(中労委)………………… 144
推薦制度(労働基準審議会)…………99
推薦制度(労働基準審議会)……… 100
推薦制度(労働政策審議会)…………99
推薦の意義…………………………… 233
推薦の効果…………………………… 235
推薦の資格…………………………… 236
推薦労働組合の資格…………………95
政党要件(条項)……… 139,194,216,220
政府代表………………………………31
船員労働委員会……………… 161,217
選挙管理委員………………………… 216
選任過程……………… 175,244,248,252
選任基準……… 145,169,187,201,239,278
選任行為……………………………… 239
選任事務……………………………… 229
選任制度の公平性・客観性・公開性
………………………………… 3,62,132
訴　訟………………………… 171,258
争議行為……………………………… 283

た　行

代表性準則……………………………41
代表性認定制度…………………… 167
代表性認定選挙………………………12
代表的な労働組合……………… 43,44,70
団結権………………………… 150,266,288
団結権保障……………………………31
団体推薦………………………………11

担当部署……………………………… 231
地域産業労働懇談会……………… 104
地方労働審議会………………………99
中央労働委員会公益委員……………18
同意制……………… 141,171,196,246,249
ドント方式…………………………… 203

な　行

任命手続……………………………… 229
年齢(制限)…………………………… 159

は　行

パート労働法……………………… 282
倍数推薦制度…………………………99
被推薦資格……………………… 185,234
表現の自由……………………… 283,299
平等対応原則……………………… 165
平等待遇義務……………………… 237
紛争調整委員会…………………… 104
ボイコット………………………… 283

ま　行

未組織労働者…………………… 13,100
無作為選出方式………………………11

ら　行

利益代表………………………………98
利益代表者………………………… 6,11
利益代表制審議会……………………98
履歴書(政党関係)………………… 186
輪番制…………………………………44
労組法……………………………… 137
労働基準審議会…………………… 8,100
労働行政における労働者代表……… 3
労働組合員数………………… 44,167
労働組合組織率……………… 13,26,37
労働組合との協議……………………62

労働組合の活動の自由…………………78
労働組合の系統……… 28,100,154,168,203
労働組合の推薦行為……………………87
労働組合の推薦制度……………………55
労働組合の代表性………………… 45,50
労働災害防止規程設定………………103
労働者委員の資格………………133,269
労働者委員の選任基準………………135
労働者概念……………………………133
労働者代表(最低賃金審議会)…… 96,107
労働者代表(地方産業労働懇談会)…130
労働者代表(地方労働基準審議会)…122
労働者代表(中央労働基準審議会)…120
労働者代表(労働政策審議会)………112
労働者代表(労働保険制度)…………127
労働者代表の行動の自由………………74
労働者代表の選挙・投票の自由………72
労働者代表(国際労働機関)
　………… 31,50,54,56,61,64,66,81,90
労働審判制度……………………………19
労働政策審議会…………………… 15,98
労働保険制度…………………………102

〈著者紹介〉
大和田敢太（おおわだ・かんた）
　1949年　福井県生まれ
　1979年　京都大学大学院法学研究科博士課程単位取得退学
　　　　　パリ第一大学客員研究員，高知大学教授を経て
　現　在　滋賀大学経済学部教授，博士（法学）

〈主要著作〉
『フランス労働法の研究』（文理閣，1995年）

学術選書
61
労働法

✿※✿

労働者代表制度と団結権保障

2011（平成23）年3月24日　第1版第1刷発行
5861-5；P324　¥9800E-012：050-015

編　者　大和田　敢太
発行者　今井　貴　稲葉文子
発行所　株式会社　信　山　社
　　　　編集第2部
〒113-0033　東京都文京区本郷6-2-9-102
　　Tel 03-3818-1019　Fax 03-3818-0344
　　henshu@shinzansha.co.jp
東北支店　仙台市青葉区子平町11番1号208・112
笠間才木支店　〒309-1600　茨城県笠間市才木515-3
　　Tel 0296-71-9081　Fax 0296-71-9082
笠間来栖支店　〒309-1625　茨城県笠間市来栖2345-1
　　Tel 0296-71-0215　Fax 0296-72-5410
出版契約 2010-5861-1-01010　Printed in Japan

©大和田敢太, 2011　印刷・製本／ワイズ書籍・渋谷文泉閣
ISBN978-4-7972-5861-5 C3332
5861-01011：012-050-0150《禁無断複写》

JCOPY　〈(社)出版者著作権管理機構　委託出版物〉
本書の無断複写は著作権法上での例外を除き禁じられています。複写される場合は，
そのつど事前に，(社)出版者著作権管理機構（電話 03-3513-6969，FAX 03-3513-6979，
e-mail: info@jcopy.or.jp）の許諾を得てください。（信山社編集監理印）

山田省三・石井保雄編
角田邦重先生古稀記念
労働者人格権の研究
上巻・下巻
横井芳弘・篠原敏夫・辻村昌昭編
横井芳弘先生傘寿記念
市民社会の変容と労働法
角田邦重・山田省三著
現代雇用法
□外尾健一著作集□
① 団結権保障の法理Ⅰ
② 団結権保障の法理Ⅱ
③ 労働権保障緒法理Ⅰ
④ 労働権保障の法理Ⅱ
⑤ 日本の労使関係と法
⑥ フランス労働協約法の研究
⑦ フランス労働組合と法
⑧ アメリカのユニオン・ショップ制

毛塚勝利・諏訪康雄・盛 誠吾 監修
□労働法判例総合解説□
道幸哲也著
不当労働行為の成立要件
柳屋孝安著
休憩・休日・変形労働時間制
石橋 洋著 競業避止義務・秘密保持義務

□蓼沼謙一著作集□
Ⅰ 労働法基礎理論
Ⅱ 労働団体法論
Ⅲ 争議権論(1)
Ⅳ 争議権論(2)
Ⅴ 労働保護法論
Ⅵ 労働時間法論(1)
Ⅶ 労働時間法論(2)
Ⅷ 比較労働法論
別巻 ジンツハイマー・労働法原理〔第2版〕

手塚和彰・中窪裕也 編集代表
変貌する労働と社会システム

手塚和彰著
外国人労働者研究

山川隆一著
不当労働行為争訟法の研究
国際労働関係の法理

山川隆一編
プラクティス労働法

渡辺 章著
労働法講義 上

櫻庭涼子著
年齢差別禁止の法理

久保敬治著
フーゴ・ジンツハイマーとドイツ労働法
新版 ある法学者の人生
フーゴジンツハイマー

ブランパン著 小宮文人・濱口桂一郎監訳
ヨーロッパ労働法

ペーター・ハナウ著 手塚和彰訳
ドイツ労働法

王 能君著
就業規則判例法理の研究
—その形式・発展・妥当性・改善—

山下 昇著
中国労働契約法の形成

三柴丈典著
労働安全衛生法論序説

香川孝三著
アジアの労働と法
マレーシア労働関係法論
—アジア法研究の一局面—

長渕満男著
オーストラリア労働法の基軸と展開

レスリー著 岸井貞夫監訳・辻秀典共訳
アメリカ労使関係法

宮島尚史著
就業規則論